El gran puzzle americano

Para Raquel y Jack
Higgins con
todo cariño

[firma]

El gran puzzle americano

Estados Unidos en el cambio de siglo

Julio Aramberri

Prólogo de Juan Luis Cebrián

EL PAIS
AGUILAR

© 1999, Julio Aramberri

© Del prólogo: Juan Luis Cebrián

© De esta edición:
   1999, Grupo Santillana de Ediciones, S. A.
   Ediciones El País, S. A.
   Torrelaguna, 60. 28043 Madrid
   Teléfono 91 744 90 60
   Telefax 91 744 90 93

• Aguilar, Altea, Taurus, Alfaguara, S. A.
  Beazley 3860. 1437 Buenos Aires
• Aguilar, Altea, Taurus, Alfaguara, S. A. de C. V.
  Avda. Universidad, 767, Col. del Valle,
  México, D.F. C. P. 03100
• Ediciones Santillana, S. A.
  Calle 80 Nº 10-23
  Bogotá, Colombia

Proyecto gráfico y diseño de cubierta: Óscar Mariné / OMB

ISBN: 84-03-59657-X
Depósito legal: M-6.332-1999
Impreso en España por RÓGAR, S.A., Navalcarnero (Madrid) - Printed in Spain

Todos los derechos reservados. Esta publicación no puede
ser reproducida, ni en todo ni en parte, ni registrada en o
transmitida por, un sistema de recuperación de información,
en ninguna forma ni por ningún medio, sea mecánico, foto-
químico, electrónico, magnético, electroóptico, por fotoco-
pia, o cualquier otro, sin el permiso previo por escrito de la
editorial.

Índice

Para Juan Luis Cebrián,
gran periodista,
mejor amigo.

Prólogo

Entre las costumbres castizas que conviene no perder, está la muy española de que un matador brinde el toro que va a lidiar a cualquier amigo o persona de su afecto. Nunca he experimentado semejante dicha, pero debe ser pareja a la de que, como es el caso, le dediquen a uno un libro sobre el que no ha puesto más empeño que el de lector interesado por las materias que en él se tratan. Pero si, encima, me veo en el trance de ponerle prólogo, habrá que reconocer la dificultad de la tarea. Parece que es obligado ensalzar las virtudes y soterrar los defectos que la obra tenga, aunque solo sea por mera educación, o por agradecimiento inexcusable, con lo que la eventual eficacia del prefacio queda, prácticamente, aniquilada.

De todas maneras, si he aceptado este encargo de la editorial, que cumpliré con brevedad, no se debe solo, ni fundamentalmente, a la amistad antigua que guardo con Julio Rodríguez-Aramberri, sino a la importancia de los temas que se abordan en este volumen, y al convencimiento de que tanto la obra como el autor resultan muy significativos, a la hora de juzgar el talante intelectual y el espíritu crítico de la generación que protagonizó la transición política española.

Empezaré por el hombre. Conocí a Julio ya en la infancia, cuando ambos cursábamos el bachillerato, aunque solo intimé con él en nuestra etapa universitaria. Eran los albores de la década de los sesenta, una época de la historia mundial mitificada, hasta la saciedad, por el protagonismo de persona-

11

jes tan indiscutiblemente atrayentes como Kennedy, Fidel Castro, Jruschov, el Papa Juan XXIII, De Gaulle o el Che Guevara. En España, aquel decenio se identificó con los esfuerzos desarrollistas llevados a cabo por el equipo de tecnócratas del Opus Dei que colaboró con la dictadura; por la nueva estrategia de los sindicatos comunistas, que se infiltraron en las organizaciones obreras del franquismo; por el impacto formidable del cambio propiciado en la Iglesia Católica después del concilio Vaticano II; y por la mímesis de las revueltas que sacudieron a las universidades europeas y norteamericanas. Era un tiempo en que la revolución, como concepto, consistía en algo ensalzado por todos y practicado por muchos, en el que se entremezclaban, de forma confusa, las ideologías *beatnik* o *hippie* con los procesos de descolonización en África, el diálogo cristiano-marxista y la escalada primera, y postrer derrota, de las tropas americanas en Vietnam.

Mucho se ha escrito sobre aquellos años, en los que la protesta, en forma de marihuana, de minifalda, o de teología de la liberación, parecía común denominador de las sociedades. Julio y yo terminamos nuestros estudios y nos abrimos a la vida profesional en medio de semejante mare mágnum. En el círculo de amigos que frecuentábamos —Gregorio Peces Barba, Ignacio Camuñas, Javier Rupérez— él destacaba por su inteligencia y por su fogosidad. Era, sin duda, el más listo y el más preparado intelectualmente de todos nosotros, con una enorme capacidad de trabajo y con una formidable entrega al mismo. Ello explica que fuera Julio quien, de entre nosotros, llevara a cabo una actividad política más intensa, más desinteresada y menos remuneradora. No fue diputado, ni ministro ni embajador, ni dirigió un periódico. Fue, ni más ni menos, un activista de la inteligencia y sus posiciones le llevaron a militar en la izquierda radical, de la que tiene un conocimiento en primera persona. Luego la vida le condujo por derroteros profesionales entonces impensados para él y para los demás, como la promoción del turismo de España o el funcionariado al servicio de nuestra diplomacia.

Pero este libro es buena muestra de que nada de eso le ha apartado de sus inquietudes primeras y más trascendentes. Eso sí, su experiencia y los años han fructificado en conclusiones e interrogaciones que, por encima de cualquier otro análisis, ponen de relieve que, tres décadas después, el mundo es muy diferente de cómo lo habíamos imaginado.

¿Qué significa diferente? ¿Es mejor? ¿Es peor? ¿Mejor o peor para quién? Estos conceptos son relativos, mutables, nada científicos. De lo que me parece, en cambio, que no cabe duda es de que el modelo de crecimiento capitalista ha sabido amoldarse con el tiempo, mientras que las prédicas del socialismo ortodoxo, o del socialismo real, o como diablos quiera llamarse, nos han legado un estropicio de caracteres considerables. De ninguna manera pienso que eso confirme el fin de la historia ni el triunfo del capitalismo sobre cualquier otra alternativa. Pero las carencias de éste —contradicciones, como se decía— no podrán ser superadas sin la aceptación previa de nuestro fracaso (y en ese "nuestro" no incluyo solo a los marxistas, que nunca lo he sido, sino a los partidarios de la tercera vía, ahora tan a la moda, y cosas por el estilo). El modelo de crecimiento del capitalismo americano, que es en realidad la receta ahora universalmente aceptada y practicada por la mayoría de los países, se ha revelado más flexible, poderoso y fructífero que ningún otro hasta la fecha. ¿Más justo? Desde luego que no. Pero hay que poner sordina también a esta negación, pues en muchos casos tenemos que aceptar que, incluso, redistribuye mejor que otros sistemas.

Ésta no es una conclusión necesaria, ni siquiera eventual, de este libro. Sí es, en cambio, una condición para escribirlo, o para leerlo, arrumbar todo prejuicio al respecto. Y quiero insistir en ello porque la sociedad americana, basada en el ímpetu revolucionario de finales del XVIII y en el ensueño de la libertad individual que predicaban los ilustrados, ofrece con frecuencia caracteres en extremo conservadores y aún reaccionarios. Pero no menos cierto resulta su capacidad de autocrítica, de recuperación y de ruptura, que tantas veces le hemos querido negar.

Los problemas que de dicho modelo se derivan son, a veces, ingentes, tanto más cuanto que afectan ya, y definitivamente, al conjunto de países y sociedades debido a los fenómenos que conforman la globalización, que no es, en muchos aspectos, más que el triunfo de la americanización. Antes lo llamábamos imperialismo, e incluso el ex presidente dominicano Juan Bosch se inventó el término *pentagonismo* para describirlo, atribuyendo su fuerza y extensión al poderío militar de los Estados Unidos. Sin embargo no es tanto, ya, la fuerza de las armas, como su combinación con la de la tecnología y el dinero, lo que permite hoy a los americanos dominar el panorama mundial. Todo eso deviene en formas de cultura novedosas, resistentes a la crítica de la izquierda tradicional, mucho más rígida y obsoleta que el mundo contra el que, inútilmente, se revuelve.

Lo más preocupante de la globalización es que no solo se refiere a la extensión de la riqueza, sino a la de la miseria también —entendida en todos sus aspectos, y notablemente en el cultural— con la consiguiente generación de una sociedad dual, en la que aumentan las distancias entre los que tienen y los que no. Algo muy visible, por otra parte, en las propias ciudades norteamericanas. De entre la famosa trilogía que sirviera de eslógan al impulso revolucionario burgués, Libertad, Fraternidad e Igualdad, solo el primero de los valores parece plenamente reivindicado por las generaciones recientes.

Este libro es una reflexión lúcida y comprometida sobre tales cuestiones. Está escrito a la americana, plagado de anécdotas y documentación, y con un sentido del humor y una actitud crítica muy encomiables. Lo dicho: el autor ha llevado a cabo su tarea sin prejuicios y, si alguno padece, no tiene empacho en confesarlo. Estoy seguro de que los lectores sabrán reconocer, y recompensar, su esfuerzo.

JUAN LUIS CEBRIÁN

INTRODUCCIÓN

En el fin de siglo, los americanos

De acuerdo con la tradición, el último martes de enero de 1998 el presidente Clinton ofició una vez más en su papel de pontífice máximo de Estados Unidos. Mientras un chambelán anunciaba a voces su llegada al presidente de la Cámara de Representantes *(Mr. Speaker, the President of the United States of America)*, el presidente cruzaba el pasillo central del salón de sesiones para dirigirse a los miembros del Congreso, a los jueces de la Corte Suprema, a los jefes de los Estados Mayores del Ejército y la Armada, a los miembros de su gabinete y al Cuerpo Diplomático que habían concurrido con el fin de escucharle pronunciar su discurso anual sobre el estado de la Unión. El mensaje en esta ocasión era fundamentalmente optimista y se resumía en las palabras de apertura. "Gracias al trabajo y a la altura de miras del pueblo americano, éstos son buenos tiempos para América. Tenemos más de 14 millones de nuevos empleos, el paro más bajo de los últimos veinticuatro años, la más baja inflación básica en treinta años. Las rentas suben y tenemos el mayor índice de propiedad de viviendas en nuestra historia. Quienes reciben ayudas sociales han descendido al número más bajo de los últimos veintisiete años y la delincuencia lleva cayendo espectacularmente durante los cinco años más recientes. Nuestro liderazgo en el mundo no tiene rival. El estado de nuestra Unión es firme y sólido" [1]. En

---

[1] *The New York Times*, 28/1/98.

15

el mismo discurso, el presidente Clinton anunciaba para el año fiscal de 1999 un presupuesto con superávit por primera vez en muchos años. Unos días más tarde se confirmaba que el crecimiento del PIB en 1997 había sido del 3,8%, el más rápido desde 1988.

Hace unos años Paul Kennedy [2] inició, tal vez sin saberlo, todo un género literario que iba a tener un éxito considerable. Se puede resumir con un título de película canadiense: *La decadencia del imperio americano*. En este tiempo en que los europeos se preguntan atribulados si será posible parar la hegemonía del pensamiento único y del mercado global que vienen de Estados Unidos y los japoneses no parecen salir del estupor producido por la brusca explosión de su economía-burbuja y agravada por la crisis en las economías de los dragones asiáticos a finales de 1997, todavía muchos académicos y escritores siguen enzarzados en una discusión noventayochesca sobre si la decadencia de Estados Unidos es o no inminente, si estamos ya en ella o quién les va a sustituir en la hegemonía mundial. Respuestas, por supuesto, las hay para todos los gustos.

Alfredo Valladao, un periodista brasileño, anunciaba con cierta grandilocuencia carioca pasada por, cómo no, París y la *gauche-libé*, que todo está consumado y que *el siglo XXI será americano* [3]. Y su libro se traducía al inglés por Verso, la marca americana de New Left Books, sí, aquellos tan nutricios para los izquierdistas de antaño.

A Lester Thurow, conocido economista académico que ha entrado en el torbellino de tener que escribir un *best seller* cada poco tiempo, parece haberle escocido el marronazo de *Head to Head* [4] cuando la caída del muro berlinés le hizo pre-

---

[2] Paul KENNEDY, *The Rise and Fall of the Great Powers*, Vintage Books, 1989.
[3] Alfredo VALLADAO, *The Twenty-First Century Will Be American*, Verso Books, 1996.
[4] Lester C. THUROW, *Head to Head*, Warner Books, 1993.

decir el inexorable despertar de la hegemonía económica de Europa. Las carcajadas resuenan aún en los pasillos del MIT. Así que ahora acentúa la trascendencia y nos habla de *El futuro del capitalismo* [5] en general. Como se puede uno figurar, es negro, muy negro; si le hubiéramos hecho caso... Entre los peligros que acechan al sistema y pueden saltar en cualquier momento se encuentra, por ejemplo, el de una eventual carga especulativa contra el dólar que lo lleve a devaluarse hasta tales extremos que los inversores extranjeros salgan de estampida de esa moneda y provoquen el correspondiente bochinche sideral. Lamentablemente, *o tempora*, sólo al año de tan sobrecogedora predicción, el dólar inició una fuerte carrera ascendente. Sí, ¿eh?, pues ya vendrá el lobo. Tal vez ahora, tras los embates financieros del verano de 1998, que han llegado a amenazar incluso el ritmo del crecimiento económico en Estados Unidos, Thurow esté preparando un libro para decir que, por fin, el lobo nos va a comer. Sea como fuere, aun en tan hipotético caso, el mal resultado no se debería a las causas que hasta ahora trató de poner de relieve...

Otros son más prudentes. Dentro de la economía de diseño, David Hackett Fischer [6], un historiador económico de nota, entraba al trapo y pronosticaba en tono severo que se pueden producir serias perturbaciones en la economía mundial y, en especial, en la americana. Tal vez, decía, estemos llegando al final de otra de las grandes oleadas económicas (¿se acuerdan de los ciclos Kondratiev, *llámeme K* para los amigos?), a uno de esos momentos de la historia en que predominan los desequilibrios y las crisis. Pero con la sabiduría del escrutador del tiempo largo, se enmienda, no vaya a ser que vivamos para ver lo contrario y concluye, como el coro de doctores de *El rey que rabió* interpretado por los Tres Tenores

---

[5] Lester C. Thurow, *The Future of Capitalism*, William Morrow & Co., 1996.
[6] David Hackett Fischer, *The Great Wave: Price Revolutions and the Rythm of History*, Oxford U.P., 1996.

y sin perder la compostura, que "podemos estar al borde de una nueva crisis general, o de una nueva era de equilibrio o de ambas cosas, una detrás de otra" [7].

Así que en ésas estamos, puede que el imperio americano esté en declive o puede que se halle al inicio de una nueva era comparable a la llegada del Principado en Roma, *pace* Valladao, o puede que ninguna de las dos cosas o tal vez ambas a la vez. Ante tan hermosa futurología económica, muy alentadora para las jóvenes generaciones de estudiosos, hay quien echa mano a la pistola cada vez que le hablan hasta de mañana mismo. Por eso tal vez sea más razonable y menos peligroso reflexionar sobre lo sucedido en el pasado más reciente en la economía y en la sociedad americanas y en sus perspectivas a medio plazo.

La opinión que defiendo en este libro es que la sociedad americana ha cambiado considerablemente en los últimos veinte años y ha cambiado para mejor, un efecto de las transformaciones en su economía. Ante el fin de siglo, la economía americana tiene un rendimiento excelente; ha capeado muchas de las dificultades derivadas de moverse en un entorno nuevo, eso que suele llamarse la economía global, y lo ha hecho de tal forma que su sociedad afronta en muy buenas condiciones de éxito algunos de los mayores desafíos futuros que esperan a todas las sociedades industrializadas: una economía abierta a las conquistas de la tecnología avanzada, la incorporación masiva de las mujeres a la fuerza laboral y la formación de un mercado de trabajo cada vez más diversificado racial y culturalmente.

No es ésta una opinión unánimemente compartida. Tanto en los círculos conservadores como entre los liberales y, sobre todo, entre los radicales se gusta poco de oír que las cosas van bien. El pesimismo coincide más con los gustos de los gu-

---

[7] David Hackett Fischer, "Micro, Macro and Way Beyond", *The New York Times*, 15/12/96.

rús de todo pelaje. En la versión conservadora, no se pone tanto en cuestión el estado de la economía sino los males del escenario social actual. Al fin y al cabo, muchos de sus exponentes han puesto sus ahorros en Wall Street y se han forrado con la carrera ascendente de las acciones desde 1995, por lo que sería excesivamente cínico decir que la economía es un desastre. Más bien, como siempre, sus representantes añoran el tiempo pasado, el de una edad de oro irremisiblemente perdida, cuyo paradigma actual son los años cincuenta al igual que antes lo fuera la época de expansión que siguió a la Guerra Civil y antes la era de Jackson y antes y antes..., así hasta llegar a la Arcadia feliz. Lo que se lamenta es que la actual fase de crecimiento económico venga acompañada de supuestas o reales distorsiones sociales entre las cuales el lugar preeminente lo ocupa la disolución progresiva de la familia nuclear y de los valores que dimanaban de ella.

Uno de los más conocidos representantes de las tesis conservadoras es William J. Bennett, un profesor de Filosofía y conocido político republicano. Bennett fue secretario de Educación con el presidente Bush y también presidente del National Endowment for the Humanities, el organismo federal que dispensa diversas ayudas en este campo. Para Bennett, el gran problema de América es que está "des-moralizada". La economía ha funcionado bien entre 1960 y el presente, pero "en el mismo periodo de treinta años el crimen violento ha subido un 500%; los nacimientos ilegítimos han crecido cuatro veces, como los divorcios; se ha triplicado el número de niños que viven en familias monoparentales; se han doblado los suicidios entre los adolescentes y han caído casi en ochenta puntos los resultados de las pruebas académicas de entrada en la Universidad" [8].

Al otro lado del espejo, muchos progresistas comparten los juicios sobre la decadencia económica americana. Entre

---

[8] William J. BENNETT, *The De-Valuing of America*, Focus on the Family, 1994, Prefacio.

ellos opera la insatisfacción porque el presente no abona las esperanzas de cambio social rápido que en su día tuvieron. Y, como no se quiere revisar si aquellas expectativas estuvieron nunca fundadas, se critica el presente y se acentúa todo cuanto pueda desdorar su imagen. Escuchen a Andrew Hacker, uno de los popes más caracterizados en la crítica por la izquierda. "El siglo que viene permitirá comprobar si una economía puede florecer exportando mayormente películas de acción y agua coloreada" [9]. Observación un tanto desconsiderada para con IBM y con Compaq, con los grandes fabricantes de autos de Detroit, con las empresas de máquinas herramienta como Caterpillar, con los dueños de Microsoft o Intel, con diseñadores como Ralph Lauren o Donna Karan, ¿no?, aunque tal vez satisfaga a algunas mentes inquietas o fantásticas. Sin contar que las megaproducciones y el agua coloreada son dos de los grandes pilares sobre los que ha descansado la conversión de la cultura de masas americana en un paradigma universal. Y dominar la cultura de masas mundial suele propiciar buenos números en las cuentas de resultados.

La politcorrección suele tener poco interés por la economía. Lo suyo son las grandes denuncias culturales. Pero sus practicantes parten también de la convicción de que hay algo irremisiblemente echado a perder en la sociedad americana. Se suele llamar *corrección política* a un movimiento difuso, no organizado, que ha conocido una notable boga, sobre todo, en la vida cultural y universitaria de Estados Unidos durante la primera parte de los noventa, aunque hoy parezca estar de capa caída. Aquí preferiremos usar *politcorrección*, así como *politcorrectos/as* en los calificativos que de ella se derivan, neologismos justificables, ante todo, por su relativa brevedad. Hay una razón más, algo malvada, a saber, que estos vocablos recuerdan a otros centauros lingüísticos como *politburó, komintern* o *agitprop*, identificados con el estalinismo y por éste uti-

---

[9] Andrew HACKER, *Money*, Scribner, 1997, p. 226.

lizados hasta la náusea. Aunque afortunadamente no han podido llegar a los extremos del padrecito de los pueblos, el pecho de muchos politcorrectos arde en los mismos deseos de purificar el mundo por la sangre y por el fuego.

Tan difusas como el movimiento mismo son las premisas teóricas en que se asienta. En taquigrafía podemos decir que la politcorrección parte de un aserto fundante: las relaciones sociales, aun aquellas que parecen estar por encima de toda sospecha, tienen un importante elemento oculto de poder o dominación. ¿Han leído a Lacan, a Foucault, a Derrida? Pues eso, que hoy ya no hay sitio para la sorpresa. El psicoanálisis y la teoría feminista nos han enseñado, por ejemplo, el nudo de víboras que es toda familia: los hijos reclaman cada uno de ellos la atención indivisa de la madre, sólo atentos a la ocasión ritual de matar a papá y de aniquilarse entre sí, mamá usa sus privilegiadas relaciones corporales y afectivas con los retoños para manipularlos y la presencia distante y lúgubre del patriarca sólo oculta su disposición a utilizar todos los medios, violencia incluida, para seguir dominando en ese laberinto de pasiones. Los estrafalarios mafiosos de Mario Puzo y su progenie son un florilegio de virtudes en comparación con lo que sale de una familia media. El patriarca, en fin, sea rico como Creso o más pobre que las ratas, se beneficia del llamado modo de producción doméstico que condena a las mujeres a un estado peor que la esclavitud. Y todo ello, justamente, nos lo cuentan cuando las mujeres americanas han alcanzado una independencia económica como no la han conocido nunca a lo largo de su historia.

Toda sociedad y cada institución social es, pues, una encrucijada de poderes que pugnan por imponerse unos a otros. Pero no todos tienen el mismo éxito en sus pretensiones. La sociedad actual ha sido definida por el triunfo de algunos tipos de dominación. Los poderes sociales sancionados son, aunque en esto haya diversas escuelas teológicas, por ese orden, los de los hombres blancos, heterosexuales, acomodados y modernos. Quiere eso decir que la identidad de nuestras sociedades es patriarcal, homofóbica, eurocentrista, capitalista. Rásqueseles un poco la cubierta y eso es lo que sale inmediatamente a la luz. Los que no entran en esos moldes, los demás, el Otro, tienden a ser reprimidos en todas partes, como les sucede a las mujeres, los gays, los negros y otras gentes de color, los pobres y las sociedades llamadas primitivas o no modernas. Creo que no me dejo a nadie en el tintero.

A menudo, la represión del Otro corre parejas con declaraciones universales y vacías sobre la inclusión y la igualdad de todos. Pero no se fíen. Tanto en la teoría como en su vida cotidiana los dominadores de nuestras sociedades occidentales, muy en especial los americanos, imponen su poder absoluto a todos los demás. A menudo de la forma más hipócrita. Cómo vamos a creer en la sinceridad de la Declaración de Independencia americana, ésa que considera evidente que los hombres tienen derecho a la libertad, a la igualdad y a la búsqueda de la felicidad, si George Washington, uno de sus inspiradores, era un propietario de esclavos. Cómo creer en la cosa si Thomas Jefferson, otro de los padres fundadores, estuvo, al parecer, liado durante treinta y ocho años con Sally Hemings, una esclava negra de su plantación con la que tuvo descendencia [10]. ¿Recuerdan lo del hijo de Marx con su criada? ¿Acaso no estaban ya predeterminados por esa relación victoriana tanto el Gulag como la falacia de la desperecuación de la tasa de beneficios? Y con estos argumentos *ad hominem* que reducen el valor de una teoría a que sus autores pasen una prueba de moral individual anacrónica hecha según los imperativos a menudo profundamente conservadores de la politcorrección, la nave va.

---

[10] La cosa, negada durante décadas por los historiadores más conservadores, ha sido sentenciada por recientes pruebas de ADN. Cf. Don TERRY, "DNA Results Confirm Old News about Jefferson, Blacks Say", *The New York Times*, 10/11/98, y Brent STAPLES, "The Shifting Meanings of 'Black' and 'White'", *The New York Times*, 15/11/98.

Al menos dos tareas esperan al politcorrecto ante el momento leninista del *qué hacer*. La primera es la técnica del deconstruccionismo, es decir, mostrarnos cómo esta lógica de la dominación patriarcal aparece en la mayor parte, si no en todas las creaciones intelectuales y científicas, con pujos universalistas, de la cultura occidental. Déjese llevar por algunas de las obras de éxito reciente y verá que la *Quinta* de Beethoven es un monumento al machismo o la pintura de Tiziano, la exaltación del poder masculino patriarcal. Qué le voy a contar de la matemática booliana, de la teoría de la relatividad o de la de las catástrofes que usted ya no sepa o se figure [11]. Por debajo de cada creación singular de la cultura occidental está la huella de la opresión, una mujer herida, una raza diezmada, una cultura primitiva destruida o el silencio cómplice con todas esas cosas.

La segunda gran tarea es la reconstrucción de las identidades alternativas, aquello de lo que los amos han tratado de despojarnos a lo largo de los tiempos. Búsquense, pues, las trazas no completamente desaparecidas de nuestras verdaderas raíces o créense formas de vida y de organización alternativas a las que ellos nos tratan de imponer en nombre de una voluntad general inexistente. Especialmente en el terreno cultural. En literatura o arte, por ejemplo, hay que acabar con los cánones estéticos sancionadores de la opresión dominante, ya sean Shakespeare o Cervantes.

---

[11] Las aspiraciones de muchos de estos *nuevos teóricos* han sufrido bastante desde el celebrado gambito *(hoax)* de Alan SOKAL. En 1996, la revista *Social Text* publicaba un artículo de este profesor de Física de la New York University bajo el título politcorrecto de "Trasgrediendo los límites. Hacia una hermenéutica trasformadora de la gravedad cuántica", voluntariamente trufado de errores y estupideces, pero donde se utilizaban diversos conceptos deconstruccionistas de esos que tanto agradan a la sensibilidad posmoderna. Por ejemplo, que el número euclidiano *pi* "tiene que ser concebido hoy en su inescapable historicidad" y otras lindezas por el estilo. El mismo Sokal se encargaba de revelar su broma en otra revista, *Lingua Franca*, y allí confiaba a sus lectores su convicción de que su trabajo de *Social Text* había sido publicado porque: "*a)* sonaba bien y *b)* abonaba los prejuicios ideológicos de sus editores".

En definitiva, se trata de demoler los estereotipos de todo orden que celan el mantenimiento de la dominación de los hombres blancos y de la sociedad patriarcal. Y así se intentará crear una nueva dogmática y una moral, con su correspondiente casuística, que acaben con ella, algo con lo que todos saldremos ganando. En las llamadas *guerras de la cultura*, ese neo-*Kulturkampf* usualmente limitado al perímetro de las universidades americanas pero allí fieramente reñido, hemos visto de todo, desde las propuestas de construcciones teóricas totalizantes hasta el empeño por reformar el lenguaje cotidiano, resto y ejemplo de la vieja dominación.

En la campaña electoral de 1992, James Carville, uno de los magos del entonces candidato Bill Clinton, acuñó un lema que se ha hecho famoso. *Es la economía, estúpido*. No había que discurrir mucho para enterarse de que el estúpido era el presidente Bush. Bush había salido de la guerra del Golfo, sólo un año antes, con unos índices de aprobación que se acercaban al 90% y no podía entender que *ese par de payasos*, como en algún momento llamó al tándem Clinton-Gore, pudiese estar poniéndole en dificultades ante el electorado. Lo que Bush no entendía era que el país estaba entonces en medio de una recesión, no muy fuerte pero de gran impacto para el votante medio. Era la primera recesión de la economía *high tech* y estaba pegando muy duro a algunos sectores sociales hasta entonces inmunes a cualquier vaivén económico. La gente quería menos murgas sobre valores familiares y más empleo y la economía le costó la reelección a Bush.

No estoy muy convencido de que las murgas de la politcorrección que descubre el agua caliente cada mañana ni el pesimismo principista de algunos economistas sean útiles para ayudarnos a entender qué ha pasado en la sociedad americana durante los últimos años o puedan servir de guía para ver por dónde van a ir las cosas en los próximos años. Volvamos a Hacker, aunque podrían ponerse otros muchos ejemplos. Su libro más reciente acaba en una nota contradictoria. Por un lado, dice, "la mayoría de los niños de hoy, en sus años adultos, tendrán un nivel de vida inferior al que conocieron cuando eran jóvenes" [12], pero poco más allá reconoce que "la economía se ha encargado de asegurar que una mayoría de americanos goce de un confort moderado y considere que a lo largo de sus vidas ha tenido un éxito razonable" y, en otro poco, apunta que "América tiene más millonarios que se han hecho a sí mismos y más hombres y mujeres que han llegado a $100.000 [de renta anual] que ningún otro país" [13]. Abra cualquier colección de ensayos feministas y seguirá leyendo sobre la familia patriarcal. Justo cuando un buen número de mujeres pobres americanas y algunas ricas han decidido, por las razones que se dirán, que no van a crear familias nucleares. Oirán hablar del persistente hiato que separa los salarios medios anuales de hombres y mujeres que trabajan a tiempo completo, pero no le contarán que, aun grande, ha ido descendiendo en forma considerable en los últimos años.

Es la economía, estúpido. Ya sé que son pléyade aquellos que discrepan de este juicio si se saca de su contexto anecdótico. La explicación de los cambios sociales se ha atribuido a muchos otros factores, a las disposiciones evolutivas de la especie, a las pautas culturales de cada sociedad, a factores medioambientales, a las convicciones religiosas, a las luchas por el poder, a la circulación de las élites, a..., vamos a parar aquí la lista por no abrumar. No es que todas ellas dejen de aportar matices a menudo muy importantes, pero la economía suele explicar la mayor parte de los asuntos.

Mi idea es que la sociedad americana ha cambiado mucho y lo va a seguir haciendo en el futuro próximo. Durante los años ochenta y hasta ahora, con altibajos, los americanos han renovado su economía y la han hecho mucho más eficiente. Por simplificar, podemos decir que han puesto en marcha

---

[12] Andrew HACKER, *Ibid.*, p. 237.
[13] Andrew HACKER, *Ibid.*, p. 240.

una economía *high tech*, basada en la producción de bienes y, sobre todo, de servicios muy competitivos, en la introducción masiva de técnicas informáticas y en la utilización de rápidos avances en las comunicaciones. Como se verá, esto no anuncia el comienzo de una nueva era o de una *economía nueva*, que haya dado con la piedra filosofal del crecimiento equilibrado, pero sí que han entrado en una nueva etapa de su actividad económica. Desde 1983-1984, se ha conocido un largo ciclo expansivo, solamente puntuado por una recesión entre 1990 y 1991. Es de esperar que durante los próximos años la expansión continúe. La primera parte del libro describe a grandes rasgos estos cambios de la economía americana, sus ventajas e inconvenientes, los sectores en alza y las variaciones en la distribución espacial de la población. Igualmente se ocupa de la vitalidad del mercado de trabajo y la capacidad de crear empleo que tiene la economía americana.

La economía *high tech* impone sus exigencias sobre el mercado de trabajo, la actividad de las empresas y las cualificaciones que éstas esperan de su personal. En especial, impone la creación de empleos de mayor contenido intelectual y relega a la fuerza de trabajo más simple o a la peor cualificada a funciones cada vez más escasas o más subalternas. Estos conceptos abstractos tienen una traducción muy práctica para los diversos grupos sociales. En el largo proceso de reajuste necesario para que la maquinaria productiva se recomponga hay grupos y sectores sociales que ven aumentar su demanda y otros que salen perdiendo. Si los nuevos trabajos tienen mayor componente intelectual, los graduados universitarios serán más solicitados y podrán gozar de un mayor nivel de renta. Si la fuerza o la destreza física pierden importancia, las mujeres, cuya capacidad intelectual ya sabemos que es, por lo menos, igual a la de los hombres, serán reclutadas por las empresas en número creciente y muchas de ellas podrán desempeñar funciones de poder y responsabilidad. Si las funciones repetitivas y las decisiones rutinarias pueden dejarse en manos

de los ordenadores, muchos de los llamados escalones intermedios se van a ver sin empleo y tendrán que reciclarse hacia
otras actividades. Si una parte de los nuevos servicios se pagan
con salarios equivalentes o inferiores al mínimo legal, los
americanos procurarán evitarlos y aparecerán inmigrantes
dispuestos a hacerlos. La segunda y tercera partes del libro
describen las formas en que estos cambios en el mercado de
trabajo han afectado a los hombres blancos, a los negros, a las
mujeres y a los inmigrantes. Al hilo de esa descripción se irán
poniendo de relieve otros efectos sobre aspectos de la vida social cuyos cambios parecen tener una dinámica aislada de la
economía, como la familia, el sistema educativo o la ideología
nacionalista a la que se apuntan tantos negros americanos de
clase media.

La economía *high tech* no beneficia a todos por igual. De
hecho, en su seno subsisten sectores económicos muy atrasa-
dos y otros en abierto proceso de obsolescencia; hay empresas
que prácticamente no tienen competidores, en tanto que
otras tienen que operar en un mercado mundial; algunas crecen y hacen grandes beneficios dedicándose a los sectores de
cabecera de la economía, todo el mundo conoce a Microsoft o
a Intel, pero otras, como Blockbusters, hacen lo mismo, es
decir, crecer y ganar dinero, en actividades tan poco creativas
como el alquiler de vídeos; Compaq y Dell florecen en tanto
que Apple, que tiene unos productos excelentes, se halla en
dificultades.

Para esta desigualdad de resultados hay explicaciones que
van desde la habilidad de sus estrategas ejecutivos para prever
los cambios del mercado hasta fuerzas más estructurales. En
cualquier caso, lo que importa destacar es que la economía
high tech no es el ungüento amarillo que va a hacer a todos por
igual más productivos y más acomodados. Como todos los
modelos económicos, éste fomenta sus desigualdades específicas. De acuerdo con su dinámica propia, impone una relativa polarización entre sectores económicos rápidamente obso-

lescentes y otros capaces de mantener el ritmo de los cambios y aun de aumentarlo.

Como tantos de sus compañeros de generación, el autor de este libro pensó en su momento no sólo que los cambios sociales se podían suscitar a voluntad, sino que existían las claves para saber por dónde había que empezar y el modelo para armar el *puzzle*. En su caso, tal hazaña era aún más difícil pues, además, su convicción se complementaba con un rechazo de los regímenes que a la sazón las almas piadosas comenzaron a denominar de *socialismo realmente existente*. Como siempre, darse de bruces con la realidad, en un viaje por alguno de aquellos países a mediados de los setenta, le había hecho abominar no ya del modelo político, la tristemente famosa dictadura del proletariado, sino de la ineficacia de un modelo económico que sólo ofrecía reparto de miseria y deterioro ecológico. A pesar de las reflexiones de algún famoso compañero universitario, hoy fallecido, sobre que las colas para comprar los bienes más inmediatos tenían un beneficioso efecto terapéutico entre la población, pues ayudaban a combatir el estrés, un creciente escepticismo crecía en su interior. Al autor de este libro esas observaciones no dejaban de mosquearle, pues no entendía cómo lo que no quería para sí podía ser bueno para los demás y, desde luego, las colas le habían puesto siempre de los nervios. Pero si la razón imponía la cordura, al autor su corazón le decía que tenía que haber *otra cosa* y en esa busca invirtió algunos años más. El paso de los tiempos le ha obligado a ser más paciente y, tal vez, a informarse mejor.

Una de sus perplejidades de aquellos años había preocupado ya mucho antes a buena parte de los críticos sociales y políticos. Si la *otra cosa*, una sociedad más justa y más igual, sólo podía resultar de un mayor grado de bienestar y de abundancia, nunca del socialismo de la escasez, cómo era posible que los países más ricos se alejasen de ella en vez de buscarla con ahínco. La formulación clásica de la aporía se la debemos a un trabajo de Werner Sombart, un economista alemán de entresiglos, que reza así: *por qué no hay socialismo en los Estados Unidos*. Hoy en día la formulamos de una forma menos metafísica, ya que el socialismo, en el sentido del famoso Programa Máximo de la socialdemocracia de fines del siglo pasado, junto con Eldorado y la tierra del Preste Juan, ha pasado definitivamente al panteón de los mitos que un día se creyeron al alcance de la mano, aunque no fueran más que trasgos y quimeras.

La economía *high tech* crea grandes desigualdades sociales y polariza a la sociedad. La cuarta y última parte del libro analiza las desigualdades de renta que desde 1980 han reforzado y aumentado las que ya existían en Estados Unidos y trata de dar una opinión fundada a una cuestión básica: con independencia de que pueda haber una catástrofe económica sideral imprevisible, algo siempre presente pero pocas veces materializado, ¿cabe pensar que ese aumento de la desigualdad pueda fomentar conflictos sociales y políticos generalizados en Estados Unidos o que incluso puedan ponerse en jaque las bases del sistema productivo y del contrato social?

Cada vez más, los libros, en especial los americanos, traen en su introducción un apartado de agradecimientos y cada vez más la lista de los agradecidos es tan larga como los títulos de crédito de las películas de Hollywood. La ventaja de estos últimos es que suelen ir al final, de forma que nadie se queda en el cine para seguirlos a menos que tenga alguna perversa razón especial, ser por ejemplo progenitor del jirafista o amante de la mezcladora de sonidos.

No voy a seguir esa costumbre. En primer lugar, porque a veces se diría que con ella el autor trata de diluir la responsabilidad de su autoría listando una serie de cómplices a los que ha hecho leer el manuscrito. En segundo lugar, porque este libro lo he rumiado solo, con el único aliento de unos pocos consanguíneos y afines, así como de otro personal con el que mantengo espiritual parentesco (Juan Rodulfo, Rafael

Rodulfo, Paloma Saguar, Patricia Fitzpatrick, Amadeo Rodríguez, Mercedes del Palacio, Mónica Salvador y Elizabeth Love). Me gustaría poder escribir eso de "también agradezco su colaboración a mi esposa que ha mecanografiado el manuscrito o se ha leído las pruebas o ha hecho esta y aquella tarea subalterna", lo que dice mucho sobre las verdaderas relaciones entre el autor y su musa. Si alguna vez sentí la tentación de embarcar a la propia en la realización de semejantes faenas, pronto sufrí un fuerte descalabro. Esperanza Saguar nunca ha sido amanuense más que de sí misma y creo que ha hecho muy bien.

Sin embargo, sí quisiera apuntar algunos agradecimientos abstractos que tal vez ayuden al curioso lector a entender algunas razones de la génesis de este libro.

No es éste un trabajo académico. Mi larga historia con la universidad acabó abruptamente cuando varios asnos descubrieron, con razón sobrada, que yo no era de su misma condición zoológica. Ese lance me animó a dar un giro brusco a mi carrera cuando ya había superado la mitad del camino de la vida. Así que colgué toga, muceta y birrete y desde entonces he tenido la fortuna de ocupar varios puestos subalternos en el servicio exterior, lo que me ha permitido ver mundo y, tal vez, obtener una mejor idea acerca de muchas cosas que la que suele permitir el enclaustrado mundo universitario.

La administración española, *non se enganye nadie, non*, dista mucho de ser un jardín florido. Es por regla general un entorno gris, mediocre y escasamente excitante. Más aún, a menudo exuda un tufillo autoritario y cuartelero muy poco agradable, que todos los regímenes de este siglo, incluidos los más modernos, han cultivado con delicadeza. Tiene empero la ventaja de ser un *inmenso piélago* como habría dicho cualquier atroz dramaturgo de comienzos de este siglo, don Jacinto Benavente sin ir más lejos. Quiérese decir que ofrece una amplísima variedad de trabajos en los que uno puede acabar por encontrar el nicho de su gusto.

Hay otra segunda cosa en su favor, que su mismo tamaño impide la generalización de las relaciones de vasallaje y patrocinio que son la médula de la vida universitaria. Si se carece de la ambición por subir, por *llegar* a la cúspide de los altos cargos, sobre cuya inanidad ya avisara el autor de la *Epístola moral a Fabio*, si se hace el trabajo correctamente o incluso si *se cubre* sin más *el expediente*, según la maravillosa expresión administrativa, se puede vivir casi por completo al margen de la radio macuto meritocrática, del runrún sobre quién baja y quién sube. La misma rápida circulación de los barandas políticos, hoy ministro o subse, mañana el teléfono no suena, hace difícil que nadie, en fin de cuentas, tenga sobre las vidas ajenas un control parecido al de los *maestros* universitarios sobre sus discípulos. Las relaciones administrativas con la superioridad suelen ser utilitarias, limitadas en el tiempo y de carácter fungible. Con lo que cada quien piratea, vivaquea o ramonea según su mejor juicio. Nadie pide encendidos entusiasmos a los subordinados, ni se mete en lo que piensan o en lo que escriben. Claro que hay intrigas y aun dentelladas, pero éstas brotan, por lo general, de rivalidades corporativas, del iluminismo jenízaro que tiende a florecer en los primeros tiempos de cualquier cambio de gobierno para marchitarse en horas veinticuatro o de las mezquinas envidias personales. Normalmente, estas turbulencias se superan con relativa facilidad. Nada que ver con la cadena perpetua del cátedro metijón que trata de imponer que escribas una recensión elogiosa de su último libro, ése que no leerías así sirviese para evitar un peligro de muerte o hubieses de comulgar.

El alejamiento de la academia me llevó a familiarizarme con un género literario hasta entonces poco frecuentado, el del gran reportaje periodístico en el que son maestros los anglosajones. Ahí fui leyendo a los William Shirer, Isaac Deutscher, David Halberstam, Gay Talese, David Remnick y otros muchos. Espero que ello me haya curado para siempre de las querencias bombásticas y pedantes que con frecuencia me asaltaron cuando fui inmortal, aunque algunos de los bienintencionados deudos y amigos que me han leído me advierten de que en ocasiones se me va la olla. Los entendidos mejor dispuestos, empero, tal vez aprecien el *tour de force* de haberme vedado citar a Alexis de Tocqueville y a Gunnar Myrdal.

A los asnos, pues, mi primer agradecimiento. Vaya el segundo para el franquismo por habernos vacunado a mí y a otros muchos, a su manera brutal y mezquina, contra uno de los males que tienen menor cura, el del nacionalismo.

Mi madre era donostiarra y a cuenta de eso pasé buena parte de las vacaciones de verano de mi primera adolescencia en San Sebastián. En ese paso de la vida, sin saber todavía muy bien por qué, me producía un especial malestar la oleada de vulgaridad espesa y zafia que anegaba a la ciudad así que el *Azor*, el yate de Franco, fondeaba frente a Ondarreta. Sus egregios ocupantes solían venir acompañados de una turbamulta de aviesos personajes embutidos en uniformes castrenses o de horchatero valenciano, pantalón negro, camisa azul, guerrera blanca, que entraban y salían del palacio de Ayete, mugiendo a la menor oportunidad un refrito de los previsibles discursos veraniegos del Supremo, en los que inevitablemente nos recordaba la suerte envidiable que teníamos de vivir en el mejor país del mundo, en su España. Luego, en aquellos días en los que nunca pasaba nada, venían las glosas radiofónicas y los inolvidables artículos y editoriales de *ABC* y otros diarios a dar otra vuelta de tuerca no fuera que, en especial, las almas lábiles y las personalidades en agraz, como la mía aún por formar, pudiesen extraviarse. Después leíamos las gacetillas aquellas, impremeditadamente graciosas, que contaban lo de que Rita Hayworth era de origen español o que Walt Disney procedía de Valencia (como si eso fuera causa de su belleza o de su genio respectivos) o que en Las Pedroñeras, Cuenca, se encontraba la capital mundial del ajo o que todos los inventos de la historia de la humanidad habían tenido un precursor español.

No andaba yo muy convencido de que eso fuera cierto ni de que aquí tuviéramos lo mejorcito del mundo. Una de las ventajas de San Sebastián era estar cerca de la raya de Francia, lo que daba excusas para frecuentes excursiones familiares, para merendar chocolate con brioches y medias lunas en Dodin, mientras se admiraba la playa del casino de Biarritz, o para recalar en el bar del Madison de San Juan de Luz a tomar un aperitivo antes de la inevitable vuelta al incomparable país del sur. Allí, en San Juan, tendría entonces catorce años, con ocasión de romper el férreo cordón sanitario familiar, pude aventurarme un día por la Rue Gambetta hasta la Maison de la Presse y guiado por una a modo de divina premonición divinatoria di a la primera con un montón de revistas en que se celebraba la epifanía de *la* Bardot, vestida de luna como Dios creó a la mujer. Ya podía enfurruñarse aquel viejito regañón, ya podía seguir atiplando su voz de mariconcete, que yo daría fe de que en mi país no había cuerpos gloriosos y capaces de derrochar tanta ingravidez preternatural como aquel, escondidos como lo estaban tras las faldas de los bañadores de acción católica. Todavía no conocía el borgoña, ni el hígado de pato, ni las trufas, ni a Georges Brassens, ni a Jean-Pierre Melville, todo eso afortunadamente vendría con los años, pero ya sabía que los franceses nos ganaban por uno a cero.

Más o menos un año después, adolescente inquieto que era, las excursiones a las librerías y kioscos franceses empezaron a tener un motivo adicional. Como el Malacatón de *Días sin huella* o cualquier otro turbio personaje de aquellos libros de la colección Escelicer, más conocida por las clases de tropa del colegio como colección *notelamenees*, a mi espíritu, hasta entonces inocente, le tentaban, por si era poco el aguijón de la carne, el demonio cartesiano de *Le Monde* y un íncubo *communard* y faltón que atendía por *Le Canard Enchaîné*. Entre los tres consiguieron disipar en mi mente las nieblas nacionalistas —y otras cuantas— con la misma rapidez con que el sol del verano levanta la bruma de las playas cantábricas.

Algo más tarde, la cosa fue a peor. Tal vez fuera la cuota parte de complejo de inferioridad que según López Ibor, el psiquiatra del régimen, me correspondía por ser español; tal vez razones más fundadas como no saber por qué teníamos que ser diferentes de los europeos y cargar con la dictadura, lo cierto es que pronto traté de ocultar mi condición. Recuerdo baldíos intentos por evitar que mi acento meridional me delatase al pedir una *brown and bitter* en algún *pub* británico o al trabarme en charla con el amable vecino de barra.

Creía yo haber sido el único, pero no. Hace poco un amigo me contaba que también él, si pasaba por uno de esos trances, decía ser venezolano, nicaragüense, argentino, lo que fuese, con tal de impedir que alguien se diera cuenta de que venía de *allí* y tener que explicar una vez más que no, que él tampoco estaba de acuerdo con el general. Así me sentía alma gemela de aquel José Blanco, el escritor que en el exilio británico mudara su apellido a White para que no hubiera equívocos sobre dónde estaba su corazón, y pensaba en firmarme Newvalley, que es, al parecer, la etimología de Aramberri, tan pronto fuera famoso. Luego admiré a aquel personaje de Juan Goytisolo que en *La venganza del conde don Julián*, si no me traiciona la memoria, aplastaba moscas entre las páginas de un ejemplar del *Quijote*, aunque así pagaban justos por pecadores.

Más tarde han venido tiempos templados que permiten llevar con mayor garbo algunas de nuestras constantes vitales, precisamente porque hemos dejado de ser diferentes y porque muchos han comenzado a pensar que lo que importa son los países y no tanto la nación. Claro que aún quedan *los otros*... La liquidación del tosco nacionalismo franquista ha abierto paso a otros, cuya persecución pasada no hace más justificables sus fantasmagorías o sus crímenes actuales. Sin embargo, a veces parece que siguiéramos donde solíamos tras el desastre de Cavite, tejiendo y destejiendo el peplo, la pepla más bien, de si vamos a poder seguir viviendo juntos, si seremos hijos del *seny* o de la *rauxa* o si habrá forma de hacer entrar en razón a los etarras criminales y en ésas andamos endomismados, que podría haber dicho don Miguel de Energumuno.

No voy a condonar los crímenes de los aguerridos *gudaris* que asesinan por la espalda en el nombre de su nación, pero conviene recordar que tienen otro efecto letal. Han conseguido, casi, encerrarnos en su inmundo *zulo* sin ventanas y hacer que el debate intelectual se reduzca a menudo a mirarnos en el espejo. Fastidia ver a quienes tengo por los mejores escritores políticos de mi generación involuntariamente forzados a repetir un día tras otro los mismos argumentos razonables contra la violencia, aunque todos ganaríamos si se les permitiera, a ellos y a nosotros, cambiar de conversación.

Más allá de la nación están los países. Mientras que la nación se quiere única y excluyente, un país es algo más transitivo. Un país es un mercado, un sistema político, una unidad, ay, impositiva, un conjunto de servicios a los ciudadanos, que funciona mejor o peor; una serie de cosas, en fin, todas ellas mundanas y poco wagnerianas, pero que tienen su interés para la gente del común. Son cosas que se prestan a dudas, a discusiones racionales sobre sus múltiples variables, sobre su utilidad y sobre su eficacia. Los países son, sobre todo, un futuro y ante él tienen encrucijadas similares, especialmente en un mundo reducido como el actual. Los americanos del fin de siglo dicen tener algunas recetas que funcionan para el conjunto. ¿No parece sensato ver en qué consisten y debatir su utilidad? Yo diría que sí y por eso he escrito este libro.

Primera Parte

¿Una economía nueva?

Un ataque de fiebre amarilla

El invierno de 1986 venía frío y en Detroit, la ciudad de los coches, la Motown de Marvin Gay, algunos no sabían cómo sacárselo de encima. En los cuarteles generales de los Tres Grandes, nombre un tanto pomposo por el que se conocía a las tres compañías automovilísticas (General Motors, Ford y Chrysler) que controlaban el enorme mercado americano de coches, lo tenían metido en los huesos. Hacía ya varios años que los fabricantes japoneses de la competencia les venían dando una corrida en pelo y en su propio terreno, algo que hubiera sido impensable tan sólo una década atrás. Pero las cosas no habían hecho sino empeorar desde entonces. La causa más inmediata parecía ser el altísimo tipo de cambio a que el dólar había llegado recientemente.

Con el fin de combatir la presión inflacionaria que se había puesto por encima del 10% anual en los últimos tiempos del presidente Jim Carter, en 1981-1982 Paul Volcker, el presidente de la Reserva Federal, la FED, había llevado a la estratosfera los tipos de interés, que en ocasiones pasaron del 20%. Tal remedio de caballo daría sus frutos a medio plazo, pero, por el momento, había puesto carísimo al dólar lo que, a su vez, repercutió, entre otras cosas, en la balanza comercial del país. Casi todo lo que se producía fuera de Estados Unidos resultaba barato de importar, al tiempo que las firmas americanas no vendían una escoba. Sectores enteros de la industria americana se tambalearon y algunos, como la electrónica de consumo, sufrieron pérdidas irreparables.

Son los años en los que se dispara el déficit comercial de Estados Unidos, fundamentalmente en favor de Japón. Son los años en los que, según parte de la cultura popular americana, los enigmáticos japoneses acumulan cerros de dólares que les permitirán comprar el país a precios de saldo cuando se produzca la caída del dólar. Son los años en que Japón empieza a presumir de que sabe decir *no*. Son los años en los que algunos de sus empresarios se permiten criticar a los trabajadores americanos, tan poco productivos. Son los años en que, por reacción, entre los americanos comienza a extenderse una nipofobia como no se conocía desde Pearl Harbour.

Como si de un destino inescapable se tratase, a finales de los ochenta, los japoneses sorprenden al mundo, incluso a ellos mismos, quedándose con símbolos internacionales del poderío y del bienestar norteamericanos. Además de comprar ávidamente toda clase de acciones y bonos del Tesoro, los japoneses se lanzan en esa década a invertir directamente en el exterior mediante la creación o la compra de empresas, inmuebles y bancos en un gran número de países. Como destaca Bill Emmott, uno de los redactores-jefe de *The Economist* en un libro reciente, en la década de los ochenta, las compañías japonesas invirtieron directamente en el exterior $280 millardos, equivalentes a la economía total de India, Australia o Brasil y diez veces más de lo que habían invertido en los treinta años que van de 1950 a 1980. No sólo son empresas fabriles lo que compran [1]. En 1989 Sony se quedó con la productora de Hollywood Columbia Pictures por $3,4 millardos. Para no ser menos, sus rivales de Matsushita, los fabricantes de Panasonic y Technics, se sacudieron $6,1 millardos en 1990 para comprar MCA, empresa propietaria de los estudios Universal. Horror y temblor.

---

[1] Bill EMMOTT, *Japanophobia*, Random House, 1993, pp. 29 y ss.

Pero es sabido que no hay nada que no pueda empeorar. Así que en 1989 varias empresas japonesas adquirieron una participación mayoritaria en el Rockefeller Center de Nueva York, ése que da tan bien en las películas navideñas, con sus patinadores sobre hielo y su gran árbol engalanado de luces. El velo del templo, en fin, se rasgó con el anuncio de la compra de Pebble Beach, el mundialmente famoso centro de golf californiano. ¿Para cuándo la venta de la estatua de la Libertad? ¿No podría suceder que uno de los días en que David Copperfield, el mago, la hacía desaparecer no volviese a materializarse en suelo americano y apareciese en la estación central de Tokio en sustitución del monumento al perro fiel? En esos tiempos en que se presumía que el suelo de la ciudad de Tokio tenía el mismo valor que los terrenos de la California toda, cualquier cosa parecía posible.

Una buena parte de estos proyectos eran polvo y al polvo retornaron en poco tiempo. Pero en 1986 eso era difícil de predecir. Ciertamente el G-7 se había reunido en Nueva York en 1985 y había llegado a los *acuerdos del Plaza*, por el nombre del hotel en que se alcanzaron. Dichos acuerdos preveían un descenso controlado de los tipos de interés americanos y un aterrizaje asistido del dólar en alturas más favorables para todos. Pero sus efectos aún no se dejaban sentir en Detroit y la industria americana del automóvil parecía deslizarse por el mismo plano inclinado de otras muchas y con los mismos resultados de creciente irrelevancia.

Más aún, los ejecutivos de esa industria empezaban a sospechar que el asunto del declive de sus productos y de la pérdida de cuota de mercado en su propio país era lamentablemente algo más complejo y no se iba a resolver por arte de birlibirloque con la bajada de los tipos de cambio. Algo ayudaría, sin duda, pero los males del automóvil en Estados Unidos eran de mayor calado y se venían notando, al menos, desde los setenta. Eso era lo que preveían algunos expertos y así se lo habían anunciado a los arrogantes ejecutivos de Detroit, que se encogían de hombros o decían cosas tan elegantes como K. T. Keller, un alto directivo de Chrysler, cuando le apuntaban el peligro de los nuevos automóviles compactos y eficientes en el consumo de gasolina que se estaban produciendo en Europa y Japón. "Chrysler hace coches para sentarse en ellos, no para mear sobre ellos".

La arrogancia, si no disculpable, sí era comprensible. Casi desde sus orígenes, el automóvil había sido el símbolo clave del poderío económico de Estados Unidos. Ciertamente, se producían autos en Europa y algunos de ellos muy buenos, pero nada comparable en ventas y en éxitos a los americanos. Los coches habían ayudado considerablemente a transformar la economía americana en una de consumo de masas y el nuevo medio de transporte influía de forma espectacular en la vida social del país. Los *suburbs*, por ejemplo, hubieran sido imposibles sin él. No es cierto que la cultura americana haya nacido como la cultura del automóvil, de hecho los americanos se las habían ingeniado razonablemente sin él durante cerca de trescientos años en un país de grandiosas dimensiones. Hoy nos sorprendemos cuando nos cuentan que en muchas ciudades americanas, en donde carecer de coche o tener retirado el permiso de conducir es lo más cercano a la muerte civil, había un excelente sistema de transporte colectivo. Michael Elliott [2] recuerda que la red de tranvías de Berlín, la primera de Europa a comienzos del siglo, se hubiera clasificado en el lugar vigésimo segundo de Estados Unidos en esa misma época. Pero los autos se llevaron todo por delante [3].

La revolución en el transporte que supone la aparición del coche tiene nombre propio: Henry Ford. Ford tuvo una larga vida (1863-1947) y una influyente personalidad. Nació en el seno de una familia de inmigrantes irlandeses que había

---

[2] Michael Elliott, *The Day Before Yesterday*, Simon & Schuster, 1996, p. 190.
[3] La mayor parte de los datos y muchas de las ideas que se exponen a continuación resumen el libro de David Halberstam *The Reckoning*, Avon Books, 1986.

conseguido establecerse con cierto acomodo en el medio rural del estado de Michigan. Como tantos grandes inventores de finales del XIX, Ford no pasó por la universidad y sus conocimientos fundamentalmente derivaban de la experiencia. Sea como fuere, Ford renunció a los intentos paternos de que continuase engrandeciendo la granja familiar y se marchó al cercano Detroit como aprendiz de mecánico en 1887. Trabajó en varias compañías pequeñas, pero lo que de verdad quería era construir inventos mecánicos, así que comenzó a usar un garaje propio para fabricar sus propios autos. Esto, que puede parecer un sueño fáustico, era a la sazón algo bastante usual. De hecho, todos los coches de esta época eran montajes artesanales, muchos de ellos producidos por antiguos fabricantes de coches de caballos que se habían reciclado. A principios de siglo había más de 250 pequeñas empresas que buscaban su lugar al sol en esta naciente industria. Durant, Leland, Olds, los hermanos Dodge, eran algunos de los fabricantes conocidos. Tras la I Guerra Mundial el número de fabricantes se había reducido a menos de 40.

Henry Ford creó la Ford Motor Co. en 1903 y en esos momentos era sólo uno más del gran pelotón de corredores. Lo que convirtió a su compañía en una de las grandes de América fueron dos grandes innovaciones, una técnica y otra social. Hasta la llegada de Ford, los autos seguían siendo, como los antiguos coches de caballos, bienes reservados a grupos sociales muy restringidos. El mismo carácter artesanal de la producción automovilística así lo exigía. Pero, por esta vía, los coches jamás hubiesen sido algo más que productos raros y no el medio de transporte básico para millones de personas. Por tanto, la innovación social, el convertir al auto en un bien de consumo masivo, no podía llevarse a cabo sin el concurso de la innovación técnica, la producción en cadena.

Cuando en 1927 la Ford decidió dar por terminada la fabricación del modelo T, lo hizo tras haber vendido más de quince millones de unidades [4]. Los años veinte son en Estados Unidos el tiempo en que los autos pasan a convertirse en un bien de consumo al alcance de millones de ciudadanos. El mítico modelo T era el coche que muchos de ellos eligieron. Era, sobre todo, barato. En realidad, era cada vez más barato. En 1910, un T costaba $780, en 1911 $690, a mediados de 1915 $360. Era compacto. Era fácil de manejar y de reparar. Podía aguantar las trochas de ganado que eran muchas de las pistas de conducción americanas de la época.

El milagro de un bien cada vez más asequible para millones de consumidores sólo fue posible por la producción en cadena y la consiguiente ampliación de los mercados. Más que un ingeniero, Ford era un fanático de la producción masiva y bien organizada. Su gran hallazgo fue la cadena de montaje, algo que hoy ha sido adoptado en multitud de actividades fabriles y cuyas cualidades de trabajo repetitivo y, como suele decirse, alienante obtuvieron su mejor caracterización en *Tiempos modernos* de Chaplin.

Al principio de la división del trabajo, Ford sumó en la práctica los descubrimientos hechos pocos años antes por Frederick W. Taylor, el padre de la llamada OCT (Organización Científica del Trabajo). Taylor se pasó la vida estudiando la forma de pautar y uniformizar los movimientos necesarios para cualquier maniobra productiva, descomponiéndolos en partes repetibles que se sometían a un cronometraje estricto. No hay, según Taylor, más que una forma correcta de hacer un agujero en una lámina de acero y cada uno de ellos puede hacerse en un tiempo preciso y medible, con una serie de movimientos repetibles hasta la eternidad. De esta forma, la dirección de la fábrica podía saber qué exigir de sus trabajadores y pagarles nada más que por el tiempo correcto de trabajo. La libertad de los antiguos maestros artesanales y de sus oficiales en la organización de su trabajo se había acabado.

---

[4] David HALBERSTAM, *Ibid.*, pp. 59-65.

En 1913, en su fábrica de Highland Park, Michigan, Ford comenzó a poner en marcha la línea de montaje. Charles Sorensen, uno de sus directores de producción, hizo que un chasis fuera acarreado por una polea a lo largo de un recorrido de unos 80 metros. Tras el chasis iban seis trabajadores que recogían a lo largo del camino diversas piezas y las montaban sobre el mismo hasta que, al final de la línea, se llegaba a un coche completamente acabado. Con este procedimiento, el tiempo necesario para el montaje de un coche pasó de trece a cinco horas y cincuenta minutos, primero, y enseguida a dos horas y treinta y ocho minutos. La polea fue sustituida en 1914 por una plataforma móvil que iba desfilando en su recorrido por entre diversos trabajadores, cada uno de los cuales, parado en un lugar determinado, ajustaba una pieza, y sólo una, o realizaba una manipulación, y sólo una. Dos meses después, un coche se montaba en hora y media. Lejos estaban los tiempos, tan sólo diez años antes, en que el proceso había llevado 728 horas.

Los precios de los coches pudieron así bajar, como hemos visto. Los beneficios por unidad descendieron también. En 1909 habían sido $220,11 y en 1913 eran tan sólo $99,34, pero con el aumento del número de unidades, los beneficios finales subieron como un cohete. En 1908, la Ford valía unos $2 millones; en 1927, cuando dejó de fabricarse el modelo T, su valor se calculaba en $673 millones. También creció su cuota de mercado. En 1908, la Ford tenía un 9,4% del mercado, en 1913 un 39,6% y en 1914 llegó al 48%.

"La producción masiva precede al consumo masivo", había dicho Ford y los hechos le dieron la razón. En el círculo virtuoso del crecimiento de su producción, todos se beneficiaban. Ford fue el primero en ofrecer un, para lo que entonces se estilaba, enorme salario de $5 diarios a sus trabajadores. No era por beneficencia, sino por interés propio. Un trabajador bien pagado podía convertirse en uno más del gran número de compradores que su producción masiva necesitaba.

Los nuevos salarios le permitían poder pagar un bien de uso que costaba entre un 10 y un 20% de su renta anual.

Los métodos de Ford se aplicaron a muchas otras industrias y fueron copiados o envidiados en muchas regiones del planeta. Sea como fuere, no es empequeñecer su imagen el colocarla en sus justas dimensiones. De Ford, como de otros muchos grandes empresarios, hay una copiosa pero poco exacta hagiografía. El hecho de que él y otros similares, como Bill Durant o Alfred Sloan de General Motors fueran empresarios innovadores en el sentido de Schumpeter ha llevado a muchos a creer que esa capacidad de innovación y apertura se extendía a todas sus actividades. Nada más lejos de la realidad. En términos de moral social e ideología política, Ford y otros magos de la industria del automóvil fueron personajes sumamente conservadores. Aunque no lo consiguieran, una de sus obsesiones era mantener fuera de sus centros de trabajo a los sindicatos, a veces mediante el recurso a las medidas más coactivas. En el terreno político es bien conocida la admiración inicial de Ford por Adolf Hitler. A su vez, Lenin fue uno de sus grandes defensores, aunque no se sabe muy bien qué le impresionaba más, si la eficiencia técnica del fordismo o su capacidad de regimentar y tener controladas a sus masas de trabajadores. Seguramente ambas cosas, pues no estaban muy lejos la una de la otra.

Los mismos valores que Ford defendió como normas de conducta individual estaban tocados por un gran rigorismo moral. Entre sus trabajadores no podía haber juerguistas, ni borrachos, ni adúlteros. Ford era un admirador de la vida simple y de la alimentación sana y recomendaba el pan integral y la soja. En esto se adelantaba a los fanáticos de la salud que hoy pueblan el país con la tácita y al parecer, vana esperanza de encontrar el modo de no morir nunca. Ford tampoco era hombre dispuesto a ceder a los caprichos individuales, la era del *marketing* no había llegado aún. "Nuestros clientes pueden comprar un coche del color que quieran con tal de que sea negro", fue una de sus frases felices.

La ociosidad estaba muy mal considerada y, por supuesto, había que perseguir el consumo irresponsable. Esta última regla ocasionó más de una jaqueca a la compañía. Como se ha dicho, el automóvil era un objeto cuyo precio podía representar entre un 10 y un 20% del salario anual de un trabajador, lo que hacía muy difícil para éstos llegar a reunir esa cantidad de una vez. Pronto comenzaron a oírse propuestas tentadoras para ofrecer su compra a plazos. Pero eso no era del agrado de Henry Ford, que pensaba que sólo debía comprarse aquello que efectivamente se pudiera pagar. Algunas compañías de préstamos, primero, y luego en 1919 su gran rival, la General Motors, empezaron a ponerle en dificultades cuando popularizaron los planes de compras a plazo. Con lo que, finalmente, hubo de poner en cuarentena sus principios y sumarse a ellos ofreciendo planes similares a partir de 1928, con nueve años de retraso sobre sus rivales y no pocos negocios perdidos. Ahora, cualquiera podía comprar un Ford poniendo por delante tan sólo el 10% de su precio y el resto en mensualidades a un año [5].

Al cabo Ford se encerró en sus deseos de reducir al mínimo los cambios en su propia empresa. Todo se le volvía añorar los tiempos dorados en que el Ford T se vendía tanto como el resto de las otras marcas americanas juntas y posiblemente entendió muy poco de lo que estaba pasando en Detroit, en Estados Unidos y en el mundo hasta la fecha de su muerte en 1947. "El peor vendedor del mundo" le llamó por entonces la revista *Fortune*. Cuando llegó la II Guerra Mundial, la compañía estaba cerca del desastre hasta el punto de que muchas gentes de Washington D.C. se preguntaban si no sería conveniente intervenirla, ya que no se la podía dejar caer en la quiebra en aquellos momentos de intenso esfuerzo bélico. A comienzos de 1946 se estimaba que la Ford estaba perdiendo $10 millones al mes. Desde hacía ya varios años, Ge-

---

[5] David HALBERSTAM, *Ibid.*, pp. 92-98.

neral Motors había suplantado a Ford como el número uno de los fabricantes americanos de automóviles.

Sin embargo, los años cincuenta y sesenta fueron buenos para la empresa, así como para todas aquellas que sobrevivieron, en especial GM y Chrysler. Los soldados que volvían a casa se encontraron con un sistema económico capaz de colmar sus sueños americanos; ellos y sus familias se convirtieron en consumidores continuamente insatisfechos y fueron la base de los económicamente prodigiosos veinticinco años siguientes. A mediados de los cincuenta se llegaron a vender casi 8 millones de coches anuales y a fines de los sesenta las ventas rozaron los 10 millones. Entre esos números había algunos coches extranjeros, pero su cuota combinada de mercado no había subido del 8% nunca. Más aún, los grandes de Detroit sabían que les bastaban pequeñas maniobras en el terreno de los precios para sacudirse en un santiamén su competencia si ésta se tornaba incómoda. Sólo pequeños sectores sociales de estudiantes, académicos, activistas, artistas y otras gentes raras estaban dispuestos a comprarse un modesto Escarabajo de Volkswagen cuando todos podían permitirse los aerodinámicos modelos americanos, esas ferias volantes y confortables, llenas de luces y policromados, cuyo consumo de gasolina era igualmente llamativo. A comienzos de 1973 un coche americano medio consumía un galón de gasolina cada trece millas, es decir, unos 18 litros cada cien kilómetros. Pero qué importaba eso si la gasolina tenía unos precios ridículos ($0,36 por galón, unas 14 pesetas de la época por litro) y las autopistas recién construidas eran una constante invitación a circular a todo gas. La motorización era parte integral del sueño americano y parecía poder durar para siempre [6].

La guerra del Yom Kippur en octubre de 1973 puso de relieve las debilidades de la industria americana del automóvil. No es fácil resumirlas, pero eran fundamentalmente tres:

---

[6] David HALBERSTAM, *Ibid.*, pp. 463-464.

el descuido de las innovaciones técnicas; una confianza in-
justificada en que el suministro de combustibles a bajo precio era algo natural; una indiscutible baja en la atención al
cliente, cuyas reclamaciones se consideraban caprichos injustificados.

Una muestra del descuido por las innovaciones técnicas
lo es el hecho de que los autos de los cincuenta y sesenta
fueran prácticamente un modelo único e intercambiable entre las tres grandes compañías de Detroit. Esos modelos, los
de *American grafitti*, no variaron durante estos años más que
en pequeños detalles. Desde que Charles Kettering inventó el
motor de ocho cilindros en uve (V-8 engine) y GM se lo colo-
có por vez primera al Cadillac de 1949, las innovaciones se redujeron a cuestiones de estilo como las fantásticas aletas trase-
ras aerodinámicas de Harley Earl, los interiores de cuero o los
aparatos de sonido, en vez de buscar nuevos hallazgos de ingeniería. Se trataba de alterar el envoltorio para hacer los coches más atractivos para los clientes y justificar así cambios
anuales que, de otra manera, no hubieran tenido sentido. La
resistencia de todos los grandes de Detroit a la implantación
de la tracción delantera en sus coches es una muestra más de
su retraso en la aplicación de innovaciones eficientes por mor
de su apego a las normas establecidas que tantos beneficios les
habían reportado hasta entonces.

Más aún, las grandes fábricas y sus accionistas comenzaron a sufrir lo que los japoneses llaman el *síndrome de gran empresa*, ése que lleva a verlo todo casi exclusivamente desde una
perspectiva financiera y burocrática. En *Los Buddenbrook*,
Thomas Mann había narrado la vida de tres generaciones de
dueños de una gran empresa alemana y en esa novela algunos
vieron la ilustración de la misteriosa ley del cambio social en
dos tiempos a la que se refiriera Max Weber en sus escritos de
Economía y sociedad. El primer estadio es el de los innovadores,
los *self-made men*, los empresarios con visión, capaces de salir
de la nada para crear un gran imperio industrial. Henry Ford

o Billy Durant, el fundador de General Motors, pertenecían a esa categoría. A los profetas y carismáticos les suceden los burócratas, las gentes que ponen su mira en los procedimientos y regulaciones, en el dinero más que en los fines. Mann añade por su cuenta una moraleja: tras estos hombres sin alma, viene el desencanto, la *Entzäuberung* de Weber, que sólo podrá redimirse ya en el arte, lejos de insensatos esfuerzos por conquistar la técnica y el dinero.

Los hechos no parecen haber dado la razón a Mann, sino a Weber: a los creadores les suceden los burócratas, los hombres de los números, punto. En 1955, tras sacar a bolsa con gran éxito las acciones de Ford, el nieto del fundador, Henry Ford II, se rodea de ellos. Son los niños prodigio, los *Whiz Kids* [7], entre los que destacaba Robert McNamara, el futuro secretario de Defensa de los presidentes Kennedy y Johnson y uno de los grandes responsables de la escalada de Vietnam, aunque recientemente nos haya dejado saber en sus memorias que su corazón estaba lleno de dudas al respecto.

Los *Whiz Kids* eran ya un grupo antes de enrolarse en la Ford. Tex Thornton, un oficial del Pentágono, los había seleccionado durante la II Guerra Mundial de entre los mejores graduados de las escuelas de negocios del país con el fin de poner orden en las operaciones del Departamento de Defensa. Sus grandes cualidades eran el dominio de la matemática financiera y de la estadística, que habían aprendido a aplicar a cualquier proceso u operación para aumentar su eficiencia y su productividad. Llegaban los especialistas en sistemas cuyos métodos podían aplicarse por igual a la logística militar, al planeamiento de operaciones comerciales o a la fabricación de cualquier producto, por ejemplo, los automóviles. Eran el citado McNamara, Ed Lundy, Arjay Miller, Jack Reith y el propio Tex Thornton. En adelante, la producción iría a remolque del departamento de contabilidad.

---

[7] David HALBERSTAM, *Ibid.*, pp. 195-203.

Otro de los grandes mitos de la industria a comienzos de los setenta era la confianza en que los combustibles fósiles, en especial las gasolinas, eran un bien prácticamente ilimitado, de fácil acceso y precio siempre favorable. No era difícil sacar esas cuentas. Si entre 1948 y 1971 el precio del petróleo se había mantenido estable, en torno a $2 por barril, por qué no habría de continuar la bonanza. Pronto, empero, esa certeza iba a caer por los suelos. Por un lado, los grandes países productores de petróleo, fundamentalmente algunas naciones musulmanas del Medio Oriente, comenzaron a independizar su política de producción y precios de las grandes compañías extranjeras que habían monopolizado hasta entonces la producción de petróleo. Por otro, el petróleo comenzó a ser visto por los países productores como un arma también política, capaz de contrarrestar el apoyo abierto que Washington y los países occidentales habían prestado a Israel en sus enfrentamientos armados con los árabes. El interés y la virtud se coaligaban, pues, para exigir un alza de precios severa.

La formación de la OPEP, primero, y la guerra del Yom Kippur en 1973, después, fueron las dos grandes ocasiones para mostrar que la relación de fuerzas había cambiado y que, en adelante, no iban a ser los occidentales quienes marcasen los precios de venta del petróleo. El nuevo cartel oligopolístico que iba a sustituir a las *Siete Hermanas*, las grandes compañías que habían dominado el mercado hasta entonces, tenía la posibilidad de decidir el número de barriles de petróleo que sus afiliados producirían anualmente y, de esta forma, alcanzaba la capacidad de determinar su precio en forma relativamente independiente del mercado. En marzo de 1973, el precio del barril llegó a $3; tras el comienzo de la guerra, los saudíes pidieron $5; a finales de año se pagaban $12. Los precios, pues, se habían cuadruplicado en menos de doce meses. El galón de gasolina en la estación de servicio pasó de 36 centavos a 60, es decir, de unas 14 pesetas por litro a 23; por primera vez desde la II Guerra Mundial, los americanos sienten lo que es escasez en un producto básico, las colas en las gasolineras son bíblicas y los precios de casi todos los productos comienzan a orientarse hacia el Norte.

En 1979, tras la caída del sha de Irán, las cosas vuelven a empeorar. El barril de petróleo llega primero a los $16 y pronto a $20. El pánico vuelve a apoderarse de los mercados y, en la cresta de la ola, los precios del barril de crudo llegan a $34 en 1982, una subida del 280% desde el gran salto adelante de 1973. Habría que esperar a 1986 para que los precios del petróleo comenzasen a virar nuevamente hacia el Sur.

Los grandes de Detroit no estaban preparados para esto, con los 18 litros de consumo de gasolina cada cien kilómetros para sus modelos superiores. Peor aún, Washington impuso en 1975 que la media de consumo de todos los modelos de la gama de una compañía no podría ser superior a 12,5 litros en 1978 y que, para 1980, esa misma media debería colocarse en 11,4 litros. La adaptación a estas normas, estimaron algunos, podía costar a los tres grandes entre $60 y $80 millardos, es decir, una suma equivalente a todo su capital.

El tercer gran problema de los fabricantes americanos era que su dominio del mercado y su creciente desatención por las innovaciones técnicas de sustancia había hecho caer la calidad de sus productos y generado una creciente insatisfacción entre los consumidores que, sin embargo, aquellos se empeñaban en seguir desoyendo. Parecían haber adoptado para sí la sabia máxima de la administración española de que *no hay problemas urgentes, sino gente con prisas* o, lo que es lo mismo, que no existían problemas reales sino una mayor atención de los medios de comunicación a los insatisfechos de siempre. Entre los cuales, Ralph Nader [8] ocupaba un lugar privilegiado.

Desde sus tiempos de la Universidad, Nader había sido un puñetas. Sin dejar de ser un estudiante brillante, se dedica-

---

[8] David Halberstam, *Ibid.*, pp. 497-505.

ba a enviar frecuentes cartas, nunca distinguidas con el honor de ser publicadas, al diario estudiantil de Princeton, denunciando a las autoridades por usar DDT y poner en riesgo la población de pájaros del lugar. Más tarde, la Escuela de Derecho de Harvard, una de las mecas académicas de Estados Unidos, le iba a hastiar hasta límites insospechados con su insistencia en el respeto a las normas tradicionalmente establecidas para *llegar*. A su manera, Nader era otro de los contestatarios que iban a enseñar a los *boomers*, los hijos de los soldados que habían ganado la Guerra Mundial, que los caminos de sus padres no eran los mejores, que había otras cosas de las que ocuparse más allá del éxito social y el dinero. Como la seguridad en los coches, sobre la que escribió en 1964 un libro titulado *Inseguros a cualquier velocidad (Unsafe at Any Speed)*. Su argumento era sencillo: los grandes de Detroit no se ocupaban de fabricar coches que garantizasen la seguridad de sus pasajeros, atentos solamente, como estaban, a ganar dinero rápido. Lo que parecía ser bastante cierto pues, entre otros, el Corvair, uno de los grandes modelos de General Motors, estaba siendo objeto de numerosas demandas judiciales por el gran número de accidentes que se producía entre sus usuarios.

Como suele ser habitual entre los arrogantes, los directivos de GM reaccionaron de forma paranoica: no podían creer que sólo hubiera una coincidencia temporal entre el libro de Nader y las demandas. Así que pusieron a varios sabuesos sobre sus talones, con el fin de encontrar algo oscuro que sirviera para desacreditarle. Le seguían tan ostensiblemente algunos tipos enfundados en gabardinas que los amigos de Nader empezaron a mosquearse. Varias chicas bonitas entraban en celo en cuanto le veían. Dos de los sabuesos se equivocaron y comenzaron a incordiar a un reportero del *Washington Post* tras haberlo confundido con Nader, lo que llevó al diario a interesarse por el asunto. Tan grande y cómico desastre no se conocía desde los tiempos de Groucho Marx en *Amor en conserva*. Los resultados son conocidos: GM hubo de reconocer que estaba persiguiendo a Nader y pedir excusas en público, tuvo que sacudirse $425.000 para saldar una demanda por intromisión en su vida privada y acabó por convertir en una celebridad nacional al oscuro abogado al que había tratado de aniquilar. Las sucesivas denuncias de Nader iban a ser escuchadas atentamente por la opinión pública y los políticos y la confianza ciega en la calidad de los productos de muchas industrias americanas se acabó definitivamente.

No era, pues, de extrañar que en el invierno de 1986 los directivos de las empresas de Detroit tuvieran el frío metido en los huesos. Porque todas estas debilidades, amén de la vertiginosa alza del dólar desde 1982, habían contribuido a que los fabricantes japoneses de coches representasen una amenaza real para ellos, en el mercado mundial y, ay, en el propio territorio americano. En 1985, las ventas de autos en Estados Unidos habían llegado a los 11 millones, pero 3,5 de ellos, casi un tercio del mercado, eran de fabricantes extranjeros, especialmente japoneses. En 1979-1980, Chrysler había estado a punto de pasar a mejor vida y lo hubiese hecho de no haber recibido ayudas federales para mantenerse a flote. La legendaria magia de Lee Iacocca por sí sola no hubiese bastado para hacer el milagro.

¿Acaso eran los japoneses inmunes a los quebrantos que se habían cernido sobre las economías de los países industrializados desde la subida del petróleo en 1973? En absoluto. Si cabe, tenían más razones para preocuparse que todos los demás. Japón carecía por completo de combustibles fósiles y otras materias primas necesarias para la fabricación de autos. Sin embargo, su industria automovilística estaba mejor adaptada para las exigencias del momento.

En 1950 la industria japonesa de coches era prácticamente inexistente y en ese año sólo se fabricaron 1.593 autos. En 1969, la producción total de Japón había subido a 2,6 millones [9]. La explicación de tan notable salto hay que buscarla so-

---

[9] David HALBERSTAM, *Ibid.*, pp. 581-582.

bre todo en el propio mercado interno, deseoso de contar con el coche, esa maravilla hasta entonces reservada en exclusiva a los occidentales, pero también en los planes de reconstrucción industrial llevados a cabo bajo la dirección del MITI, el Ministerio de Industria y Comercio.

Y el MITI redescubrió el mercantilismo. Es decir, metió al país en una carrera exportadora, en tanto que lo defendía de la llegada de mercancías del exterior por medio de altas tarifas aduaneras y arcanas regulaciones que hacían prácticamente imposibles muchas importaciones. Al tiempo, se señalaba a las empresas nacionales los sectores de mayor capacidad de crecimiento y se impulsaba a la banca privada a facilitar los créditos necesarios para afrontar las fuertes inversiones de capital que levantarían de la nada sectores industriales enteros. Todo el país se convirtió a la nueva virtud del ahorro, la inversión y el sacrificio en espera de tiempos mejores. La tasa de ahorro de las familias japonesas promediaba un 15%. Con esta estrategia, el crecimiento económico se hizo espectacular.

Según Mikiso Hane, un historiador de origen japonés que refleja la euforia del momento, el PIB pasó de $10,9 millardos en 1950 a $202 millardos en 1970, es decir, se tornó veinte veces mayor en veinte años [10]. Primero vino la industria del acero, que pasó de 5 millones de toneladas en 1950 a 82 millones en 1969. Inmediatamente siguió la construcción naval; en 1956 Japón se convirtió en el primer productor mundial de barcos y en 1969 controlaba el 48,9% de la producción mundial. Ya hemos anotado el espectacular crecimiento en la producción de autos. En 1983, Japón produjo un 28,5% de todos los vehículos motorizados del mundo, en tanto que sólo un 23,4% se fabricaba en Estados Unidos. Pero más vertiginoso es el ritmo de sus exportaciones. En 1984, las exportaciones de autos japoneses a Estados Unidos llegaron a

---

[10] Mikiso HANE, *Modern Japan. A Historical Survey*, Westview Press, 1986, pp. 362 y ss.

1,9 millones, es decir, al 18,3% del mercado americano de coches nuevos. Como señala Hane, "este último aumento ocurrió a pesar de la imposición de cuotas voluntarias", es decir, de una autorrestricción de exportaciones por parte japonesa, para evitar veleidades proteccionistas en los propios Estados Unidos.

Las virtudes que el público americano apreciaba en los coches japoneses durante estos años eran el reverso de las carencias que hemos visto en los fabricantes de Detroit. Los coches japoneses eran innovadores, eran compactos y gastaban poca gasolina. Eran más baratos. Colmaban las necesidades cambiantes de algunos sectores jóvenes de la sociedad americana con su mayor funcionalidad y sus modelos exóticos. Y, sobre todo, ofrecían un excelente servicio a sus clientes. A partir de 1973, todo esto les iba a colocar en una posición ventajosa en su carrera competitiva.

No hay tecnología que no pueda ser copiada y, sin duda, los japoneses consiguieron imitar y superar los avances americanos en el terreno de la producción masiva de coches. Por su parte, añadieron algunas innovaciones técnicas que les permitieron adquirir una ventaja comparativa importante con respecto a sus rivales de Estados Unidos. La primera fue el llamado *control de calidad*. Curiosamente, su gran formulador fue un americano, Edward Deming [11]. La cosa tiene una gran variedad de matices, pero puede reducirse a un elemento sustancial: la calidad de los productos industriales puede mejorarse si se les somete a controles estadísticos o, lo que es lo mismo, que es menester comprobar de forma sistemática los posibles defectos de un producto porque así aprenderemos a mejorarlo. Estas monsergas de Deming no tuvieron ningún eco en Estados Unidos. Allí sólo importaba producir más y más para colmar una demanda aparentemente insaciable, pero en Japón, adonde Deming había sido invitado para dar

---

[11] David HALBERSTAM, *Ibid.*, pp. 312-320.

algunas conferencias sobre el tema, la buena nueva encontró una tierra abonada, tal vez porque los japoneses de los cincuenta estaban dispuestos a probar cualquier remedio que les asegurase, como hacía este colega, grandes avances en su productividad. Por otro lado, justamente en el momento en que en Detroit irrumpían los *Whiz Kids* con su desprecio pitagórico por aquello que no cupiese en los departamentos de contabilidad, los japoneses se mostraban receptivos a la enseñanza de que el motor de las fábricas de coches han de ser los ingenieros y que éstos no deben abandonar por ningún concepto su atención por las unidades de producción.

La otra gran innovación ha sido lo que James Womack y Daniel Roos, dos profesores del MIT, y Daniel Jones, un colega británico, llamaron producción concentrada *(lean production)*, por oposición a la producción masiva *(mass production)* [12]. Es lo que se suele llamar *el modelo japonés* y nadie se sorprenderá si decimos que se originó precisamente en la industria del automóvil y, desde allí, como había pasado con la técnica de producción del Ford T, se extendió a otros muchos campos. El hallazgo de Ford, como se vio, consistía en hacer prácticamente irrelevante en la producción al factor humano, limitado a realizar operaciones repetibles a lo largo de una cadena de montaje cuyos ritmos y propósito eran completamente independientes. La producción concentrada, por el contrario, combina equipos de trabajadores de especialidades y cualificaciones complementarias con máquinas automatizadas. De esta forma, los trabajadores controlan su trabajo, como sucedía en el mundo artesanal, pero, al tiempo, producen en gran escala bienes que no son necesariamente uniformes, por lo que se puede responder con rapidez a los cambios en la demanda y en los gustos del consumidor. La producción concentrada puede combinar la producción masiva con la variedad. Nuestros autores resumen:

---

[12] James WOMACK, Daniel ROOS y Daniel JONES, *The Machine That Changed the World*, 1990.

la producción concentrada, "por comparación con la producción masiva, gasta menos de todo: la mitad de esfuerzo humano, la mitad de espacio fabril, la mitad de inversión en herramientas, la mitad de horas de ingeniería, la mitad de tiempo para desarrollar un nuevo producto. Igualmente, necesita mucho menos de la mitad de componentes en el lugar de trabajo, produce muchas menos unidades defectuosas y consigue una variedad de productos mayor y siempre creciente" [13].

Hoy estas innovaciones se explican ya en los libros de texto y han sido, a su vez, adoptadas por toda la industria. Se combinan con una serie de palabras que han aumentado el escaso, por arcano, vocabulario japonés de los pedantes, anteriormente limitado a *sayonara* y *domo arigato*, pero que sirven para epatar a los estudiantes de MBA y a los ejecutivos agresivos. *Kaizen* es el control de calidad permanente; *kanban* son esos horrendos carteles que, se dice, motivan a los trabajadores a esfuerzos adicionales. Finalmente, otro gran concepto es el de producción puntual *(just in time production)*, que exige una información constante sobre la organización productiva, impone una muy fluida relación con los proveedores y hace innecesaria la acumulación de *stocks*. Toyota, por ejemplo, funciona en Japón con una media de *stocks* de sólo cuatro horas [14].

La ventaja comparativa de la industria automovilística japonesa era lo que había metido el frío en los huesos a los grandes de Detroit en 1986, una vez que los japoneses terminaron su periodo de restricción voluntaria de exportaciones de coches. Los americanos esperaban un ataque, pero no tan fuerte como el que sufrieron en todos los frentes. Los 1,9 millones de coches importados en 1985 se convirtieron en 1986 en 2,4, es decir, casi un 25% del mercado global americano en ese año.

Lo peor era que los fabricantes japoneses, con el fin de evitar posibles restricciones en el futuro, habían decidido in-

---

[13] James WOMACK, Daniel ROOS y Daniel JONES, *Ibid.*, pp. 21-22.
[14] "Toyota's Crusade", *Business Week*, 7/4/97.

vertir directamente en Estados Unidos. A comienzos de los ochenta los japoneses producían unos 50.000 coches en Norteamérica; en 1992 la cifra llegó a 1,5 millones. Era un asalto en regla al mercado que hasta entonces los Tres Grandes habían considerado como un coto de caza privado. Primero vino Honda en 1979, con una fábrica en Marysville, Ohio, y en 1985 ya estaba colocando en el mercado 150.000 coches hechos en América. Ese mismo año comenzaron a entregarse los primeros coches que Nissan fabricaba en Smyrna, Tennessee, y Toyota anunció sus planes para una nueva fábrica en Georgetown, Kentucky. Para los analistas americanos no había duda, Toyota pensaba fabricar al menos un millón de coches al año, lanzándose especialmente sobre el mercado de clase media. Se diría que los días de los fabricantes americanos estuviesen contados. De hecho, en 1986, los japoneses se convirtieron en los mayores del mundo, pasando a Estados Unidos [15].

Tras la sorpresa, la reacción defensiva no se hizo esperar. En 1985, el Congreso americano celebró una serie de sesiones sobre la situación de la industria automovilística para formarse un juicio sobre el asunto y considerar las medidas que habrían de ser adoptadas. Un informe del Departamento de Comercio apuntaba que en 1988 los japoneses podrían llegar a fabricar 800.000 coches en Estados Unidos y copar el 44% del mercado. Si se añadían los autos importados, Detroit podría ver reducidas sus ventas de coches en 1,5 millones adicionales. Las perspectivas para la industria del coche americano estaban claras: menos beneficios, más fábricas cerradas, más trabajadores en la calle. Algunos conocidos expertos del sector recomendaban la introducción de medidas proteccionistas, con un sistema graduado según el precio de venta de los coches.

Tales restricciones no llegaron a ponerse en marcha. Seguramente la industria americana del automóvil salió ganando con ello a medio plazo. En efecto, si se hubiesen impuesto

---

[15] David HALBERSTAM, *Ibid.*, pp. 581-582.

medidas proteccionistas con toda probabilidad no hubiera sido capaz de recomponerse en la medida en que lo ha hecho. El mercado mundial de coches tiene hoy un volumen de unos 50 millones de unidades anuales. Pues bien, entre General Motors y Ford se reparten un 30%, mientras que Toyota está aún cerca del 10%. En 1994, los fabricantes americanos volvieron a ser los mayores productores de coches del mundo, con 13 millones de unidades [16]. En ese mismo año, los Tres Grandes controlaron el 78% del mercado americano. Muy lejos estaban las proyecciones alarmistas de 1985, posiblemente elaboradas con su cuota parte de interés patriótico, de que los japoneses iban a copar casi la mitad de las ventas [17].

Lo que había pasado, con independencia de las variaciones arriba y abajo en el tipo de cambio del dólar, era que los americanos se habían puesto las pilas. Por un lado, comenzaron a introducir en sus propios sistemas productivos las innovaciones técnicas de la *producción concentrada* que habían puesto en circulación los japoneses. Ello les sirvió para aumentar la calidad de sus productos y para ofrecer mejor servicio a sus clientes. El Ford Taurus es el modelo de esta renovación de la industria. Se introdujo precisamente en 1986, el año del gran frío en los huesos. Era un vehículo pensado para la gran clase media que quiere comodidad y buen diseño y se vendió por millones. Por otra parte, los americanos empezaron a ocupar sólidamente varios nichos de mercado que los japoneses, con su atención al consumidor medio, no habían sido capaces de tocar: las furgonetas *(minivans)* y los vehículos todo terreno [18]. Estos últimos son los coches de elección para los *boomers* más jóvenes. Casi nunca los usan para la conducción por circuitos

---

[16] *Business Week*, 27/3/97.
[17] Robyn MEREDITH, "The Brave New World of GM", *The New York Times*, 26/10/97.
[18] *Business Week*, "Motown in Motion", 21/4/97; *Business Week*, "Can Detroit Make Cars that Boomers Like?", 1/12/97; Robyn MEREDITH, " For Minivans, a Mid-Life Crisis at 14", *The New York Times*, 12/5/97.

difíciles para la que estaban diseñados, pero colman sus deseos de aventura controlada, son seguros y permiten acomodar a una familia media [19].

En definitiva, la historia de la competencia entre japoneses y americanos en el mercado del coche, que algunos han cantado como si de una batalla homérica se tratase, tiene unas dimensiones más modestas. Se trató de un asalto a un mercado controlado y cautivo, como el del automóvil en la América de la posguerra, por lo que contó en un primer momento con el factor sorpresa y la autocomplacencia de los grandes fabricantes, amén de otros factores coyunturales como el tipo de cambio del dólar en los primeros ochenta. La ventaja comparativa adquirida por los japoneses con sus innovaciones productivas y sus motores eficaces, empero, no era algo que no pudiese aprenderse. De hecho, eso fue lo que sucedió y, al cabo de unos años, los fabricantes americanos volvieron por sus fueros. Hoy, al parecer, se ha vuelto a una situación de equilibrio inestable que seguramente perdurará en el futuro previsible. Nada nuevo bajo el sol. Hubo unos dominadores de las galaxias que se vieron sorprendidos por un contraataque del imperio, pero pronto montaron el retorno del Jedi.

No empujemos los símiles. No se trataba de una guerra cruenta ni tampoco de una coyuntura en la que estuviese en juego la existencia misma de Estados Unidos, contra lo que algunos escribieron a la sazón. Era una batalla comercial y, cualquiera que hubiese sido su desenlace, poco susceptible de tener un alcance cósmico. Sin embargo, se desarrolló en un momento en que los americanos estaban saliendo de una fase turbulenta de su historia y afectaba a un bien como el automóvil que, sobre ser un sector estratégico por su importancia en la producción, tenía una indiscutible dimensión simbólica. No es de extrañar que la fracción Casandra se abalanzase so-

---

[19] Sobre esto, *vid.* el libro de Paul INGRASSIA y Joseph B. WHITE, *Comeback*, Touchstone, 1994, caps. 12, 13 y 18.

bre el hecho para insistir en la verosimilitud del futuro negro que esperaba a la economía y a la sociedad americanas. A su vez, los chauvinistas que seguían existiendo en Japón lo veían también como el principio del fin de la hegemonía americana.

Paul Krugman, un economista del MIT, ha dedicado recientemente un libro bastante exacto a este internacionalismo *pop* [20] en el que nos recuerda que las cosas son más complicadas de lo que las pintan algunos economistas y sociólogos, más pendientes de apuntarse un *best-seller* que atentos a los hechos, siempre testarudos. Los avatares de un sector productivo, por importante que, como el de los autos, pueda ser, nada dicen sobre la situación y el eventual bienestar futuro de una sociedad. Las sociedades no son las competitivas; sólo lo son las empresas. "Competitividad es una palabra vacía de significado si se aplica a economías nacionales. Y la obsesión por la competitividad es tanto un error como un peligro" [21]. Los problemas y las oportunidades de la economía americana no se deben a que el país como tal sea o haya dejado de ser competitivo, como gustan algunos de decir, sino que han de buscarse en su propia estructura productiva, en los condicionantes estructurales de su productividad y en las decisiones de sus empresarios y de los consumidores. Esto que vale para cualquier sociedad, incluso en una economía tan sedicentemente global como la del presente, es especialmente cierto en el caso de Estados Unidos, donde la aportación del sector exterior al PIB está en torno al 10-11%.

Supongamos que se hubiesen cumplido los supuestos designios torvos del MITI, que las empresas automovilísticas japonesas se hubiesen quedado con el 50% del mercado americano de coches y que no hubiera habido ninguna reacción intervencionista en el sistema: ¿sería muy grande la diferencia? Depende para quién. Sin duda, ello hubiese sido malo

[20] Paul KRUGMAN, *Pop Internationalism*, The MIT Press, 1996, pp. 87 y ss.
[21] Paul KRUGMAN, *Ibid.*, p. 22.

para los fabricantes americanos y para sus accionistas, que hubiesen visto bajar el valor de sus capitales. También lo hubiese sido para muchos de sus trabajadores, afectados por los cierres de fábricas que hubiesen tenido que producirse. Unas situaciones dolorosas, sin duda. Pero no sería ésa toda la historia. Como ya lo habían hecho, pero aún en mayor cantidad, los japoneses hubiesen tenido que acelerar su producción de coches, lo que significaría normalmente aumentar su capacidad productiva en las fábricas ya existentes o invertir en otras nuevas en los propios Estados Unidos, con la correspondiente demanda de trabajadores americanos. Los empleos perdidos por unos se compensarían con los creados para otros. Los proveedores de las cerradas fábricas americanas se hubiesen puesto a trabajar para las nuevas. Una parte de los beneficios hubiese salido hacia Japón en forma de dividendos y buena parte de ellos se hubiesen reinvertido en bonos del Tesoro americano, como hasta la fecha. Los consumidores americanos, por su parte, no iban a perder en el trato. Hubieran seguido comprando sus coches, que les reportarían un cierto grado de satisfacción a precios convenientes, a otros fabricantes, ahora japoneses. Sólo el orgullo nacional hubiese quedado herido.

En la realidad las cosas han sucedido de otra manera, como se ha visto. Con la competencia, la industria y también los consumidores americanos salieron favorecidos. Curiosamente, si alguien está sufriendo hoy una indigestión de éxito es el Japón. Su economía exportadora ha tocado el límite de sus posibilidades y los dirigentes políticos no saben cómo convertirla en otra cosa, más equilibrada y acorde con su rango de gran potencia mundial.

Por un lado, al Japón le han salido serios imitadores que compiten con él, los dragones asiáticos empeñados en repetir su fórmula y esta vez a su costa. Por otro, las nuevas generaciones de japoneses y japonesas ya no se conforman con la austeridad del pasado y quieren consumir de acuerdo con su acrecido estatus, aunque se lo impide un conjunto de tarifas aduaneras, regulaciones burocráticas e intereses sociales que se resisten a cambiar. Obligados a la virtud del ahorro, los japoneses pagan unos precios ridículos por los bienes que consumen. Cara virtud.

Hace unos años, en 1989, los europeos que circulaban por la galería comercial y el supermercado de *delicatessen* del hotel New Otani tomaban fotos, sobre todo, de los precios: 10.000 pesetas por un cestillo con dos docenas de fresas; 15.000 por otro de frambuesas; 11.000 del ala por un melón; cuatro millones por una maleta de cocodrilo, una futesa. En 1995, un café en una terraza de Omote Sando valía diez dólares y un sándwich otros veinticinco. No hablemos de una cena en el restaurante del hotel Imperial en Ginza o de una juerga en cualquiera de los bares de azafatas elegantes de Roppongi.

Si, al menos, los salarios, que efectivamente son altos, sirviesen para comprar otros productos duraderos... Pero aquí nos encontramos con una nueva y grande limitación al consumo. Las causas del asunto son complejas, pero el resultado inequívoco: las casas de los japoneses son tan ridículamente chicas como ridículamente grandes son sus precios. En consecuencia, el espacio residencial es mínimo. Uno de los grandes conocedores americanos de Japón, Edward Seidensticker, ha descrito la situación en un libro lleno de información poco manejada. "El ciudadano medio de Tokio [en 1986] puede considerar como suyo un espacio de unos 120 pies cuadrados [en torno a diez metros cuadrados]. A menudo siete personas ocuparán un apartamento o una casa de unos mil pies cuadrados de área [unos ochenta y cinco metros cuadrados]. Ésa es la media, que incluye barrios ricos y pobres" [22]. Un informe reciente de *The Economist* [23] daba, para 1992, cifras tan sólo algo superiores. La

[22] Edward SEIDENSTICKER, *Tokio Rising*, Alfred Knopf, 1990, p. 160.
[23] *The Economist*, "Tomorrow's Japan", 13/7/96.

media de metros cuadrados de espacio residencial por habitante estaba justo por debajo de los 20. Las cifras equivalentes para otras grandes ciudades del mundo son mucho mayores: 70 metros cuadrados en Washington D.C., 35 en Múnich, 30 en París y en Londres. Y no puede argüirse que el Tokio histórico pesase como una losa sobre el desarrollo de la nueva ciudad, porque en 1945 no quedaban de él más que los rabos.

Los apartamentos que se construyen para las clases medias suelen tener unas dimensiones de 45 metros cuadrados. Todavía es bastante habitual que en ellos convivan tres generaciones. No es de extrañar que los hombres no quieran volver a casa más que para dormir, pasando su ocio con los amigotes de la empresa. Si no es usted de ésos, no se haga ilusiones de poder escaparse a un parque en sus ratos libres. La superficie de parque por persona en el Tokio de 1992 era de unos 3 metros cuadrados. En Nueva York, otra ciudad densamente poblada, estaba por encima de los 20.

En estas condiciones los lamentos de los americanos por las trabas a sus exportaciones de bienes de consumo duradero son justos y tristes pero tienen poco que ver con la realidad. Por más que quieran, los japoneses no pueden meter en su casa un refrigerador de dimensiones medias de General Electric o de Westinghouse, porque tendrían que salirse de la cocina. Para qué hablar de lavadoras o lavavajillas normales. Paseando por Akihabara se pueden encontrar unas pequeñas máquinas, a modo de barreños de tipo medio, que aseguran ser las lavadoras del hogar moderno. También hay unas gigantescas televisiones con pantallas de más de 50 pulgadas, pero si se compra cualquiera de estos trastos hay que mandar al abuelo a Narayama, ese hermoso lugar al que se enviaba a morir a los ancianos en la película de Imamura, lo que no suele ser de su agrado. En cualquier caso, la conclusión es la misma: los japoneses se ven obligados a ahorrar y eso ya no les hace tanta gracia hoy. Muchos que metieron sus ahorros en el *boom* bursátil de finales de los ochenta se escaldaron al romperse la burbuja y ya no están por la labor. Los más jóvenes, que se tragan las series americanas de televisión, ven que la hierba de allí crece más verde. Seguramente, las cosas no son tan rosadas como aparecen en la caja tonta, pero las ilusiones son también parte integrante del contrato social.

Así que una buena parte de la renta disponible se va al *consumo conspicuo* que dijera Veblen. Ahí hacen su agosto las marcas europeas y americanas con caché, que drenan así un poco del excedente de la balanza de pagos. Pero también el consumo de lujo tiene sus límites y no puede competir en eficacia con el de bienes duraderos. Resultado: poca demanda en términos relativos, feroz *endaka* o deflación o destrucción de los precios, como se le llama en Japón; en definitiva, recesión económica. Únasele un fuerte déficit público por mor de mantener a la creciente población de mayores de sesenta y cinco años y algunas otras pequeñeces coyunturales como la difícil situación de algunos bancos dedicados, sobre todo, a las hipotecas y se verá que la voz tonante de la segunda potencia industrial del mundo está plagada de gallos.

David Roche, un economista que trabaja para *Independent Strategy* en Londres, resumía así la situación actual de Japón. "El contrato social en Japón... funciona así: Japón es un estado empresarial de bienestar que trata de garantizar un nivel de vida predecible y gris. El trato es que el gobierno mantiene la marcha de la economía. Y las empresas gestionan el Estado de bienestar ofreciendo trabajo, manteniendo un bajo nivel de vida y unos precios [domésticos] altos. El combustible lo provee un superávit externo de grandes dimensiones, generado por los dos cilindros gemelos de unos precios a la exportación subsidiados [junto con unos precios domésticos absurdamente poco competitivos] y un consumo reprimido que genera grandes cantidades de ahorros baratos con los que las empresas se financian" [24]. El serio problema económico y político es

---

[24] *The Wall Street Journal*, 12/3/97.

que el modelo ya no puede funcionar, pero pocos saben cómo arreglarlo.

No se tomen las reflexiones anteriores como otra muestra de internacionalismo *pop*. Los problemas económicos y sociales de Japón no empecen la gran competitividad de muchas de sus empresas, ni a la inversa. Pero sí pueden aquellos juicios servir de guardacantón para los vuelos injustificados de la imaginación académica. La suerte de los países no se juega normalmente en unos pocos años y los procesos sociales, por lo regular, no desembocan en súbitas catástrofes, aunque a veces las hay. Escrutar las cuentas trimestrales de resultados de una empresa está bien para los inversores bursátiles, pero dice poco sobre la salud a plazo medio de una economía nacional. En los años recientes, la economía americana ha dado numerosas muestras de capacidad de adaptación y resistencia.

Capítulo 2

La máquina de los billetes

¿UNA ERA DE EXPECTATIVAS DECRECIENTES?

A finales de 1997 y durante todo 1998 la economía americana ha sido una locomotora poderosísima. El PIB creció un 3,8% en 1997, el mejor resultado desde 1988 y se puso en los $8,2 billones (en el sentido español, es decir, de "un billón equivale a diez elevado a la duodécima potencia"), una cantidad que nubla la mente si se traduce a pesetas. El desempleo permaneció todo el año en torno al 4,7%. La inflación se quedó en un 2%, es decir, a pesar de que los datos están superando lo que la sabiduría establecida considera imposible de superar sin que haya un recalentamiento, éste ha faltado a la cita. El déficit comercial sigue perviviendo; aunque las exportaciones crecieron un 12,5% durante 1997, las importaciones aumentaron un 13,9%. Lo que no es de extrañar dado el ritmo de crecimiento y la fortaleza del dólar [1].

Los datos de 1998 son también muy alentadores. El crecimiento a fines de año ha sido del 4,9%, colocando al PIB en unos $8,7 billones de dólares. La inflación no subirá más del 1,6% y el desempleo durante el año rondó el 4,3%.

---

[1] Kenneth N. GILPIN, "'97 Economic Year Ends on Superlative Note", *The New York Times*, 31/1/98.

Uno de los resultados más espectaculares de los últimos años se refiere a la rebaja del déficit federal, que desde 1992 hasta 1996 cayó en un 63%. En aquel año era de $290 millardos, pero en 1996 pasó a $107 millardos, es decir, bajó desde un 4,7% del PIB hasta un 1,4%. A finales de 1997, sin duda por efecto de la bonanza económica, el déficit se había reducido hasta casi desaparecer. En 1998 ha habido un superavit de setenta mil millones de dólares. El presupuesto anunciado para el año fiscal de 1999, que comienza en el mes de julio de 1998, aumentará el superávit que seguirá creciendo en los años siguientes.

Todo lo cual se refleja en los consumidores. Los gastos por consumo crecieron un 3,4% en 1996, pero el crecimiento se concentró en los bienes duraderos, que se expandieron a una tasa del 10%. La confianza de los consumidores en la marcha de la economía se halla en uno de los momentos más altos de su historia. En febrero de 1997, el índice de confianza de la Conference Board, una institución que se encarga de medirla mensualmente, estaba en 118,4 puntos. A finales del año había subido a 138 puntos. Las cifras eran altas a finales de 1998.

Las perspectivas a corto y medio plazo tampoco son malas. A finales de 1998 y, pese a la crisis financiera del verano de ese año, un panel de economistas consultados por *The Wall Street Journal* preveía para 1999 una disminución en el ritmo de crecimiento pero no una recesión [2]. Las expectativas de la Administración americana hasta el año 2003 son de un crecimiento medio del 2,3% en el PIB, un aumento medio de la inflación del 2,7%, una tasa media de desempleo del 5,5% y una población total empleada (excluyendo el sector agrario) que llegará a los 130,8 millones de personas (en 1996 eran 119,5).

---

[2] El panel de economistas, pertenecientes a la National Association of Business Economists (NABE) preveía una desaceleración del crecimiento hasta el 2,1% en 1999, con un ligero aumento de la inflación hasta el 2,2%. (*The Wall Street Journal*, 13/11/98).

¿Ha llegado la economía americana a ser Goldilocks (Ricitos de Oro), el personaje aquel del cuento infantil que sabía tener a raya a los osos?

Esta situación ha dado pie para un debate amplio y aún inconcluso, el debate sobre *la economía nueva (the new economy)*. Dicho en síntesis, algunos economistas americanos creen que, por fin, se ha conseguido domesticar al ciclo de los negocios y que la economía, al menos la americana, puede dejar de ser esa montaña rusa que a veces asciende y otras se dispara imparablemente en la cuesta abajo.

Salvo alguna explosión lunática, los optimistas dicen cosas bastante sensatas. Steven Weber, un profesor de la Universidad de Berkeley, ha razonado el caso con claridad. Cierto que la *economía nueva* contradice muchas expectativas de la teoría establecida, pero puede ser que los hechos hagan necesaria una reformulación de ésta. Puede ser que las cosas extrañas que suceden y no se acomodan al paradigma no sean más que muestras de que la ciencia económica al uso debe dejar paso a reflexiones extraordinarias y aceptar lo que hasta el momento se consideraba fuera de lo normal. ¿Recuerdan a Kuhn y su teoría de las revoluciones científicas? Pues algo así. Lo que nos aparece como un comportamiento extraño del ciclo de negocios puede que no sea "una aberración, sino el paso siguiente de una nueva tendencia" [3].

Para Weber, lo cierto es que no todos los ciclos de negocios conocidos a lo largo de la historia han sido similares ni en su desarrollo, ni en su duración media; de hecho, las últimas recesiones americanas han sido más espaciadas y más suaves que las anteriores. La actual fase expansiva dura desde 1983, sólo interrumpida por una breve recesión en 1990-1991. A ello han contribuido diversos factores, como la globalización de las economías, cambios en la naturaleza del trabajo, la apa-

---

[3] Steven WEBER, "The end of the business cycle?", *Foreign Affairs*, julio-agosto 1997.

rición de los mercados emergentes y las tecnologías de la información. Lo primero y lo tercero son partes de una misma tendencia hacia la estabilidad del ciclo de negocios.

Hay una buena explicación para esa estabilidad. La mayor parte de los empleos en las sociedades desarrolladas se concentran en el sector de servicios (casi el 80% de la economía americana actual). Pues bien, los servicios son bastante menos cíclicos que la industria. El sector sufre menos en las fases recesivas. Por ejemplo, en la crisis de 1990-1991, mientras que el producto del sector industrial se contrajo en un 3,4%, el de los servicios se mantuvo estable. Por otra parte, la flexibilidad de los mercados de trabajo y la extensión del trabajo a tiempo parcial parecen apuntar en el mismo sentido. El resultado es que el mercado se hace más eficiente, permitiendo desplegar a los trabajadores donde y cuando se necesitan. Todo ello genera menos tendencias inflacionarias y, al final, junto con los otros factores mencionados, el resultado es una expansión con menores recaídas.

Wayne Angell fue hasta 1996 uno de los gobernadores de la FED. Era conocido como un halcón antiinflacionista y, desde luego, no parece persona que se deje llevar por ensalmos ni fáciles alegrías. Sin embargo, se cuenta entre quienes esperan que la actual fase expansiva de la economía americana se siga manteniendo si, entre otros factores, la FED no comete errores de juicio. La razón es que, junto a ser uno de los países más abiertos al comercio internacional, Estados Unidos ha entrado en la nueva era de la información, que "ha generado un proceso de innovación masiva"[4].

El mismo Alan Greenspan, el siempre cauto presidente de la FED, se preguntaba en el verano del 97 ante una comisión del Congreso si lo que estaba sucediendo podría ser "uno de esos fenómenos que suceden una o dos veces en un siglo" y que sirven para llevar a la productividad de una eco-

---

[4] Wayne ANGELL, "Rational Exuberance", *The Wall Street Journal*, 6/2/98.

nomía a nuevos y más altos grados [5]. Si la *economía nueva* es una moda, se diría que tiene el mismo éxito que los diseñadores italianos.

Pero hay escépticos. Son escépticos cautos y bien educados en su mayoría, pero no dan fácilmente su brazo a torcer. Todos ellos apuntan a lo que se ha llamado la *paradoja de la productividad*. Éste es el hueso duro de roer que los optimistas no consiguen explicar.

El hecho es que desde hace veinticinco años el ritmo de crecimiento de la productividad americana se ha desacelerado considerablemente y que, a juicio de algunos, no parece que la cosa vaya a cambiar para mejor. Como resultado, la renta media de las familias ha detenido su crecimiento. A comienzos de los noventa todavía estaba por debajo de la de 1973 y sólo en los dos últimos años ha vuelto a repuntar un poco. Es decir, los americanos en conjunto no han visto crecer su nivel de vida en las dos últimas generaciones. Si esto se compara con el rápido aumento del bienestar entre la generación que hizo la II Guerra Mundial, los nacidos en torno a los años veinte, no es de extrañar que a menudo los americanos expresen sentimientos de frustración.

La recesión de 1990-1991, que todo el mundo coincide en presentar como suave, hizo que las cosas no quedaran en el mundo de los economistas. De hecho, desencadenó un amplio descontento político que llevó, primero, al triunfo de Clinton y, después, a que los republicanos se hicieran con el control del Congreso en 1994. La próxima recesión, y alguna vez ha de haberla, puede ser una edición corregida y aumentada, de consecuencias difíciles de prever pero seguramente ingratas. Es posible que el crecimiento económico acelerado de los años cincuenta y sesenta fuera una excep-

---

[5] Bob DAVIES y David WESSEL, *Prosperity*, Random House, 1998, cap. 10. *Vid.* también Richard W. STEVENSON, "Plumbing Greenspan's Journey to the New World Economy", *The New York Times*, 15/11/98.

ción y no una regla en la historia de Estados Unidos y seguramente tiene razón Michael Elliott, al decirlo así en *The Day before Yesterday*. Pero el suyo es un argumento que no anima a los compradores.

Los más se colocan en posiciones intermedias. Ni *nueva economía* ni pesimismo a ultranza, la actual es una fase *de aspiraciones insatisfechas* o, para decirlo con Paul Krugman, una *edad de expectativas rebajadas, the age of diminished expectations* [6]. Algo similar a lo que había apuntado David Halberstam, en 1986, al hablar del futuro de la industria en su país. Junto a grandes oportunidades, Halberstam veía algunos puntos oscuros. "El otro aspecto en que América está poco preparada para la nueva economía global es el de las expectativas. Ningún país, incluyendo a América, tiene posibilidades de ser tan rico como América lo ha sido entre 1945 y 1975... lo que significa que la vida para la mayoría de los americanos está llamada a ser más difícil" [7].

La economía americana no ha crecido en los últimos veinte años al ritmo de los fantásticos años que siguieron a la victoria sobre el fascismo y al empate de Corea. Si hay que hallar un culpable, búsquese a la productividad. "La productividad no lo es todo, pero a largo plazo lo es casi todo", dice Krugman [8] para explicar la razón de aquella rebaja de expectativas.

La productividad suele definirse como la variación en la cantidad de bienes y servicios producidos por trabajador de una economía en una hora de trabajo. Algo, al parecer, tan simple es un nudo de muy diversos hilos económicos y sociales, lo que explica la afirmación de Krugman.

Históricamente, desde la Guerra Civil, la productividad en Estados Unidos creció durante un siglo a un ritmo medio

6 Paul KRUGMAN, *The Age of Diminished Expectations*, The MIT Press, 1995, caps. 15, 16 y 17. También por el mismo autor, *Peddling Prosperity*, W.W. Norton & Co., 1994, caps. 8 y 9.
7 David HALBERSTAM, *The Reckoning*, p. 747.
8 Paul KRUGMAN, Ibid., p. 13.

del 2%. Sin embargo, la tasa media de productividad ha pasado, de un 2,8%, desde los años 1950-1973, a un 1,1% entre 1973 y 1996, casi dos tercios de reducción o la mitad, si la comparamos con la tasa secular. Estos números en apariencia tan inofensivos tienen serias consecuencias, debido a la magia del interés compuesto [9]. Si la productividad de la economía americana entre 1973 y 1996 hubiese crecido al mismo ritmo de 1950-1973, el nivel de vida de los americanos sería hoy cerca de un 30% más alto. Con $2,7 billones anuales más de PIB en 1997 se habría podido reducir en un 40% la deuda federal o cada americano visto crecer su renta anual en $8.950, más de un millón de pesetas al año. Pero como no estamos en Jauja, hablemos de la realidad presente.

Se apuntan muchas causas para esta desagradable tendencia. Durante un tiempo hubo la opinión extendida de que había que buscarlas en los efectos del choque petrolero de 1973. Ambas cosas coincidieron en el tiempo y, por otra parte, la rebaja en la productividad no fue privativa de los americanos; Japón y Alemania la notaron también por aquel entonces. Pero seguir manteniendo esta explicación veinticinco años después no es posible.

Hoy lo habitual es decir que se debe a un complejo de factores. El primero y principal es que la productividad de los años cincuenta y sesenta fue excepcional y tuvo su origen en el traspaso al mundo civil de los avances tecnológicos que se habían originado en el sector público como resultado del esfuerzo bélico, lo que es irrepetible. Otro es la eficiencia en el uso del capital físico y los recursos humanos con que cuenta la economía americana. La organización de la producción ha sido menos eficaz que en el pasado. Más allá se apunta que la productividad se recuperaría si el sector público acentuase su disminuido protagonismo, mientras otros, en fin, hablan de todo lo contrario: cuanta menos intervención y regulación, más productividad.

---

[9] Paul KRUGMAN, *Ibid.*, pp. 17 y ss.

Finalmente, algunos, como el citado Krugman, señalan que no existe todavía una explicación concluyente del fenómeno y que sus causas siguen siendo un misterio [10]. En fin, ni se muere padre ni cenamos.

No seré yo quien se crea Perry Mason en el extraño caso de la productividad menguante, pero tampoco parece de mala educación husmear un poco más en el asunto. Ante todo, convendría cualificar los datos anteriores. La productividad se ha ralentizado, pero no lo ha hecho por igual en todos los sectores de la economía. De hecho, en el sector industrial, excluyendo la minería y la construcción, la productividad ha crecido desde 1980 al mismo ritmo que antes de 1973. Es precisamente en el sector de los servicios, el más resguardado de la competencia internacional, donde la productividad ha tenido unos resultados bajísimos, con una media de 0,5% de crecimiento anual. Al mismo tiempo, este sector terciario ha conocido un crecimiento absoluto muy grande. Luego se dice, lo dice por ejemplo Jeffrey G. Madrick [11], la productividad ha crecido poco y mal justamente en donde se estaba produciendo la mayor expansión del mercado de trabajo, aunque se mantuviese en la industria tradicional.

¿Cómo es esto posible? ¿Acaso los americanos han hecho una apuesta colectiva equivocada, al fomentar el crecimiento de los servicios y no concentrarse en su tradicional producción industrial donde habrían mejorado sus posiciones?

Seguramente no tenían otra opción. La economía capitalista mundial ha sido un sistema global desde sus orígenes, no un conjunto de piezas separadas que campasen por sus respetos. Ahora bien, esa globalización de la economía ha crecido en la intensidad de su integración a lo largo del tiempo, con diversos puntos de inflexión que marcan etapas nuevas en la forma de crecimiento del sistema y en su grado de compene-

---

[10] Paul KRUGMAN, *Peddling Prosperity*, pp. 59-65.
[11] Jeffrey G. MADRICK, *The End of Affluence*, Random House, 1995.

tración. Cuando tanto se habla hoy de economía global se dice, pues, una verdad a medias. Es falso que el fenómeno sea nuevo; son completamente ciertas, sin embargo, las nuevas formas de integración mundial.

En los últimos veinte años se han producido numerosos cambios en el seno de la economía internacional, han aparecido grandes competidores al protagonismo americano en Japón y Europa, hay en escena nuevos actores que antes carecían de papel, como los dragones asiáticos, varias economías emergentes de Latinoamérica y los países ex socialistas del Este europeo y llaman a la puerta sociedades-mundo como China o India que, hasta hace poco, sólo habían ocupado una posición ancilar. Aunque muchos de estos países se hayan encontrado en una seria crisis desde mediados de 1997, su papel anterior, y seguramente futuro, no pierde por ello importancia.

Lo que esto significa es una competencia creciente, de suerte que, aun siendo alta la productividad de los sectores manufactureros tradicionales de Estados Unidos, muchos de sus productos no están en condiciones de competir adecuadamente con los de otros actores del sistema. Bien porque la productividad de éstos sea aún mayor que la americana (por ejemplo, en los automóviles japoneses, coreanos o alemanes hasta hace poco), bien porque el coste de la mano de obra en sectores intensivos en trabajo haga imposible competir con ellos (como sucede con las confecciones de Malasia, China o la República Dominicana, mírese la etiqueta de la camisa que lleva puesta), las exigencias del mercado mundial han llevado a los americanos a especializarse en aquello que hacen bien y a abandonar sectores de buena productividad pero menos competitivos en el mercado [12]. Esa amiga suya que vive en aquel estupendo *loft*, en tiempos parte de una fábrica

---

[12] *Vid.* los argumentos de James K. GALBRAITH, *Created Unequal*, The Free Press, 1998, pp. 117 y ss.

urbana, en Soho o en Tribeca o en Soma o en Sobe es uno de los beneficiarios.

Vuelven los optimistas a la carga. Esa apuesta por los servicios no debe ser tan ruinosa como podría parecer a primera vista. El sector de los servicios es muy heterogéneo y abarca desde los bolsistas de Wall Street o los corredores de futuros en Chicago, pasando por las grandes y pequeñas cadenas de televisión hasta el fontanero que viene a casa. La productividad de las grandes firmas financieras, hoteleras o de aviación, todas ellas abiertas a la competencia internacional, no será indudablemente la misma que las de las pequeñas empresas de instalación y reparaciones de electrodomésticos.

Otros sospechan que la productividad del sector servicios no es tan baja como se dice. De hecho, el crecimiento reciente del PIB americano no parece deberse solamente al aumento del empleo. El adelgazamiento de Estados Unidos (*downsizing of America*) que tanto ha dado que hablar se ha producido, sobre todo, en el sector de los servicios y ha afectado ampliamente a los escalones medios, los más burocratizados, de las empresas. American Airlines, un ejemplo entre muchos, recortó de modo considerable su fuerza de ventas en algunas ciudades pequeñas entre 1992 y 1993. Donde antes había un jefe comercial, con su consiguiente cohorte secretarial y varios vendedores, en total una plantilla de 10 a 12 personas, y una oficina central con sus correspondientes servicios, se pasó a tres vendedores que trabajaban desde su coche con un teléfono y un fax móviles y a un supervisor que, a menudo desde su casa en otra ciudad, dirigía sus operaciones. Total, cuatro personas y sin oficina central. Una de dos, o las ventas de los nuevos equipos se han reducido abismalmente, lo que no parece ser el caso, o se ha producido un aumento de la productividad en este sector, no tan marginal, de la empresa. Puede ser que hechos como éste sean pequeñas gotas de agua en el mar, pero también es posible que sea necesario refinar los instrumentos de medición de la productividad en los servicios.

Según estos autores, todavía no se ha podido medir con exactitud el impacto que la revolución informática y de las comunicaciones está teniendo sobre el sector de los servicios. ¿Cabe, sin embargo, decir con Louis Uchitelle [13] que América esta toda ella cableada, pero sigue esperando un aumento considerable de la productividad? ¿O, tal vez, el cambio acaba de empezar y aún carecemos de la perspectiva suficiente para juzgarlo?

Decenas de miles de ciudadanos americanos hacen las más diversas transacciones sin tener que desplazarse a un centro de atención y sin entrar en contacto con un terminal humano. Con una tecnología simple y bien conocida como el teléfono y un medio de pago plástico puede uno saber su saldo bancario, ordenar operaciones de bolsa o comprar el seguro del coche, la ropa interior roja con la que nuestra señora o su mejor amiga estarán tan monas el día de San Valentín y la corbata que Santa Claus traerá a papá un año más, a la odiosa voz automática del otro lado del hilo con la seguridad de que así se hará.

Algo no mucho más sofisticado, como un ordenador personal con una pista para discos compactos, puede ponernos en casa el catálogo de Home Depot, el museo del Louvre, hacernos saltar como talibán por las letales curvas de Naomi Campbell y, pronto, vestirnos con las ofertas de primavera de L. L. Bean. Si se tiene algo un poco más potente, como un *modem*, puede uno buscar casa nueva desde el sillón del salón, admirar sus dependencias, ver cómo dispondría sus muebles en el nuevo espacio virtual, buscar la mejor hipoteca. Si le quedan ganas para celebrarlo, puede deleitarse con la transmisión por Internet de la última versión de *Mi jaca* a cargo de los Tres Tenores. ¿Tal ahorro de energías y tal aumento de la velocidad transaccional no es en verdad un empujón a la productividad del sector de ventas y servicios? El sentido común

---

[13] *The New York Times*, 8/12/96.

nos inclinaría a decir que sí, aunque harto sabemos que el sentido común se equivoca a menudo.

Hay quien dice que el aparentemente escaso impacto de los computadores sobre la productividad puede deberse a que su introducción acaso sea algo similar a la introducción de la luz eléctrica. La aparición de las bombillas incandescentes a principios de siglo permitió la generalización del trabajo nocturno y posibilitó que las fábricas funcionasen en tres turnos, en definitiva, que el rendimiento en el trabajo y la calidad de vida fueran más altos, aunque ello no se notase tangiblemente en el crecimiento de la riqueza nacional. Acaso las redes computacionales tengan un efecto similar, al hacer el trabajo más fácil y llevadero pero sin que ello se traduzca en capacidad directamente medible. O tal vez el aumento de la productividad, aún lento, esté demorando su despliegue en el tiempo. La próxima generación pudiera ser capaz de sacarle el partido que no obtiene la actual. Aunque, por otra parte, bien pudiera ser que todavía no exista masa crítica computacional suficiente para permitir un aumento mensurable de la productividad. Por el momento, señalan algunos, los computadores no representan más de un 2% del equipamiento total de capital, en tanto que en su día los ferrocarriles, que añadieron lo suyo al crecimiento secular de la productividad, representaban algo así como el 12%.

Pero también es posible que el impacto de los computadores sobre la productividad no sea tan escaso y lo que necesite de un mayor refinamiento sean nuestros los métodos estadísticos para medirlo [14]. Un estudio de DRI-McGraw-Hill señalaba a finales de 1996 que las mejoras de calidad en servicios sanitarios, financieros y de negocios han sido subestimados considerablemente. De hecho, como es sabido, ha habido un significativo recorte de la fuerza de trabajo en numerosas industrias, sin que su producción haya disminuido, lo que debería significar que ha crecido su productividad.

---

[14] Gene KORETZ, "How to Raise US Productivity", *Business Week*, 27/11/96.

La situación dista de ser clara en el terreno teórico, sin duda, pero todo hace pensar que la introducción de nuevas tecnologías productivas, fundamentalmente, la expansión en el uso de ordenadores para un gran número de actividades y la exactitud en la producción *(just-in-time production)* han dado paso a una etapa en la que el crecimiento económico americano se ha acelerado.

Éste es el debate fundamental entre los economistas americanos hoy. Es claro que los resultados actuales de la economía son bastante mejores que hace tan sólo cinco años, pero queda por saber si se mantendrán en el futuro o representan solamente una mejoría transitoria. En cualquier caso, lo que sabemos es que efectivamente, en términos macroeconómicos, las expectativas globales se han reducido, aunque seguramente no tanto como se anticipaba a comienzos de los noventa. La economía americana se ha portado bastante mejor de lo entonces previsible. Esa mejoría ha afectado a casi todos los sectores productivos. La causa fundamental del asunto es la expansión de las nuevas tecnologías de información y comunicación que han afectado desde la industria hasta la mayor parte de los servicios.

QUIÉN TE HA VISTO Y QUIÉN TE VE

Cada quien tiene su lista de libros favoritos, que suele ser amplia y difícil de reducir a esos *diez libros que usted se llevaría a una isla desierta*. Si hubiese que hacer la elección, junto a nueve novelones, yo me llevaría un libro de no ficción, *The Americans* de Daniel Boorstin [15]. Es, de lejos, la mejor historia social de Estados Unidos; más aún, es de lo mejorcito en el género, punto. En sus tres tomos, Boorstin pasa revista a todo aquello que hizo grande a este país, con excepción de lo que

---

[15] Daniel BOORSTIN, *The Americans*, Vintage Books, 1973.

habitualmente se estima que le hizo grande, como sus políticos, sus diplomáticos o sus financieros. Aquí los héroes son el vendedor de biblias, los mercaderes de hielo, las chicas del *saloon*, los vendedores de coches, las secretarias, los inventores de las ventas a plazos o los inventores a secas, los consumidores de diarios, los estadísticos, los *sheriffs* sin ley y los forajidos honrados, gente como usted y como yo. Ésta es su historia, y la de otros muchos. Pero, sobre todo, es la historia del ingenio americano. "Nueva Inglaterra no cultivaba pimienta, ni café, ni azúcar, ni algodón ni cosecha otra alguna que vender al mundo. El más grande recurso de Nueva Inglaterra era su ingenio". De ella lo aprendió la nación entera.

El gran ascenso de Estados Unidos corrió parejas con la llamada segunda revolución industrial. En los últimos cuarenta años del pasado siglo, los ferrocarriles, la producción de acero y la luz eléctrica revolucionaron las formas de producción industrial. Todos los países de Europa occidental y el Japón Meiji sacaron grandes ventajas de estos adelantos tecnológicos pero, sin duda, quienes con su ingenio más se aprovecharon de ellos fueron los americanos. La segunda revolución industrial cambió a aquel país de granjeros y criadores de ganado hasta convertirlo en una gran potencia industrial. Años más adelante la generalización del automóvil, de los teléfonos y de los aviones lo tornaron en la gran superpotencia que todavía hoy es.

El corazón de la industria americana era de acero y en torno a la producción de acero giraba el resto de la economía. Pittsburgh, Pensilvania, era el centro de toda esa industria. Al Oeste, en Wisconsin y en Minnesota, estaban los grandes yacimientos de hierro de Vermilion Range, Mesabi Range y Menominee Range, en los aledaños del lago Superior; al este de Pensilvania, en el valle del Susquehannah, había minas de antracita; el valle del río Ohio era un inmenso yacimiento de carbón bituminoso. El transporte de carbón y hierro se realizaba fácilmente por tierra y, sobre todo, por cabotaje en la región de los Grandes Lagos. Bastaría con alguna innovación tecnológica para que las pequeñas fundiciones y forjas se convirtiesen en grandes acerías capaces de producir millones de toneladas. Y allí llegó, llevando el nombre de Henry Bessemer y otros.

El acero hizo la fortuna inicial de Chicago y de Detroit, pero, sobre todo, la de Pittsburgh y Canton, la de Akron y Buffalo. Como diría un viajero al pasar por Pittsburgh en 1868, aquello era *el infierno sin tapadera.* El valle del Monongahella, Mon Valley para los amigos, justo al sur de Pittsburgh, era a finales del XIX una sucesión de plantas siderúrgicas y de pueblos de metalúrgicos que producían la mayor cantidad del mejor acero del mundo. Las cifras hablan por sí solas. En 1910, Estados Unidos producía unos 25 millones de toneladas de acero. En 1950 se alcanzaban los 100 millones. La producción máxima llegó en 1973 con 150.798.927 toneladas. Los coches de Detroit y otras mil y una aplicaciones del acero habían convertido al Medio Oeste en una de las regiones más genuinamente industriales del mundo, en pie de igualdad con el Ruhr [16].

En 1982, cuando las tres grandes compañías del sector automovilístico, General Motors, Ford y Chrysler estaban sintiendo con la fuerza que ya conocemos los embates competitivos de la industria japonesa, Mon Valley era sólo una sombra de su antiguo poderío. Las fábricas estaban cerradas y, recuerda David Halberstam, desde un avión podía verse escrito en muchos de sus techos el cartel de *Se Vende.*

En 1985 la producción de acero había caído a 90 millones de toneladas. La historia puede entenderse fácilmente. Por un lado, habían aparecido nuevos materiales como el aluminio y los plásticos, que le hacían fuerte competencia. Por otro, la productividad de la industria, aun alta, no podía competir con la de algunos productores extranjeros. En 1958 los

---

[16] Michael Elliott, *The Day before Yesterday*, pp. 121 y ss.

productores americanos de acero tardaban un tercio menos que los japoneses en hacer una tonelada de laminaciones en frío; en 1980 tardaban un cuarto más. En 1982, US Steel, rebautizada USX Co., había bajado su cuota de mercado a un 15% y tuvo que afrontar una huelga de sus 22.000 trabajadores; con sus seis meses de duración fue la huelga más larga de la industria en toda su historia.

Algo similar sucedió en los años ochenta con muchos sectores de la industria americana y con muchas compañías en esos mismos sectores. El mayor exportador de Estados Unidos a comienzos de esos años era Caterpillar [17], la empresa fabricante de tractores y máquinas herramienta. Poco después, Caterpillar estaba en números rojos. Una buena parte de la electrónica de consumo se había esfumado, no se fabricaban televisores americanos, los buenos sistemas de audición venían de Japón; ya hemos visto algo de esa historia y no vale la pena repetirla. En definitiva, aparte del puntillazo coyuntural de unos tipos de cambio muy perjudiciales para las exportaciones denominadas en dólares como los que se impusieron a principios de los ochenta, todo ello reflejaba que en el sistema mundial habían aparecido competidores capaces de producir mejores productos que Estados Unidos, como en el caso de Japón, o simplemente capaces de producir más baratos bienes intensivos en trabajo, como sucedía con los pequeños *tigres* asiáticos. El déficit comercial estadounidense no reflejaba otra cosa.

Pero los americanos saben cómo ingeniárselas. Michael Elliott, un corresponsal del *Economist*, ha dicho que si a principios del siglo alguien hubiese sabido qué cosa eran los ordenadores y se le hubiese propuesto profetizar en qué lugar del planeta iban a aparecer éstos, no habría dudado en señalar a Alemania. Sin embargo, IBM se fundó en Endicott, Nueva

---

[17] Michael MOYNIHAN, *The Coming American Renaissance*, Simon & Schuster, 1996, p. 32.

York. En los veinte años que separan 1945 de 1965, IBM aumentó sus ingresos netos veinte veces y llegó a controlar dos tercios del mercado mundial de los ordenadores.

En 1985 nadie daba un duro por Intel[18], cuyo principal negocio a la sazón era la fabricación de microchips para ordenadores. A pesar de que la industria de los microchips era genuinamente americana, a mitad de los años ochenta los fabricantes japoneses como NEC, Fujitsu, Hitachi y Matsushita estaban planteando una fuerte batalla. El poderoso Ministerio japonés de Industria y Comercio (MITI) había señalado al sector como uno de sus objetivos y había puesto los capitales y recursos necesarios para que esas firmas conquistasen otro mercado. Los japoneses se metieron hasta el cuello en el desarrollo de una línea de DRAMs *(dynamic random-access memory)* y estaban dando una carrera en pelo a compañías como Motorola, AMD y la propia Intel. A pesar de ser sus inventores y de haber invertido sumas considerables en los DRAMs, los dueños de Intel decidieron abandonar ese negocio y concentrarse en las CPUs *(Central Processing Units)*, los cerebros que hacen funcionar a los ordenadores. Tras una serie de pérdidas, los beneficios de Intel se recuperaron y en 1987 alcanzaron los $248 millones. Pero había más. Mientras que el negocio de los microchips era muy competitivo y no dejaba márgenes superiores a un 1-2%, el de las CPUs, que lo era mucho menos, dejaba un 63%. Los japoneses, por su parte, no podían competir en la fabricación de CPU*s* porque carecían de la tecnología necesaria.

En éstos y en otros muchos sectores una parte importante de los avances se deben a la introducción rápida de métodos de producción y técnicas de gestión hechos posibles por la informática. De hecho, lo que llamamos economía *high tech* es el conjunto de aquellas industrias ligadas a la producción de ordenadores o que han sido capaces de introducir acelera-

---

[18] Michael MOYNIHAN, *Ibid.*, pp. 114 y ss.

da y extensamente la informatización en sus actividades. Es lo que James K. Galbraith denomina *sector K* (por la inicial de la palabra *knowledge*, conocimiento) y suele incluir las industrias de computadoras, fotografía y electrónica, aeroespaciales, de comunicaciones, químicas, armamento sofisticado, equipos de precisión y ciencias médicas [19]. Tal parece que, lejos de hacer una apuesta equivocada sobre el futuro de su economía y su industria, los americanos hubieran decidido abandonar campos enteros que no parecen tener un gran potencial de crecimiento, para concentrarse en sectores en los que pueden desplegar mejor las habilidades de sus empresas y de sus trabajadores.

La recomposición industrial

Sin duda, la gran estrella de las industrias actuales es la de los ordenadores. Los ordenadores han sido para los *boomers* el equivalente de la televisión para sus padres o de los autos para sus abuelos, la tecnología que ha marcado buena parte de sus vidas productivas y sus horas de ocio. Hoy el mercado de los ordenadores es un mundo complejísimo en el que hay dos grandes avenidas, la de las grandes cajas *(big boxes)* y la de los personales o PCs y entre medias un montón de pequeñas e intrincadas calles y callejas. El dominio americano sobre esa industria es prácticamente total.

Los ordenadores personales son máquinas bastante sencillas de fabricar cuando se cuenta con la tecnología adecuada. Según dicen, una vez que se les levanta el capó todos son iguales. Sin embargo, no ha sido así desde el principio. Durante los primeros pasos de la industria, todo hacía pensar lo contrario. Cada compañía desarrollaba su propio producto y se creía capaz de imponer su propia tecnología propietaria. La

---

[19] James K. Galbraith, *Created Unequal*, p. 111.

incompatibilidad entre las marcas era total. Habría una guerra y tan sólo algunas pocas se mantendrían en el mercado, cada una con su propia clientela.

Sin embargo, IBM, que temía que de no hacer lo contrario se iba a ver envuelta en eventuales procesos antimonopolio, decidió que fuera otra compañía, Microsoft, quien desarrollase su DOS o sistema operador de disco, para mayor gloria de la industria americana y eterno agradecimiento de su dueño, Bill Gates, el hombre más rico de Estados Unidos en la actualidad [20]. Mientras que los japoneses trataban de emular a IBM y construir sus propios sistemas propietarios o *hardware* con la esperanza de hacerse fuertes en una o varias marcas y, desde ellas, lanzar con posterioridad una guerra de precios, la decisión de dejar el campo de los sistemas operativos para Microsoft les metió en un callejón sin salida. Mientras todos los fabricantes americanos desarrollaron un conjunto de máquinas compatibles con los PCs de IBM *(PC compatibles)*, que podían trabajar con un mismo *standard*, lo que, a su vez, era imprescindible para que hubiese un solo mercado (y otro más pequeño, contando el nicho de Apple) para la venta de programas computacionales específicos. Puede imaginarse la pesadilla en que nos moveríamos hoy si cada procesador de texto, hoja de cálculo o agenda personal tuviese siete versiones incompatibles entre sí y cómo los ordenadores personales seguirían siendo productos excesivamente caros, como lo eran hace diez años. Pero con suerte y con una cierta capacidad de prever el futuro, los americanos se apoderaron de ese mercado.

Las líneas previsibles de desarrollo de los ordenadores y de sus productos periféricos ofrecen también buenas perspectivas para la industria norteamericana. Una de ellas es la de los ordenadores portátiles y los de bolsillo *(palmtops)*; otra, la de

---

[20] A lo largo de las páginas siguientes, seguiremos la exposición de Michael MOYNIHAN, *Ibid.*, caps. 3, 4, 5 y 6.

las pistas de discos duros *(disk drives)*. En ambas el dominio USA es casi completo. Por lo que hace a los periféricos, compañías como Hewlett-Packard tienen el control del mundo de las impresoras láser y de buena parte de los lectores *(scanners)* de textos e imágenes. La historia es similar en otros productos de oficina como los faxes (de nuevo Hewlett-Packard) y las copiadoras (Xerox, que estaba prácticamente en la cuneta, ha tenido un retorno espectacular).

Pronto tendremos en las tiendas la TV digital de alta definición (HDTV). En 1990 podían verse, orgullosamente instalados en las tiendas de electrónica de consumo de Akihabara, ese laberinto informático de Tokio, los aparatos del futuro, las TV analógicas de 1.250 y más líneas que aparentemente iban a darnos en casa una calidad de imagen y sonido similar a la de los cines de pago. Hoy aquellos televisores son chatarra que no ha podido desarrollarse, se los ha comido la HDTV digital. Las nuevas normas de la TV digital, adoptadas recientemente por la mayoría de los futuros fabricantes, han sido el resultado de una gran alianza de empresas europeas y americanas. Entre éstas últimas están AT&T, MIT, General Instruments. Posiblemente tengamos de nuevo en el mercado aparatos de *HDTV made in the USA* antes de que pase mucho tiempo.

Pero la recomposición no se ha dado solamente en el seno de las industrias de tecnología de punta. Otras industrias tradicionales están volviendo por sus fueros. Ya hemos hablado de los automóviles. Pero hay otros ejemplos. Hace sólo diez años nadie pensaba que el acero pudiese volver a ser una actividad pujante en Estados Unidos. Hoy las cosas han cambiado en algunos sectores de la industria, mediante una especialización creciente y el aprovechamiento de nichos poco trabajados. En efecto, fábricas obsoletas que son parte de lo que se ha conocido como *cinturón de la chatarra (rust-belt)*, coexisten con otras por completo puestas al día. Nucor, con base en Charlotte, Carolina del Norte, es una de ellas. Nucor fue de las primeras empresas americanas en utilizar los minihornos de alta tecnología y hoy es capaz de competir ventajosamente en el mercado internacional.

En los ochenta, cuando se importaban dos tercios del mercado, las máquinas herramienta eran otro ejemplo del declive industrial americano. Hoy las máquinas extranjeras son sólo la mitad. En 1994, los fabricantes de máquinas herramienta americanos tuvieron un crecimiento del 27%, el ritmo más alto desde 1960. Los desarrollos de la industria farmacéutica y de la biotecnología van por el mismo camino de rápido crecimiento. Algo similar sucede en la minería donde, con el uso de tecnologías informáticas y nuevos métodos de fabricación, la producción ha crecido un 3% de media anual desde 1970.

Incluso en el sector de los textiles y la confección, donde la competencia estaba no ya en otros países desarrollados, sino en sociedades con abundante mano de obra barata, la introducción de tecnologías de punta como máquinas de coser microelectrónicas o programas de ordenador *(computer assited design* o *CAD)* que diseñan ropa en minutos o la automatización del patronaje y el corte de diversas prendas de vestir está permitiendo un resurgir de las compañías y del diseño americanos.

LOS SERVICIOS COMPETITIVOS

Los servicios representan en la actualidad más de dos tercios de la economía americana. Como hemos visto, su cuantificación y estudio estadístico no es nada fácil y, por otra parte, son un sector absolutamente heterogéneo, donde McDonald's y Taco Bell se codean con Merrill Lynch y los Fidelity Funds. Pero el sector no es ninguna broma económica. Como recuerda Michael Moynihan, un experto del Departamento del Tesoro, "de las treinta compañías que componen el índice industrial Dow Jones, siete son hoy empresas de servicios y tres son compañías petroleras que hacen mucho de su dinero en el mundo de los servicios". En estos últimos años Walt Disney ha reemplazado a USX, los sucesores de US Steel; American Express ha sucedido a Manville y American Brands ha cedido su puesto a McDonald's.

Pero precisamente éste es el sector donde aparentemente la productividad de la economía americana crece menos rápidamente y actúa como lastre para el conjunto del sistema. Repitamos la pregunta: ¿se equivocaron los americanos al apostar por él? Con los datos actualmente existentes cabe decir que no. Parte de la sabiduría establecida repite la aporía de William Baumol según el cual los servicios tienen límites intrínsecos para el aumento de su productividad. Baumol sostenía que aunque las industrias han crecido espectacularmente desde entonces, hoy se necesita al mismo número de personas para tocar un cuarteto de Mozart, es decir, la productividad de los servicios no ha cambiado en dos siglos.

Todo esto hay que tomarlo con mucho cuidado. El ejemplo de Baumol sólo es relativamente cierto. Un concierto en vivo de los Tres Tenores no ha cambiado mucho respecto de lo que sus homólogos del pasado podrían haber hecho. Se hubieran necesitado también tres personajes, la partitura hubiera sido la misma, la orquesta habría necesitado una composición similar y el tiempo empleado para cantar *Muñequita linda* habría sido también de unos tres o cuatro minutos. Así que nada habría cambiado. Pero es que el espectáculo, a menudo para nuestro tormento, no se acaba en los confines de la sala de conciertos. Con amplificadores, nuestros amigos pueden cantar para miles de personas. Sus discos se venden por cientos de miles. Si entra la TV, pueden llegar a muchos millones de audiencia. Claro que está el asunto de *la pérdida del aura* de que hablase Walter Benjamin, pero eso parece salirles por una higa a todos esos millones.

Otros muchos servicios y negocios han conocido transformaciones similares. Mario Vargas Llosa escribía hace poco, con pesar de bibliófilo, la necrológica de las pequeñas librerías. Ay, librerías de la rue de Monsieur-le-Prince o del barrio de Argüelles, donde tanto aprendimos. Ay, Books & Books en Coral Gables. Sin duda, una buena parte de su negocio, si no todo él, se lo va a llevar la FNAC o los libródromos tipo Barnes&Noble o Borders con sus infinitas superficies donde, junto a una oferta literaria no muy amplia en relación al tamaño del local, puede uno, sin embargo, comerse un trozo de *cheesecake* de diseño, degustar distintas variedades de té cingalés o café tico y pasarse las horas muertas en un sofá *chester* de *vero cuoio* hojeando libros, muchos de los cuales llevan entre un diez y un treinta por ciento de descuento. La *ratio* de personal por libro expuesto es mucho menor que en las librerías que amamos y la oferta, mucho más corta, se basa en la venta masiva de grandes éxitos. Pero con estos precios y esas facilidades la competencia es imposible y también nosotros acabaremos por traicionarlas.

Algo similar ha sucedido en todo el sector de distribución. Sam Walton se hizo multimillonario con los Wal-Marts [21]. Un Wal-Mart es un megaalmacén generalista que ofrece precios muy bajos para un gran número de bienes de consumo. Wal Mart o los supermercados de computadores (CompUSA) u otros similares especializados en productos para la construcción y el hágalo-usted-mismo *(Home Depot)* o para la oficina *(Office Depot)* se basan todos en los mismos principios: bajos costos, grandes volúmenes, poco personal, rápida gestión de *stocks* y seguimiento al milímetro de los gustos y las necesidades de los consumidores. Nada de ello sería posible sin la existencia de los ordenadores.

Una gran cantidad de americanos ya no come en casa más que en contadas ocasiones. Los restaurantes de comida rápida *(fast food)* o comida basura *(junk*-food), todo depende del punto de vista, llenan el paisaje urbano y suburbano de

---

[21] Michael MOYNIHAN, *Ibid.*, pp. 58 y ss.

Estados Unidos. Cada una de esas múltiples cadenas se especializa en algún tipo de producto de la cocina autóctona o internacional y lo ofrece a precios muy baratos, a menudo más baratos que los de sus contrapartes en otros países. Calidad siempre igual, autoservicio, escaso personal de cocina y mostrador y bajos precios son las claves del éxito de McDonald's, Burger King, Wendy's, Pizza Hut, Taco Bell, KFC y otros tantos. Al igual que sucede con las grandes cadenas de distribución, estos restaurantes han tenido una rápida y fácil exportación por todo el mundo. Su explotación, a veces directa por la propia casa madre, a veces en régimen de franquicia local, les ha permitido convertirse en empresas verdaderamente multinacionales no sólo por su capital, sino también por el origen de sus franquiciados. La capacidad de estos monstruos de la alimentación para adaptarse a los gustos cambiantes del público mundial, así como a los más variados entornos culturales son inigualables, pese a las protestas despertadas en países orgullosos de sus propias tradiciones culinarias como Francia o Italia o España. Junto con los pantalones vaqueros, los *fast-food joints* son el ejemplo vivo del éxito mundial de la cultura de masas norteamericana. Se insiste mucho en que la clave de su éxito está en el trabajo barato, pero eso no es más que una parte del asunto. Sin la existencia de los ordenadores, la eficiencia de todas estas cadenas disminuiría mucho.

La automatización hará también más productivos otros numerosos sectores, desde la construcción (hasta ahora casi inmune a los cambios) a la energía eléctrica y el gas natural. La desregulación, los grandes sistemas automatizados de reservas, como el Sabre de American Airlines, por poner un ejemplo, y la creación de grandes centros de redistribución de pasajeros (*hubs*) han aumentado la productividad de las líneas aéreas. La generalización de los cajeros automáticos con sus veinticuatro horas de guardia siete días por semana y una gama creciente de servicios han cambiado ya el panorama de la banca. Las mensajerías y correos privados, las estaciones de servicio automatizadas, cada vez más parecidas a pequeños supermercados con sus tiendas de conveniencia, son otros tantos negocios en auge como lo será la atención sanitaria. Su buen funcionamiento va a la par de la expansión de la tecnología informática.

LA CIBERECONOMÍA

En 1992, los ordenadores personales estaban muy extendidos, pero, por todas sus espectaculares prestaciones, eran auténticas *mónadas* leibnizianas cerradas sobre sí mismas, aunque no se puede decir que fueran *sin ventanas* porque muchos usaban Windows. Ayudaban a escribir una carta a los amigos o al jefe, a llevar las cuentas de la casa, a hacer cálculos complicados, si acaso a jugar al dragaminas y poco más. Algunas empresas tenían conectados entre sí diversos ordenadores caseros (*local access networks* o *LAN*) y evitaban largos desplazamientos físicos mediante la comunicación en pantalla de algunos puestos de trabajo. Poco más. Había sí, desde hacía años una red, Arpanet, que permitía la conexión de grandes ordenadores de universidades e instituciones gubernamentales. Éste fue el germen de Internet.

Sólo cinco años más tarde la situación había cambiado de forma espectacular. Había sucedido algo muy sencillo: mediante un modem cualquiera podía tener acceso a esas redes y comunicarse a través de ellas con cualquier otro dueño de un ordenador de similar dotación o con los bancos de datos de las grandes instituciones incorporadas a esa Red [22]. Habían nacido, mejor dicho, se habían popularizado para el común de los mortales, el correo electrónico y la navegación por el lla-

---

[22] Sobre Internet, también llamada entre nosotros la Red, la literatura es todavía escasa. En castellano, lo más completo al alcance del lector medio es la obra de Juan Luis CEBRIÁN, *La red*, Taurus, 1998.

mado espacio virtual. La transmisión de imágenes digitalizadas terminó por operar el milagro.

La digitalización no es otra cosa que la reducción a bits binarios, los átomos virtuales, de textos, imágenes y sonidos. Primero fueron los textos, con los aburridos Gophers que se usan cada vez menos. Luego empezó a llover café en el campo con la World Wide Web toda llena de atractivas imágenes: mis amigos me llaman WWW (World Wide Wait o espera cósmica que traducen algunos impacientes hartos de acechar la encarnación virtual de la Playmate of the Month, que tarda lo suyo si su modem es un 14.4). Ahí se dispararon las ventas de ordenadores.

Los conjuntos o paquetes de bits, que lo mismo pueden ser una página de *El País* o del *New York Times* o de la *Enciclopedia Británica*, o la fotografía de un coche o la reproducción de un cuadro de Van Gogh o cualquier otra diablura que se le pueda ocurrir a uno, se comprimen, se transmiten a la velocidad de la luz por cables de fibra óptica, capaces de transportar volúmenes crecientes de información, se descomprimen y llegan por la red del teléfono local hasta la pantalla del ordenador. Todo ello sin mayor equipamiento que aquel ordenador personal tan aburrido que ya teníamos, un teléfono y un modem, más un proveedor de servicios y un programa de navegación *(browser)*.

Magia potagia. Que necesita uno saber la producción de bauxita en Surinam, pues consulta el CIA Factbook, que lo trae todo; si trata de escoger unas vacaciones, dése una vuelta por las ofertas del Club Méditerranée; quiere recibir un mensaje del presidente Clinton o pasar una noche en el Lincoln Bedroom por unos módicos $50.000, busque la página *(site)* Welcome to the White House; acaso es usted un vicioso o un fetichista, las páginas del *BOE* le esperan; que no sabe lo que quiere, pues váyase a Yahoo o a Lycos y siga los dictados de su corazón, se hace camino al andar.

En cualquier caso, el crecimiento de la Red ha sido espectacular. En 1994 sólo tres millones de americanos estaban enchufados a ella. A comienzos de 1997, casi uno de cada cuatro habitantes de Estados Unidos y Canadá tenía acceso a la Red. Una investigación de CommerceNet/Nielsen Media Research determinaba que ya había en esos dos países un total de 50,6 millones de usuarios de Internet, una subida del 120% respecto de 1995. El salto espectacular se daba entre las mujeres. Hace cinco años, ellas representaban sólo un 10% de todos los usuarios. Hoy son el 42%, igualando casi a los hombres. También se ha doblado el número de personas que buscan información sobre productos específicos, en vez de limitarse a la navegación recreativa. Por su parte, el Departamento americano de Comercio [23] informaba de que a finales de 1997 los usuarios habían subido a 100 millones y la cosa sigue y sigue.

Por el momento, la Red para muchos es sólo cuestión de pasatiempos; pero otros más listos la ven llena de posibilidades de negocio [24]. Todavía no se sabe muy bien cómo. Muy pocas cosas en la Red cuestan dinero y éste es uno de sus grandes atractivos, pero esto se va a acabar [25]. Hay todo un nicho, el de los *voyeurs*, en el que ya se está haciendo dinero. Se habla mucho de pornografía en la Red, pero no se crean que basta con encender el ordenador para encontrarla [26]; desde luego, ni los niños ni los mayores la encuentran si no se esfuerzan, porque antes de entrar en cualquiera de los *sitios* de perdición hay que pasar por caja, lo normal cuando se buscan oscuros objetos de deseo para el amor mercenario virtual, que no virtuoso [27]. Las publicaciones regulares suelen ser de libre acceso, aunque *The Wall Street Journal* y el *New York Times*, *The Economist* y *Business Week* hayan empezado a cobrar suscripciones anuales. La mayor parte, por el contrario, tiene sus

---

[23] "US Report Weighs Impact of E-Commerce", *The New York Times*, 16/4/98.
[24] Don TAPSCOTT, *The Digital Economy*, McGraw-Hill, 1996, cap. 5.
[25] Juan Luis CEBRIAN, *Ibid.*, pp. 121 y ss.
[26] "Online Porn", *The Economist*, 16/5/98.
[27] Seth SCHIESEL, "A Father, a Friend, a Seller of Cyberporn", *The New York Times*, 30/6/97.

ojos puestos en la publicidad que pueda incorporarse a sus páginas. Para los investigadores es un paraíso porque, sin salir de casa, pueden entrar a saco y sin soltar un duro en los catálogos de las bibliotecas de las grandes universidades u obtener gratuitamente los documentos del gobierno americano y de otros varios.

Sin embargo, las ventas sólo empiezan a despegar. Uno de los problemas aún no resueltos es el de asegurar la confidencialidad de los pagos [28]. Así que ponemos nuestro número de tarjeta de crédito en pantalla, los ciberbandoleros (*hackers*) al acecho pueden hacerse con él y permitirse luego a costa de uno pequeños caprichos, un fin de semana en el *penthouse* del Pierre por aquí, un visoncito para la señora por allá.

Por encima de ese no insignificante detalle está el que las grandes compañías todavía no han encontrado la forma de establecer adecuadamente sus redes de distribución y ventas. Comprar en la Red sigue siendo muy difícil, salvo en algunos sectores muy definidos. Pero la hora no está lejos. Uno de los grandes éxitos comerciales hasta el momento ha sido Amazon Books, una firma especializada en venta de libros que ha crecido de forma exponencial desde un pequeño almacén en los suburbios de Seattle, Washington. Aquí ya no hacen falta los sillones de cuero y los cafés de diseño de los libródromos. Ni siquiera se necesita gran *stock* de libros. Basta con un catálogo de un millón de títulos, compras masivas a los proveedores según la demanda y una buena red de distribución por correo. Los datos de 1997 muestran que el cibercomercio en ésta y otras categorías populares comienza a despegar, como puede verse en el cuadro 2.1.

---

[28] Christopher ANDERSON, " In Search of the Perfect Market", *The Economist*, 12/6/97.

CUADRO 2.1

COMPRADORES DE PRODUCTOS POR CATEGORÍAS

Productos	Compradores (000s)
Libros	2,342
Computadores y asimilados	2,196
Billetes de avión	2,013
Programas informática	1,793
Música (CD y casetes)	1,317

Fuente: @plan

Según el trabajo citado del Departamento de Comercio, a finales de 1997 ya había diez millones de americanos que se habían decidido a correr los riesgos de la compra cibernética y se espera que en el año 2002 el comercio en la Red llegue a los $300 millardos. Las posibilidades comerciales de la Red van a ser muy amplias y, sin duda, van a globalizar la oferta de bienes y servicios hasta límites difíciles de imaginar sin caer en la ciencia ficción [29]. Poner una oferta en una página de la Red es ya lo más fácil del mundo con programas como el Netscape Communicator u otros similares. Si se hace bien, los ajos de Pedroñeras, Cuenca, podrán venderse en el mercado mundial. Los sistemas de ventas se van a alterar profundamente.

Pero no sólo esto. La Red contribuirá, ha empezado ya a hacerlo, a la creación de nuevos empleos. Han aparecido y van a aparecer muchas nuevas profesiones ligadas a la Red. Aparte de programadores, se necesitan muchos otros trabajadores del conocimiento. Para el departamento de Comercio, las industrias ligadas a la Red empleaban ya 7,4 millones de

[29] *The Economist*, "The Once and Future Mall", 1/11/97.

trabajadores en 1997. Desde los diseñadores expertos en Java a los corredores de información, los consultores de síntesis, o los gurús cibernéticos que nos ayuden a ajustar nuestro foco de atención. En efecto, el volumen de información que llegará, ya llega, por el ordenador es tan superior al que podemos digerir que, sin duda, aparecerán nuevas *Selecciones del Reader's Digest* para ayudarnos a manejar lo que necesitemos o alertarnos de las novedades, sean cuales fueren, que nos interesen. Nada de ello nos va a hacer más felices, por cierto, pero seremos más eficientes en nuestras comunicaciones, tendremos más posibilidades de compra y de diversión y algunos se harán millonarios.

Estados Unidos se encuentra en una excelente disposición para aprovecharse de esta segunda revolución de los servicios. En 1995 había en todo el mundo unos 50 millones de usuarios de la Red. De ellos el 90% era americano. Esa proporción, sin duda, disminuirá con el aumento de los usuarios (eso de *cibernauta* es de una cursilería que ruboriza), pero también sin duda los americanos han adquirido ya una delantera en términos tecnológicos que obligará a correr mucho a sus competidores. Especialmente cuando ellos no se detienen. Y, por añadidura, los americanos tienen una ventaja difícil de desbancar: el inglés como lengua franca de la comunidad cibernética universal, una lengua sin acentos, sin eñes, sin diéresis, sin ideogramas, que se diría inventada por algún visionario virtual por su adaptabilidad a la deseable simplicidad de la Red.

LA ECONOMÍA 'HIGH TECH'

El asunto de la productividad de la economía americana, con el que abrimos este capítulo, depende mucho de que realmente estos cambios que se están produciendo en el sector de la informática y la teleco tengan de verdad el alcance que se les supone. Como siempre que el mundo a explorar carece de mapas fiables; los agoreros, por un lado, y los visionarios, por el otro, hacen su agosto, asustando al personal con males sin cuento o encandilándole con el hallazgo definitivo del bálsamo de Fierabrás.

Entre los partidarios del ciberblablá, Kevin Kelly, el director ejecutivo de *Wired*, una revista que se publica exclusivamente en Internet, ha cortado el nudo gordiano. La revolución digital nos ha hecho entrar en el mundo nuevo de la economía de redes *(network economy)*, cuyos principios y funcionamiento pertenecen a otra especie zoológica distinta de la economía clásica. La *paradoja de la productividad* no existe en la economía de sistemas porque el de productividad es un concepto obsoleto. "Cualquier trabajo cuya productividad pueda ser medida probablemente debería ser eliminado" [30]. Y, a partir de ahí, todo será maravilloso. La lógica de la nueva economía de sistemas ha vuelto del revés a la de la era industrial. En ella, "el valor se deriva de la abundancia... El poder dimana de la sobreoferta. Las copias [de programas, de imágenes, de información] son baratas. Dejadlas proliferar... La Red es una fábrica de posibilidades que crea oportunidades a discaudales" [31]. Y así varias páginas más. Al menos, como estas reflexiones se publicaron en un *webzine*, no habrá que reprocharle las decenas de árboles que se hubieran tenido que cortar para soportar las copias de su trabajo.

Con estos fervorines, no es de extrañar que observadores más sosegados puedan darse un día de campo al recordar otros dislates semejantes que anunciaron en el pasado que las computadoras iban a provocar la mundial, una revolución productiva sin igual... que nunca llegó. Daniel E. Sichel, un economista de la FED que se apunta al bando de los compu-

---

[30] Kevin KELLY, "New Rules for the New Economy", *Wired*, septiembre 1997.
[31] Kevin KELLY, *Ibid.*

terescépticos, volvió de la hemeroteca con las manos llenas [32]. Ya en 1958, *Business Week* declaraba que los primeros ordenadores podrían domeñar el ciclo de negocios en el futuro. En 1968, *Fortune* concluía su análisis de las aportaciones económicas de los computadores hablando de "la maravillosa capacidad de los ordenadores para encontrar soluciones". En los noventa, las revistas económicas han vuelto a repetir el mismo mantra. "Todas estas citas responden a un mismo patrón: ha habido problemas en el pasado, pero con las nuevas tecnologías, los beneficios están a la vuelta de la esquina. Tal vez los optimistas tengan razón esta vez" [33].

Bueno, eso es lo que están tratando de probar. Lo cierto es que desde los años sesenta ha pasado mucha agua bajo los puentes y se han desarrollado y han entrado en obsolescencia numerosos procesadores (el 80286 de Intel era común hace sólo diez años y hoy se lo disputan los museos) y programas, el interfaz Windows no existía, los ordenadores portátiles eran cosa de ciencia ficción.

Hoy, las cosas han cambiado. El sector de la alta tecnología parece tener un peso que no tenía en el pasado. Ciertamente hay quien, como el recién citado Daniel Sichel, lo pone en cuestión. La idea de Sichel es que solamente un 2% del total de la inversión americana en bienes de capital se ha destinado a la introducción de nuevos ordenadores, lo que dista mucho de tener el peso que, por ejemplo, tuvieron en su día las inversiones en los ferrocarriles (un 12% del total). Pero esta cifra se refiere exclusivamente a las máquinas, a los computadores propiamente dichos [34]. Si se añade el equipo complementario y los programas utilizados, el total sube considerablemente. La estimación de *The Economist* es que la cifra

---

[32] Daniel E. SICHEL, *The Computer Revolution*, Brookings Institution Press, 1997, pp. 129 y ss.
[33] Daniel E. SICHEL, *Ibid.*, p. 131.
[34] Daniel E. SICHEL, *Ibid.*, pp. 40 y ss.

verdadera de la inversión global en ordenadores y equipos complementarios está en torno precisamente al 12% que en su día representaron los ferrocarriles [35].

Desde luego, el sector ha crecido espectacularmente en los últimos tres años [36]. Hasta entonces y desde 1986, la curva de inversiones en el sector *high tech* había ido siguiendo el mismo comportamiento que la de la inversión general. Sin embargo, en el periodo 1994-1997, mientras que esta última conoció una fase descendente y su crecimiento cayó desde el 50% en 1994 hasta el 20% en 1997, el ritmo interanual de crecimiento de la inversión en alta tecnología pasó desde un 30% en 1994 a un 45% en 1997 [37]. La cantidad global de dinero invertida en alta tecnología en dólares constantes de 1996 se ha doblado desde 1986 en que representaba $215,7 millardos, hasta 1996 en que subió a $420,3 millardos. Solamente en máquinas de computación los consumidores y las empresas se gastaron $282 millardos.

De acuerdo con Michael Mandel [38], durante 1996 el sector *high tech*, desde la informática hasta los servicios de comunicaciones, contribuyó con un 33% al crecimiento del PIB. Si se compara con un 14% para el sector de la construcción y un 4% para el del automóvil, podremos darnos una idea de su importancia.

La economía *high tech* parece tener, por otra parte, una capacidad multiplicadora mayor que las industrias que tradicionalmente han tirado de la producción americana, como los coches. Un estudio elaborado por Microsoft sobre su impacto en el empleo en el estado de Washington ha mostrado que se creaban 6,7 nuevos puestos de trabajo por cada uno que la empresa ponía en el mercado. Según el mismo estudio, el

---

[35] *The Economist*, "Computers and Productivity, 13/9/97.
[36] James K. GALBRAITH, *Cretaed Unequal*, pp. 89 y ss.
[37] *Business Week*, 31/3/97.
[38] "The New Business Cycle", *Business Week*, 31/3/97.

multiplicador de una empresa como Boeing, también de tecnología avanzada pero mejor conocida, es de 3,8. Puede que la cosa sea sólo una apología *pro domo* pero, a lo mejor, no dista tanto de la verdad.

La fuerte repercusión en el campo del empleo parece fuera de duda, según muestra el cuadro 2.2. El sector ha creado más de nueve millones de empleos hasta 1996, pero lo importante es que se trata de empleos con buenos salarios. Además, la economía *high tech* es intensiva en trabajo altamente cualificado, al menos en la parte de investigación y diseño que se realiza en Estados Unidos.

CUADRO 2.2

EMPLEO EN ALTA TECNOLOGÍA (1996)

Actividades	Millones
Industrias básicas (computadores, *software* y comunicaciones)	3,8
Industrias asociadas (ventas, reparaciones, consultoría, etc.)	1,8
Resto (programadores, técnicos y otros)	3,5
TOTAL	9,1

Fuente: *Business Week,* 31 de marzo de 1997.

Éstas son las buenas noticias. Las malas pueden venir de la misma naturaleza de la industria de alta tecnología. Una eventual recesión podría afectar a la economía *high tech* con mayor rapidez de la que solía atacar a otros sectores de punta en el pasado. Por un lado, como en toda recesión, las empresas limitarían o congelarían sus inversiones. Pero, lo que es más grave, los recortes laborales podrían ser más rápidos. Las empresas funcionan en buena medida con trabajadores temporales y subcontratan (*outsourcing*) buena parte de sus actividades a otras firmas. Todo ello hace a unos y a otras más fácilmente prescindibles. Si hay que realizar cortes, otras industrias vecinas como la telefonía y las comunicaciones también sufrirán. No parece, sin embargo, que ese momento esté cerca.

¿Se habrán hecho realidad las esperanzas de los partidarios de la *economía nueva?* En la medida en que apunten a la posibilidad de un crecimiento económico equilibrado y sin crisis, no hay nada que haga pensar, si utilizamos la indispensable sobriedad, que el futuro vaya a ser distinto del pasado y que, por fin, la abundancia vaya a ser el futuro de la humanidad.

Tal vez lo más sensato sea seguir escrutando los hechos. Lo que éstos dicen es que, efectivamente, el sector de la informática y de la teleco se han convertido en el sector clave del actual crecimiento económico americano, al menos en cuanto a inversiones y capacidad multiplicadora. Eso que hemos llamado la economía *high tech*, la forma adoptada por el conjunto de una economía cuyo motor son esos sectores, se ha convertido en la nueva máquina de hacer billetes. Al menos, lo ha sido durante los tres años pasados. Si la tendencia va a seguir en el futuro, si hemos entrado en una nueva fase larga de expansión de la economía está por ver. Pero la realidad es que entre 1996 y 1998 el aumento medio de la productividad fue del 1,9% y que 1998 se cerró con un crecimiento del 2,2%, una tasa desconocida desde hacía varias lunas.

VAYA AL NOROESTE, JOVEN

Estos cambios en el aparato productivo se han reflejado en la distribución territorial de los americanos y han conformado el ascenso y declive relativos de varias regiones. La que ha dominado la economía americana durante dos siglos ha sido el Nordeste. Desde las comunidades de Nueva Inglaterra hasta la emergencia de Nueva York como centro financiero nacional e internacional, casi todas las decisiones pasaron por el triángulo Boston-Nueva York-Chicago. Finanzas, publicidad, acero y autos eran palabras clave hasta 1970. Por supuesto, a los jóvenes se les daba el consejo *vaya Vd. al Oeste, jovencito*, pero era para que no molestasen o se dedicasen al cine, a la tele, a esas nonadas. Luego vino la guerra contra el Japón y la costa del Pacífico se convirtió en centro clave de la producción bélica de aviones. Pero aún no era demasiado. Mientras tanto, el Sur sesteaba, sin terminar de decidirse a romper con el encanto de la vieja Dixie.

Todo eso ha cambiado en los últimos cuarenta años. En primer lugar, el Nordeste ha conocido un declive relativo, pero importante. Las grandes industrias que le dieron su preeminencia en el pasado han pasado por serias crisis desde 1980. Tal vez el seísmo mayor que haya sufrido la industria americana sea el hundimiento del antiguo cinturón de acero cuyo centro estaba en Pittsburgh que, en los ochenta y debido a una serie compleja de factores, algunos de los cuales ya hemos visto, entró en barrena y se convirtió en el cinturón de la chatarra *(rust belt)*. Causa y efecto del sismo fue la difícil situación por la que pasó Detroit y las industrias que de ella dependían. Las ondas del terremoto llegaron hasta un círculo de 500-600 millas de radio en torno a Pittsburgh. Esa parte del país, el orgullo de la segunda revolución industrial, va a tener serias dificultades para recomponerse.

Un caso llamativo es el del área metropolitana de Nueva York. Quien viese películas de éxito de los ochenta, *Wall Street* o *Armas de mujer,* pongamos por caso, podría pensar que Nueva York se hallaba en un momento de euforia. La realidad era muy otra. En Nueva York se habían generado dos economías con escasa comunicación interna. Una era el mundo de la banca, la bolsa y la publicidad, el de Wall Street y Madison Avenue, una economía genuinamente internacional, en la que todo parecía un espejismo, con muchachos recién salidos de la universidad que hacían grandes fortunas de la noche a la mañana en el arbitraje, las fusiones de compañías o los bonos basura; otra era la de las manufacturas tradicionales, que desaparecían, y la de los servicios no ligados al sector globalizado (salud, administración pública, comercio), que languidecían o se estancaban, mientras las grandes empresas salían como podían de una ciudad cada vez más cara, con impuestos crecientes y tan incómoda que sus empleados no querían vivir en ella. El traspaso de las oficinas centrales de American Airlines a Dallas, por ejemplo, drenó más de tres mil empleos de la ciudad. Como ése, hubo otros muchos.

Hoy Nueva York se ha recompuesto algo gracias a la carrera alcista de la bolsa durante los últimos años, pero sus expectativas para el futuro no son brillantes. Un informe reciente de la administración de la ciudad sobre sus resultados económicos en 1996 destaca que Nueva York tenía una tasa de paro del 8,6%, bastante superior a la media nacional del 5,4%; el ritmo de crecimiento del empleo es de los peores entre ciudades comparables, un anémico 0,7%, y tiene la tercera tasa de inflación más alta del país, detrás de Miami y San Luis. La renta personal creció un 13,9%, más del doble que el crecimiento general, pero ello se debió casi en exclusiva a los buenos resultados de Wall Street. Al lado, la economía de la ciudad creció tan sólo el 1,9%, mucho menos que el PIB [39]. Algo similar sucedió en Boston, en Filadelfia, en Baltimore.

El movimiento paralelo al declive del cinturón de la chatarra fue el auge del cinturón del sol (*sunbelt*). No fue sólo una cuestión de clima, sino la aparición de las industrias y servicios que renovaron la economía americana. Normalmente, el sol se asocia con California y, hasta cierto punto, la cosa es verdad. California, hasta bien entrado el siglo XX, era todavía la frontera, la tierra de las posibilidades. Los campesinos del

---

[39] Kirk Johnson, "New York City Economic Performance Lagged in '96", *The New York Times*, 27/2/97.

Dust Bowl que cantara Woody Guthrie y los desheredados rurales de *Las uvas de la ira* no se lo pensaron dos veces: todos los caminos llevaban a California. Tras la II Guerra Mundial, el proceso se aceleró. Entre 1950 y 1965 California recibía una media de 320.000 nuevos habitantes al año. No eran clandestinos mexicanos, éstos llegaron en masa más tarde, sino americanos de otros estados. Y no todos querían dedicarse al cine.

Nuevas técnicas de cultivo convirtieron al desierto en una de las huertas del país. Si en vez de conducir hasta Frisco desde L.A. por el camino más rápido, la carretera I-5, se toma la 101, mucho más interesante, Salinas y sus alrededores se aparecen como un vergel. El visitante de la Feria del Estado en Sacramento puede conocer de primera mano las insospechables raíces rurales de California. Pero, por supuesto, fueron las industrias de alta tecnología las que convirtieron a California en la séptima o novena, tanto da ahora, potencia industrial del mundo. Esto es historia sabida ya, aunque habrá que recordar el nombre de Silicon Valley por si alguien no lo hubiese oído.

La historia más reciente es la del ascenso de los estados en torno a California: Arizona, Utah, Nevada, Oregón y Washington [40]. Mientras todo el mundo hablaba y habla de Silicon Valley, son menos los que lo hacen de Seattle y sus *suburbs* de Redmond o Bothell. Sin embargo, allí está Microsoft y toda una serie de empresas de *software* que le han seguido en su marcha al Norte, los nuevos buques insignia de la nueva industria americana. El estado de Washington es también el gran centro de la industria aeronáutica, ahora más fuerte con la fusión de Boeing y McDonnell. El piadoso estado mormón de Utah atrae corrientes migratorias, pues hay una amplia oferta de trabajo. Tome la carretera N-15 y en los pocos kilómetros que separan Provo de Oracle se encontrará con casi 350 empresas de *software*; ¿usa WordPerfect?, pues allí nació.

---

[40] Michael MOYNIHAN, *The Coming American Renaissance*, cap. 7.

Beaverton, Wilsonville y Hillsboro, cerca de Portland, Oregón, forman la llamada *Silicon Forest*, donde numerosas firmas de *hardware* se están desarrollando con rapidez.

Pero no todo son ordenadores. Otras industrias que se apoyan en su expansión, por ejemplo el turismo, están ayudando en este cambio de forma espectacular. La capital mundial del vicio es Las Vegas de Nevada [41], con sus casinos abiertos 24 horas al día. El estado, aunque no así la ciudad de Las Vegas, es el único que permite los burdeles legales en Estados Unidos. No creo que sea por esto último, pero sí por lo primero, la zona se lleva la palma del crecimiento demográfico y nos ilustra lo suyo sobre el futuro. Las Vegas es el área urbana que más rápido crece actualmente en el país. Tal vez Bugsy Siegel, el mafioso que soñó con convertir aquel pedazo de desierto en un gigantesco casino, previese el potencial económico del juego, no en balde había sido corredor de apuestas ilegales en el Este en sus ratos libres de matarife.

Pero ha habido cambios. El juego sigue como gancho, pero el negocio hoy es el turismo. Lo que de seguro ni Bugsy sus colegas de la mafia judía esperaban es que Vegas, como se la llama por allí, fuera a repetir el argumento de tantas películas del Oeste, en las que las virtuosas damas de la Liga de la Decencia terminan por expulsar a las alegres chicas del *saloon*. Vegas ya no es lo que era, recuerden la moraleja de la exagerada *Casino* del no menos hiperbólico Scorsese. El juego ya no tiene el mismo morbo, se han adueñado de él los agentes de la propiedad inmobiliaria de Dallas o los contables de Kansas City o la convención de vendedores de Ford de Wichita. Éstos no quieren saltar la banca ni empezar una vida nueva con la diosa Fortuna, conocida localmente por *Lady Luck*; estos lo que quieren es jugarse algo al *blackjack* o a los dados, ganar un poco, reunirse con la parienta en las máquinas de póker automático y largarse a comer un *whopper* al Burger King de la esquina. A la

---

[41] "Boomtown USA", *The Economist*, 21/12/96.

noche un espectáculo, por ejemplo de magia, donde David Copperfield hará desaparecer a Claudia Schiffer o a una clónica suya, ante la envidia del respetable, no sólo por la belleza de la dama. Nada como ser ilusionista: si uno tiene un quítame allá esas pajas, puede librarse de su pareja regañona con sólo decir abracadabra. Y nuestros amigos terminan su minivacación con la promesa de que, a la próxima, traerán a los niños.

La verdad es que Vegas se parece cada día más al Disneyworld de Orlando. Vegas está avanzadísima en el camino de convertirse en un parque temático gigantesco, donde uno podrá ver juntas las nueve maravillas del mundo moderno y antiguo; bastará con recorrer el Strip, saltando de un hotel a otro. Donald Trump, en mejores días, concibió el Sphynx, un complejo menfita, tebano y saíta. Al otro lado de la calle, nos encontramos con el MGM; a principios del 97 abrió sus puertas New York, New York [42], que exhibe su estatua de la Libertad, su Ellis Island, su calle 42, su mini-Empire State, mucho más limpios que los de verdad; ya debe estar abierto el Bellaggio, tres mil habitaciones, una adaptación libre para la radio del Renacimiento italiano (con un costo de construcción de $1,5 millardos), que se codeará con los emperadores romanos de un poco más arriba, en el Caesar's Palace, y el Paris, un hotel de 2.500 habitaciones con su propia Torre Eiffel. En proyecto está un complejo veneciano, The Venetian, con un costo previsto de dos millardos de dólares, tres mil, sí, tres mil *suites*, que no habitaciones, y sus canales, su San Marco y sus gondoleros que cantarán en italiano [43]. Tal vez dentro de poco haya un hotel que se llame Las Vegas y sea un microcosmo de la ciudad en la ciudad misma.

El turismo es ya, más que el juego, la primera industria de Las Vegas. Treinta millones de turistas en 1996, un 70% de los

---

[42] Paul GOLDBERGER, "The Bronx is Up but the Accuracy is Down", *The New York Times*, 15/1/97.
[43] Andrew POLLACK, "Building a classier image, Las Vegas target upscale vacationers", *The New York Times*, 13/11/97.

que recibe toda España, tercera potencia mundial de la cosa, generan mucho dinero. El condado de Clark en que están enclavadas Las Vegas tenía en 1970 unas rentas por turismo de $1.000 millones anuales. En 1995 llegó a los $22.500, unos 3 billones de pesetas, casi lo mismo que toda España en 1993. Y eso que los visitantes tenían una estancia media de 3,5 noches por comparación con más de 7 para los turistas en España. Para ellos, Las Vegas dispone de un parque hotelero espectacular. Tiene 249 hoteles con un total de 101.500 habitaciones. La ocupación media anual, la más alta de Estados Unidos, es de un 84,8%. Pueden imaginarse la cantidad de empleos que genera un negocio semejante. En 1950 Vegas tenía una población de 48.000 personas. Hoy son 1,1 millones, con un ritmo de inmigración *mensual* de entre 4.000 y 6.000. No es un milagro que su economía, aun afectada por una posible sobreproducción de habitaciones hoteleras, crezca a un ritmo parejo.

Otros estados del Noroeste, como Wyoming, Montana o Idaho, son aún zonas aisladas y de escaso crecimiento. Todavía albergan en sus inmensas extensiones deshabitadas lugares para el refugio de los solitarios, de algún fugitivo de la justicia o de las milicias supremacistas blancas que sueñan con repúblicas de hombres libres, libres de impuestos sobre todo, donde no exista el estado, Washington D.C. haya sido justamente borrado del mapa por una explosión nuclear y todo se decida por acuerdo entre los habitantes de sus comunidades, todos blancos, cabalmente religiosos y de extrema derecha. Pero también esto se acabará con la llegada de los *exurbios* [44].

---

[44] La palabreja en cuestión se usa para designar nuevas formas de asentamiento semirrurales, semiurbanas. Los cambios en las comunicaciones y en la informatización de muchas actividades han permitido a numerosos profesionales buscar en los *exurbios* una alternativa a los *suburbs*. En torno a localidades de estados poco poblados que se encuentran cerca de un aeropuerto, se han creado muchas de estas comunidades que permiten a sus habitantes disponer de grandes parcelas y ranchos, junto a las ventajas propias del medio urbano.

No es broma. Boise, en el estado de Idaho, mundialmente conocido por sus patatas, tan buenas en su género como los ajos de Las Pedroñeras de Cuenca en el suyo, cuenta hoy con cerca de 30 empresas de alta tecnología que dan trabajo a 15.000 personas. Bozeman, Montana, se especializa en la producción de lásers. Otras muchas gentes comienzan a encontrar empleos en el turismo donde estos estados son inigualables para los viajeros suburbanos a la busca de aventuras controladas (descenso de ríos en piraguas o balsas —*rafting*—, excursionismo, pesca, circuitos a caballo).

La cosa está clara, *vaya al Noroeste, joven.* Allí, por lo menos cerca de allí, están seis de los condados con mayor potencial de crecimiento demográfico y económico en los próximos años. Algo similar sucede con las ciudades. Las diez que han conocido un crecimiento demográfico más rápido desde 1990 están en cinco estados del Sunbelt: California, Florida, Texas, Arizona y Nevada. Si de los condados y las ciudades pasamos a los estados, la cosa parece aún más clara. Nueve de los doce con mayor futuro están en lo que con cierta libertad poética llamamos el Noroeste de Estados Unidos. Es cierto que esos estados parten de poblaciones muy reducidas y, por tanto, cualquier crecimiento aumenta mucho el porcentaje, pero la tendencia es clara. Por el contrario, también es predecible cuáles son los 12 estados que o van a ver disminuida su población o la van a ver crecer muy poco; son todos los del Nordeste, más Michigan y Dakota del Norte.

¿Y POR QUÉ NO AL SUR?

Tras la Guerra Civil, el Sur entró en una larga siesta, sin decidirse a romper con el pasado ni a incorporarse al futuro, y se alimentaba espiritualmente con los sueños de la Confederación. Era, lo es todavía hoy en muchos lugares, especialmente en el Sur profundo *(Deep South)* que comprende Luisiana, Misisipí, Alabama, un país al margen de Estados Unidos en lo político y en lo cultural. Ni siquiera era seguro que perteneciese al mismo mercado. El Sur parecía haberse decidido, con la convicción de la desesperanza, por ponerse a la rastra del mundo moderno y por ensimismarse, sin permitir más sobresalto que la recogida de las cosechas en sus largos y cálidos veranos.

Como recordaba en 1887 un corresponsal de la revista *Harper's* [45], el algodón y el azúcar necesitan de "un clima caluroso y húmedo, con intervalos de tiempo caliente y seco y poco riesgo de heladas" y de eso el Sur lo tenía todo. A su vez esas condiciones climáticas constituían un obstáculo para la industria. Durante meses enteros, de mayo a octubre, no había forma de establecer en el Sur la regularidad en el trabajo necesaria para un funcionamiento eficaz. La naturaleza parecía poner su granito de arena para hacer distinto al Sur.

La dura etapa de la lucha por los derechos civiles (1950-1970) hizo avanzar la causa de los negros, muchos de los cuales siguieron votando con sus pies y emigrando hacia el Norte. Paradójicamente, el éxodo de los negros fue una bendición para muchos blancos. Durante muchos años se había procurado frenar su marcha porque eran la mano de obra barata que una región atrasada como el Sur necesitaba. Ahora la mano de obra sureña comenzó a disminuir notablemente. Sin embargo, ese movimiento migratorio no fue una barrera adicional para el desarrollo del Sur, sino que le sirvió de acicate. En esos años se produce la llamada *segunda reconstrucción*. Ante la escasez de mano de obra, el Sur, que había sido una colonia interior, fundamentalmente agraria hasta aquel entonces, entra en un proceso de industrialización acelerada.

Le acompaña lo que dos sociólogos de la época, John McKinney y Linda Bourque, llamaron *la nacionalización del Sur*, su asimilación a las tendencias económicas que estaban conformando el resto de Estados Unidos. En 1960, ya sólo un

---

[45] *Harper's Bazaar*, "The South", Gallery Books, 1990.

10% de la población sureña trabajaba en el sector agrario. Las granjas pequeñas desaparecieron casi por completo, sustituidas masivamente por agroindustrias y agroconsorcios mecanizados y bien capitalizados. Al tiempo, la industria y los servicios crecían; entre 1938 y 1972 el número de fábricas se triplicó. El proceso de urbanización y suburbanización se registró aún con mayor velocidad que en otras partes del país. De imitador del Norte, el Sur se tornaba en un nuevo modelo nacional [46]. El Sur se convertía en parte integrante de un Sunbelt que iba desde el Atlántico hasta California y se caracterizaba por "un estilo de vida informal y atractivo, un clima favorable y una vida política conservadora que se inclinaba crecientemente hacia los republicanos", como ha dicho Dewey Grantham [47].

Una bendición tecnológica la constituyó la generalización del aire acondicionado, que empezó a llegar al Sur hacia 1960 [48]. De repente, la naturaleza había sido vencida, la industria podía seguir los ritmos propios de las tierras, más frías, del Norte. En 1965 sólo un 45% de casas contaban con aire acondicionado. Para 1970 y 1980 los números habían llegado respectivamente a 50% y a 73%. La llegada del aire acondicionado revolucionó los horarios industriales y la vida urbana misma. Sin el aire acondicionado no hubieran sido posibles las nuevas plantas de automóviles que BMW ha establecido en Spartanburg, Alabama, Nissan en Smyrna, Tennessee o Toyota en Georgetown, Kentucky, ni otras muchas industrias.

Así el Sur, que había venido perdiendo población desde comienzos del siglo, comenzó a ganarla de nuevo. Entre 1970 y 1980 recogió 1,8 millones de inmigrantes procedentes del Nordeste. Casi un millón más les siguió desde el Medio Oeste y el Oeste. Volvieron incluso muchos negros. La dictadura de

---

[46] Peter APPLEBOME, *Dixie Raising*, Times Books, 1996, cap. 1.
[47] Dewey W. GRANTHAM, *The South in Modern America*, Harper Perennial, 1995, p. 63.
[48] Michael ELLIOTT, *The Day before Yesterday*, pp. 64 y ss.

Castro, a lo largo de los años, desplazó de Cuba a un millón de personas, la mayoría de las cuales se radicó en Florida.

La inmigración hacia el Sur tenía características nuevas. Por un lado, eran personas mayores, muchos retirados que se disponían a pasar los últimos años de su vida en una región de agradables inviernos e inacabables campos de golf. A principios de 1997, Florida contaba con 683. Toda la conurbación que va desde Cayo Hueso en el extremo Sur hasta Júpiter al Norte de Palm Beach, unos 400 kilómetros de costa, está cubierta por una hilera prácticamente inacabable de edificios de apartamentos que ponen el cartel de *completo* entre octubre y abril de cada año. Llegaron los *pájaros de la nieve (snowbirds)*, una palabra que, a diferencia de lo que sucede en las novelas de Edgar Wallace, no designa a cocainómanos, sino a pacíficos ancianos que huyen de los rigores del invierno norteño. La réplica la dan las ciudades de playa de la costa del golfo de México desde Naples, pasando por Fort Myers, hasta St. Petersburg, que acogen casi al mismo número de inmigrantes temporales.

Por otro, se trataba de gente joven en busca de oportunidades económicas. Eso de que el Sur es sólo una megarresidencia de la Seguridad Social es una quimera. Quienes llegaban eran también graduados universitarios y trabajadores especializados jóvenes atraídos por el clima, el bajo coste de la vida y una menor incidencia de criminalidad. Eran los trabajadores que la economía *high tech* iba a demandar. Ellos y sus familias están rejuveneciendo esos estados. En Florida, por ejemplo, los niños entre cinco y diecisiete años de edad son el 16% de la población y se espera que su número siga creciendo. La construcción de viviendas para familias rivaliza con la de comunidades para retirados. La proporción de personas mayores de sesenta y cinco años se ha estabilizado en el 19% desde 1995 y no se espera que aumente hasta después del 2010 [49].

---

[49] Mireya NAVARRO, "In Florida the Young are Gaining on the Old", *The New York Times*, 25/6/97.

Todo ello ha contribuido a crear un bienestar creciente en el viejo Sur. Por un lado, crecieron las industrias nuevas de alta tecnología, de diseño industrial, de servicios muy especializados. Por otro, el Sur se ha convertido en el otro gran proveedor de industrias del ocio y de turismo. Hay quien piensa que éstas son actividades de baja tecnología, pero quienes así lo creen olvidan que el turismo tira de la aviación comercial, de los sistemas de reservas aéreas y hoteleras, de los grandes centros de distribución de comida y que todo eso necesita, igual que la producción de automóviles o de computadoras, un alto grado de sofisticación. Sin duda, ello ha alterado la economía sureña.

Con los números de Gavin Wright, un historiador de la economía de la región, en 1880 la renta *per cápita* del Sur era el 50% de la del resto de la Unión; en 1980 estaba en torno al 85%. La subida fue espectacular a partir de 1950. Los salarios crecieron igualmente hasta casi igualarse con los de las zonas más desarrolladas del país [50]. La singularidad económica del Sur se había acabado. Los incentivos fiscales y una fuerza de trabajo en la que los sindicatos carecían de influencia coadyuvaron a que los capitales del Norte afluyeran significativamente hacia el Sur. "La ironía de la historia consiste en que el único acto de represión económica consciente llevado a cabo por las fuerzas del Norte, la imposición de patrones salariales y laborales comunes a toda la nación a comienzos de los treinta, fue el paso decisivo para la abolición de la economía específica del Sur" [51]. Los años cincuenta representaron el final inexorable de los sueños de vuelta a Dixie. Tras casi un siglo, el Sur tenía ante sí una opción inescapable, modernizar su economía y su sociedad o perderse para siempre en la depresión económica y el atraso. Pocas sociedades han elegido el suicidio y la apuesta de los políticos americanos y del pueblo

---

[50] Gavin WRIGHT, *Old South, New South*, Basic Books, 1986, p. 59.
[51] Gavin WRIGHT, *Ibid.*, p. 242.

del Sur por la primera opción ha pagado grandes dividendos para todos.

Esta mezcla de agroindustrias, compañías de alta tecnología y centros de servicios de gran capacidad volcados hacia el turismo es la síntesis del éxito del Sur, como lo deja ver Tom Wolfe en su novela *A man in full* que tiene a Atlanta como protagonista. Las dos ciudades medias más bellas de Estados Unidos, Charleston y Savannah o Hilton Head, el destino invernal de las clases medias del Norte, se hallan al norte de Florida, pero es este estado la otra verdadera meca del turismo americano. Unos 400 kilómetros al sur de Charleston por la carretera I-95, como a la mitad de la costa este de Florida, se halla Cabo Cañaveral, el centro de investigación y experiencias de la NASA. La decisión de colocarlo allí fue capital para los destinos del estado. Pero a 80 kilómetros hacia el Oeste se tomó otra determinación, si cabe, más importante. A comienzos de los sesenta Walt Disney decidió construir allí, en medio de la nada, el Palacio de la Bella Durmiente. Hay muchos americanos que creen que es el modelo del que Luis II de Baviera copió su Neuschwannstein. Tal vez tengan razón.

Benvinguts, passeu, passeu. Estamos en Orlando, la ciudad del ratón, Mickey por supuesto. Estas aproximadamente 10.000 hectáreas de antiguos terrenos de pastos y pantanales, Orlando era una ciudad ganadera, de vaqueros que se agrupaban en torno a la estación de Church St., han concitado como ningún otro lugar del mundo las iras cósmicas de progres y politcorrectos, algunos de los cuales profesan, por cierto, en la Universidad de Florida Central (UFC) en Orlando, viven en Winter Park y se pegan amablemente por llevar a los visitantes foráneos a dar una vuelta por las casas de Donald y del tío Gilito [52].

Orlando será el reino del vinilo, de la patraña *d*istórica, como dice Stephen Fjellman [53], un deconstruccionista que,

[52] Para una visión crítica de Disney, Carl HAASEN, *Team Rodent*, The Ballantine Publishing Group, 1998.
[53] Steven FJELLMAN, *Vynil Leaves*, Westview Press, 1992.

tal vez por excepción, es muy divertido, no como otros cofrades suyos en politcorrección. Es también un negocio sideral. 30 millones anuales de turistas, los mismos que en Las Vegas, pasan anualmente por el Reino Mágico (*Magic* Kingdom), EPCOT, los estudios MGM y demás atracciones del conjunto. Hace ya cinco años, era 1992, que Orlando superó las 80.000 habitaciones de hotel, una cuantas más que Manhattan. Hoy cuenta exactamente con 85.800 y tiene una ocupación media del 80,2%, la segunda del país.

Disney ha franquiciado este fantástico negocio y hoy Japón tiene su Disneyworld y Francia su Eurodisney. A este último le costó arrancar; los europeos, siempre sin justificación, gustan de mirar por encima del hombro a sus primos de las colonias, pero se diría que, pese a los Jack Lang y otros miembros de su santa compaña que, sin ver sus servicios recompensados por la incesante ingratitud de la historia, hacen de vigías de Europa, el europeo medio, incluso el hombre de la *baguette* en ristre, está aceptando la magia del ratón y de su amigo Goofy.

Trescientos kilómetros al Sur, Miami se ha convertido en la capital de Latinoamérica. Algo se apuntó en ese sentido a mediados de los años cincuenta, pero la cosa no llegaba a convertirse en realidad. Más aún, pudo haber fracasado por completo. La llegada de los exiliados cubanos en los sesenta, aunque contribuyó al despegue económico de la ciudad, hasta cierto punto la encerró sobre sí misma. En esos momentos muchos de ellos se alimentaban con el consuelo milenarista de que la dictadura de Castro, que por cierto ha superado con creces en duración a la de Franco y ahí sigue, se iba a venir rápidamente abajo ("el año que viene en La Habana"). La ciudad se convierte así en una continua e imposible conspiración, un Berlín occidental a las puertas del Caribe, como lo recoge estupendamente Norman Mailer en *Harlot's Ghost*. De ahí, la frustración conduce a la paranoia colectiva en la que caben todas las voces de la extrema derecha y prácticamente ninguna más, hasta casi identificar al exilio con la violencia y la revancha [54].

Quien conoció Miami a comienzos de los ochenta sabe del tenebrismo social y cultural que podía generar la ciudad del sol. No era ésta la de Campanella precisamente. Cada vez más, Miami conseguía convertirse en una mónada sin ventanas. Los hoteles de la playa no eran más que pudrideros donde los ancianos que habían envejecido con la ciudad durante los últimos veinte años esperaban, a menudo inconscientes, el momento del largo adiós. El centro comercial de la ciudad (Downtown) estaba poblado por pequeños delincuentes y traficantes de droga. No había quien se atreviese a llegar al Gusman Center, a pesar de que el Miami Film Festival hubiese comenzado ya a exhibir sus películas en él.

Pero al final de los ochenta y en los noventa, Miami ha encontrado finalmente su sitio. Lejos de las obsesiones cubanas, ahora es la verdadera capital económica de Latinoamérica. Mucho han tenido que ver la segunda generación de cubanos y otras migraciones políticas, como las de los nicaragüenses y los salvadoreños, pero también han dejado sus países para recalar allí muchos pequeños empresarios y mucha gente joven, colombianos, venezolanos, brasileños, argentinos que buscaban más amplios horizontes. Hoy más de la mitad de los dos millones de personas que viven en el área metropolitana del Gran Miami tienen el castellano como lengua materna. Todos los bancos de Latinoamérica están representados, en fila casi, en Brickell Avenue y allí cuidan del dinero blanco y no tanto que por caminos tan diversos como los del Señor llega a sus manos. En Miami no existen las incertidumbres políticas y económicas que acechan a los capitales en los países del Sur.

Si se quiere volar entre México y Santo Domingo hay que pasar por Miami; Miami es el camino más corto entre

---

[54] Joan DIDION, *Miami*, Pocket Books, 1987, caps. 11, 12 y 13.

Nassau en Bahamas y Providenciales en Turks and Caicos. Miami, junto con San Juan de Puerto Rico, se ha convertido en la capital mundial de los cruceros, ese tipo de vacaciones que disfruta de tantos seguidores como la prosa de Judith Kranz. Los cruceros se dirigen a todos los destinos del Caribe, ya sean hispanos o de cualquier otro color y son hoy parte vital de la economía de ese maravilloso mar interior que rivaliza con el Mediterráneo como destino turístico.

Pero Miami se está convirtiendo también en la capital cultural de América Latina. Allí está toda su música y buena parte de las casas editoriales. Para oír la primera no hay más que irse a las muchas discotecas latinas de Hialeah. Pero no se trata sólo de los ritmos latinos ni de los conjuntos de salsa. En Miami están las grandes casas de discos que editan para todo el Sur latinoamericano como Sony Discos y WEA Latino. Si se quiere hacer un programa de televisión que aspire a ser distribuido en todo el continente, por ejemplo, *Sábado gigante*, hay que ir a Miami. Allí están las sedes de Univisión y Telemundo, las dos mayores cadenas de TV latinoamericanas. Pero también los yanquis han visto las posibilidades del mercado en español y allí se han plantado MTV Latino y Gems. Todas estas cadenas estaban en Los Ángeles hace solamente siete años.

Curiosamente, Miami es un terreno neutral entre los exigentes nacionalismos que cultivan cada una de las naciones latinoamericanas. Los hijos y los nietos de Bolívar siguen presos de tremendos celos y nostalgias que, a menudo, acaban en enfrentamientos armados. Colombia y Venezuela viven de espaldas. Chilenos, peruanos y bolivianos no consiguen ponerse de acuerdo en casi nada, aunque ese casi pudiese beneficiar enormemente a sus países. Argentina y Chile estuvieron a punto de llegar a las manos por el canal del Beagle hace solamente unos años. Así podríamos desgranar un rosario inacabable de complejos de inferioridad, de afrentas seculares, de ridiculeces nacionalistas, de vergonzosas aspiraciones a la supremacía que todas las naciones alimentan con mayor o menor éxito. Sin embargo, así llegan a Lincoln Road, el corazón económico de la cultura latina en Miami, todas esas cosas pasan a segundo plano y los publirreportajes y los culebrones exhiben un director mexicano, un cámara colombiano, un regista tico y un decorador panameño [55].

Con hiatos y discontinuidades, el cinturón del sol se extiende en un arco que va de Seattle, en el estado de Washington, a Cayo Hueso en la Florida. En esa larga extensión se mezclan, además de parajes bellísimos y paisajes incomparables, las modernas industrias de la economía *high tech* y los servicios de ocio que demandan sus ejecutantes. Hoy es el corazón del país y de él se extrae el combustible para que funcione la máquina de los billetes.

En definitiva, tras este recorrido tan rápido, cabe destacar algunas ideas básicas. La incorporación de la tecnología avanzada a los procesos de producción de bienes y servicios, especialmente la de la informática y las nuevas comunicaciones, ha proporcionado nuevos impulsos a la economía americana. En el terreno de la teoría sigue sin tener una clara solución la *paradoja de la productividad* de la que hicimos mención. Sin embargo, en la vida cotidiana es difícil decir que haya habido una generalización de menores expectativas en la vida de los americanos en su conjunto. Por el contrario, aunque la renta media de las familias no haya crecido, aunque trabajen mucho, aunque estén bastante endeudados, el bienestar de los americanos que se hallan por encima del límite de la pobreza; es alto tanto en términos absolutos como relativos. A menudo es posible preguntarse qué más pueden pensar en consumir la mayoría de las familias americanas. Si su renta media se ha estancado, no es menos cierto que el nivel de vida de una amplísima mayoría es difícil de mejorar.

---

[55] Larry ROTHER, "Miami, The Hollywood of Latin America", *The New York Times*, 18/8/96.

La nueva distribución geográfica del bienestar americano, en ese gran arco que comienza en Florida, sigue hacia Texas y California y asciende por el norte hasta el estado de Washington es la materialización espacial de la economía *high tech*. En ese área se experimenta con los hallazgos técnicos y la organización social que van a influir sobremanera en la conformación de la sociedad americana y, posiblemente, en la de muchas otras en el ancho mundo. Aunque se pueda legítimamente pensar que las cosas podrían haber ido mejor o aun que son bastante peores de lo que fueron, en una perspectiva macro, Estados Unidos sigue siendo *la* potencia mundial, a bastante distancia de todas las demás.

Capítulo 3

Una máquina de crear empleo

CERCA DEL PLENO EMPLEO

A la mayor parte de la gente le importan muy poco los grandes problemas macroeconómicos. Para ellos, y para mí y para usted, lo sustancial es su trabajo, si lo tienen y lo podrán mantener, cómo emplearse si están en el paro y qué salario pueden conseguir. Por eso conviene que ahora nos coloquemos en el mundo de los mortales y nos ocupemos de la situación actual del mercado de trabajo americano y de sus perspectivas más probables.

Los datos más recientes muestran una continua expansión de ese mercado en términos tanto absolutos cuanto relativos. En 1950, la población activa civil era de unos 83 millones de trabajadores. En 1990 había subido a unos 108 millones. Tras la recesión de 1991-1992, la economía americana había creado hasta 1996 unos once millones de empleos, con lo que la población activa ascendía a 119,5 millones de personas. Para el año 2003, según las estimaciones del Informe Económico del Presidente 1997, se habrán añadido otros 11,3 millones con un total de personas empleadas en el sector no agrario de la economía de 130,8 millones [1].

En términos relativos, la tasa de participación *(participation rate)*, es decir, la proporción entre población total y población

---

[1] "Economic Report of the President", 1997, cap. 4.

empleada mayor de dieciséis años ha subido también. En 1950 trabajaba un 55% de la población y esa tasa ha ido creciendo de forma considerable desde entonces. En 1960 era de 57%, en 1970 de 58%, en 1980 de 62% y en 1990 de 65%. La tasa se ha mantenido estable en los últimos años, lo que se atribuye a que no ha aumentado el segmento femenino que se había casi doblado entre 1950 y 1990. Pero, en cualquier caso, representa un altísimo porcentaje de población trabajadora por comparación con el resto de las grandes sociedades industriales.

Más aún, de entre todas ellas, la economía americana ha demostrado una gran capacidad de creación de empleo. Mientras que en Europa no se registró crecimiento neto del empleo entre 1973 y 1994, Estados Unidos creó 38 millones de puestos de trabajo. En consecuencia, la tasa de desempleo reciente es la menor si se compara con las de otras sociedades parecidas. En 1995, último año que podemos comparar, Estados Unidos tenía una tasa de paro del 5,6%, en tanto que en Canadá era del 9,5%, en Francia del 11,7%, en Alemania (proyección que no incluye la antigua Alemania Oriental, lo que la elevaría notablemente) del 6,5%, en Italia (proyección) del 12% y en Gran Bretaña (proyección) del 8,8%. La tasa de paro de la economía americana descendió hasta un 5,4% en 1996 y al 4,9% en 1997. En lo que va de 1998 se ha mantenido en torno al 4,5%, hasta llegar al 4,3% al final del año.

Esta capacidad de bajo desempleo de la economía americana no es nueva. En 1969 el desempleo bajó hasta casi un 3,5% y, por otro lado, ni siquiera en los momentos de recesión más profunda, como 1975-1976 o 1981-1984, llegó a sobrepasar el 8,5%, muy lejos de las cifras dos dígitos en que parecen haberse instalado permanentemente muchas economías europeas. Pero lo importante es que en el pasado más reciente se ha vuelto a niveles de desempleo tan bajos como los que predominaron a comienzos de los setenta.

En todas partes hay aguafiestas y recientemente Lester Thurow ha señalado que el paro americano sería mucho mayor si se incluyesen en sus cifras el número de personas que trabajan a tiempo parcial, aunque desearían hacerlo a tiempo completo. En este cálculo, la tasa de paro en Norteamérica llegaría al 14% [2]. La verdad es que el argumento de Thurow no es muy valioso. Ante todo, habría que decir que, si lo aceptamos sin más, una vez aplicado a los países europeos las cosas serían mucho más terribles de lo que ya son. Si hemos de creer a Jeremy Rifkin [3], en Holanda un 33% de los trabajadores lo son a tiempo parcial, en Noruega más del 20%. Las cifras son algo inferiores para otros países europeos, pero aumentarían considerablemente las tasas de paro si se las tuviese en cuenta. En cualquier caso, la diferencia entre la capacidad de creación de empleos de la economía americana y de la europea no sería muy diferente de la actual.

Sin embargo, no se trata de entrar, como dicen los cursis, en un juego de suma cero. En una economía tan interrelacionada globalmente como la actual lo importante no es saber quién pierde o quién gana. Todos perdemos si hay una recesión en Japón o en Alemania y todos ganamos si Estados Unidos entra en una nueva fase de crecimiento económico; concebir la economía mundial como una partida de cartas es una insensatez. No deja de ser curioso que quienes fustigan la forma truculenta en que presentan sus noticias las cadenas de televisión norteamericanas se sumen a la sedicente moda exagerando la nota cada vez que se les da una oportunidad. Algún lector poco avisado podría pensar que sus libros se incluyen por derecho propio en la llamada economía de aeropuerto.

Lo cierto es que la economía americana ha mostrado ser desde hace más de 50 años una gigantesca máquina de creación de empleo. Como se ha dicho, la economía USA creó 38 millones de empleos entre 1970 y 1994. Así pudo darse trabajo a la pleamar de buscadores de trabajo. Los primeros favore-

---

[2] Lester THUROW, *The Future of Capitalism*, pp. 28-29.
[3] Jeremy RIFKIN, *The End of Work*, G. P. Putnam's, 1996, pp. 167-168.

cidos fueron en conjunto los *boomers*, hombres y mujeres, la generación nacida entre 1946 y 1965. Después lo fueron las mujeres, sobre todo las casadas. El fin del *baby boom* liberó a muchas mujeres de las tareas caseras y las llevó al mercado de trabajo, al que casi simultáneamente se incorporaron sus hijas. La tasa de participación de las mujeres de entre treinta y cinco y cuarenta y cuatro años de edad pasó del 43% en 1960 al 66% en 1980. En 1970 trabajaba el 58% de las mujeres de veinte a veinticuatro años; en 1980 el 69%. En 1990 trabajaban 25 millones de mujeres más que en 1970.

Finalmente, otro sector favorecido fue el de los inmigrantes legales que representaron un total de 17 millones desde 1970. La mayoría de ellos, ocho millones, eran mexicanos; dos millones provenían del Caribe, la mitad de ellos cubanos; otro seis millones tenían origen asiático y Europa contribuyó con otros dos millones. Aunque obviamente no hay números, los inmigrantes ilegales se estiman en otros dos a tres millones. Casi todos ellos encontraron trabajo en Estados Unidos.

Indudablemente, tal plétora de nuevos trabajadores influyó en sus salarios. De la misma manera que sucedería con cualquier otra mercancía de gran oferta, el precio de la fuerza de trabajo tendió a disminuir. Éste es uno de los grandes secretos de la economía americana. Los medios anticonceptivos y una nueva mentalidad en lo referente al trabajo femenino fueron causa y efecto de la incorporación masiva de las mujeres al mercado de trabajo. En efecto, si los salarios de los maridos tendían a bajar, era menester complementarlos con los de las esposas. Es cierto que, a menudo, hoy dos trabajadores por hogar juntan casi el mismo dinero que antes allegaba el hombre. Pero no es menos cierto que la creciente tasa de actividad ha proporcionado una mayor independencia económica a las mujeres y que, en conjunto, es mejor una población que trabaja que aquella que tiene que mantenerse en el paro por necesidad. No sufre de *histéresis*, esa condición en la que las habilidades y conocimientos de los trabajadores en paro de larga duración quedan obsoletas, mientras que los activos, con independencia de su nivel salarial, los mantienen al día y aun pueden mejorarlos [4].

Se ha llegado así a una especie de pacto social tácito por el cual los americanos intercambian su trabajo por salarios relativamente más bajos que los que se obtienen en otros países industriales a cambio de asegurarse que, salvo en épocas de recesión, casi todos aquellos que desean incorporarse al mercado de trabajo tienen la seguridad de hacerlo. En efecto, si tomamos el año 1991 como índice 100, en 1995 los trabajadores americanos ganaban por hora de trabajo en el sector manufacturero 109, superados por Japón (148,8), Alemania Occidental (126,6) y Francia (114,6) [5]. Con la excepción de Japón, que tiene un índice de paro muy bajo pero también una tasa de participación muy baja, por cuanto un gran número de mujeres no trabaja, alemanes y franceses ganan bastante más que los trabajadores americanos, pero sus niveles de paro son mucho más altos.

Hay otros aspectos de ese pacto social en lo que se refiere al trabajo de los americanos. Ante todo, la discrecionalidad de la patronal para prescindir de ellos es mucho más amplia que en Europa o Japón. La facilidad con la que las empresas americanas despiden a sus trabajadores con motivo de recesiones o por avances tecnológicos es la envidia de quienes creen en el despido libre como panacea para todos los males económicos de nuestros días. Excepto en los pocos sectores en que los sindicatos (unions) mantienen hoy alguna presencia, la libertad para el despido es mucha [6]. Además, la discrecionalidad de las empresas para decidir sobre política de horas extraordinarias, regulaciones temporales de empleo y otros expedientes labo-

---

[4] Paul KRUGMAN, *The Accidental Theorist*, Norton & Co., Nueva York, 1998, pp. 80 y ss.
[5] "Economic Report of the President", 1997.
[6] *Business Week*, "John Sweeney's Blitz", 12/6/97.

rales es muy grande; normalmente, el periodo anual de vacaciones es corto (2-3 semanas), con la posibilidad de que los trabajadores renuncien a ellas; las cotizaciones sociales y otras compensaciones no salariales son menores que en Europa, aunque hayan subido recientemente; las empresas tienen gran facilidad para recolocarse espacialmente o para exigir a sus empleados que cambien su lugar de residencia. A cambio, los trabajadores saben que si no les conviene seguir prestando servicios en las condiciones pactadas tienen oportunidad de buscar otro empleo y, habitualmente, de conseguirlo.

Es un modelo muy exigente y posiblemente difícil de trasplantar a otras sociedades con condiciones históricas y sociales diferentes. Pero es un modelo que funciona en Estados Unidos sin despertar grandes quejas. De hecho, la mayoría de los americanos están satisfechos con él y lo reputan superior a todos los que existen en el mundo, a pesar de que todos ellos trabajan mucho [7]. La pérdida del trabajo no tiene entre los americanos el carácter de cuasi maldición bíblica que reviste en otros lugares.

En realidad, el modelo ha garantizado en ese país una situación cercana al pleno empleo, especialmente en los últimos tiempos. ¿Podría llegarse a que hubiese pleno empleo en Estados Unidos? La respuesta es sí, como podría suceder en cualquier otra sociedad. Bastaría seguramente con poner en marcha una expansión seudokeynesiana, con políticas de aumento de la demanda y fuertes inversiones públicas. Sin embargo, ello tendría normalmente un resultado desagradable: crecimiento de la inflación.

¿Qué hay de malo en la inflación? [8]. La respuesta es: casi nada a corto plazo. Los bienes y servicios empiezan a tener un valor nominal más alto, pero casi nadie lo nota porque las rentas de todos suben en proporción. A medio plazo, la cosa

---

[7] *The Economist*, "Undue Diligence", 24/8/96.
[8] Paul Krugman, *The Era of Diminished Expectations*, pp. 103-105.

se pone más cruda, pues casi todos los agentes económicos comienzan a incluir en sus cálculos el incremento de los precios. Los trabajadores reclaman aumentos salariales de acuerdo con la inflación esperada, los empresarios también quieren mayores precios por sus productos. Pronto nos colocamos en una inflación superior al 10% y, a partir de ahí, si no hubiera ningún freno, la inflación se retroalimentaría sin que pudiesen vislumbrarse sus límites. En el proceso hay mucha gente que pierde: todos aquellos sectores que cuentan con rentas monetarias fijas o que no consiguen indiciarlas de acuerdo con el ritmo de la inflación. En el límite, el dinero acaba por perder su valor, el mercado no funciona y las sociedades conocen profundos conflictos.

Por eso casi todos los países siguen muy de cerca los indicadores del empleo y los entendidos hablan de la necesidad de que exista un volumen de desempleo capaz de evitar el desencadenamiento de la inflación. Antiguamente, cuando los marxistas no eran aún una especie extinguida, a esto se le conocía con el nombre marcial de *ejército de reserva*, pero era un concepto poco fiable. Hoy ha entrado en sociedad con el nombre más técnico de Tasa de Paro no Generadora de Inflación o NAIRU [9] *(Non Accelerating Inflation Rate of Unemployment)* para los expertos. También se la conoce como Tasa Natural de Desempleo, lo que no es muy exacto porque no hay nada de natural en ella.

La NAIRU de la economía americana se situaba hasta hace poco, por consenso universal de los expertos, entre el 5-7%. Según Paul Krugman, la relación histórica entre inflación y desempleo entre 1973 y 1991 estuvo en el 6,6%, es decir, que cuando el desempleo llegaba a esa tasa, ya no generaba inflación. Si bajaba de ahí, la Reserva Federal tenía argumentos para intervenir apretando las clavijas a la economía con un aumento de las tasas de interés [10]. Por otra parte, esa evidencia

---

[9] Paul KRUGMAN, *Ibid.*, pp. 34-35.
[10] Paul KRUGMAN, *Ibid.*, p. 37.

empírica demostraba que resultaba posible crecer sin inflación con una tasa de desempleo relativamente baja. Lo cual, a su vez, delimita la tasa real de crecimiento de la economía. De nuevo, el consenso estaba en que la economía americana no podía crecer por encima del 2,3-2,5% sin que subiese la NAIRU o se anotase un crecimiento de la inflación. Traduciendo, si la economía americana había de crecer sin inflación en los ochenta, no podía hacerlo por encima del 2,5%, ni podía el desempleo bajar del 6%.

Hemos dicho que no hay nada de natural en esta tasa de desempleo. De hecho, en los años de presidencia Clinton, como se ha visto, la tasa de desempleo ha bajado notablemente, hasta colocarse en el 5,4%, primero, y hasta el 4,3% luego, sin que se produjese un repunte de la inflación y la economía ha vuelto a crecer más rápidamente. Es decir, se han superado los límites de lo *natural* de forma significativa.

Es una buena cosa para los americanos y para el mundo en general. Si Estados Unidos puede crecer más rápido y sin tensiones inflacionarias (la NAIRU actual se calcula en un 5,5% de desempleo con un potencial de crecimiento económico en torno al 3%) ello beneficiará en su cuota parte a la economía mundial que se resfría cada vez que el gigante estornuda. Las buenas expectativas del futuro económico inmediato se deben, pues, a esta rebaja de la NAIRU.

¿Qué es lo que la ha producido? Los expertos económicos de la presidencia sugieren que se debe a tres causas principales: cambios en la composición demográfica de la fuerza de trabajo, alineamiento de las expectativas de los trabajadores con el crecimiento de la productividad y competencia creciente en los mercados de trabajo y de bienes y servicios [11].

El principal cambio demográfico lo constituye el envejecimiento o, en términos más politcorrectos, la maduración de la generación *boomer*. Los mismos que decían aquello de *no te*

---

[11] "Economic Report of the President", 1997.

fies de nadie mayor de treinta años han empezado a entrar en su sexta década, más del *mezzo cammin' della mia vita*. Los grupos etarios más altos tienen una NAIRU inferior a los más jóvenes y los *boomers* no son una excepción. Son trabajadores más maduros y se hallan en la mejor situación para ganar en productividad. Por otra parte, el conjunto de los trabajadores americanos ha ido ajustando sus expectativas salariales al crecimiento real de su productividad. Es lo que se llama una rebaja en el *efecto de expectativas salariales*. Si sus demandas salariales se moderan, la inflación les acompaña en su moderación. Finalmente, el hecho de que muchos sectores productivos americanos hayan de competir en un mercado mundial con algunos países de alta tecnología y con otros de bajos costes salariales ha servido también para moderar sus demandas salariales y animarles a una mayor productividad.

En estas condiciones, se diría que la NAIRU ha encontrado un nuevo nivel de equilibrio que puede incluso rebajarse en el futuro si las cosas van bien. En cualquier caso, lo indudable es que hasta 1998, como se ha visto, la inflación ha sido baja y el crecimiento de la economía se mueve en el límite superior de sus posibilidades. Sin duda, nadie cree que la marcha cíclica de la economía se haya acabado y que la recesión no vaya a salir al paso en algún momento del camino. Pero son pocos quienes piensan en poder fijar la fecha exacta de ese acontecimiento, pues lo que está sucediendo no tiene precedentes. Hace poco, Louis Uchitelle, uno de los expertos económicos del *New York Times*, señalaba que "Estados Unidos ha conocido tres fases largas de expansión durante los últimos 35 años. En los sesenta, la economía creció sin recesiones más de ocho años. La expansión de los ochenta duró casi otros ocho años. Pero al sexto año, cuando el desempleo era tan bajo como hoy, los salarios habían comenzado una escalada y los precios subían más del 4% anual para cubrirlos. Incluso en los sesenta, la expansión más sana de las conocidas, la inflación comenzó a aumentar tras cinco años de crecimiento económico"[12]. Hoy son ya ocho años de ciclo ascendente, la inflación sigue sin crecer apreciablemente y el futuro está en las rodillas de los dioses.

Tan espectacular es el mercado de trabajo americano que la sociedad puede permitirse incluso la existencia de un amplio sector de trabajo voluntario no pagado. Hay una tendencia a pensar que la americana es una sociedad de gente cerrada sobre sí misma, metida en sus pequeñas cajitas como cantaba Pete Seeger, ¿recuerdan sus *Little Boxes?* Ya saben, el anonimato de la ciudad y los *suburbs* que genera soledad y egoísmo, todas esas cosas. Pues bien, pocos saben que los americanos, retirados unos, en activo otros, dedican muchas horas de su ocio a trabajar en actividades, muchas de las cuales serían en otros lugares trabajos a tiempo completo.

Jim Lemon es un jubilado originario de Brooklyn que vive hoy en Miami. Su pensión no es alta y vive en una casa móvil de un *trailer park,* uno de esos espacios donde se agrupan personas mayores de escaso poder adquisitivo. Jim eligió para vivir un lugar cercano al zoológico de la ciudad, el Metrozoo, y allí pasa muchos de sus días cuidando animales, algo que siempre quiso. Otros preparan comidas para su distribución gratuita en diversas instituciones benéficas como Camilus House o hacen la casa a enfermos de sida o ayudan en Alcohólicos Anónimos o cuidan de drogadictos en rehabilitación o planean las próximas actividades de Greenpeace. Todos lo hacen sin percibir nada a cambio. Y su aportación no es un grano de anís. Las estimaciones de Jeremy Rifkin[13] son que este llamado sector independiente o voluntario de la economía contribuiría con el equivalente de un 6% adicional al PIB y con un 9% adicional a la fuerza de trabajo americana. Según una encuesta Gallup hecha en 1992, eran 94,2 millones de americanos adultos, un 51% de la población, los que dedica-

---

[12] *The New York Times,* 12/3/97.
[13] Jeremy RIFKIN, *Ibid.,* pp. 239-244.

ban en 1991 su tiempo a diversas causas, religiosas, benéficas o verdes. Un voluntario dedica por término medio 4,2 horas semanales a esas actividades. Habrá quien diga que todo esto no hace sino detraer empleos posibles, pero, en cualquier caso, es indudable que la máquina de creación de empleos sigue funcionando satisfactoriamente.

La dualización del mercado de trabajo

Sí, sí, ya veo a aquel lector de la tercera fila a la izquierda. Cierto, cierto. Se ha dicho a menudo. La economía americana destruye y crea mucho empleo, pero últimamente los empleos creados son de menor calidad que los destruidos. Se está generalizando la aparición de trabajos-basura. Quien ganaba $11 y hasta $22 a la hora y perdió su trabajo tiene que aceptar hoy un salario muy cercano al mínimo de $5,15. Son trabajos que no exigen ninguna cualificación y se limitan a la realización de tareas elementales y, por tanto, mal pagadas. Los típicos trabajos de restaurantes de comida rápida que lo mismo pueden ser desempeñados por un estudiante de dieciséis años que por un inmigrante analfabeto. Son los McJobs y hay mucha gente que tiene dos a la vez. "Cómo no va a subir el número de empleos... entre mi marido y yo tenemos cuatro", decía en un noticiario de la cadena ABC Sally Brill, una supervisora que había perdido hacía unos meses su puesto de trabajo en la reestructuración de AT&T en 1995.

¿Qué hay de cierto en todo esto? La sabiduría convencional dice que efectivamente han aumentado los trabajos mal pagados y con pocas oportunidades de mejora; que los salarios bajan; que las perspectivas de obtener un empleo de larga duración disminuyen cada año. Pero la sabiduría convencional suele exagerar y tal parece que lo esté haciendo en este caso. No hay una tendencia generalizada a la aparición de McJobs, aunque éstos hayan crecido bastante. También lo han hecho los trabajos bien pagados. Lo que parece haber sucedido es una contracción notable de los trabajos de tipo medio, los que correspondían anteriormente a trabajadores especializados, a capataces, a empleados de cuello blanco, a mandos intermedios de las empresas de servicios. Éstos sí que han sufrido considerablemente y ése es uno de los rasgos nuevos de la situación reciente.

Todo cambió profundamente con la recesión de 1991-1992. Esa fase recesiva no fue especialmente grave, ni constituyó un momento de gran dificultad para la economía americana. Sin embargo, muchos trabajadores en lo que conocemos por empleos de clase media perdieron sus trabajos y no los volvieron a recuperar. El hecho de que fuera este sector, tradicionalmente el más resguardado ante las crisis, el que sufriera los embates de ésta causó una inquietud como no se había conocido en recesiones anteriores. Todavía resuenan las historias de horror de aquellos años. Ingenieros altamente cualificados de la industria aeroespacial californiana que se encontraban en la calle tras el recorte de los programas militares; gerentes de compañías aéreas a los que se daba a elegir entre el despido o la continuación en su trabajo por el 60% de su sueldo anterior. No es de extrañar que, en estas condiciones, no haya habido presiones inflacionarias por el lado de los salarios en los años recientes [14]. Así lo reconocía con cierta crudeza Allan Greenspan, el presidente de la FED, a finales de febrero de 1997 al expresar su inquietud por el hecho de que los trabajadores pudiesen estar perdiendo el miedo a la inseguridad en el trabajo y ello pudiese contribuir al crecimiento de la inflación.

Queda por ver la otra cara de la moneda. Mucho del crecimiento en el empleo se ha generado en el sector de los servicios, donde, como sabemos, la diversidad entre las empresas que lo componen es la regla general. Pues bien, en contra de la sabiduría convencional, una buena parte del empleo en el

---

[14] Paul KRUGMAN, *The Accidental Theorist*, pp. 116 y ss.

sector se debe al crecimiento de trabajos de gestión y de profesionales. Eso, al menos, es lo que dice el Informe Económico del Presidente 1997 y cita algunas investigaciones recientes para probarlo [15].

La primera es un trabajo conjunto del Consejo de Asesores Económicos y el Departamento de Trabajo que comparaba el empleo a tiempo completo entre 1994 y 1996 en 45 categorías dentro de 22 industrias. La conclusión era que un 68% del crecimiento neto del empleo había ocurrido en las categorías salariales más altas. El segundo estudio es del Departamento de Estadísticas Laborales (Bureau of Labor Statistics o BLS) y corrobora al anterior. Partiendo de una base de 90 categorías ocupacionales, el empleo había crecido un 13% en las más altas de ellas y un 7% en las bajas, en tanto que había disminuido un 3% en las medias. Finalmente, otro estudio del BLS que analizó 500 categorías ocupacionales llegaba a la conclusión de que un 70% del crecimiento del empleo neto se había producido en la mitad superior de esas categorías.

Curiosamente, David Gordon, un profesor de Economía de la New School neoyorquina que se halla al otro lado del espectro ideológico, viene a confirmar los mismos resultados. Para Gordon, el gran problema de la economía americana es haber generado una enorme estructura burocrática que empuja hacia abajo los salarios de los trabajadores productivos, al tiempo que se queda con una parte desproporcionada de las ganancias de la empresa *(the wage squeeze)* [16]. Es la vieja y no muy refinada teoría marxista de que el avance del capitalismo favorece a los sectores que no producen valor y viven de las rentas de la plusvalía [17]. No es momento de entrar en esta disputa teológica.

---

[15] "Economic Report of the President", 1997, pp. 154 y ss.

[16] David GORDON, *Fat and Mean*, The Free Press, 1996, pp. 15 y ss.

[17] Para una versión moderna de esta idea, *vid.* James K. GALBRAITH, *Created Unequal*, cap. 8.

Sí se puede, sin embargo, resaltar que los datos de Gordon son muy similares a los que venimos manejando [18]. Mantiene Gordon que el famoso adelgazamiento *(downsizing)* de América no ha producido una disminución de lo que él llama el fardo burocrático *(bureaucratic burden)*, sino que lo ha aumentado: el número de puestos de gerencia como porcentaje del empleo no agrario ha pasado de un 12,6% a un 13,6%. Más aún, del total de empleo creado entre 1991 y 1995, un 26,6% lo ha sido entre las categorías gerenciales, que son las mejor pagadas [19]. Así pues, la primera afirmación de la sabiduría convencional debe ser tomada con cierta dosis de prevención. No parece que haya una tendencia generalizada a la desaparición de las categorías laborales altas ni al crecimiento indiscriminado de las bajas. Ahora bien, podría resultar que, pese a esas circunstancias, la totalidad de la masa salarial tendiese a la baja. Para entenderlo mejor, conviene que tengamos en cuenta la evolución reciente de las rentas y de los salarios en Estados Unidos.

En dólares constantes de 1992, la renta de las familias americanas, uno de cuyos principales componentes son los salarios, ha tenido lógicamente durante los últimos cuarenta y cinco años un comportamiento muy similar al de otras variables como los salarios y la productividad. Si en 1950 se partía de una renta media por familia de unos $17.000, hasta la mitad de los años setenta hubo una rápida escalada ascendente en que llegó a los $33.000, es decir, casi se duplicó en veinte años.

Por el contrario, desde 1975 hasta el presente la renta media se ha mantenido, con oscilaciones, en torno a los $32.000. En los últimos años de que tenemos cifras, la evolución ha sido ligeramente negativa. En 1989 la renta familiar era de $33.585, medidos en dólares constantes de 1993. En 1992 había bajado a $31.553 y en 1993 a $31.241, es decir, en cuatro años la renta media había descendido en casi un 7%.

---

[18] *The Economist*, "Why More Looks Like Less?", 27/4/96.
[19] David GORDON, *Ibid.*, pp. 51-60.

El cambio histórico en la distribución de la renta se aprecia en las figuras 3.1, 3.2 y 3.3.

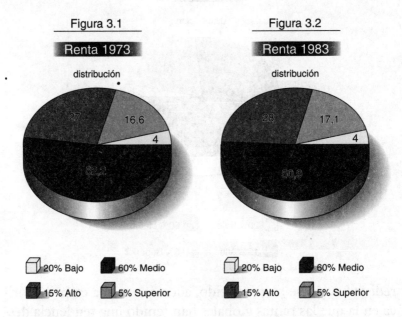

Figura 3.1 | Renta 1973 | distribución

Figura 3.2 | Renta 1983 | distribución

Entre 1973 y 1983 los cambios son casi inapreciables, pero la cosa cambia dramáticamente en 1993. Los cuatro primeros quintiles (80% de la población) consiguen ahora quedarse con un poco más de la mitad de la renta global (51,8%) en tanto que el último quintil aumenta enormemente su participación hasta el 48,2%. Además, se da un vuelco en su seno. El 5% de las familias más ricas sube casi 3 puntos su participación, en tanto que la de los que les siguen queda casi estancada al subir tan sólo un 0,1% [20] (figura 3.3).

Los doce años de los presidentes republicanos Reagan y Bush han supuesto, pues, un profundo proceso de redistribución de la renta en favor de los sectores sociales más acomodados y especialmente del 5% más rico. Tendremos ocasión de analizarlo en detalle en la última parte de este libro. Esta

---

[20] Andrew HACKER, *Two Nations*, pp. 103-110.

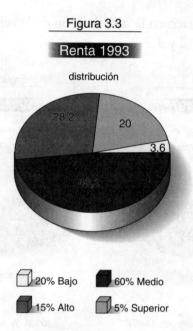

Figura 3.3

Renta 1993

distribución

- 20% Bajo
- 60% Medio
- 15% Alto
- 5% Superior

redistribución se ha producido, además, en una etapa histórica en la que las rentas globales han tenido una tendencia descendente o, por lo menos, se han estabilizado. Es de suponer que nada de ello se ha producido sin un serio aumento de problemas económicos para la gran mayoría de la población. La clase media tiene cada vez más dificultades para llegar a fin de mes y, en las capas más bajas, la pobreza ha aumentado considerablemente.

Si de la renta pasamos a los salarios, podremos apreciar un panorama similar. Casi todos los indicadores muestran que los salarios se han mantenido prácticamente iguales, en términos reales durante los últimos quince años. Pero ese estancamiento general se hará más desigual en cuanto desagreguemos un poco. Los salarios de las categorías superiores se han acrecentado y los de las inferiores han tendido a disminuir, como se puede ver en el cuadro 3.1.

CUADRO 3.1

VARIACIONES SALARIALES $ POR HORA EN SECTOR NO AGRARIO ($1993)

	1979	1993	%
Todos los trabajadores	$11,62	$11,80	1,5
20% superior	$22,41	$24,66	10,0
80% más bajo	$8,93	$8,59	-3,4

Fuente: D. Gordon, *Fat and Mean*, p. 25

Si bajamos al terreno de los actores individuales y centramos nuestra atención en los salarios y compensaciones que reciben algunos de los altos ejecutivos de las empresas, esas diferencias se hacen mucho más palmarias y hasta sorprendentes [21]. Merrill Lynch, una empresa de intermediación en bolsa y en otros mercados de dinero, anunció en enero de 1996 unas ganancias de $1,6 millardos, un aumento del 46% sobre el año anterior. Su presidente, Daniel P. Tully, ganó en compensaciones totales el mismo año la suma de $10,2 millones, una subida del 40,3% respecto de 1995. General Electric, el gigante de electrodomésticos de línea blanca y partícipe en otros muchos negocios, pagó en 1996 a su presidente un total de $6,3 millones en salario y participación en beneficios. Si se incluyen sus 320.000 opciones sobre acciones de la compañía, sus ganancias totales en 1996 fueron de $30 millones [22]. Es el *star system* que, de Hollywood, ha pasado a toda la estructura americana de empleo.

---

[21] *The Economist*, "Cream", 4/5/96.
[22] Peter TRUELL, "Merrill Lynch Chairman Made 40% More in 1996", *The New York Times*, 11/3/97; David CAY JOHNSTON, "GE Chairman Earns 6,3 Million in Salary and Bonus", *The New York Times*, 13/3/97.

No son éstas cosas que sucedan al común de los mortales, ni siquiera a los altos asalariados. Son tan sólo la chispa de la vida corporativa, cada vez más parecida en sus escalones superiores a la de las grandes estrellas del espectáculo o de los deportes. Indudablemente, no tienen nada que ver con lo que está pasando en el mundo sublunar a la mayoría de los asalariados americanos, cuya paga se mantiene estable cuando no se inclina a la baja [23].

El panorama de estos últimos mejora un poco si se tiene en cuenta la compensación total, que incluye los beneficios no salariales de los trabajadores. Actualmente los beneficios adicionales (*fringe benefits*) son cerca del 30% de los salarios, lo que representa una subida, modesta, desde los años ochenta. La mayor parte de la subida se debe al crecimiento de los beneficios médicos cubiertos por la empresa. Es decir, ha habido un estancamiento relativo de los salarios que se ha visto compensado en parte por la subida de esos costes.

Entre los otros factores que afectan al empleo, el ritmo de su destrucción y creación, su estabilidad y la forma en que los trabajadores internalizan esos cambios, ha habido algunas novedades que conviene destacar o subrayar de nuevo. La Encuesta de Trabajadores Desplazados (*Displaced Workers Survey*) del BLS estudia bienalmente a los trabajadores que han perdido sus empleos en los tres a cinco años anteriores a la fecha de la encuesta. Sus datos, a estas alturas, son perfectamente esperables. La recesión de los años 1991-1992 vio un aumento de las tasas de desplazamiento, pero para 1994 éstas habían vuelto al nivel de la mayor parte de los ochenta. Sin embargo, como ya sabíamos, las principales víctimas de aquella recesión fueron los trabajadores de los servicios y, en general, los trabajadores de cuello blanco. En el periodo 1979-1984, los trabajadores de los servicios que tenían una cierta antigüedad en su puesto de trabajo (tres o más años) repre-

---

[23] *The Economist*, "Working Harder for Less?", 7/9/96.

sentaban alrededor de un tercio de todos los trabajadores desplazados; en los últimos años esa proporción se ha puesto por encima del 50%. De entre los trabajadores de cuello blanco, los desplazados en el primer periodo eran un 40%; en el segundo son más de la mitad [24].

Los trabajadores mayores y mejor educados tienen, pues, ahora un riesgo de pérdida de su trabajo superior al que han tenido tradicionalmente [25]. Sin embargo, esos mismos trabajadores tardan menos que en el pasado reciente en volver a encontrar empleo. ¿Qué sucede cuando lo encuentran? Aunque no existen datos que puedan generalizarse fiablemente, todo parece apuntar a que los trabajadores desplazados sufren un declive real de en torno al 10% de lo que ganaban anteriormente. Por otra parte, alrededor de un 15% de los trabajadores que se vuelven a emplear no reciben beneficios médicos de sus nuevos empleadores.

Por lo que hace a la estabilidad en el empleo, a pesar de que hay una opinión generalizada de que ha empeorado, eso no parece ser cierto. En 1993, la media de los trabajadores de entre cuarenta y cinco y cincuenta y cuatro años había permanecido en sus empleos por 12 años; los que tenían entre cincuenta y cinco y sesenta y cuatro habían estado 14. Más de la cuarta parte de ambos grupos había mantenido sus trabajos por más de 20 años. Todas ellas son cifras muy similares a las que se daban en los setenta y los ochenta. Las mujeres, por su parte, parecen tener una mayor estabilidad laboral que en el pasado [26].

Finalmente, hasta hace poco, todos estos cambios habían generado un estado de ánimo de mayor inseguridad entre los trabajadores. Diversas encuestas de opinión indican que la sensación de seguridad ha caído notablemente; las cifras de

---

[24] "Economic Report of the President", 1996, pp. 149-153.
[25] Paul KRUGMAN, *The Accidental Theorist*, pp. 24 y ss.
[26] "Economic Report of the President", pp. 154 y ss.

quienes en 1996 dicen que es *totalmente improbable* que pierdan sus empleos a lo largo del año se han colocado en los niveles de 1983, cuando la recesión de la época estaba en su punto más alto. Esto hace que los trabajadores se aferren a sus empleos con mayor insistencia que en el pasado. Algo ha cambiado en el mercado de trabajo americano [27].

¿EL FIN DEL TRABAJO?

Los socialistas y anarquistas utópicos, el Marx de los *Manuscritos de 1844*, Paul Lafargue y otras gentes de bien hablaron de un posible mundo mejor en el que la división del trabajo hubiese desaparecido, la propiedad se hubiera socializado y todos tuviéramos garantizado nuestro derecho a la pereza. Una bonita cosa de estos socialistas primerizos era su tendencia a desafiar las verdades establecidas, los artículos de la fe. Durante siglos, el confucianismo, el hinduismo y la tradición judeocristiana nos habían llenado la cabeza con lo de que el trabajo era nuestro destino biológico. Para esta última dogmática, que es la que nos ha pillado más cerca, habremos de ganar el pan con el sudor de nuestra frente. El propio Dios había trabajado duro. Hizo el mundo en seis días y al séptimo descansó. También es verdad que, desde entonces, no se sabe que haya vuelto a dar un palo al agua, pero para evitarnos tentaciones todos los moralistas cristianos nos recuerdan que el trabajo es consecuencia del pecado, del intento de los hombres por ser como Dios. Tal vez el pecado de Adán fuera querer una vida tan regalada como la de su creador.

La técnica moderna, siempre implacable, ha terminado con muchas certidumbres eternas. Parece que el pecado original se debió a las cosas del querer y al aguijón de la carne, que casi siempre es cosa de dos. Así que Dios decidió castigar tam-

---

[27] "Economic Report of the President", pp. 156 y ss.

bién a la contraparte. Eva y su progenie parirían a sus hijos en el dolor y pagarían el pecado con su sangre. Lo cierto, empero, es que esa maldición biológica comenzó a desaparecer como resultado del control de los estrógenos y va camino de extinguirse, con gran enfado de todos los moralistas del mundo. No es de extrañar que todos ellos, capitaneados por sus jefes naturales, el papa de Roma, el patriarca de Moscú, Billy Graham e incontables centuriones de varia lección a lo ancho del universo mundo, pongan el grito en el cielo cuando se habla de las posibilidades de clonación humana, la verdadera concepción inmaculada próximamente en su cine más cercano, lo que podría ser el último clavo en el ataúd de esa parte del destino biológico.

¿Podrá suceder con el trabajo humano lo mismo que con la corvea biológica de la sexualidad femenina, podrá estar en trance de desaparecer? Difícil, es la primera respuesta que nos viene a la boca. Pero, ¿por qué? Un libro reciente de Jeremy Rifkin expone precisamente esa tesis. Sostiene Rifkin que la tecnología moderna ha sentado las bases para una producción mecanizada de casi todas las actividades sociales que hemos conocido secularmente con el nombre de trabajo. Luego, él obtiene de ahí toda suerte de conclusiones indigeribles, pero el punto de partida no deja de ser sugestivo [28]. A lo mejor podemos librarnos de una vez por todas del trabajo. Pero eso lo vamos a discutir después. Por ahora, nos fijaremos en algunas tendencias de la economía americana más reciente que, lejos de acabar con el trabajo, lo que han hecho ha sido dejar sin él, que es distinto, a muchos millones de trabajadores.

OTRA NUEVA DIETA MILAGROSA

Uno de los libros más vendidos en 1994 se debió a las plumas de Michael Hammer y James Champy. Se llama *Cómo reestruc-*

---

[28] Jeremy RIFKIN, *Ibid.*, Putnam, 1995.

turar empresas (Re-Engineering the Corporation) y por subtítulo llevaba la iluminada frase de *Un manifiesto para la Revolución Empresarial* [29]. Este manual del buen revolucionario (empresarial) tenía poco que ver con el *Qué hacer* de Chernitchevsky, de donde tan malas ideas sacaría Lenin. Desde luego era mucho más aburrido.

Como buena parte de la literatura de la que gustan nuestros revolucionarios de hogaño, los *emebeas (Masters of Business Administration)* de Harvard y otros muchos lugares, era una olla podrida en la que se mezclaban unos cuantos hechos selectos, algo de futurología a lo Toffler y algunas promesas del ciento por uno si se seguían sus consejos. Por unos meses fue la biblia. Decía cosas muy novedosas y bellas sobre *las tres Ces* de la economía global, que eran *los Clientes han decidido mandar, la Competencia se intensifica* y *el Cambio es constante.* Podían encontrarse también, por ejemplo, declaraciones heraclitianas muy enjundiosas, como "ya no es necesario o deseable que las compañías organicen sus procesos laborales de acuerdo con los principios de división del trabajo de Adam Smith. En el mundo actual de Clientes, Competencia y Cambio, los puestos de trabajo definidos por una sola tarea fragmentaria han quedado obsoletos. Por el contrario, las empresas tienen que organizar el trabajo en torno a *procesos*" [30]. No, no es cierto que a renglón seguido añadiesen lo de que *debido a la crisis económica, la lucecita al final del túnel se mantendrá apagada hasta nueva orden.*

Sin embargo, sí parecían muy devotos, seguramente de forma involuntaria, de otra máxima económica fundamental, *las palizas continuarán hasta que la moral de la tropa mejore.* Según ellos, en muchas empresas de hoy la fragmentación de los trabajos crea tremendas deseconomías de escala que generan

---

[29] Michael HAMMER y James CHAMPY, *Re-Engineering the Corporation*, Harper Business, 1993.
[30] Michael HAMMER y James CHAMPY, *Ibid.*, pp. 27-28.

no trabajo directo, sino gastos generales. Sobran muchos trabajadores. Estudio de caso al canto: IBM Credit Co., una filial de IBM, se encargaba de procesar las solicitudes de crédito para la compra de ordenadores, programas y demás de la casa matriz [31]. La concesión de un crédito es un proceso complejo y, en el momento del estudio, la aprobación de uno llevaba cerca de siete días. Hasta que dos gerentes mantuvieron una tormenta de ideas.

Hábilmente interrogados, los departamentos que intervenían en el proceso definieron lo que tardaban en realizar las operaciones necesarias; en total, no eran más de noventa minutos. El resto del tiempo, siete días menos noventa minutos, se consumían en pasar los formularios de un departamento a otro. Años de trabajo le había llevado a IBM Credit Co. el emular a la intervención delegada de Hacienda de cualquier ministerio español. Como siempre, en el extranjero no reconocen nuestros méritos. Sin embargo, aquellos dos sagaces gerentes llegaron a una complicada solución que hasta hoy ha escapado a nuestros interventores: había que agilizar el proceso. Fin del caso: cómprense ustedes un buen sistema informático, creen una excelente base de datos y háganla funcionar; IBM Credit Co. redujo su tiempo medio de aprobación de solicitudes de crédito de siete días a cuatro horas, oiga. Después, no hubo otra cosa que hacer que prescindir de todos los que sobraban en el entretanto, los portadores de papeles de un departamento a otro. Hay en el libro varios casos más igualmente interesantes.

Cuesta creer que fueran las novedosas ideas de Hammer y Champy las causantes del proceso, pero lo cierto es que la cosa estaba en el aire. Desde 1992, más o menos, las empresas americanas han procedido a una oleada de amortización de puestos de trabajo. Como se dice en la germanía del medio, se han puesto a dieta (*downsizing*)[32] y han subcontratado (*out-*

---

[31] Michael HAMMER y James CHAMPY, *Ibid.*, pp. 36 y ss.
[32] Louis UCHITELLE, "Downsizing Comes to Employee-Owned America", *The New York Times*, 7/7/96.

sourcing)[33], es decir, han redefinido sus procesos y estructuras internas y han acudido al mercado externo para todas aquellas operaciones que no eran típicamente propias de su sexo. Todo ello hubiera sido imposible sin la colaboración de la tecnología informática, que permite prescindir de muchas estructuras burocráticas y redefinir organizativamente los procesos de trabajo para no hacer más operaciones que las estrictamente imprescindibles y en el momento oportuno *(just-in-time production)* [34]. La nueva revolución empresarial es genuinamente antiburocrática. Como dicen Hammer y Champy, "la forma de eliminar la burocracia y adelgazar la organización consiste en reorganizar sus procesos de tal forma que dejen de estar fragmentados. Ése es el momento en que las compañías pueden deshacerse de su burocracia" [35]. Quién dijo miedo ante aquello de *cuando ahorquemos al último burócrata con las tripas del último sociólogo, tralarí, tralará.*

De repente, todos trotskistas, la revolución antiburocrática se desencadenó implacable entre el ruido y la furia que suelen caracterizar a este tipo de procesos [36]. General Motors despidió a 100.000 trabajadores entre 1990 y 1993. Las grandes compañías aéreas han prescindido de aproximadamente un 16% de sus trabajadores. Union Carbide pasó de 110.000 empleados en 1984 a 10.000 en 1994. Apple, el fabricante de las otras computadoras, anunció en marzo de 1997 un recorte del 30% de sus trabajadores; por las mismas fechas, Heinz, el gigante de la alimentación, se deshacía de un 6% de sus empleos. Las brigadas del amanecer *(firing squads)* han pasado por todas las grandes empresas. Según Michael Moynihan, el número de puestos de trabajo de las 500 compañías de *Fortune*, las más importantes del país, se redujo en 4,2 millones en-

---

[33] Louis UCHITELLE, "More Downsized Workers Are Returning as Rentals", *The New York Times*, 8/12/96.
[34] *The Economist*, "The Year Downsizing Grew Up", 21/12/96.
[35] Michael HAMMER y James CHAMPY, *Ibid.*, p. 92.
[36] Michael HAMMER y James CHAMPY, *Ibid.*, pp. 48 y ss.

tre 1974 y 1994, una rebaja de casi un 30% [37]. Cuanto más trabajaba *Madama Guillotina*, más a rabiar aplaudían los *sans culottes*, es un decir, de Wall Street. Cada anuncio de puesta a dieta de una compañía solía venir acompañado de una respetable alza de sus cotizaciones bursátiles.

California, un estado que se creía por encima de los ciclos económicos, sufrió duramente con la recesión de 1991-1992. En 1988 contaba con unos 700.000 trabajadores empleados en la industria aeronáutica y otras de alta tecnología. En 1995 había perdido 234.000, casi un tercio. La magnitud del proceso californiano se aprecia con mayor viveza en las biografías de algunos individuos. En 1996, el *New York Times* recopiló en forma de libro una serie de artículos que había dedicado a varias de estas sucesivas curas de adelgazamiento [38]. Los ejemplos no son muy alentadores.

Los cambios han afectado, como era de esperar, a las propias organizaciones obreras. Los sindicatos *(Unions)* tuvieron siempre una vida azarosa en Estados Unidos, pero la AFL-CIO llegó a un número importante de afiliados y obtuvo una cierta influencia en las decisiones económicas, especialmente las que afectaban a las grandes industrias del Midwest. La crisis de 1982-1983 y la escasamente amigable era republicana entre 1980 y 1992 les hicieron entrar en una espiral descendente que no parece haber acabado. Recientemente, la presidencia de John Sweeney se inclina por una actitud más militante, pero por el momento no parece que haya dado frutos en cuanto a afiliación. Casi todos los países industrializados han conocido tendencias similares, pero, con la excepción de Francia, donde la afiliación sindical bajó a la mitad entre 1980 y 1990, llegando a una anémica cuota del 9,8% de los trabajadores industriales, Estados Unidos ha conocido el declive más rápido. En 1970 había un 23,2% de trabajadores sindicados que pasó

---

[37] Michael MOYNIHAN, *The Coming American Renaissance*, pp.79 y ss.
[38] *The New York Times*, "The Downsizing of America", Times Books, 1995.

al 22,3% en 1980; para 1990 sólo un 15,6% estaban afiliados a un sindicato [39].

No toda la novedad de la situación actual ha consistido en adelgazar. En realidad, una parte de los empleos perdidos se ha repuesto con la creación de nuevas empresas, más pequeñas, escindidas de las más grandes. Las compañías americanas se han especializado en los aspectos centrales de su negocio, aquellas cosas que saben hacer bien, y han tratado de librarse de todas aquellas actividades que eran ajenas a ese núcleo. A menudo, tras años de gigantescas fusiones, el proceso ha revestido la forma de creación de nuevas unidades (*spin-offs*) que pueden hacer con mayor eficiencia lo que los antiguos mastodontes no conseguían. Por poner un ejemplo entre muchos, TCI, el mayor distribuidor de TV por cable, se ha escindido recientemente en TCI, que se encarga de la gestión del *hardware* de la compañía, TCI Liberty Media, especializada en *software* y programación y TCI Satellite, que agrupa todas sus operaciones de TV por satélite.

En otras ocasiones, las empresas han descargado parte de sus actividades, desde la limpieza hasta los servicios de mensajería hasta el diseño de productos, en otras más pequeñas y eficaces a las que compran sus servicios en lugar de autoproveerse, como lo hacían en el pasado. Es lo que se llama *outsourcing* o subcontratación externa de actividades. Esto no es nada nuevo. Ya desde los años treinta la mayoría de las empresas ha utilizado, especialmente en el terreno de la comunicación corporativa, los servicios de compañías de publicidad y de relaciones públicas. La novedad actual es que, a menudo, el *outsourcing* se aplica a partes esenciales del proceso productivo, sea en diseño industrial, sea en la fabricación y suministro de componentes. Las compañías auxiliares tienen una estructura burocrática más corta, a menudo no ofrecen seguridad médica ni planes de pensiones a sus trabajadores y generalmente han resistido con éxito los intentos sindicales de organizarles. Estas empresas

---

[39] Bureau of Labor Statistics, "Unions 1996", *USDL* 97-27, 31/1/97.

proveedoras pueden ofrecer bienes y servicios a un costo bastante menor que el de los generados por las grandes empresas. Antes de dedicarse con escaso éxito al espionaje industrial, nuestro gran Superlópez era, al parecer, un figura en esto de exprimir a los proveedores.

NO ESTÁ EL MAÑANA ESCRITO

Daniel Bell es uno de los grandes pensadores americanos de este siglo. Se le conoce, sobre todo, por dos grandes aciertos de macroprevisión. El primero lo plasmó en un trabajo de 1960, *El fin de la ideología*, donde en plena guerra fría predecía que la gran división política e intelectual del mundo de los cincuenta y los sesenta estaba llamada a ser superada y que, en su lugar, nos encontraríamos cada vez más con una intelectualidad atenta a debates de carácter técnico.

Su segundo gran acierto fue la predicción sobre la futura estructura de las sociedades industriales avanzadas. Está en su libro *El advenimiento de la Sociedad Post-Industrial* (1974) y allí Bell anunciaba que, tras la desaparición del campesinado, las campanas doblaban ahora por la clase obrera tradicional. En todas partes, el sector secundario de la economía, el de las manufacturas y las fábricas, estaba dando ocupación a un número decreciente de trabajadores mientras que se desarrollaba el sector terciario, el de los servicios. Recordar esto hoy parece una obviedad, pero hace veinticinco años la cosa era bastante menos sencilla.

En cualquier caso, la tesis de Bell parece haber encontrado una confirmación práctica. En 1850, el 60% de la población americana trabajaba en el sector primario; hoy es solamente un 2,7%, es decir, en 140 años la participación de los agricultores americanos se ha reducido veinte veces. Si tomamos los sectores industrial y de servicios aisladamente, el cuadro 3.2 nos muestra su evolución en los últimos cuarenta años.

147

CUADRO 3.2

EVOLUCIÓN DEL EMPLEO
EN INDUSTRIA Y SERVICIOS (%)

Año	Industria	Servicios
1950	38,4	61,6
1970	32,2	67,8
1985	25,2	74,8

Fuente: *National Geographic.*

Ahora podemos volver a encontrarnos con la tesis que sostiene Jeremy Rifkin. Su base es la idea de que la extensión de procedimientos automatizados que pueden aplicarse a todos los campos de la actividad productiva va a terminar en un breve plazo histórico con el trabajo. A medida que eso suceda, la humanidad en general se va a ver envuelta en una tesitura de difíciles y duras consecuencias sociales. En efecto, durante los ya dos siglos de revoluciones industriales y posindustriales conocidas, la mecanización y automatización del trabajo ha expulsado a los empleados de un sector económico al otro. La novedad en este fin de siglo es que ya no hay adonde ir, sostiene Rifkin. La manufactura recogió a campesinos y artesanos desplazados por las nuevas máquinas. Los servicios han servido luego de tabla salvadora para los náufragos de la industria. Pero hoy, los servicios mismos están cayendo bajo el peso de la informática, el trabajo humano se ve arrinconado por los ordenadores y sus dueños no saben cómo defender su territorio. El trabajo o, mejor, los empleos se acaban irremisiblemente en una evolución que hoy es cuasi privativa de las sociedades avanzadas, sostiene Rifkin, pero que va a envolver a la economía mundial.

La primera parte de la tesis, la de que los propios servicios están conociendo serios procesos de automatización que descarta a muchas profesiones tradicionales es bastante cierta. Ya hemos aludido a varios ejemplos, baste con aportar ahora alguno más. Uno de los sectores con mayor capacidad de empleo es el del secretariado. La introducción de los PCs y un mejor manejo de los mismos por parte de los ejecutivos de las empresas está haciendo que muchas secretarias (pues este tipo de empleo es mayoritariamente femenino) dejen de ser necesarias. La banca ha hecho serios avances hacia la reducción del empleo. La introducción de los cajeros automáticos ha tornado obsoletas a muchas sucursales, pues aquéllos pueden prestar con mayor eficacia durante 24 horas al día 7 días por semana los servicios que antes se prestaban durante sólo unas cuantas. Millones de personas en Estados Unidos pasan meses sin ver a su cajero favorito. El procesamiento de cheques y créditos se tiende a subcontratar con compañías externas, a menudo fuera del país. Varias islas caribeñas, desde Bahamas hasta Jamaica, se especializan ahora en ejecutar estas operaciones. La contabilidad ha quedado automatizada, lo que permite prescindir de muchos contables y otro personal especializado.

Después de secretarias y bancarios, los operadores de cajas registradoras son el tercer grupo más grande de empleados de servicios en Estados Unidos. El subsector tiene 1,5 millones de empleados y el código de barras los va a dejar en el chasis. Todo el mundo recuerda con horror las largas horas de soviética cola que había que emplear para alquilar una película en el vídeo de la esquina. Blockbuster Video ha llenado Estados Unidos y otros países de tiendas en que unos pocos cajeros gestionan miles de títulos y cientos de clientes por día.

Incluso profesiones hasta ahora patrimonio de selectos especialistas van por ese camino. El diseño por computadora (*computer assisted design* o *CAD*) ha sacudido fuerte a delineantes y patronistas, pronto a los arquitectos. Cada vez hay más y más sofisticados aparatos en los quirófanos. Consultar la jurisprudencia o el Aranzadi será lo más simple del mundo con los archivos jurídicos que se crean en la Red, como el *Lexis-Nexis* americano. En Estados Unidos hay 152.000 bibliotecarios, muchos de los cuales perderán sus trabajos con la difusión de Internet. El Proyecto Gutenberg y otros ya en marcha tienen por objetivo digitalizar y permitir la descarga en computadoras individuales de libros, manuscritos y artículos de revista completos. Cuando ello suceda, las bibliotecas de barrio y hasta los libródromos habrán dejado de tener sentido. En el futuro los investigadores evitarán desplazarse hasta la Bodleian oxoniense o la Biblioteca del Congreso de Washington D.C., porque las tienen en la pantalla del ordenador de su cuarto de trabajo. La lista podría ampliarse hasta acabar con la paciencia del lector. Resumen: muchos de los empleos actuales se perderán a resultas de la informatización [40].

A veces tiene uno la impresión de que la incertidumbre creada por la reestructuración industrial basada en la automatización en cuyos primeros estadios nos encontramos llevase a algunas almas bellas a conjurar el espectro de Ludd. Parece claro que los artefactos de inteligencia artificial van a ser capaces, como sostiene Rifkin, de emular cada vez con mayor eficacia muchos de los aspectos repetitivos del trabajo humano. Una buena parte de los empleados que los ejecutan van a desaparecer a manos de los ordenadores. Pero todo hay que tomarlo con un grano de sal. El público americano, al menos, parece verlo así [41].

Las tesis de Rifkin plantean múltiples interrogantes, pero creo que conviene destacar tres de ellos. El primero es si la informatización de los trabajos sólo creará paro o, por el contrario, favorecerá la aparición de otras actividades generadoras de nuevos empleos. Si contestamos a esto último afirmativamente, la segunda cuestión es la de saber cuáles serán esos nuevos trabajos y qué aptitudes requerirán. La tercera, la más impor-

---

[40] Jeremy RIFKIN, *Ibid.*, pp. 159 y ss.
[41] Jon D. MILLER, Rafael PARDO, Fujio NIWA, *Public Perceptions of Science and Technology*, Fundación BBV, Madrid, 1997, pp. 20 y ss.

tante a mi entender, consiste en preguntarse por la posibilidad de que la automatización de todos los trabajos repetitivos pueda efectivamente llevar a lo que verdaderamente importaría, la desaparición de una vez por todas del trabajo tal y como actualmente lo conocemos.

Si la tesis que sostiene Rifkin sobre el inexorable crecimiento del paro mundial fuera cierta nos encontraríamos con una *crisis de civilización*, como solían llamarlas algunos ambiciosos. El crecimiento exponencial del paro llevaría a la retracción del consumo privado hasta tales límites que se pondría en cuestión la propia supervivencia de la economía de mercado. Para explicarlo habrá que dar un pequeño rodeo tecnoteórico que esperamos cuente con la benevolencia del respetable.

Todo el mundo ha oído hablar con mayor o menor precisión de eso que se suele llamar la tesis weberiana de los orígenes del capitalismo. Hoy es casi un dogma de la fe sociológica. Max Weber se preguntaba en su obra sobre *La ética protestante y el espíritu del capitalismo* por qué este sistema económico había arraigado entre algunas confesiones protestantes y no lo había hecho en los países católicos de Europa. La respuesta es conocida: el calvinismo y por extensión el puritanismo son las únicas teologías modernas capaces de permitir el desarrollo ilimitado del capitalismo.

El calvinismo tiene una dogmática y una disciplina moral estrictamente rigurosas. El dogma es que Dios, en su infinita sabiduría, ha decidido desde toda la eternidad quiénes serán los justos que se salven y los réprobos que se condenen. Esto podrá parecer sumamente injusto a los gentiles, pero ningún creyente osaría discutir la sabiduría divina. Ahora bien, si ni las buenas obras (catolicismo) ni la fe de los fuertes (luteranismo) pueden garantizar a nadie su salvación, la primera tentación es caer en la desesperación o, peor aún, Dios nos libre, la de darnos a la lectura de Sartre.

Para evitar esa tentación que podría dar al traste con cualquier sociedad, los puritanos humanizaron una miaja el dogma. Los designios divinos seguían siendo indiscutibles, pero podían ser escrutables. El éxito en los negocios humanos, especialmente en los económicos, era la forma en que el Señor insinuaba su suerte a los elegidos. De esta manera, el puritano reconcilia sin dramas las exigencias del mundo con sus creencias personales. Así que a ganar dinero y luego a disfrutar de la vida eterna. Llega el aguafiestas: *Y, si no; y si a pesar de todo no te salvas, ¿qué?* Pues, entonces, *que nos quiten lo bailao.* De esta forma, los puritanos pueden aligerar su conciencia de escrúpulos como el de que *dinero no pare dinero,* evitar la condena medieval del interés y, con la ayuda de la contabilidad por partida doble, empezar a ganar buenos cuartos. Así se hizo, por ejemplo, la sólida fortuna de la puritana Boston, muy superior a la de la menguada Filadelfia, tan cuáquera, tan sentimental y con tan mala cabeza para los negocios.

La rigidez moral corre parejas con la sequedad teológica. Para medrar, el puritano necesita de una vida activa, considerar que el tiempo es oro y no perderse en la holganza. La vida, sin adornos ni diversiones malsanas. El teatro, prohibido; la ropa, negra que es adusta y más sufrida; el licor que hace desvariar a las mentes más cabales, proscrito. Las mujeres han de ser honradas y, por si insisten en traer el pecado al mundo, unas cuantas quemas de brujas les ayudarán a comprender que el plan divino para ellas es el hogar, los hijos y la sumisión al hombre. En toda circunstancia, el principio de conducta que debe regir es la austeridad, el ahorro y la acumulación de capital. Ha nacido el capitalismo. Claro, ¿no?

Pues no. Weber puede haber explicado con cierto éxito la relación entre el espíritu del capitalismo y la vida de las hormigas, pero de entender cómo brota el capitalismo, cómo se produce la acumulación nada, *res, rien, nothing, nichts.* El ahorro no es necesariamente acumulación de capital, más bien todo lo contrario. Supongamos que una sociedad, cerrada sobre sí misma por mor de la hipótesis, ha alcanzado un punto de equilibrio con un producto anual de cien. Supongamos que tiene la mala fortuna de que pasen por allí unos presbíteros puritanos y conviertan a todos sus miembros con sus prédicas austeras. Supongamos que todo el mundo, por aquello de la virtud, decide ahorrar el diez por ciento de su consumo cada año. Al siguiente, un diez de la producción no encontraría comprador y se perdería. Al otro, habrá que reducir la producción en la misma escala y, en unos pocos años, todos muertos de hambre.

No, el aumento de la producción y la acumulación de capital no la dan ni el ahorro colectivo ni la austeridad, sino el consumo. O mejor, la mezcla de ambas cosas. En Wall Street, en la City, no hay hormigas sino cigarras. Cada uno de nosotros aisladamente considerado podrá tener la actitud que quiera ante el ahorro, pero la austeridad colectiva es un suicidio. Ya lo había narrado con gracia, entre ripio y ripio, Mandeville en *La fábula de las abejas*. Si no hubiera sido por el consumo público y, sobre todo, por el privado, ya fuera nacional, ya extranjero, de dónde iban a haber sacado sus capitales los ricos bostonianos. No hay virtud capitalista sin pecadores, sin esas amables gentes que deciden vivir irresponsablemente o consumir más de lo que pueden. Sin consumo, sin crédito, sin compras a plazos, sin pecado, en fin, la economía capitalista no podría haberse desarrollado.

De igual manera que el justo necesita del pecador, el capitalista virtuoso requiere del consumidor sumido en el vicio de consumir. Todos los moralistas del mundo, muchos de ellos, los más peligrosos, son archimandritas laicos, insisten en atacar el consumismo. Como buenos predicadores, no saben lo que dicen. Hay que atajarlos en nombre del bienestar colectivo. Si consiguieran sus fines, acabaríamos todos por morirnos de hambre. Pero mientras haya consumo y cuanto más diverso y sofisticado sea éste, habrá oportunidad para que los capitalistas generen nuevas formas de satisfacer las demandas, creen sus empresas, acumulen capital y generen puestos de trabajo. A diferencia de lo que sostiene Rifkin, que ha dado lugar a este vericueto que ustedes sabrán perdonar.

Así, los servicios han absorbido a los campesinos, primero, y a los obreros fabriles, después. Sí, pero el propio sector de los servicios está en trance de desaparecer, sostiene Rifkin. No es tan claro. Cuando algunos servicios desaparezcan, sin duda aparecerán nuevas profesiones que acogerán a sus practicantes. El futuro de los empleos es más alentador y más complejo [42]. Sin ir más lejos, la Red está creando ya profesiones nuevas, como las de diseñador de páginas, programadores y analistas simbólicos de todas clases, cibercompañías de seguridad y demás. Si éstas y otras muchas nuevas profesiones serán capaces de recoger todos los empleos obsolescentes de otros sectores está por ver, pero parece lo más lógico [43]. No parece que el empleo esté a punto de extinguirse, como sostiene Rifkin.

Salgamos de la bruma de la teoría y bajemos al mundo sublunar. Sin duda, la reestructuración económica que ha vivido Estados Unidos ha generado ya unos perdedores claros. Son los trabajadores semiespecializados, formados normalmente en las propias empresas, con una educación limitada a nuestro bachillerato y que hasta hace poco ganaban salarios excelentes, de tres, cuatro y cinco veces el mínimo. Muchos eran trabajadores industriales. Otros son especialistas de empresas de servicios. Otros, ejecutivos bajos y medios de grandes y medianas empresas. Estas categorías son las que más han padecido en los noventa. Son víctimas no sólo de la alta tecnología, sino también de una fuerte competencia internacional. Lo que ellos hacían son hoy capaces de hacerlo muchos sectores laborales cualificados de países en vías de industrialización y lo hacen a más bajo costo. Sus trabajos eran y son, muchos de ellos, muy producti-

---

[42] Sobre esto, vid. James K. GALBRAITH, *Created Unequal*, cap. 6.
[43] Matt RICHTEL, "New Breed of Workers Transforms Raw Information into Knowledge", *The New York Times*, 15/10/97.

vos, pero esa productividad puede ser igualada a mejores precios por trabajadores de México, Brasil, Taiwan o India.

Bangalore, una ciudad de 4,2 millones de habitantes en el sur de India, es hoy la sede de numerosas operaciones de compañías como IBM, Hewlett-Packard o Motorola. Desde los tiempos del Raj, Bangalore ha sido un centro industrial, amén de un pequeño paraíso vacacional para los *nabobs* británicos. Su base industrial y técnica le permitió hacer frente a la demanda de ingenieros y científicos que requieren estas empresas. Bangalore, como tantos otros centros en numerosos países del Tercer Mundo, tiene la masa necesaria de capital humano cualificado y capaz de incorporarse a los procesos productivos globalizados [44]. Es posible, aunque tampoco meridianamente claro, que Bangalore y otras ciudades semejantes puedan detraer algunos empleos en algunos sectores del mercado de trabajo americano. Pero esto no equivale a que el trabajo ni en Estados Unidos ni, menos, a escala mundial, vaya a desaparecer como sostiene Rifkin.

Lo que parece sonar por debajo de estas jeremíadas sobre el fin del trabajo es algo más simple y también menos aceptable. Los lamentos de Rifkin y de otros muchos sobre este aspecto de la globalización, por toda su envoltura teórica y sus altas miras morales, se aparecen como un conjuro para oscuras fuerzas proteccionistas de las ventajas adquiridas por los trabajadores americanos. "Bangalore es uno más de los diversos enclaves de alta tecnología que se van estableciendo en algunos de los mercados regionales clave del planeta. Su propia existencia, entre la miseria y la desesperación, plantea turbadoras cuestiones sobre el futuro de alta tecnología que nos espera en el próximo siglo" [45], sostiene Rifkin. No parece planteárselas, sostengo yo, a los habitantes de Bangalore. Quien tiene la suerte de conocer tan interesante ciudad sabe que las

[44] *Vid.* el informe "The 21st Century Economy", *Business Week*, 24-31/8/98.
[45] Jeremy RIFKIN, *Ibid.*, p. 206.

ventajas derivadas de la radicación de esas industrias son claras, no sólo para quienes se benefician directamente de ellas, sino también para quienes atienden a sus vicios, al consumo que generan esos sectores de empleados *high tech* en lo que suele llamarse un efecto multiplicador. Sólo los moralistas y los politcorrectos se turban con estas cosas. Lo que vienen a decirnos que esos empleos estarían mejor donde ya estaban, en la metrópoli, donde no perturbarían el buen sentido, ni la miseria, de los habitantes del extrarradio.

Estas corrientes proteccionistas y adversarias de la libre competencia internacional que genera la globalización, bajo la especie de que así se defiende el nivel de vida de los trabajadores americanos, se han manifestado de forma inquietante en el seno de algunos movimientos progresistas de este país, como los sindicatos y muchos de los grupos ecologistas. La firma del Tratado Norteamericano de Libre Comercio (NAFTA) generó una reprobable y réproba alianza de conservadores, populistas, ecologistas y sindicalistas, más algunos congresistas liberales y otros enemigos del libre comercio, todos en su contra. En el fondo, el argumento común era el mismo. Los tratados de libre comercio van a terminar con buena parte de los empleos en Estados Unidos. De poco servía recordar que el libre comercio suele beneficiar a todos los que en él participan; de poco saber que la creación de empleos, especialmente de los cualificados, no sigue siempre a la cuantía del salario mínimo, sino más bien a la productividad de los trabajadores; de poco insistir en que las barreras legales al ingreso de productos de otros países suelen perjudicar al propio en la medida en que fomentan tendencias monopolísticas. Todo eso daba igual, pues lo importante era engordar al monstruo que se iba a comer los empleos americanos "con un gigantesco ruido succionador", como decía Ross Perot. En el fondo, todas esas prédicas resonaban como un intento conservador de mantener el *status quo* y difícilmente podían ser entendidas como otra cosa por los trabajadores mexicanos o por los de Texas y otros estados fronterizos que se iban a beneficiar con la extensión de las maquiladoras.

Por fortuna no ganaron. No es que el NAFTA haya tenido hasta el momento las grandes virtudes que sus creadores anunciaban. Pero lo preocupante de esa legión antiextranjera fue el renacimiento del proteccionismo y la marea negra antiinmigración que creó. De esta última hablaremos en otro capítulo. Por lo que hace al proteccionismo su amenaza ha sido efímera, pero no deja de ser temible. Por duro que pudiera ser para la economía mundial que Estados Unidos se echase en sus brazos, ello no haría sino perjudicar en última instancia a las empresas y a los consumidores americanos.

La diferencia de opiniones con lo que sostienen Rifkin y otros muchos no empece para reconocer que algunos hechos están ahí. Una parte de la clase media americana se halla en dificultades. Las consecuencias no pueden ser cosa baladí, pues son éstos precisamente sectores tradicionalmente resguardados de relentes económicos, han tenido alto poder adquisitivo, son mayoritariamente hombres y son mayoritariamente blancos. En definitiva, las condiciones en que se inicia el siglo XXI son poco propicias para los hasta ahora máximos beneficiarios del sueño americano.

Lo cual que llegamos a la segunda cuestión de las inicialmente propuestas. Efectivamente, la introducción de tecnologías avanzadas y la competencia global están generando una acelerada transformación del mercado de trabajo americano. Muchos empleos desaparecen y desaparecerán, en tanto que se crean y crearán otros. Pero si quieren que la mayoría no sean McJobs, los americanos habrán de hacer gala, una vez más, del ingenio que razonablemente les atribuía Daniel Boorstin. No es fácil predecir cuáles van a ser en concreto los empleos o los sectores económicos en los que aparecerán nuevos trabajos bien pagados, pero sí hay procedimientos conocidos para suscitarlos. No vamos a anunciar grandes novedades, de hecho la receta se encuentra en todos los manuales de economía. Estados Unidos, si quiere mantener su ventaja comparativa y el alto nivel de vida de sus ciudadanos, habrá de aumentar su productividad, la única forma de llevar la delantera a la competencia. Para ello hay un doble camino, mejorar la cualificación de su fuerza de trabajo y realizar inversiones productivas, ya las hagan los particulares, ya las lleve a cabo el gobierno.

La cualificación de la fuerza de trabajo se resume en algo muy simple: más y mejor educación de niños y adultos. Es sabido que estas propuestas son muy celebradas por académicos y demás perraje, esa palabra fantástica con que en Chile designan a las gentes de medio pelo. Tal vez por ello deberíamos desconfiar del remedio, pero todo el mundo parece coincidir en sus bondades, así que aceptémoslo. Como recuerda una vez más Derek Bok, un pomposo presidente emérito de la Universidad de Harvard, en un libro reciente [46], las comparaciones internacionales de resultados educativos suelen dejan mal parados a los americanos. A nadie se le escapa, empero, que los datos manejados reflejan medias de todo el país y que, junto a estados e instituciones que tienen niveles de competencia educativa cercanos a los del Tercer Mundo hay otros muchos estados e instituciones que se hallan a la par o por encima de los mejores entre los mejores del mundo. Precisamente esa disparidad es lo primero que tiene que cambiar. El esfuerzo futuro tendrá que centrarse en mejorar el sistema de enseñanza, en su conjunto, pero incidiendo más en los sectores que, por ahora, sólo generan semianalfabetos y semicultos.

El otro recurso para mejorar la productividad son las inversiones productivas, lo que, ay, no puede hacerse sin ahorrar, es decir, sin reducir en algo el consumo. La verdad es que esto último se ve favorecido por la actual situación demográfica americana. Las primeras cohortes de *boomers* han empezado a cumplir los cincuenta. En términos generales, ello significa

---

[46] Derek Bok, *The State of the Nation*, Harvard UP, 1996, pp. 55 y ss.

que han pasado la fase de mayores gastos de su ciclo vital. Hoy muchos empiezan a guardar para la vejez y otros muchos les van a seguir. Se habla harto de que el aumento de personas mayores y de ancianos puede quebrar los sistemas actuales de pensiones públicas y de seguridad social. Algo de verdad puede haber en ello, sin necesidad de sacar a pasear a Casandra. No es menos cierto, sin embargo, que las familias tendrán menores cargas, derivadas de la reducción del número de niños. Puestos a gastar, éstos generan muchos mayores costes que aquéllos. Además, las empresas privadas ahorran muchísimo, como lo muestran los altos niveles de inversión que han conocido en los años recientes.

Estas observaciones, sin embargo, no tienen por qué llevarnos derechamente a los brazos del neoliberalismo tan denostado. También el gobierno federal y los estatales pueden poner su cuota parte para el encauzamiento de estos procesos. Hay que hacerlo con extremo cuidado, porque a lo largo de este siglo hemos aprendido que la mayoría de las decisiones inversoras están mejor en manos de los privados. Pero es menester no olvidarnos de que, más allá de este principio general, siempre habrá diferencias *políticas*, que no solamente técnicas, sobre el grado óptimo de utilización del sector público. Se puede estar de acuerdo con que el sector público debe tener una participación mínima en la producción directa de bienes y servicios. Pero, aparte de obligaciones elementales que nadie discute, como la defensa y la policía en sentido clásico, la reducción de lo público no tiene por qué llegar a los servicios de educación, sanidad y seguridad social que se han de garantizar por igual a los ciudadanos. Hay también muchos elementos de las socorridas infraestructuras que merecerían mayor atención pública. La cuestión, como siempre, es el *mardito parné*, el cómo y quién va a pagar por todo eso y la respuesta tampoco es nueva: los impuestos.

Nuestros amigos neoliberales europeos y los libertarios americanos abominan de estas cosas y dirán que sólo pensar en ellas atenta contra las verdades del mercado, pero no se asusten, se puede ir al cielo sin necesidad de creer todo lo que ellos dicen; no hay muchas verdades inmutables del mercado, lo suyo es sólo cuestión de gustos y los demás también tenemos derecho a los nuestros. En definitiva, digan ellos lo que digan, no se ha encontrado aún un instrumento mejor para mantener esos servicios y un relativo igualitarismo en la sociedad que el arma fiscal. Un buen sistema de impuestos directos progresivos ha sido hasta el momento el mejor garante de la no aparición de fallas sociales profundas, incluso en Estados Unidos.

Terminemos con una pregunta clave, la tercera de nuestras cuestiones. ¿Estaremos pronto en condiciones de acabar de una vez por todas con el trabajo? Es indudable que si no se desea que la informatización de cada vez más actividades acabe en la generalización del paro y del subconsumo, como sostiene Rifkin, serán necesarias grandes dosis de ingenio. Los humanos tendemos a considerar que las condiciones sociales que hemos conocido son naturales e inmutables. La jornada de trabajo actual de cuarenta horas semanales nos parece no tener vuelta de hoja, hay quien dice que es lo más natural porque permite dividir el día en tres ciclos iguales de ocho horas para trabajo, ocio y descanso. No hace muchas generaciones, al menos en determinadas épocas del año, se cortaba la jornada en dos: de sol a sol para el trabajo y la noche para el descanso. La propia jornada laboral de cuarenta horas no fue natural, antes llegó tras numerosas batallas sociales, porque lo natural, se pensaba, eran sesenta, luego cincuenta y cuatro, luego cuarenta y ocho. Lo natural para nosotros había sido la utopía de los anteriores.

Estados Unidos no tiene el mismo problema de paro que muchas sociedades europeas, como hemos visto. En estas últimas, algunos sectores de la izquierda han propuesto paliarlo con el llamado *reparto del trabajo*. La expresión tiene algo que suena a Luis Candelas, algo de quitar a los que tienen para repartirlo con los que no. Cuando la izquierda europea es habitualmente tan respetuosa con el capital, suena raro eso de que haya que repartir el trabajo. Sin embargo, a ambos lados del Atlántico, si no podemos aún proponer que termine el trabajo, sí cabría recordar que las cuarenta horas pueden dar paso a otra organización del mismo, que el objetivo pueden ser treinta horas o veinticinco a la semana, aunque la forma de lograrlo no tenga necesariamente que ser un decretazo, sino tal vez una mayor flexibilidad en las formas de trabajar, mediante la generalización de cosas como el trabajo a tiempo parcial, la existencia de trabajadores cualificados que ejercen sus especialidades en empresas *justo a tiempo*, es decir, por un periodo laboral breve y luego se van a otras, el trabajo desde la propia casa para varias compañías a la vez.

"No se crea Vd. tan listo, buen hombre. Si trabajamos un 25% menos que ahora, vamos a ganar un salario un cuarto menor y eso no lo quiere nadie". Perdone, señor Niporésas, pero sin acritud le diré que no tiene que ser necesariamente así. Sin duda, los gerentes y los accionistas de las empresas exigirán su libra de carne, se resistirán como gatos panza arriba, es lo normal. También decían que era imposible la jornada de cuarenta horas con igual salario que cuando se trabajaban cuarenta y ocho y vea usted dónde estamos. Sin duda, los trabajadores mejor protegidos y los sindicatos van a tratar de defender el orden actual de las cosas, como si fuera inmutable, al modo del revolver de los planetas y las constelaciones, es lo humano. Pero con la llegada de la economía *high tech*, en estos campos quedan aún muchas cosas por ver y por hacer. Lo que no parece probable es que una de ellas sea la miseria generalizada, aunque así sufran Rifkin, Suzanne Weber, Vivianne Forrestier y otros profetas de desdichas.

Acabar con el trabajo parece, sí, cosa imposible por el momento, reorganizarlo tal vez no tanto. Cómo pueda llevarse ello a efecto no es cosa de tratar aquí, que pertenece hacerlo a los políticos con visión, para eso cobran y les dejamos jugar con los resortes del poder, y también a los ciudadanos y ciudadanas que no se satisfacen con recetas.

SEGUNDA PARTE

ALGUNOS PERDEDORES

Capítulo 4

Más que un crimen de pasión

Para ser martes y a esa hora del día, el John Martin estaba demasiado lleno. John Martin es un *pub* irlandés imprevisiblemente situado en pleno centro de Miracle Mile, la avenida comercial central de Coral Gables en Miami. Los más viejos de la localidad no recuerdan haber visto ningún irlandés de verdad en Miami desde, por lo menos, los tiempos en que Julia Tuttle envió en pleno mes de diciembre una rama de naranjo con el azahar en flor a Henry Flagler, el magnate de los ferrocarriles, para convencerle de que no detuviese su línea del tren en Palm Beach y la extendiese unas 80 millas al sur para alcanzar el entonces villorrio de Miami (*agua clara* en la lengua de los seminolas). La señora Tuttle alcanzó su objetivo, no enteramente filantrópico, pues de paso sus plantaciones de naranjos y otros terrenos de jungla multiplicaron su valor por un factor alto. Pero los irlandeses no tenían papel en esta película.

En cualquier caso, la fórmula del John Martin ha tenido éxito. Tiene una preciosa zona de barra con mostradores de caoba y espejos que simulan ser antiguos; hay un amplio surtido de whiskys de malta; sirve Bass y Guiness de grifo; hacen el mejor café irlandés de la ciudad, por variar en un lugar donde la gran maravilla es la colada cubana, y ofrece una cocina corta, típicamente americana, con retoques gaélicos, no todas las mezclas absurdas van a salir de la *nouvelle* californiana. Tal vez ese relativo exotismo es lo que atrae a una amplia clientela de profesionales americanos y cubanos entre los treinta y los cincuenta.

Pero, en cualquier caso, no era habitual encontrarse con tanto personal sobre la una de la tarde del martes 3 de octubre de 1995. Semejante afluencia sólo suele producirse los viernes por la tarde, a partir de las cinco, cuando contadores, abogados, auditores, corredores de fincas, secretarias de dirección y demás trabajadores de cuello blanco o rosa se congregan en su hora feliz para tomar unas copas, olvidar las 48 a 50 horas de trabajo que se han metido en el cuerpo durante los últimos cinco días y hacerse razonables propuestas de intercambio para mejorar el *pool* genético de la especie durante el inminente fin de semana. Tan crecida parroquia tenía que deberse a otras razones.

El espectador despistado cayó en la cuenta de lo que pasaba cuando alguien prendió los varios televisores del local que sólo suelen usarse los fines de semana para transmitir sin sonido diversos acontecimientos deportivos. De repente, todos callados como en misa. Con la diferencia horaria, en Los Ángeles eran tan sólo las 10:07 de la mañana y allí en el piso 9, sala 9.311, de los Juzgados de Downtown el juez Lance Ito se disponía a dar a conocer la sentencia que pondría fin al largo juicio de O. J. Simpson ante los 95 millones largos de americanos que se habían enchufado a la TV a esa hora, una audiencia digna del Superbowl del último domingo de enero. Por orden suya, la funcionaria Deirdre Robertson procedió a la lectura. El texto es breve. "Tribunal Superior de California, Condado de Los Ángeles. En el caso del Estado de California contra Orenthal James Simpson, caso n.BA097211, nosotros, los jurados del caso en cuestión juzgamos que el acusado Orenthal James Simpson es inocente del delito de asesinato"[1].

Ahora el silencio colectivo era ya muy denso en el John Martin. Bajo su peso, los parroquianos empezaron a abandonar, también en silencio, el local, que se quedó casi vacío en

---

[1] Lawrence SCHILLER y James WILLWERTH, *American Tragedy*, Random House, 1996, pp. 677-678.

pocos segundos. La procesión iba por dentro, sin reacciones hasta la tarde cuando los noticieros locales y nacionales de las distintas cadenas de TV empezaron a ofrecer la alcachofa a los paisanos y a pasar planos de lo sucedido en diversos lugares del país. Pero lo primero fue el silencio ominoso de los blancos. Los negros de Miami no estaban, por supuesto, en el John Martin aquel día. Puestos a mirar, tampoco ningún otro. Uno tiene las mismas oportunidades de encontrarse en el John Martin con un negro que con un irlandés genuino.

El alma de Miami tiene muchas irisaciones cosmopolitas. Una es el golpe europeo y un poquito hortera de Ocean Drive y Lincoln Rd. en Miami Beach; otra el aeropuerto internacional que se dispone a pasar al Kennedy de Nueva York en número de frecuencias internacionales; otra la acumulación de bancos en Brickell Ave., capital latinoamericana del dinero blanco, negro y de cualquier color; más allá las comunidades judías hasídicas de Alton Rd.; al otro lado, se oyen los acentos diversos de toda Centroamérica y el Caribe hispano apiñados en torno a la calle Ocho y, si se trata de latinos ricos, en Key Biscayne.

Pero una buena parte del alma de Miami es genuinamente sureña. Por un lado, confederada y añorante de Jim Crow. Es el Miami originario, un trocito de Dixie, animado y jaleado hoy por una parte de la emigración cubana. Por otro, la que explotaba ahora en algarabías múltiples en barrios, escuelas, oficinas y talleres, es negra. Es el Miami de Grant Ave., en Coconut Grove, de Overtown, de Liberty City, de Opa-Locka. Esos barrios donde los blancos son tan raros como los negros en el John Martin. En ellos parecía que O. J. Simpson hubiese marcado un nuevo *touchdown*, el último gol de su carrera. El mismo sentimiento saltaba de punta a punta de Estados Unidos. En Atlanta, los alumnos de Morehouse College, una universidad negra, aplaudieron y vitorearon a O. J. Lo mismo en Augustana College, Rock Island, Illinois. Y en Dallas. Y en Harlem. Y en Oakland.

167

El observador poco avisado caía así en la cuenta de algo en lo que hasta entonces sólo había creído a medias: que el asunto O. J. no era, como parecía, otro culebrón televisivo o un taquillazo de la serie negra, con sus dosis de sexo, droga, corrupción y violencia, sino un conflicto racial en vivo. Para los negros, una merecida derrota del racismo blanco que les compensaba por Rodney King y los incontables casos en los que habían perdido, venían perdiendo desde que, a comienzos del siglo XVII, llegaron a Virginia sus primeros antepasados. Y, para los blancos, una tragedia sin paliativos para el sistema de justicia americano, en donde un negro, por el hecho de serlo, había sido absuelto por un jurado mayoritariamente negro de haber cometido dos asesinatos atroces con víctimas blancas. Un concentrado, pues, de uno de los grandes problemas irresueltos con los que se enfrenta la sociedad americana a finales del XX.

La historia comienza en la noche del 12 de junio de 1994, a las 23:40, con el descubrimiento de los cuerpos acuchillados de Denise Brown Simpson y Ronald Goldman en el patio de la casa de la primera, situada en Bundy Dr., Brentwood, Los Ángeles, por un matrimonio que vivía en los alrededores, los Boztepe. Según varios testigos, desde las 22:15 se habían oído en la zona los lamentos quejumbrosos de un perro. Los Boztepe encontraron algo más tarde a otro perro, tal vez el mismo de los lamentos, que parecía extraviado y resultó ser el *akita* de Nicole Brown. Fue él quien los condujo hasta la escena del crimen. Nicole había sido degollada cuando ya estaba en el suelo. Su asesino le levantó la cabeza, tirándole del pelo con una mano, y con la otra le rebanó el cuello desde atrás. Ronald Goldman había ofrecido resistencia, pero tras una breve lucha con el agresor o agresores, había sido abatido de varias cuchilladas.

Todas las muertes son absurdas, pero a Ron Goldman le persiguió la mala suerte. Su presencia en casa de Nicole Brown era totalmente fortuita. El domingo 12 de junio había sido un día de reunión familiar para los Brown. Habían asistido a una representación escolar en la que participaba Sidney, la hija mayor de Nicole y O. J., y allí se habían encontrado con éste. Acabada la festividad, los Brown estuvieron cenando en el restaurante Mezzaluna de Gorham Ave., que Nicole solía frecuentar. De vuelta a casa, Nicole recibió una llamada de su madre, Juditha, que le informó de que había olvidado sus gafas en el restaurante y había pedido que alguien se las llevase a casa de su hija que estaba a dos pasos. Ron Goldman se ofreció para ello y, según parece, al llegar a Bundy Dr. se topó con el asesino que estaría rematando su siniestra faena y allí fue ultimado. Cuantas menos versiones de un crimen haya, mejor, debió pensar el matarife. Una es mejor que dos y ninguna, el colmo de la felicidad criminal.

Ron Goldman era uno de los miembros de esa amplia tribu de meritorios que se pasea por Los Ángeles a la espera del éxito. Están por todas partes, pero de preferencia suelen trabajar a tiempo parcial en empresas que ofrecen servicios ancilares a la gente rica. Son habitualmente aparcacoches, camareros de restaurantes de lujo, ayudantes de peluquería y salones de belleza, dependientes de tiendas caras. En esos lugares existe la posibilidad de encontrar a quien se fije en uno o de hacerse notar por algún poderoso. Los más aplicados llenan su tiempo libre con clases de actuación, canto, danza, dicción. Cualquier día puede ser el suyo. De hecho, Ron se había hecho bastante amigo de Nicole Simpson y se había paseado en su Ferrari blanco para gran cabreo, al parecer, de O. J.

El éxito en Los Ángeles suele venir en varios envoltorios. Los más afortunados y, tal vez, talentosos se quedan con los paquetes más grandes y con más cintas. Son los triunfadores, los protagonistas del cine y las series televisivas, cantantes, bailarines y músicos famosos. Los algo menos tienen que conformarse con paquetes más pequeños, actores de reparto, figurantes y así. Otros tienen premios de consolación, al patrimonio por el matrimonio o por la relación de derecho común. Son los consortes. Finalmente, están los muchos que se quedan sin regalos, pero de éstos no hablaremos porque en Los Ángeles no gustan de finales poco felices.

Nicole había comenzado también de meritoria. Una chica muy bonita en una familia de guapas donde se les había inculcado a todas la importancia de jugar con acierto esa mano que les había dado la fortuna. A los dieciocho años empezó a trabajar de camarera en The Daisy, un club nocturno de Beverly Hills que congregaba a clientes importantes. Como O. J., que la conoció allí. Casi le doblaba la edad y estaba aún casado, pero empezó a salir enseguida con Nicole. Luego, en 1979, vino el divorcio de su primera esposa, Marqueritte, seis años de convivencia con Nicole y, finalmente, la boda en 1985 [2].

Desde que conoció a O. J., la vida de Nicole pasó a ser la de consorte de rico y famoso, con todo aquello que las revistas del corazón nos han enseñado a esperar. Casaza en el mismo Brentwood, en Rockingham Ave., donde O. J. residió hasta hace poco, valorada en más de un millón de dólares. Otra de verano en la playa, en Laguna Beach. Apartamento en Manhattan para base en el Este. Vacaciones de verano en Ixtapa o Acapulco. Esquí invernal en Aspen, Colorado. Viajes ocasionales a Hawai. Bentleys, Rolls, Testarossas. Y un patrimonio adicional que los periodistas americanos, siempre exactos, valoraban por encima de los cinco millones de dólares. También algo que todos los ricos y famosos tratan de ocultar, siempre que no se trate de ganar la atención de los medios. Infidelidades más o menos permanentes con otros ricos y famosos; el encuentro ocasional con la droga; desavenencias por el dinero. Discusiones. Broncas. En fin, la sal de la vida cotidiana.

Las cosas entre O. J. y Nicole iban de mal en peor. Motivo básico de las peleas: los celos. En 1992 se consumó el

---

[2] Sara Rimer, "Nicole Simpson Brown: Slain at the Dawn of a Better Life", *The New York Times*, 23/6/94.

divorcio con un arreglo que incluía la custodia de los dos hijos para Nicole y algunas ventajas económicas, como un pago inmediato de $433.000 y una cantidad mensual de $10.000 para gastos y manutención de los niños. El consorcio con un personaje rico y famoso había hecho que Nicole, quien no parecía haber dado palo al agua a lo largo de su vida, pudiese entrar y mantenerse en ese reducido círculo, un 5% de la población americana, que tiene rentas anuales superiores a los $100.000. Hubo algunos intentos frustrados de arreglo pero, al parecer, un poco antes de su muerte Nicole había hecho saber a O. J. que estaba decidida, por fin, a tomar su vida en sus manos y a arreglárselas definitivamente sin él.

Éstos eran algunos de los antecedentes con los que se encontró el grupo de policías que comenzó la investigación del caso, los detectives Philip Vanatter, Lange Philips y, atención, Mark Fuhrman. Cuando ellos y el resto de los expertos del Departamento de Policía de Los Ángeles terminaron su trabajo, los fiscales parecían tener en sus manos un caso resuelto con un culpable claro. Las muertes de Nicole Brown y Ronald Goldman habían sido obra de O. J. Simpson. O así parecía.

Sin duda el crimen tenía un motivo obvio. O. J. había matado por celos o, como gustan de decir los deconstruccionistas, se trataba de una cuestión política o de poder.

A diferencia de Nicole o de Ron, Orenthal James Simpson venía del otro lado, el malo, de las vías. Se crió en Potrero Hill, un barrio negro y pobre de San Francisco, en el seno de una familia negra y pobre y vivía en unas viviendas protegidas junto a otros negros pobres. Ninguna novedad para buena parte de los negros americanos de la época. Esto era en los años cincuenta, antes de que la legislación de derechos civiles crease las posibilidades para la aparición de una clase media negra. En aquellos tiempos, las vías de escape del gueto eran pocas y angostas, aunque bien conocidas: el baloncesto, el fútbol americano, el boxeo, el jazz. La competencia por salir de

171

allí, la misma que en un teatro lleno en que se hubiese gritado *fuego* en plena función.

Pero O. J. era alto y fuerte y rápido, muy rápido. Tentó su suerte y se convirtió en una de las grandes estrellas del fútbol americano de todos los tiempos. Con la fuerza y con la inteligenca necesarias para sortear sin lesionarse durante años a esos autobuses blindados que en este deporte se abalanzan sobre uno cuando intenta acercarse a la línea de gol. Llegó hasta arriba en una carrera profesional de 11 años, 9 de ellos con los Buffalo Bills, batiendo muchos récords. En la temporada de 1973 corrió 2,003 yardas en posesión del balón; en 1975 marcó 23 *touchdowns*; a lo largo de su carrera consiguió hacer más de 200 yardas con posesión del balón en 6 partidos. El 3 de agosto de 1985 se le entronizaba en el Panteón del Fútbol Profesional en Canton, Ohio, la mayor gloria que puede alcanzar un atleta de este ramo [3]. De aquellos tiempos le viene el mote cariñoso de *El Jugo*, por las iniciales de su nombre. O. J. también significa *Orange Juice* o Jugo de Naranja.

Tras el fútbol, una carrera con diversas ramificaciones. Actor en varias películas de medio pelo. En series televisivas como *Raíces*. Comentarista deportivo en TV. Unánimemente respetado, O. J. era, con Bill Cosby, Michael Jackson, Oprah Winfrey o Whitney Houston, uno de esos pocos negros que los expertos en *marketing* consideran racialmente neutros, es decir, capaces de alcanzar grandes audiencias entre blancos, negros, latinos, asiáticos [4]. Así lo entendió por ejemplo Hertz, la compañía de coches de alquiler, cuando le empleó en numerosos comerciales de TV y le utilizó de portavoz corporativo. O. J. no era ni un meritorio, ni un secundario, ni un consorte. Era un famoso por derecho propio. Un triunfador. Un macho alfa que había rematado sus éxitos ligándose a una blanca.

---

[3] Robert McG. THOMAS Jr., "Flying poverty, He Ran to Limelight", *The New York Times*, 18/6/94.
[4] Seth MYDANS, "In Simpson Case, an Issue for Everyone", *The New York Times*, 22/7/94.

El macho alfa tiene unas relaciones bastante simples con las mujeres. Ellas son el campo en que se despliega y refuerza su poder. Cuantas más, mejor. Y luego, contarlo. Esa dimensión retórica es la verdadera esencia de la cosa.

Mas no hay poder completo sin sumisión incondicionada. El macho alfa procura tener todas las relaciones sexuales que se pongan a tiro, pero hay una que tiene que cuidar con especial esmero, la que tiene con la propia, la legítima. No porque ella sea mejor que las demás, bien visto son todas unas putas, sino porque es la que le hace único frente a los otros gallos del corral. Podéis conseguirlas a todas, como yo lo he hecho, pero a ésta no, ésta es mía y de nadie más. Un puntillo lo es todo en estos asuntos del poder. Por eso la propia tiene que ser una santa. Es fiel, es comprensiva, todo lo sufre, todo lo pasa. Su impensable infidelidad sexual sería una muestra de lo peor, la propia impotencia y, por tanto, una completa pérdida del poder sobre los demás.

No son estos buenos tiempos para los alfa, con tanta liberación de la mujer. Desde luego, Nicole no tragaba. No tragó durante su matrimonio, cuando todas las peleas conyugales giraban en torno a los celos de O. J. y cada vez, con más frecuencia, iban derivando en incidentes violentos. No era raro verla señalada. En la Nochevieja de 1988 tuvo que intervenir la policía para cortar una paliza especialmente violenta. Nicole presentó una demanda por abusos y O. J. aceptó su culpabilidad [5].

La cosa subió de tono a partir del divorcio en octubre de 1992. Recuerdan numerosos amigos de O. J. que éste no conseguía hacerse a la idea, que pasaba horas contando cómo iban a ser nuevamente felices. Pero ella insistía, tal vez por primera vez en su vida, en conquistar una completa independencia económica, afectiva y sexual. Si no había sido fiel

---

[5] Seth MYDANS, "Fearful Mrs. Simpson is Heard on Tapes of Emergency Calls", *The New York Times*, 23/6/94.

mientras estuvo casada, mal podría pedírsele a esta mujer de treinta y cinco años, bonita, atractiva, acomodada y, por fin, libre, que no le diese alegría a su cuerpo. Por eso, el poder de O. J. tratará de ejercerse ahora mediante un control indirecto, pero eficaz: seguirla, saber qué hacía, con quién se acostaba, amenazar a sus amantes, espantarlos. Hay diversos episodios de O. J. husmeando por el jardín de la casa de Nicole. Así fue como la sorprendió con el dueño del restaurante Mezzaluna y con algún otro. Para hacerle entrar en razón, la amenaza definitiva eran los niños que con tanto amante no podían aprender nada bueno en la casa materna y deberían ser sustraídos a su custodia.

El 25 de octubre de 1993, O. J. entra por la fuerza en casa de Nicole, acusándola por sus traiciones presentes y pasadas, verdaderas o imaginarias. En los archivos de la policía quedan las grabaciones, que serían profusamente utilizadas por los fiscales a lo largo del juicio, de las llamadas de Nicole esa noche a la patrulla de urgencia. Es una mujer aterrada, asustada hasta las lágrimas por ese merodeador que sigue pensando que la casa, sus hijos y ella son de su exclusiva propiedad [6]. Mía o de nadie; se ha oído con demasiada frecuencia en las guerras de los sexos. Muchos hombres han pensado que eso era motivo justificado para llegar a matar. Para la fiscalía, O. J. era uno más.

Además de tener un motivo, O. J. carecía de coartada. La hora exacta de las muertes no se llegó a determinar nunca, pero los límites de lo posible estaban claramente marcados. Iban de las 21:40 del 12 de junio en que Juditha Brown llamó a su hija Nicole para decirle que alguien del restaurante Mezzaluna se acercaría a llevarle las gafas que había olvidado, llamada convenientemente comprobada en los registros de Pacific Bell, hasta las 23:40, hora en que el *akita* de nombre *Kato* que pertenecía a Nicole condujo al matrimonio Boztepe a la casa de Bundy Dr.

---

[6] *The New York Times*, 23/6/94.

O. J. había partido hacia Chicago en la cercana madrugada del lunes 13, para participar en un torneo de golf, en un
vuelo nocturno de American Airlines. La limusina que le esperaba frente a la entrada del 300 North Rockingham Ave.
para llevarle a LAX Internacional le recogió a las 22:55. Su
conductor, Allan Park, había intentado anunciar a O. J. su llegada a las 22:40, hora de recogida convenida, llamando por el
intercomunicador de la puerta. Pero esa primera vez no obtuvo respuesta. A la segunda contestó O. J., quien luego comen-
taría al conductor que no le había oído la primera porque estaba sesteando.

La teoría de la fiscalía era que, en esas dos horas en que
nadie le había visto, O. J. había tenido tiempo suficiente de
prepararse para el crimen, salir de casa en su Bronco blanco,
llegar a Bundy Dr., que distaba pocos minutos; cometer los
asesinatos; reintegrarse clandestinamente a su domicilio, tras
desembarazarse del arma del crimen y las ropas y zapatos ensangrentados; ducharse, cambiarse y responder a la segunda
llamada del conductor de la limusina. Los asesinatos debieron
de cometerse en torno a las 22:15 según esta teoría, porque ésa
fue la hora en la que algunos vecinos de Nicole comenzaron a
oír en las inmediaciones los quejidos lastimeros de un perro.

O. J. no podía probar que *no* hubiese estado en casa de
Nicole. La última persona que le vio esa tarde era Kato
Kaelin, con quien había salido a comerse un Big Mac en un
McDonald's cercano y de quien se había despedido a las
21:30. Sin embargo, la fiscalía tampoco podía probar feha-
cientemente que *sí*. Nadie vio su Bronco blanco durante sus
presumibles trayectos, ni tampoco vio u oyó a O. J. entrar o
salir de su casa o de la de Nicole. Lo más parecido a algo posi-
tivo que tenían los fiscales en este terreno era una declaración
del propio Kato Kaelin, otro meritorio en busca de su suerte,
viejo amigo de la pareja Simpson, que ahora vivía en un bungaló destinado a las visitas en la mansión de Rockingham a expensas de O. J. Kaelin había oído tres golpes secos que hicie-

ron retumbar las paredes de su bungaló mientras hablaba por teléfono a las 22:50. Para la fiscalía esos ruidos como de un cuerpo al caer eran la prueba de la entrada clandestina de O. J. en su casa, por la parte de atrás [7].

Además, la fiscalía contaba con algunas pruebas que consideraba concluyentes. Sangre de O. J. junto a los cuerpos de Bundy. Sangre de Ronald Goldman y de O. J. en el Bronco. Sangre de O. J. en su casa, en la entrada, en el baño pricipal, en otra habitación. Sangre finalmente de Nicole y O. J. en un par de calcetines de éste encontrado en su dormitorio. Las pruebas de ADN habían mostrado que esa sangre pertenecía a O. J. con una probabilidad de error de una entre miles de millones.

Y algunas cosas más, como el pasamontañas con que se cubría el asesino, fibras de la camisa de Ronald Goldman en el coche, cabellos de Nicole y Ron. Sobre todo, un guante ensangrentado que el detective Mark Fuhrman había encontrado en casa de O. J. y que era pareja de otro hallado en Bundy. Pero también las huellas sangrientas de unos zapatos Bruno Magli del tamaño 12 americano, precisamente el pie que calzaba O. J. Añádanse otras evidencias circunstanciales como la falta de emoción en la voz de O. J. cuando el detective Phillips le llamó desde Los Ángeles a Chicago para comunicarle que su esposa había sido asesinada, o un corte en un dedo de su mano izquierda, o el viaje a ninguna parte en que se embarcó O. J. con su amigo Al Cowling el día 17 de junio antes de aceptar un mandamiento judicial de arresto y entregarse a la policía. Esa increíble persecución por la San Diego Freeway en que el sospechoso ni se entregaba, ni se suicidaba a pesar de amenazar con ello, ni su amigo superaba el límite de velocidad permitida ni la policía, tan poco comprensiva en otras ocasiones, terminaba la persecución con una de esos finales contundentes de las películas de acción, fue trasmitida

[7] *The New York Times*, 22/10/95.

en directo por las tres grandes cadenas de TV y contemplada por millones de espectadores. Se vio en uno de cada cuatro hogares americanos.

Tanta cautela policial tenía su explicación. La policía, tanto como Gil Garcetti, el fiscal jefe, sabía que el caso llevaba dinamita. Aunque era por completo distinto, todo el mundo en Los Ángeles y más allá se acordaba de Rodney King. A Rodney King, un conductor negro, lo detuvo la policía por una infracción de tráfico y, como suele suceder en algunas detenciones, por razones desconocidas, seguramente relacionadas con el color de su piel, los polis se *ensegaron* y decidieron darle una lección. Así que lo canearon convenientemente entre varios hasta que les dolieron los brazos de tanto trabajar con las porras. La cosa hubiese pasado sin sobresaltos de no ser porque alguien grabó la golpiza en vídeo y lo vendió a la TV con el consiguiente escándalo nacional e internacional. Para mejorar las cosas, cuando llegó el momento del juicio por las lesiones causadas, para evitar que el jurado pudiese estar influido por las imágenes televisivas y las noticias de los medios, se tomó la decisión de llevarlo a una ciudad cercana a Los Ángeles, Simi Valley, donde, sorpresa, sorpresa, la mayoría de los habitantes eran policías retirados. Puede imaginarse cuál fue la composición del jurado. El resultado es conocido: absolución para todo el equipo policial y estallido de los más graves disturbios raciales en L.A. desde los tiempos de la revuelta de Watts, en 1965 [8].

Sin duda, esta vez no eran policías los acusados y el negro la víctima. Todo lo contrario; pero no menos cierto era que se trataba del negro célebre más importante llevado nunca a juicio por asesinato y que había que manejar con guante blanco las relaciones públicas del caso para evitar que nadie pudiese tachar de racista la actuación de la policía y de los fiscales.

---

[8] Tom ELIAS y Dennis SCHATZMAN, *The Simpson Trial in Black and White*, General Publishing Group, 1996, pp. 220-222.

Precisamente esa consideración fue la que llevó a la fiscalía a mover el sitio del juicio desde su lugar de celebración natural, el barrio predominantemente blanco y acomodado de Brentwood, a los juzgados de Downtown. La composición racial de esa última zona hacía prever que el jurado estaría compuesto mayoritariamente por miembros de minorías raciales, como así sucedió. Pero seguramente Garcetti y sus consejeros creían tener un caso tan blindado que les parecía innecesario inquietarse por ello [9].

La verdad es que, a primera vista, no había vuelta de hoja. La acusación parecía tenerlo todo completamente atado. Había un motivo claro, el acusado carecía de coartada durante el tiempo en que previsiblemente se había cometido el crimen y las pruebas eran tan concluyentes como para convencer al más recalcitrante de los partidarios de O. J. Un bombón de caso en el que se podía satisfacer a todos si se sabía llevar con tiento. Para culminar esa operación de relaciones públicas había que buscar un equipo lo más politcorrecto posible. Así que se encargó del caso a una mujer, Marcia Clark [10], y a un negro, Christopher Darden [11]. Tal vez, se diría Garcetti, al final del juicio, la policía y la fiscalía de L.A. pudiesen concluir lo mismo que el presidente Bush tras la guerra del golfo Pérsico, "por fin hemos superado la pesadilla de Vietnam". Tal vez, el caso O. J. tuviese el efecto de reconciliar a la policía con aquellos angelinos, fundamentalmente negros, que la acusaban de ineficacia, corrupción y racismo.

De esta suerte, tras una accidentada selección del jurado que, al final, resultó estar compuesto por nueve negros, dos blancos y un hispano, de los cuales diez eran mujeres y dos varones, el juez Lance Ito pudo fijar el comienzo de la vista oral

---

[9] David MARGOLICK, "The Murder Case of a Lifetime, Gets a Prosecutor of Distinction", *The New York Times*, 21/1/95.

[10] *The New York Times*, 22/1/95.

[11] David MARGOLICK, "For Black Prosecutor There Is No Allure in the Simpson Case", *The New York Times*, 23/1/95.

para el 23 de enero de 1995 [12]. Comenzaba así el proceso más seguido de la historia de Estados Unidos.

El juez había autorizado la presencia de las cámaras de TV en la sala de audiencias y el proceso se cubría en directo de principio a fin. Inicialmente lo transmitieron tan sólo Court TV, un canal dedicado exclusivamente al seguimiento de juicios; E!, un canal dedicado a temas del corazón, y la ubicua CNN. Pronto, ABC, NBC y CBS empezaron a notar fuertes pérdidas de audiencia a las horas de las *soap operas* y comenzaron a transmitirlo en directo. Las peticiones de periodistas para asistir a las sesiones superaban con mucho los veinticinco asientos reservados a la prensa en la sala, de suerte que hubo que establecer un sistema de cupos. Tras los lugares reservados a las familias de las víctimas y del presunto asesino, en la sala quedaban diez lugares para el público y la gente hacía diez y doce horas de cola para asegurarse uno de ellos. El caso O. J., desde el descubrimiento de los cadáveres hasta el veredicto final, duró 479 días. Pues bien, el mesurado *New York Times* dio noticia de él durante 403, lo que no es cifra baladí si se tiene en cuenta que, por supuesto, los domingos y festivos no había actividad. La vista se prolongó 254 días, incluyendo festivos. El *New York Times* llevó el asunto a portada nada menos que 39 veces. Algo parecido sucedió con el resto de los diarios y de los medios.

Lo cierto es que, con muchas menos pruebas, muchos blancos y, sobre todo, muchos más negros habían sido enviados a la cámara de gas. Durante algún tiempo, la fiscalía jugó con esta posibilidad, pero, en algo que también parece deberse al sutil manejo de las relaciones públicas, finalmente se decidió que la petición de la acusación sería de cadena perpetua. La justicia cumpliría con su destino ejemplarizador, pero con una congrua graciable de clemencia.

Lo que no esperaba la fiscalía era la que se le venía encima. Visto el asunto con la sabiduría que da conocer el desen-

---

[12] *The New York Times*, 23/1/95.

lace, hay dos factores que los acusadores públicos no supieron descontar. El primero tiene que ver con la esencia misma de la sociedad americana; es, por simplificar, una cuestión de dinero. El segundo era imprevisible en sus detalles, pero podía saltar por éste u otro lado en cualquier momento dado el grado de racismo existente el Departamento de Policía de Los Ángeles (LAPD), que cualquier lector de James Ellroy conoce bien[13]. El primero se llama el *equipo de ensueño*[14]. El segundo tiene un nombre propio: Mark Fuhrman.

Ya hemos visto que O. J. contaba con un patrimonio considerable y, como era su vida la que estaba en juego, tomó la razonable decisión de comprarse la mejor asistencia jurídica que pudiese conseguir. La figura clave, que sólo se incorporó una vez que el proceso estaba ya en marcha, fue Johnnie Cochran. Según cuenta éste, su decisión de convertirse en un castigo para los policías de L.A. parte de una noche aciaga. Iba Cochran conduciendo su coche por Sunset Boulevard con sus dos hijos de pasajeros, cuando, sin otra razón aparente que la de ser un *jodíonegro* al volante de un Rolls, le paró una patrulla y le sometió al amable trato que la policía reserva para esos momentos. Registrando el coche pistola en mano, los policías se encontraron con lo que no esperaban ni hubieran querido: su placa de fiscal. De hecho, en esos momentos Johnnie Cochran era, en cuanto a rango, el tercer personaje de la fiscalía de L.A. Así que los amables policías se retiraron con el rabo entre las piernas, mientras él se tragaba la humillación y se preguntaba si le hubiesen detenido de no haber sido negro[15].

Años después Johnnie Cochran se había convertido en uno de los mejores penalistas de L.A. Muchos de sus clientes

---

[13] Kenneth K. NOBLE, "Many Black Officers Say Bias Is Rampant at LAPD", *The New York Times*, 4/9/95.
[14] David MARGOLICK, "People *v.* Simpson (2)", *The New York Times*, 21/1/95.
[15] Kenneth NOBLE, "People *v.* Simpson (1)", *The New York Times*, 20/1/95.

son negros a los que la justicia les ha buscado las vueltas, a veces con razón, otras sin ella. Ha defendido, por ejemplo, a Jim Brown, jugador famoso de los Browns de Cleveland, en un proceso por violación; a Snoop Doggy Dog, un rapero acusado de haber participado en un tiroteo con resultado de muerte; a Reginald Denny, el camionero blanco que estuvo a punto de ser linchado en los disturbios post-Rodney King; a Michael Jackson, cuando le acusaron de que su idea de proporcionar contento a la infancia era, con demasiada frecuencia, jugar a médicos y enfermeros. La broma del momento en L.A. era el mensaje que Johnnie Cochran habría hecho llegar a Simpson de parte de Michael Jackson: "No te preocupes, que de tus niños me encargo yo".

A pesar de sus gustos sartoriales de chuloputas negro de Hollywood Boulevard y de sus indigestas corbatas a juego con el pañuelo del bolsillo de pecho, Cochran es un excelente abogado, buen profesional, concienzudo, hábil táctico, magnífico en los interrogatorios, sin par en los argumentos finales. Siempre sabe la carta que debe jugar, con la vista puesta en las reacciones del jurado, del público y de los medios. Hoy la brutalidad policial, mañana la raza, luego la reconciliación.

Y junto a él una legión de abogados excelentes. Primero, Robert Schapiro, que llevó la defensa en los primeros momentos y, a diferencia de Johnnie Cochran, sabedor de que más allá de Armani y Versace está la nada. Es un grandísimo negociador, un virtuoso de las relaciones públicas y allí estaba por si en algún momento había que transar con los fiscales. Después, su viejo amigo F. Lee Bailey, trocado en su enemigo jurado durante el desarrollo del juicio por mor de haberse ido demasiado de la húmeda con la canallesca, un ex infante de marina y un duro que sabe cómo poner en su sitio a los testigos recalcitrantes. Luego Barry Scheck, ese abogado que tanto sabía del ADN, un arcano para el común de los mortales, y cuyo acento y agresividad de judío de Brooklyn ponían de los nervios al tolerante y normalmente pacífico juez Ito. Más allá, bajando del carro de fuego tan sólo de tanto en tanto, pero conectado al grupo por el cordón umbilical del fax por si había que plantear una apelación en el futuro, Alan Dershowitz, el profesor de Harvard que había librado del talego a Claus von Bülow, cuando le dio a Sunny, su señora, aquella inyección que la dejó como una planta. Y, al fondo, el líbero Carl Douglass y los volantes incontables.

Cuando *el equipo de ensueño* se hizo con la posesión de la pelota, la bien trabada requisitoria fiscal empezó a hacer agua. Las cosas no eran ya tan claras como parecían. Para la defensa, la policía había sacado unas conclusiones tan apresuradas que más parecían prejuicios y había trabajado con una falta de profesionalidad notable. Ya el 13 de junio por la mañana, cuando los detectives Vanatter, Phillips y Fuhrman se fueron de Bundy Dr. a la casa de O. J. para, como ellos decían, darle la mala noticia, tuvieron tanta prisa como para no solicitar un mandamiento judicial de entrada. Sin embargo, no la tuvieron a partir del momento en que vieron que lamentablemente el pájaro había volado la noche anterior, lo cual que se dedicaron a vaciarle la nevera y a pasarse vídeos del dueño de la casa en partidos memorables para ir matando el rato. La prisa reapareció cuando, esa tarde, otro celoso policía se apresuró a esposar a O. J., contra quien todavía no había ninguna orden de detención, a su vuelta de Chicago.

En cualquier caso, ya en esos primeros momentos los cuatro detectives parecían estar muy seguros, aunque jurasen lo contrario durante el juicio, de que tenían un culpable y de que ese culpable era O. J. Tan seguros que les trajo sin cuidado que su acción de escalar la valla de la casa fuese una violación constitucional. Sin embargo, algo se sacó en limpio cuando Fuhrman observó algunas gotas de sangre en el Bronco blanco y, luego, hizo una aparición triunfal con un guante ensangrentado, pareja del que había en Bundy.

Ahora sabemos, por las declaraciones de algunos jurados como Brenda Moran, una mujer negra de cuarenta y cinco años, y Anise Aschenbach, una blanca de sesenta y uno, que la entrada ilegal en casa de O. J. y la insistencia de todos los detectives del grupo en que, a esas horas, no tenían un juicio formado acerca de su culpabilidad, fueron los primeros elementos de una duda que no haría sino crecer. Por qué tanta prisa si hubiesen podido esperar a la llegada de O. J. o, en cualquier caso, a que un juez hubiese expedido una orden de registro. Más de un malicioso ha apuntado que la prisa era por detenerle y mostrar orgullosos la presa a la avalancha de medios de comunicación que, con razonamiento por una vez riguroso, preveían que iba a cubrir el caso.

Pero lo más grave era lo de la sangre. El día 13 de junio, a la vuelta de O. J. de Chicago, un ATS del LAPD, Thano Peratis, obtuvo, según declararía en el juicio, una muestra de sangre de ocho centímetros cúbicos. Sin embargo, la fiscalía sólo pudo justificar la existencia de seis y medio. Lo sorprendente es que al detective Philip Vannater le había pedido el cuerpo ese día hacer algo de ejercicio, por lo que estuvo de paseo por un par de horas, con la botellita de sangre en los bolsillos, antes de depositarla. Al parecer tenía otras preocupaciones en la cabeza, lo que le impidió pensar en que podía haberla llevado enseguida a laboratorios policiales como el de Parker Center o más cercano aún, en Piper Tech. El jurado era mayoritariamente negro, como han señalado tantos ilustres periodistas, pero no por ello tenía que ser necesariamente tonto. En esas dos horas el amigo Vannater, que ya se había tomado algunas libertades con la verdad, pudo perfectamente, según la defensa, haber utilizado esa sangre para plantarla en lugares consistentes con sus ideas sobre la autoría.

La defensa podía seguir con las sospechas. Tres semanas *después* de la recogida de sangre, y sólo entonces, fue cuando la policía declaró haber encontrado más sangre en los calcetines del dormitorio de O. J. Más aún, cuando la sangre fue analizada en los laboratorios del FBI en el curso de la instrucción se hallaron trazas de un agente anticoagulante llamado técnicamente EDTA. Este agente tiene la caprichosa particularidad de no aparecer habitualmente en sangre humana tomada directamente del cuerpo y sí en muestras que se hayan conservado en laboratorios. Un poco más. Un perito de la defensa, el dcotor Michael Baden, entre cuyas extravagantes especialidades se encuentra la de saber distinguir entre manchas que se hayan producido por distintos procedimientos, hay gente *pa tó*, como bien dijera El Gallo, insistió de forma bastante persuasiva en que precisamente la sangre de los calcetines había llegado a ellos por aspersión a distancia y no por goteo, lo que planteaba la pregunta de quién había sido el aspersor. Y nueva vuelta de tuerca. Los dichosos calcetines, como si de san Gennaro el napolitano se tratase, habían licuado la sangre, porque cuando fueron encontrados y examinados por los expertos de la fiscalía y la defensa antes de las tres primeras semanas, nadie había encontrado rastros de ella. Volapié. Las cantidades de sangre de O. J. encontradas aquí y allá, en casa de Nicole, en su casa, en el Bronco blanco, más la de los calcetines misteriosos, eran más o menos uno y medio centímetros cúbicos, precisamente los que parecían haberse evaporado, tal vez por el calor del día, de la botellita que Vannater había sacado de paseo.

También sabemos ahora que, llegados a este punto, la pituitaria de buena parte de los jurados empezaba a recibir un tufillo escamante en toda esta cuestión de la sangre. El cual afectaba también a las pruebas de ADN. Sin duda, la posibilidad de que toda esa sangre no fuera de O. J. era de una contra varios miles de millones. Pero qué demostraba esto si la sangre había llegado a su destino de forma misteriosa, por decir lo menos.

La acusación tenía otra prueba al parecer definitiva, los guantes ensangrentados que se habían encontrado en Bundy y Rockingham y que eran una pieza de convicción de peso, como bien lo sabía su descubridor, el detective Fuhrman. El 18 de diciembre de 1991, Nicole había comprado en Bloomingdale's dos pares de guantes Aris Isotoner, una marca rara y cara, que llevan un forro de cachemir para que se ajusten fácilmente. Los guantes encontrados por la policía eran de esa misma clase. Era muy posible que Nicole se los hubiese dado a O. J. como regalo de Navidad. De hecho, hay imágenes de O. J. enfundado en unos semejantes. Así que los fiscales decidieron poner toda la carne en el asador y pedirle que se los probase delante del jurado. Las cámaras de TV recogieron claramente para millones de personas la escena de O. J. luchando con los guantes, como las hermanastras de Cenicienta con el zapato de cristal, sin conseguir que le llegasen a ajustar del todo. Mucho se ha discutido tras aquello sobre la vis interpretativa de O. J., sobre su astucia al fingir unas dificultades de encaje superiores a las reales, pero, tras esta cumbre del proceso, la imagen vívida parecía decir que la móntaña de pruebas de los fiscales había parido un ratón [16].

A partir de ese momento, los argumentos de la fiscalía empezaron a deslizarse por un plano inclinado. Poco importaban ya otras cosas como el análisis de las huellas sangientas de unos zapatos Bruno Magli del 12, talla que usaba O. J., o de las fibras de la camisa de Ronald Goldman, o de los cabellos de Nicole encontrados en el Bronco blanco, que, por cierto, una vez que la policía lo había incautado para realizar las investigaciones correspondientes, se había pasado dos semanas en un garaje del departamento sin haber sido precintado, al alcance de cualquiera. El tufillo en la nariz de los jurados era ya más bien hedor y muchos observadores podían convenir en que los laboratorios del LAPD, como lo había dicho algún experto, eran *un pozo negro* de contaminación y en que las celebradas pruebas de la acusación estaban averiadas.

Ahora bien, todos estos fallos y negligencias, por importantes que fueran, no daban verosimilitud a las explica-

---

[16] David MARGOLICK, "Prosecution Wraps Up Its Case and Simpson's Fate Goes to Jury", *The New York Times*, 30/9/95.

ciones alternativas de la defensa. Por qué algún o algunos detectives del LAPD se habrían empeñado en hacer recaer todas las sospechas sobre O. J., llegando a la fabricación de pruebas si ello fuese menester, sin causa aparente. No había ningún motivo de peso para convertir la negligencia en conspiración como trataba de mostrar la defensa. Y, por otra parte, no existían teorías alternativas. Bien es verdad que no corresponde a los defensores ofrecerlas, pero todas las que intentaron poner en circulación fueron pronto descartadas, como el testimonio que decía haber visto salir de la casa de Bundy a un grupo de cuatro personas con aspecto sospechoso o la del *Colombian necktie* [17]. La *corbata colombiana* es un pequeño refinamiento con que los sicarios del país han contribuido al asesinato considerado como una de las bellas artes. Una vez rebanado el gañote de la víctima, se empuja la lengua hasta hacerla salir por la abertura del cuello, creando un elegante conjunto que impresiona lo suyo a deudos y compañeros del finado. Algunas amistades recientes de Nicole, como Faye Resnick, que había vivido con ella en su casa de Bundy durante algunas semanas meses antes del asesinato, tenían una cierta debilidad por la cocaína. ¿No habría sido posible que algún proveedor, sorprendido de que la Resnick no fuese amiga del pronto pago, hubiese decidido protestar la letra a su manera y amablemente obsequiarla con una pajarita colombiana, con la mala suerte de que se equivocase de víctima? Todo muy hermoso, pero en estos momentos la defensa sólo tiraba por elevación, por si colaba. Y también sabemos ahora que los jurados no estaban por la compra de corbatas de ninguna clase.

También, pese a las primeras declaraciones de Robert Schapiro, la defensa había acusado a veces a los policías encargados inicialmente del caso de comportamientos racistas, pero era una acusación tan genérica que no resultaba convin-

---

[17] Lawrence SCHILLER y James WILLWERTH, *American Tragedy*, pp. 233-237.

cente [18]. Más aún, desde el principio el fiscal Darden que, recordémoslo, es negro, había tratado de oponer un cortafuegos a cualquier utilización de la cuestión racial con bastante fortuna. Nadie más apropiado que él, sin duda, para esta tarea. El inglés americano tiene un montón de formas de nombrar a los negros, como pasa en toda lengua con las cosas que han tenido o tienen gran relevancia social. *Black* es la elemental y la más neutral. Sólo tiene que ver con el color de la piel y la suelen definir los diccionarios como la calidad de aquello que tiene el color del hollín o del carbón. Se usa sin susceptibilidades especiales por todos los grupos raciales y es la más descriptiva. En 1912 se fundó la NAACP o Asociación Nacional para el Progreso de las Gentes de Color. *Colored,* que se traduce por *persona de color,* era entonces la forma elegida por los negros más activos para denominarse a sí mismos, lejos de los nombres y adjetivos utilizados por los blancos. Es un apelativo un poco estirado y ha hecho una fortuna más bien limitada. Luego vienen los nombres impuestos. *Negro* y la forma femenina *negress* son el primer escalón para denominar a alguien como perteneciente a la raza negra. No son despectivos, pero son de la lengua del amo y, como tales, usados con la mayor cautela por los negros y, cada vez más, por los blancos. Recientemente, la politcorrección se decanta por el uso de *African-American* que sería tan neutral como cualquier referencia geográfica, pero que es una cursilería creadora de confusión en cuanto nos ponemos serios con ella. Después vienen los directamente insultantes como *sambo, uncle Tom, jodie.* Procure no utilizarlos a menos que se mueva en medios que no sean politcorrectos de estricta observancia o donde todos los de los alrededores sean blancos como la leche. Pero el peor, de lejos, de todos estos nombres es el de *nigger.* Tanto es así que muchos cursis no lo pronuncian directamente sino

---

[18] David MARGOLICK, "Defense for Simpson Attacking Prosecutors 'Rush to Judgment'", *The New York Times,* 26/1/95.

que hablan del *N-word*, la palabrita que comienza con la letrita N, tan impronunciable para la gente de bien como la *F-word* o acción de fornicar, la jodienda. Es difícil traducir la palabra *nigger* y lo mejor que se me ocurre es *putonegro* o *jodíonegro*. Me inclino por esto último porque me parece más castizo y así lo he usado y usaré en este libro.

En cualquier caso, es una palabra con fuerte carga explosiva que casi nadie en sus cabales usa ya en público aunque sea moneda corriente en privado. Más aún, por esas inversiones tan frecuentes en el lenguaje, hoy los *boyz in the 'hood*, los chicos de los barrios negros pobres, la han convertido en forma común de denominarse orgullosamente a sí mismos. Y se saludan con un *hola, jodíonegro* o hablan de irse a jugar al baloncesto con otros *jodíosnegros*, aunque es recomendable no imitarles si no se pertenece a la raza o no se está tarareando ostensiblemente un *gangsta rap*. Es lo mismo que en España pasa con mucha gente, que reaccionarían con violencia si alguien les dirige un epíteto que tenga que ver con la animada vida extraconyugal de su señora, pero dejarían que un amigo les salude con un *cómo estás, so cabrón*.

Pero volvamos al fiscal Darden y a su cortafuegos. Como se maliciaba que la defensa iba a ir a por Mark Fuhrman, un policía chuleta y matón, el orgulloso descubridor del guante ensangrentado, de quien se conocía su escasa afición por los judíos y los *jodíosnegros*, Darden se puso la mano en el pecho y con cierta ñoñería impropia de su rigorosa profesión pidió al juez que se evitase en el juicio cualquier alusión a la palabra de la N porque su uso podía resultar explosivo. "Es una palabra sucia, repugnante. No es una palabra que yo permita en mi hogar. Seguro que Mr. Cochran tampoco... Es insultante y extremadamente explosiva, tanto que su uso siempre tiende a provocar una respuesta emocional de cualquier afroamericano que llegue a escucharla". De los que había unos cuantos en el jurado.

Pero ésa era una exclusión imposible porque la defensa sabía que la verosimilitud de una acusación de racismo era vínculo indisociable entre su ataque al valor de las pruebas y los motivos ocultos de un grupo de policías mendaces y falsarios. Así que cuando Fuhrman subió por primera vez al estrado para testificar, F. Lee Bailey, el viejo infante de marina, se fue a por él, a tratar de pasarlo a cuchillo, insistiendo una y otra vez en las presuntas convicciones racistas del interfecto, que con voz y gesto inocentes las iba desmintiendo una a una, para concluir con la siguiente pregunta: "¿Puede afirmar bajo juramento que no ha utilizado la palabra *jodíonegro* durante los últimos diez años?". Y el Fuhrman, como si le acabasen de poner la ropita de cristianar y estuviese ante al señor cura, respondía contrito que sí, que nada más lejos de su habitual respeto por las gentes de color y, concluida su sobria actuación, se bajaba del podio para seguir sin romper ningún plato ni decir cosas feas en los próximos diez años, o más si fuere menester.

La pregunta era lo necesariamente tonta como para poner en guardia al jurado si la respuesta lo fuese también, como así sucedió. Todo el mundo sabe que un policía americano que se precie ha dicho *jodíonegro* en los diez minutos o en los diez días anteriores, si nos queremos poner estrechos. Pero si se trata de un poli de Los Ángeles, lo más probable es que haya usado la palabra de la N en los diez nanosegundos anteriores, con lo que tener el morro de decir lo contrario era ya un desafío abierto al jurado y ganas de jugar con fuego por parte de Fuhrman a quien lo de *jodíonegro* no se le caía de la boca según diversos testimonios. Pero aparte de la natural repulsión, es probable que el jurado hubiera tenido que pasar el episodio por alto, si no se llegaba a probar que Fuhrman hubiese perjurado.

Y como en una película de Hitchcock la prueba no llegaba, no llegaba, y el suspense crecía en intensidad, porque los malos parecían salirse con la suya y ya James Mason se está llevando a Eva Marie Saint a la escalerilla del avión. En éstas, el 12 de julio de 1995, en el despacho de Cochran se recibe una misteriosa llamada de un tal Brian que dice ser productor de cine en Frisco y que conoce a una mujer llamada Laura que ha escrito un guión basado en unas cintas que grabó en conversaciones con un madero llamado Fuhrman. La mujer resulta ser Laura Hart McKinny, una profesora universitaria de literatura inglesa en Carolina del Norte y efectivamente tiene unas cintas comprometedoras. Fuhrman había colaborado con ella como experto en las cosas y la mentalidad del LAPD, para el guión que Mrs. McKinny estaba preparando. En la mañana del 10 de agosto de 1995, Cochran pone las cintas a disposición del juez Ito. Son siete casetes normales y cuatro microcasetes.

Su transcripción, once horas de conversación a lo largo de varios días, es demasiado. No sólo Fuhrman [19] usa lo de *jodíonegro cuarenta y una veces*, sino que nos ofrece un pequeño florilegio de sus refinadas creencias y aficiones. Resulta ser muy devoto del Klan y de Hitler; odia a los judíos; gusta de apalear a *jodíosnegros*; habla de esos *estúpidos jodíosnegros*. Pero lo mas alucinante, lo que de verdad le priva es acorralar a parejas mixtas de *jodíonegro* y blanca, pararles sin motivo ni razón aparentes cuando van juntitos en su coche Dios sabe adónde, seguro que a satisfacer su desordenada concupiscencia, meterles el miedo en el cuerpo y si se ponen gallitos, pues se montan unas pruebas falsas para que se pasen un rato por la prevención o terminen en el talego. Vamos a oírle con sus propias palabras tan edificantes. "Solía entrenarme y practicar mis golpes. Con los *jodíosnegros*. Son fáciles. Solía entrenarme dándoles buenas patadas" (Cinta n. 4). "Dejamos de seguir cortándole el resuello, porque muchos de estos *jodíosnegros* tienen un montón de esas organizaciones [de defensa] en los barrios del sur y para no aumentar el número de negros muertos por estrangulamiento, que ya son doce en diez años. Bárbaro, ¿no?" (Cinta n. 7a)

El jurado, aunque el juez no le permite oír en su integridad tanta lindeza de muchacho bien educado, sino sólo escu-

---

[19] Kevin SACK, "Racism of Rogue Officer Casts Suspicion on Police Nationwide", *The New York Times*, 4/9/95.

char en un par de ocasiones a Fuhrman diciendo todo aquello que dijo que nunca había dicho en los últimos diez años, pues faltaría más, ya tiene bastante para convencerse de que Fuhrman y los fiscales que defienden su testimonio les han tomado por el pito del sereno. Por más que el juicio se alargue todavía un mes y medio; por más que los fiscales, con escasa moral de victoria, todo hay que decirlo, sigan tratando de convencerles de que esto no es sino un pequeño bache en el camino; por más que se regalen oyendo a Cochran repetir en su alegato final con profusa cadencia de pastor bautista aquello de *if they don't fit, you must acquit* que podríamos traducir al castellano con un ripio como *si vieron que no le entraban los guantes, tienen que absolverlo cuanto antes*, el jurado ya ha tomado su decisión desde este momento [20]. No es de extrañar que, concluida la vista, cuando les toque llegar al veredicto, uno de los casos más sonados y discutidos del siglo se resuelva con una deliberación de tres horas escasas.

Al final del proceso, la sociedad americana seguía tan profundamente dividida en torno a la falla racial como al principio. Antes de comenzar el juicio, en julio del 94, un sondeo de la compañía Field Poll de California señalaba que un 62% de los blancos creía que O. J. Simpson era culpable con alguna o total probabilidad, en tanto que sólo lo creía así un 38% de los negros. Al día siguiente del veredicto, un sondeo de la cadena televisiva CBS News daba porcentajes similares. Un 64% de los blancos creía que O. J. era culpable y sólo un 11% le declaraba inocente. Entre los negros esas cifras eran respectivamente 12% y 59%.

Una vez más, la opinión pública podía comprobar el peso del racismo en instituciones como el LAPD que pretendidamente se habían integrado racialmente en los últimos años. En efecto, la policía de Los Ángeles, como la del resto del país,

---

[20] David MARGOLICK, "Simpson's Lawyer Tells Jury that Evidence 'Doesn't Fit'", *The New York Times*, 28/9/95.

había hecho un gran esfuerzo en reflejarse más en su propia sociedad. El número de policías negros en Los Ángeles, según el US Bureau of Justice Statistics, había subido a un 14,1% en 1992 desde un 9,4% del total de la fuerza en 1983, llegando al mismo porcentaje que tenía la raza negra en el conjunto de la ciudad. Pero pese a tan indiscutible avance, el racismo inicial distaba de desaparecer. La opinión de numerosos policías de Los Ángeles reflejada en la prensa y otros medios en octubre de 1994 era que el racismo estaba en la médula del Departamento [21] y eso a pesar de que el jefe superior de policía de la ciudad, desde 1993, era Willie Williams, un negro. Al fin del juicio numerosos periodistas han escrito que Mark Fuhrman había sido casi la única oveja negra del departamento, pero esa opinión no llegó a calar. Los amigos de Fuhrman siguen ahí, tal vez más cautelosos, a la espera de la próxima.

También se han expresado numerosos juicios negativos sobre la profesionalidad de la policía de Los Ángeles. Como hemos visto, no son juicios apresurados. Es difícil hacerlo tan mal como lo hicieron sus oficiales y técnicos. Con el dinero suficiente, O. J. pudo montar su *equipo de ensueño* y conseguir batirles en casa y con sus propias reglas. Costó trabajo pero lo hicieron. Sin embargo, para el *jodíonegro* de South Central L.A. e incluso para sus hermanos de los lugares donde viven los negros más acomodados, como Rialto, Vacaville y Carson en California o Cleveland Heights en Ohio o Brentwood en Nueva York, negros que no son ni ricos ni famosos, una pregunta obstinada permanece en el aire: qué va a pasar si la próxima vez vienen por mí.

Por lo demás, tras el juicio, menos las víctimas, casi todo el mundo parece haber encontrado su final feliz. *Chateau Hollywood Grand Crû*. Lo primero que sucedió fue una increíble descarga de adrenalina creativa. Todo el mundo se puso a

---

[21] Don TERRY, "Distrust Fuels Racial Divide on Justice for Simpson", *The New York Times*, 2/10/95.

escribir su libro y con buenos motivos. Durante el juicio ya habían visto la luz del día más de treinta, pero ninguno de ellos, salvo los del propio O. J. y de Faye Resnick, la drogota que había vivido en casa de Nicole hasta unas semanas antes de su muerte, tuvieron mucho éxito. Ahora, sin embargo, empezamos a hablar de las grandes ligas y el estro literario de casi todos los protagonistas se despertó con las ofertas editoriales.

La fiscal Clark se llevó la palma con cifras dignas de Newt Gringrich, el ex presidente de la Cámara de Representantes, un cheque de $4,2 millones por cuenta de Viking Press. Schapiro le ha sacado a Warner Books $1,5 millones y Dershowitz ya ha publicado su *Reasonable Doubts* con Simon&Schuster por unos cuantos cientos de miles. Johnnie Cochran vendió sus derechos a Random House por $2,5 millones [22]. Pero Cochran se superó. El 19 de enero de 1997, en su sección de espectáculos, el *New York Times* anunciaba un *Encuentro con Johnnie Cochran* para el 8 de marzo en el teatro del Madison Square Garden, con entradas entre $25 y $75, más localidades VIP que permitirían a sus poseedores asistir a una recepción posterior con él. La próxima, un concierto con los Tres Tenores y Zubin Mehta. F. Lee Bailey hizo que su agente de prensa publicara una nota informando de que él *no* pensaba publicar ningún libro, oiga.

Mención aparte merece el grave fiscal Darden. Darden lloraba el 3 de octubre y, entre sollozos, repetía que nunca más ejercería de fiscal. Algunos malpensados dejan caer que esto último era fácil, con los $1,3 millones de adelanto que Regan Books habían puesto encima de su mesa, con menos que eso viven bien muchos rentistas de Florida, y que las lágrimas pudieran deberse a las injustas diferencias respecto de la suma de Marcia Clark, pero tampoco es malo que Darden aprenda un poco lo que es el racismo.

Las cosas tampoco han sido totalmente negras para O. J. No sólo salía en libertad de un paso más que difícil, tras haber

---

[22] *The New York Times*, 15/11/95.

entrevisto la posibilidad de acabar en la cámara de gas de San Quintín. Sus arcas seguramente muy maltrechas, con tanto *equipo de ensueño*, tantos investigadores, tantos criminólogos, tantos especialistas en escrutar las caras de los jurados, tal vez pudieran reponerse con la batería de iniciativas que intentó poner en marcha desde entonces con brillante operación de *merchandising* (un vídeo, venta de autógrafos, de camisetas, recuerdos y demás). Falta le va a hacer ahora que ya se ha fallado en su contra la causa civil.

Tras los malos resultados de la fase penal, las familias Brown y Goldman ejercitaron una acción civil, un tanto sorprendente para los no iniciados, que la legislación americana permite, por muerte dolosa *(wrongful death)*. Este juicio, que se celebró con muchos menos decibelios que el anterior, culminó el 10 de febrero de 1997 con un veredicto de culpabilidad para O. J. En esta ocasión el jurado era mayoritariamente blanco y O. J. había pasado por situaciones muy difíciles, como cuando negó en un interrogatorio haber tenido nunca unos zapatos Bruno Magli y la acusación pudo exhibir decenas de fotos en las que aparecía calzado con ellos. De acuerdo con las leyes americanas, las penas impuestas se desdoblan en reparaciones por daños directos ($8,5 millones) y reparaciones punitivas ($25 millones). Son cantidades fuertes para cualquiera y posiblemente O. J. no las tiene. Pero, como decía el *New York Times* en su editorial sobre el asunto, "incluso si las familias de las víctimas no consiguen que se les pague la totalidad, las dimensiones del castigo harán difícil que Mr. Simpson pueda escapar a una deuda vitalicia" [23]. En cualquier caso, aunque tal vez haya de volver al gueto del que salió, O. J. Simpson sigue en libertad, que no es poco.

Un proceso penal no es la demostración del teorema de Pitágoras. Esto es lo que no entendieron o no quisieron entender los blancos del John Martin, y tantos otros, en su silen-

---

[23] *The New York Times*, 12/2/97.

cio ominoso o en tantas vociferantes opiniones en diarios, semanarios y discusiones en televisión y radio. El acusado no tiene que decir la verdad, ni la defensa buscarla. Es la fiscalía quien tiene que demostrar, como dicen las leyes americanas, *más allá de toda duda razonable*, que sus acusaciones son exactas. Y no puede apelar para eso a una convicción moral prejudicial sobre la culpabilidad de O. J. Se puede estar por completo firme en la creencia de que él fue quien mató a Nicole Brown y Ronald Goldman y, al tiempo, convenir en que los jurados fueron honestos, no decidieron guiados por el color de piel que la mayoría de ellos compartía con el acusado y cumplieron con su deber [24].

O. J. tenía un motivo, tuvo la oportunidad en el tiempo, era el mayor beneficiario del crimen, tenía unas cuantas pruebas muy contundentes en su contra. Y, sin embargo... Sin embargo, es claro que los fiscales no pudieron sacarles todo el partido necesario, porque Fuhrman y, aunque esté feo decirlo en voz alta, otros muchos polis del LAPD y de otros muchos lugares permiten que sus prejuicios racistas sean más fuertes que su profesionalidad; porque muchos actúan como si con los *jodíosnegros* estuviese permitido todo, y porque lamentablemente muchas autoridades policiales y políticas miran a otro lado, sin querer enterarse de lo que sucede.

---

[24] Alan M. DERSHOWITZ, *Reasonable Doubts*, Simon & Schuster, 1996, caps. 2 y 4.

CAPÍTULO 5

...A las cumbres de la miseria (para algunos)

LOS NEGROS TIENEN MENORES INGRESOS

La verdad, no es ninguna bicoca ser negro en Estados Unidos. Como grupo, con independencia de los indios, con los que no compiten, llevan siempre la peor parte en casi todos los indicadores de bienestar económico y social. El 1 de enero de 1995, la población total de Estados Unidos era de 261,6 millones de personas. Para el año 2050 se espera que alcance un total de 392 millones [1]. En porcentaje, los totales se distribuirán de la manera siguiente hasta esa fecha entre las diferentes razas:

CUADRO 5.1

LA POBLACIÓN DE ESTADOS UNIDOS (%)

RAZA	1970	1980	1990	2000*	2025*	2050*
Blancos	83,3	79,6	75,7	71,6	62	52,5
Negros	10,9	11,5	12,3	12,8	14,2	15,7
Asiáticos/Otros**	4,5	6,4	3,8	5,3	8,5	11,1
Hispanos***	1,3	2,5	9	11,3	16	22,5

* Proyección ** Incluye indios, esquimales, aleutianos *** Pueden ser de cualquier raza
Fuente: U.S. Census Bureu.

---

[1] Kevin E. DEARDORF y Patrick MONTGOMERY, "National Population Trends", US Census Bureau, *Current Population Reports*, Series P23-189.

La población negra de Estados Unidos era de 33 millones en 1994 y se espera que en el año 2000 llegue a los 35,5. Su ritmo de crecimiento, según la misma Oficina del Censo, es superior al de la población en su conjunto y al de la población blanca. En efecto, la tasa de crecimiento natural de la población (excluyendo la inmigración) es de 7,3 por mil en general y de 6 para los blancos. Los negros están creciendo a un ritmo del 12,8, que, a su vez, es inferior al de los asiáticos (15,7) y al de los hispanos (22,8). Quiere decirse con ello que el número de personas afectadas por los problemas específicos de los negros irá creciendo a un ritmo considerable durante los próximos cincuenta años o, lo que es lo mismo, los problemas raciales no tenderán a resolverse naturalmente por una creciente reducción de la población afectada [2].

Espacialmente, aproximadamente el 13% de la población negra de Estados Unidos se distribuye de forma desigual. En 1990 había 17 estados que contaban con un porcentaje de población negra igual o superior a la media nacional. Como es lógico, todos los estados del Sur se hallaban en ese caso, pero otros importantes estados del Norte y del Medio Oeste como Maryland, Nueva York, Nueva Jersey, Illinois y Michigan contaban con una alta población negra. Esa población, por otra parte, es en la actualidad fundamentalmente urbana, es decir, aunque muchos estados cuenten con un porcentaje de presencia negra inferior a la media, muchas de las grandes ciudades tienen una alta proporción de negros. En 1990 eran 40 las ciudades americanas las que superaban la media. La escala se movía entre Detroit (75,7%) y Denver (12,8%) y en ella se encontraban casi todas las grandes: Nueva York, Washington D.C., Atlanta, Chicago, Houston, Miami, Boston, Los Ángeles.

Con independencia de las explicaciones que puedan darse del fenómeno, si pasamos de estos datos generales a indicado-

---

[2] Claudette F. BENNETT y Kimberley DEBARROS, "The Black Population", US Census Bureau, *CPR*, Series P23-189.

res más precisos de bienestar social, lo cierto es que los negros americanos en conjunto se colocan casi siempre en el puesto más bajo de cualquier clasificación, sea cual sea el criterio que tengamos en cuenta, como se verá en los siguientes apartados.

Dentro de este panorama, los negros han visto cómo su situación económica global, nunca especialmente buena, se ha estancado e incluso ha disminuido ligeramente. En dólares de 1992, la renta media de las familias negras era de $21.330 en 1970 y de $21.161 en 1992. Sin embargo, en comparación con la renta media de las familias blancas en cada uno de esos años, la pérdida relativa es bastante más notable. En 1970, la renta media de una familia blanca era de $36.494; en 1992, son $40.421. Es decir, en 1970, una familia negra ganaba $584 por cada $1.000 de una familia blanca. En 1992, la proporción es de $523, una disminución de un 10,5% en esos 22 años [3].

Sin embargo, el estancamiento global de las rentas de las familias negras no se ha mantenido constante en cada uno de los estratos que componen su pirámide de ingresos. Del mismo modo que ha sucedido en la sociedad americana tomada globalmente, también entre los negros se ha producido una polarización interna durante el último periodo histórico (figura 5.1) [4].

Figura 5.1

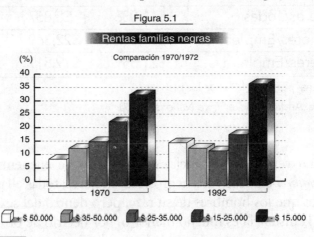

[3] Andrew HACKER, *Two Nations*, Ballantine Books, 1995, cap. 6.
[4] Andrew HACKER, *Ibid.*, p.104.

En efecto, en el seno de la sociedad negra ha crecido notablemente el porcentaje de familias con rentas anuales superiores a los $50.000 que ha pasado de un 10% en 1970 a un 16% en 1992. Del otro lado, las familias negras con ingresos por debajo de los $15.000, es decir, el límite de la pobreza, ha aumentado también en forma considerable, unos cuatro puntos porcentuales. La sociedad negra, pues, ha conocido un proceso de polarización similar al de otros sectores de la sociedad americana, pero aún más intenso.

La desigualdad entre blancos y negros es también notable cuando, de la consideración de las rentas de las familias, pasamos a la de los ingresos individuales. En el cuadro 5.2 se establecen las comparaciones correspondientes.

CUADRO 5.2

INGRESOS ANUALES POR RAZA Y SEXO

	BLANCOS	NEGROS	RATIO*
Hombres/Todos	$21,645	$12,754	$589
Mujeres/Todas	$11,036	$8,857	$803
Hombres/Empleados	$31,012	$22,369	$721
Mujeres/Empleadas	$21,659	$19,819	$915

* Dólares por cada 1.000 de los blancos
Fuente: Andrew Hacker, Two Nations, p. 100.

La verdadera distancia, sin embargo, se encuentra entre los *hombres* blancos y los negros. Las mujeres, todas ellas, ganan menos que los hombres de su raza, pero dentro del sexo femenino la distancia es mucho menor o, por decirlo de otro modo, hay una mucho mayor igualdad entre los ingresos de las mujeres blancas y negras con empleo que entre los de los hombres blancos y negros. Si tomamos en cuenta el nivel educativo, también es de notar que *en cada grado de educación* la distancia entre las mujeres negras y las blancas sigue siendo menor que entre los varones. En efecto, por cada $1.000 ganados por un hombre blanco que no haya terminado su educación secundaria *(high school)*, un negro de las mismas características gana $786. Entre las mujeres la cifra es de $860. Si nos vamos al otro extremo de la pirámide educativa, un negro con un título de *master* gana $870 por cada mil de un blanco. Para una mujer negra en similares condiciones, la *ratio* es de $939.

Estados Unidos tiene, tradicionalmente, una tasa de empleo bastante alta. El total de personas en la fuerza de trabajo civil (empleados más desempleados, mayores de dieciséis años y no internados en cárceles, psiquiátricos, etc.) llegó a un 67% a fines de 1994. Las personas que contaban con un empleo, en términos absolutos, eran 124,4 millones. Por razas, los blancos tenían una participación de 64%, los hispanos de 60,7% y los negros de 56,8% [5].

Sin embargo, hay algunas sorpresas en lo referente a la composición por sexos de la fuerza de trabajo. Mientras, desde 1960 a 1990, la participación de los hombres, blancos y negros, ha ido descendiendo en la población donde se concentra el mayor número de empleos (dieciocho-sesenta y cuatro años), la participación de las mujeres ha crecido de forma espectacular. En 1990, el número de mujeres blancas empleadas pasó de 18,5 millones (41%) a 43,3 millones (66,5%) y el de mujeres negras de 2,8 millones (47,3%) a 5,8 millones (59,9%). El estirón de las mujeres en general y de las blancas en particular ha sido espectacular en treinta años con las consecuencias a las que nos referíamos. De hecho, hay un mayor número de mujeres negras empleadas que de hombres [6].

---

[5] Peter SEPIELLI y Thomas PALUMBO, "Labor Force and Occupation", US Census Bureau, *CPR*, Series P23-289.
[6] Peter SEPIELLI y Thomas PALUMBO, *Ibid.*

Tradicionalmente, el paro entre los hombres negros ha sido siempre superior al de los blancos. Durante los últimos 35 años, la relación entre el número de negros parados por cada blanco en las mismas condiciones ha oscilado desde un máximo de 2,53 en 1989 a un mínimo de 1,83. Los años en los que esa tasa ha estado en torno al 2,5 han sido los últimos de la década de los ochenta, es decir, en años de expansión económica, pues la última recesión norteamericana fue en 1990-1991 [7].

LOS NEGROS SON MÁS POBRES

Los datos anteriores nos ponen fácilmente sobre la pista de la situación de los negros en relación con la pobreza. La pobreza se mide desde 1964 con un índice móvil de ingresos que en 1995 estaba sobre los $15.000 de ingresos anuales para el caso de una familia de cuatro personas. Ese índice se corrige a la baja o al alza según que el número de miembros de la unidad familiar sea inferior o superior al de referencia. Para quienes se encuentran por debajo del índice cabe la posibilidad de solicitar distintas ayudas monetarias (como la Ayuda a Familias con Hijos Dependientes o AFDC) o en especie (bonos de comida o *food stamps*).

Por razas, la distribución de la pobreza varía considerablemente. De los aproximadamente 40 millones de pobres de 1993, 26 millones eran blancos y 11 millones negros. En porcentaje, la tasa de pobreza de los blancos (sobre el total de la población blanca) era de un 12,2% y la de los negros de un 33,1% (sobre el total de la negra). Del número total de pobres, los blancos representaban, sin embargo, el 66,8% y los negros el 27,7% [8].

---

[7] Peter SEPIELLI y Thomas PALUMBO, *Ibid.*
[8] Bernadette PROCTOR, "Poverty", US Census Bureau, *CPR*, Series P23-189.

Debajo de esta línea de la pobreza, sin embargo, podemos hacer una distinción entre los pobres y los *muy pobres*. Los muy pobres son aquellos grupos familiares que tienen rentas inferiores en un 50% a la línea de la pobreza, en 1993 unos $7.500. De los 40 millones de pobres que había en 1993 en Estados Unidos, el total que vivía en pobreza extrema eran unos 17,6 millones, de los cuales los blancos eran 9,6 millones y los negros 8 millones. Como se ve, hay casi el mismo número absoluto de pobres blancos y negros aunque en 1993 en el conjunto de la población esos números fueran de, aproximadamente, un 73% y un 13%. Los negros, pues, ocupan los escalones más bajos de la pobreza, con una amplia sobrerrepresentación a medida que vamos bajando peldaños hacia la miseria económica [9].

Espacialmente, los pobres americanos vivían en 1990 en medios muy distintos según la raza a la que pertenecían, como puede observarse en el cuadro 5.3.

CUADRO 5.3

DISTRIBUCIÓN ESPACIAL POR RAZA Y ESTATUS FAMILIAR 1990 (%)

LUGAR	TODOS		CABEZA DE FAMILIA FEMENINO	
	Blancos	Negros	Blancos	Negros
Centro ciudad	25,7	59,8	27,7	60,9
Suburbios	38,2	21,6	49,5	24,3
Zona rural	36,1	18,6	22,8	14,8

Fuente: U.S. Census Bureau.

---

[9] Bernadette PROCTOR, *Ibid.*

Las tres quintas partes, pues, de los negros pobres viven en el interior de las ciudades, en tanto que los blancos pobres tienden a concentrarse en los suburbios y las zonas rurales. En el caso de las familias con cabeza de familia femenino que, como veremos, tienden a concentrar los más profundos grados de pobreza, esas tendencias se refuerzan. Esto tiene su importancia porque con ello hemos llegado a esa forma específica de la pobreza entre los negros que es el gueto urbano.

Desde los años cincuenta, el éxodo desde las ciudades de las clases altas, primero, y de las medias, después, ha ido en constante aumento. Las ciudades americanas que, en sus orígenes, se parecían bastante a las europeas han perdido, sin embargo, una buena parte de la gente que las poblaba y tienen ahora un carácter muy propio y, lamentablemente, poco atractivo. Los centros urbanos suelen consistir en una ciudad de negocios y servicios, que queda vacía por las noches y los fines de semana y otra ciudad o ciudades donde se confinan los que no han podido participar de la marcha hacia el exterior ni en la relativa opulencia.

Son los guetos urbanos y están mayoritariamente habitados por personas de raza negra, aunque también los hay hispanos, en distintos estados de pobreza. Vecindades a veces fantasmales en las que muchos de los edificios antiguos están quemados, según se dice, para permitir a sus dueños cobrar el seguro y donde el valor de la propiedad es muy bajo, o compuestas por los llamados proyectos (*Projects*), vestigios de ciudades municipales hechas rápidamente y sin ningún gasto excesivo para albergar a las distintas oleadas de inmigrantes procedentes del campo o el extranjero. Son, a menudo, zonas en las que los servicios se reducen a los puros huesos: un supermercado aquí, una tienda de licores allá y los inevitables, y escasos, lugares de cobro de cheques, prenderías, casas de empeño, algún dispensario municipal. Los teléfonos públicos están protegidos por gruesas corazas de acero para evitar los robos. Como ha señalado Camilo José Vergara, una oficina de correos en el Bronx está tan macizamente fortificada que se diría una embajada de Estados Unidos en un país tercermundista extremadamente violento [10].

Es el mundo de los perdedores que la mayoría suele describir como un infierno y los más poéticos con alguna expresión tomada del Dante. Las zonas en una perpetua espiral descendente, ajenas al mundo moderno y a la economía global que se encuentran a poca distancia de allí, pero con los que no puede haber comunicación. Los servicios públicos se reducen al mínimo, los taxistas no toman pasajeros con ese destino y la policía hace tiempo que ha dejado de tratar de imponer las leyes en algunas de sus zonas, con lo que eso que llamamos delincuencia es parte fundamental de la vida cotidiana. No necesitan de muros de separación como los antiguos guetos judíos de la Europa premoderna, pero retienen a sus habitantes con la persistencia de una cárcel. Como ha señalado William Julius Wilson [11], hace ya tiempo que se han perdido allí todos los empleos que, con anterioridad, daban ocupación a los pobres. Wilson piensa que es posible volver a generarlos, aunque sea mediante el recurso a empleos subsidiados por el gobierno federal o el municipal (*WPA jobs*), pero eso no está a la vuelta de la esquina. No parece haber nada de coyuntural en estos guetos; antes, se reproducen de forma ampliada cada año. El desempleo de los muchachos jóvenes supera a menudo el 60%.

En estas condiciones, se pregunta uno, cómo pueden seguir subsistiendo, de dónde salen los recursos para todas estas gentes cuyos ingresos oficiales se hallan muy por debajo de la línea de la pobreza, cuál es la verdadera economía del gueto. Porque, por otra parte, en el gueto hay pocos bienes de consumo y casi menos servicios, pero los que hay

[10] Camilo José VERGARA, *The New American Ghetto*, Rutgers UP, p. 97.
[11] William Julius WILSON, *When Work Disappears. The World of the New Urban Poor*, Alfred Knopf, 1996.

205

no son especialmente baratos. Como no hay grandes almacenes ni grandes superficies, las economías de escala son muy limitadas y los precios de las mercancías, pese a su baja calidad, son relativamente altos. Los dueños de tiendas y supermercados tienen que incluir en su margen las precauciones especiales de seguridad y las primas de sus seguros de vida, cosas que termina pagando el consumidor final. Los servicios financieros actúan como las clásicas sanguijuelas, cargando altos descuentos a la hora de encajar un cheque o de cambiar por dinero los bonos de comida que provee la Seguridad Social.

Hay quien piensa que la economía de infrasubsistencia, si es que cabe la palabra, del gueto la paga la Seguridad Social federal. En efecto, las familias que se hallan por debajo de la línea de pobreza tienen derecho, si tienen hijos a su cargo, a una ayuda. Sin embargo, la ayuda media que presta el programa AFDC de ayudas familiares ha ido cayendo durante los últimos años en su importe, hasta una media actual de $350/mes, una cantidad que, a todas luces, es insuficiente para vivir, aunque, por supuesto, aumente o disminuya en razón al número de miembros de la familia. Por otro lado, la gran mayoría de los pobres americanos *no* vive de la Seguridad Social, pues sólo un 32% depende exclusivamente de sus ayudas. Un 48% no tiene ningún tipo de asistencia pública y un 20% vive de sus ingresos con alguna ayuda, fundamentalmente en bonos de comida. Nuevamente, estos porcentajes son medias y es posible que el tercio que echa mano de la asistencia federal se concentre masivamente en los guetos urbanos, pero aun así el gueto no podría subsistir si no contase con alguna clase de economía sumergida.

No es difícil adivinar dónde está. Son las actividades que no pueden contabilizarse porque han sido definidas como ilegales. La prostitución, los pequeños hurtos y, sobre todo, el tráfico de drogas. Tomemos, por ejemplo, el caso de Rosa Lee Cunningham, tan admirablemente narrado hace poco por Leon Dash [12]. Rosa Lee pertenece a una segunda generación de negros urbanos. Sus padres abandonaron las duras tierras de Carolina del Norte en los tiempos de la Gran Depresión. Es analfabeta. Tuvo su primer hijo, sin padre conocido por supuesto, a los catorce años. Luego, con máxima rapidez y también sin padre, siguieron siete más. El único oficio conocido de Rosa Lee es el hurto. Desde su juventud se dedicó a robar en grandes almacenes y en ello siguió toda su vida. Pequeños intervalos de trabajo como camarera en algunos clubes nocturnos, seguidos de una más estable dedicación a la prostitución durante los años en que todavía podía venderse. Alguna temporada en la cárcel por hurto. Luego, vuelta a empezar, como al vender por primera vez los servicios sexuales de su hija Patty cuando ésta tenía once años. Pero el centro de su vida, desde que llegó a los treinta, son las drogas. Aquí es donde se teje la más abominable maraña, si es que la anterior no lo fuera. Su hija Patty, ahora ya adolescente, le mete su primer pico de heroína. Luego, como suele decirse, el descenso a los infiernos, una crisis tras otra. Los robos acompañan al tráfico en pequeña escala. Cuando se le diagnostica como seropositiva, Rosa Lee puede entrar en un programa de suministro de metadona y aprovecha para vender a otros adictos la que le dispensan. Hay que mantener a una familia que no sabe cómo ganarse la vida, que depende mucho de ella y que ha seguido el mismo camino de drogas de la madre. Viven en su casa, comen de su nevera, aunque a veces la saquean para vender la comida y comprar más droga. Casi todos, menos dos que han conseguido salir del gueto, Dios sabe por qué, reproducen la vida de su madre, corregida y aumentada. Patty facilita la entrada en el apartamento de su novio a un grupo que quiere robarle. Cobra veintidós dólares. La banda lo mata mientras ella se va a comprar algo de droga con la pasta.

---

[12] Leon Dash, *Rosa Lee*, Basic Books, 1996.

Por supuesto, Rosa Lee cobra de la Seguridad Social. Tiene buen olfato para saber cómo exprimir las escasas prestaciones que puede recibir. Cuando le proponen matrimonio, un matrimonio seguramente condenado, sin futuro, sabe, aunque le cueste, que no puede aceptarlo porque perdería su cheque mensual. Cuando el cheque llega, sin embargo, dura un suspiro. A la puerta de la oficina de correos están apostados los traficantes, reclamando el pago de las papelinas del mes pasado. En casa esperan los hijos, cobran una parte del total y se largan a comprar el chute que necesitan para seguir tirando. Por poco tiempo. Cuando el dinero se acaba, rápido, vuelta a los hurtos y al trapicheo. Así es la vida de Rosa Lee hasta que, a los sesenta y siete años el sida se la lleva por delante. Al fin y al cabo, de una crisis en otra, casi ha conseguido agotar la esperanza de vida de los negros que está en los setenta años.

¿Es mejor la vida de los negros pobres en las zonas rurales? Desde el punto de vista de los sujetos es difícil saber responder. Si nos movemos en el mundo de las magnitudes sociales y económicas la respuesta es *no demasiado*, como indica el cuadro 5.4.

Casi todas las magnitudes comparadas son similares para los negros pobres rurales y urbanos. La renta familiar media es casi doble en el caso de Illinois pero la Paridad de Poder de Compra (PPC) es equivalente, por lo que podemos decir que no afecta a lo anterior. Sin embargo, el mur de campo y el mur de Monferrado, que diría el Arcipreste, se distinguen en dos dimensiones cruciales para una vida decente. La tasa de homicidios es la mitad en Misisipí, como lo es la de negros en prisión. Estos solos dos hechos abonan la hipótesis de que la vida del gueto, como hemos visto en el caso de Rosa Lee, tiene un especial aire de mayor dramática banalidad. No en cuanto a las personas que la viven, sino en cuanto a su propósito. Ese andar a salto de mata, salir de Guatemala y entrar en Guatepeor, la busca sin fin ni perspectiva, la pesadilla de la

CUADRO 5.4

¿SE VIVE MEJOR EN EL SUR?

Comparación de dos estados

ILLINOIS	DIMENSIONES	MISISIPÍ
62,2%	Residentes en ciudad principal	12,0%
$20.900	Renta familiar media	$11.625
60,8%	Renta en relación a los blancos	46,6%
63,9%	Hombres empleados (18-64)	62,9%
78,8%	Nacimientos fuera del matrimonio	73,7%
15,3%	Niños bajos de peso al nacer	13,7%
54,9%	Hogares con cabeza de familia mujer	47,7%
6,1%	Muertes por homicidio	3,2%
442%	Proporción en prisión	207%

Ciudad principal: Población que vive en Chicago o Jackson.
Renta: Media por hogar en relación con media de los blancos.
Muertes: Porcentajes de homicidios sobre el total.
Prisiones: Porcentaje de reclusos negros en comparación con la población total del Estado.

Fuente: Andrew Hacker, The New York Review of Books, 28 de noviembre de 1996.

droga que no cesa, no parecen poder generar más que crimen y, eventualmente, castigo. Delinquir y estar preso son las otras ocupaciones conocidas de muchos negros americanos. También en este punto ellos ocupan los más destacados lugares de un dudoso palmarés.

LOS NEGROS COMETEN MÁS CRIMENES Y VAN MÁS A LA CÁRCEL

Una de las peculiaridades de la sociedad americana, desde hace muchos años, es su alto grado de violencia y criminalidad. La comparación habitual con sociedades de similar nivel de desarrollo es suficientemente elocuente. Si tomamos, por ejemplo, la tasa de homicidios (número de homicidios por 1.000 habitantes) en Estados Unidos y la comparamos con otros países similares podemos ver que, ya desde 1965, los americanos tenían diez veces más homicidios que, por ejemplo, Inglaterra o Japón y cuatro veces más que Canadá y Alemania. La evolución más reciente no ha hecho sino aumentar espectacularmente la diferencia. En 1990, la tasa de homicidios era de 33 por mil en Estados Unidos mientras que en Inglaterra y Japón se hallaba respectivamente en 3 y 2; en Canadá era de un 6 y en Alemania estaba en torno al 3 [13].

Cifras similares se dan en el conjunto de la criminalidad. La criminalidad violenta (homicidios, violaciones, asaltos y robos con violencia) ha crecido un 300% en esos treinta años, marcando una tendencia general ascendente con independencia de que el país atravesase épocas de auge o de recesión económica.

Este aumento vertiginoso de la criminalidad se debe, en buena medida, al de los adolescentes implicados en este tipo de actividades. Entre 1984 y 1993 el número de adolescentes

---

[13] Uri BRONFENBRENNER y otros, *The State of the Americans*, The Free Press, p. 31.

(menores de dieciocho años) detenidos por delitos de homicidio creció un 168%. Los homicidios causados por personas mayores de esa edad crecieron un 12,8%. En 1984, los jóvenes de menos de dieciocho años representaban un 7,6% de todos los arrestos por homicidio; en 1993 la cifra se había más que doblado, hasta un 16,4% [14]. Hay que tener mucho cuidado con los jóvenes.

En el caso de los negros, los índices se disparan. Del mismo modo que estaban subrepresentados en la distribución de la renta, aquí, como en la pobreza, los negros dan los mayores grados de criminalidad. De todas las detenciones por homicidio, un 55% corresponde a negros. Un 61% de los robos violentos se atribuyen a negros, lo mismo que un 43% de las violaciones y un 42% de la tenencia ilícita de armas. En otros muchos delitos (juego ilegal, receptación, prostitución, conducta desordenada, etc.), la participación de los negros se halla muy por encima del 13% de la población que actualmente representan [15].

Se ha insistido en que estas cifras tienen distintos sesgos. Los delincuentes de cuello blanco, se dice, que son en su mayoría ídem, aunque cometen delitos que potencialmente afectan a muchas más personas, son pocos en número. Un banquero como Charles Keating puede estafar a miles de ahorradores a la vez. Otro argumento es que la policía detiene con mayor facilidad a los sospechosos de raza negra o que las víctimas denuncian menos a sus asaltantes blancos. Con su parte de razón, ello no obsta para que las cifras de delincuencia causada por los negros sean pavorosas para cualquier observador objetivo.

Con estas cifras en la mano, se diría que las ciudades americanas son lugares de gran inseguridad. Sin embargo, eso debe tomarse con un grano de sal. Las ciudades con mayor

[14] Uri BRONFENBRENNER, *Ibid.*, p. 33.
[15] Andrew HACKER, Ibid., cap. 11.

índice de violencia como Nueva Orleans, Washington D.C., Miami y otras pueden ser recorridas sin mayores precauciones que las de evitar los barrios peligrosos que, habitualmente, se corresponden con los guetos urbanos negros y, en menor medida, hispanos. La violencia afecta estadísticamente a toda la ciudad, pero los habitantes de Garden City, Georgetown o Cocoplum la viven poco, porque está muy delimitada espacialmente. La violencia, como la miseria, habita mayormente en los barrios pobres y mayormente se queda en ellos. Los tiroteos (*drive-by shootings*), los enfrentamientos letales entre pandillas rivales, a menudo luchas territoriales por el tráfico de droga, las violaciones, las ejecuciones ejemplarizantes afectan poco a quienes viven extramuros de los guetos.

El aumento espectacular de la violencia se debe, pues, a delitos dentro del gueto. La primera causa de muerte entre los jóvenes negros menores de veinticinco años no es ninguna enfermedad sino el homicidio por arma de fuego. La propensión de los negros a cometer una violación es cinco veces mayor que la de los blancos o hispanos. Dos tercios de los violadores negros eligen a sus víctimas entre mujeres negras. El tráfico de drogas que controlan los negros, como sucedía en el barrio de Rosa Lee, se dirige hacia consumidores de su misma raza. De esta suerte, los jóvenes negros aparecen cada vez más ante la sociedad como una amenaza potencial y no es de asombrar que los taxistas se nieguen a prestarles servicio, los transeúntes los eviten y el mismo Jesse Jackson diga que respira aliviado si los pasos que oye tras de sí en una calle oscura resultan ser de un blanco.

La criminalidad del gueto es errática, lo que aporta un plus de inquietud. A sus daños atroces, se suman otros dos que no son cosa baladí. Por un lado, se ha llegado al extremo de que el mayor verdugo de los negros sea el negro mismo, normalmente joven. Por otro, hay un efecto de imagen. Los crímenes atribuibles a un porcentaje, ciertamente alto, pero minoritario en suma, de negros se convierten en el estereotipo de la raza en su conjunto. *No hay que fiarse de ningún negro, fíjese lo que se hacen entre ellos.* La cosa es injusta a todas luces, pero la realidad está ahí. Cornell West, un profesor universitario de raza negra, se quejaba precisamente de eso, de que los taxistas se negaban a recogerle. Indudablemente, no es agradable que paguen justos por pecadores, pero cómo podría el taxista distinguir la probabilidad estadística entre un apacible profesor universitario y un *jodíonegro*.

Poco se gana con negar los hechos y menos con recurrir a explicaciones supuestamente benevolentes. Hay quien dice que esos actos criminales son formas de resistencia, que los negros se limitan a romper un contrato social que no es cosa suya, que ejercen su rebelión como si de bandoleros andaluces o sicilianos del siglo XIX se tratase. Esa visión seudorromántica poco ayuda a comprender las causas de los problemas de la llamada subclase *(underclass)* y menos a hablar de soluciones prácticas...

Sus raíces fundamentales están en la economía. En el gueto no hay empleos, o son a tiempo parcial, o son esporádicos. En cualquier caso, mal pagados. Las ayudas de la Seguridad Social no alcanzan a todos, ni aportan dinero suficiente. La economía del gueto sería inviable si no fuera por las ayudas que representan la pequeña delincuencia, la prostitución y, sobre todo, el tráfico de drogas. Cuando no hay trabajo o, como sucedía con Rosa Lee, su familia y tantos de sus vecinos de gueto, cuando se carecen de las más elementales habilidades para incorporarse incluso a los escalones más bajos del mercado de trabajo, el *homo oeconomicus ghettensis* hace sus cálculos racionales de riesgo y beneficio y acaba por llegar a la solución correcta. La única vía para obtener las recompensas del sueño americano que la televisión y la opinión pública sancionan es ponerse a traficar. Si uno tiene suerte, hay algunos así según los medios americanos, a los quince años puede conducir un Mercedes o un *bemeuve*, comprarle a la novieta igualmente adolescente un abrigo de visón, celebrar un asunto bien aviado con Roederer

Cristal y Beluga iraní, impresionar a los amigos con la pistola al cinto que da buenos consejos. Normalmente, estos chicos suelen durar poco, pero, calculan, acaso valdría la pena vivir más si me espera lo mismo que a mi familia. Otros menos sortudos van al talego, por unos cuantos años. También ellos han cogido la tabla de logaritmos y han decidido que lo mejor es cometer un buen crimen, así al menos espera techo firme y comida caliente tres veces al día.

Hay también problemas culturales [16]. Algunos mensajes que llegan del gueto son espeluznantes. Oigan a 2 Live Crew, a Snoop Doggy Dog y a otros muchos raperos. Hemos llegado a lo que algún serio filósofo alemán llamaría la *transvaloración de todos los valores*, aunque no consta que el solitario de Sils Maria tuviese en la cabeza lo mismo que los colegas de Cabrini Heights, Overtown o South Central L.A. No hay nada de creativo, ni de esperanzador en ese proceso. Para ellos lo único decente es el anverso de la cultura blanca y también de la tradición negra, del ideal de una vida digna. Al guiri de la banda rival se le apiola sin compasión porque me miró mal o intentó levantarme a mi puta, robar a los viejos es lo cabal porque para eso tienen pasta, como lo es violar a las perras si no tragan por las buenas, todas lo están pidiendo, las pistolas son tu mejor amigo porque te hacen respetable.

Hay todavía un valor que no ha perdido su cotización, sino que la ha aumentado, la pasta, ésa sí, a costa de lo que fuere. A veces, oyendo a estos teóricos, uno cree escuchar a un conjunto de bolsistas blancos de Wall Street que se hubiesen disfrazado de Al Jolson para rapear, como en *Cabaret*, que el dinero es lo que hace girar al mundo (*Money makes the world go round*).

Geneva Smitherman ha recogido en *Black Talk* algunos términos del vocabulario de los colegas (*gangstas*) del gueto [17]. Los hay fantásticos:

---

[16] Dinesh D'SOUZA, *The End of Racism*, p. 513.
[17] Geneva SMITHERMAN, *Black Talk*, Houghton Mifflin Co., 1994, pp. 53-54.

Inglés	_Castellano_	_Concepto_
Bad	_Malo_	Bueno, excelente, putamadre
Bad nigga	_Malvado jodíonegro_	Tío de putamadre
Bitch	_Perra_	Cualquier mujer
Gangsta	_Colega_	No se ajusta a las normas blancas
Head hunter	_Cazadora de cabezas_	Mujer que la chupa por drogas
_Ho'_	_Puta_	Cualquier mujer
Put a baby	_Cargar con un crío_	A un hombre que no es su padre

Son, sin duda, expresiones de desesperación. Desesperados que se consideran inocentes de su desesperación y lo son en buena medida. Pero no hay que convenir en todo con Dinesh d'Souza, con Thomas Sowell, con Alan Keyes, con Anne Wortham y demás críticos conservadores para saber que un camino que no va a ninguna parte no lleva a ningún sitio.

De esta forma, el final de muchos negros jóvenes es predecible, van a la cárcel. Los americanos, el hondón de la raza que se dice, pues no todo es Manhattan, Marin County o Malibu, son un pueblo poco tolerante. Son muy respetuosos de la ley, pero no pasan una. De la misma manera que aceptan que se pueda quemar la bandera o ciscarse públicamente en el presidente porque así lo permite la Primera Enmienda, de la misma manera tienen unas leyes penales durísimas que imponen a hierro y fuego.

Con semejante disposición, no ha de extrañar que tengan una amplia población reclusa, que ha ido creciendo a medida que ha aumentado la criminalidad. Ha subido incluso más, pues existe una fe ciega en que la misión de la ley penal es ejercer la venganza pública, lo que ha llevado a aumentar las penas para un número creciente de delitos y a imponer a los jueces directrices para sentenciar, sin dilaciones ni rebajas de condena, a penas de cárcel muy duras o a la muerte. Recientemente se ha impuesto en California y en otros lugares la norma *A la tercera va la vencida (Three strikes, you're out)* por la que cualquier delincuente que reincida dos veces, sea el delito de la magnitud que fuere, debe ser sentenciado a cadena perpetua. De forma bastante simple, pues, al aumento de la delincuencia se ha respondido con un aumento de las penas y, por consiguiente, de los gastos en el sistema penitenciario. California, por ejemplo, gastaba en 1965-1966 $18 en prisiones por cada $100 en educación. En 1991-1992 la relación era de 39%. Florida pasó de un 14% al 48% en el mismo periodo.

La tasa de reclusión en Estados Unidos en 1990 era de 473 presos por 100.000 habitantes. Entre los países desarrollados, el que más cerca seguía era Canadá con 110 y luego venían Gran Bretaña (93), Alemania (78) y Japón (46). En 1995, había 1,6 millones de presos en Estados Unidos, tres veces más que en 1980 [18]. Si se añaden 3,8 millones de personas en situación de libertad provisional, llegamos al bonito número de 5,4 millones de participantes, en diverso grado, en el sistema penal. Es decir, un enorme 2,2% de americanos [19]. Como era de imaginar por lo visto, los negros cargan con una apreciable participación en esos números. En 1995, en torno al 6,8% de la población negra adulta, es decir, más de dos millones estaban en el sistema penal, comparados con un 1% de los blancos. Pero este cambio es más llamativo si lo analizamos en perspectiva histórica, como en el cuadro 5.5.

---

[18] Uri BRONFENBRENNER, *Ibid.*, pp. 37 y ss.
[19] Andrew HACKER, *Ibid.*, cap. 11.

CUADRO 5.5

POBLACIÓN RECLUSA

DISTRIBUCIÓN POR RAZAS (%)

AÑO	BLANCOS	NEGROS	OTROS*
1935	76,7	22,4	0,9
1950	69,1	29,7	1,2
1970	60,5	35,8	3,7
1993	43,2	44,9	11,9

* Fundamentalmente hispanos
Fuente: Andrew Hacker, *Two Nations*, p. 204.

El aumento vertiginoso de la población reclusa negra, como se ve, es reciente, trayendo su origen de los años ochenta, cuando sobrepasa a la de los blancos. Como sucede en todas las razas, esa población es mayoritariamente masculina y, en el caso de los negros, fundamentalmente joven, de treinta años hacia abajo. Y la curva sigue ascendente, pues se espera que para 2010 el número de delitos cometidos por jóvenes, de los cuales habrá una parte desproporcionada cometida por jóvenes negros, se doblará.

Parece como si, ante la violencia de los guetos, los americanos no pudiesen pensar en una solución distinta del aumento de la represión al coste que fuere. Hay quien mantiene incluso que ésta es la solución que buena parte de la clase dirigente ha diseñado para los negros, lo que obviamente no favorece el entendimiento entre las razas.

La familia nuclear negra está desapareciendo entre los pobres

En 1992, Murphy Brown, el personaje central de una serie televisiva de gran audiencia con el mismo nombre, anunciaba en un capítulo su propósito de convertirse en madre soltera. Baby Brown debe andar ya por los cinco añitos. Mamá Murphy, interpretada por Candice Bergen, había tomado su decisión deliberadamente. No era una de esas madres solteras que, según se dice, utilizan la maternidad para vivir a cuenta de la Seguridad Social por el resto de sus días. Ms. Brown es una periodista conocida, no le falta el trabajo, que consigue sólo gracias a su inteligencia y esfuerzo, y parece tener unos ingresos anuales muy sustanciosos. Es mujer independiente y puede pasar de tener un marido o un hombre en casa si lo desea. Su autonomía económica le garantiza una amplia libertad afectiva.

La decisión de Murphy Brown no sentó nada bien entre los sectores conservadores estadounidenses, especialmente entre los republicanos. El candidato de entonces a la vicepresidencia, Dan Quayle, afeó públicamente su conducta, tanto más irresponsable cuanto que Brown podía ser un modelo de conducta para muchas otras mujeres. No era eso lo que necesitaba una sociedad cuyos problemas, según decían y dicen esos sectores políticos, se derivan fundamentalmente de una disolución de los valores morales tradicionales, muy especialmente los familiares, que han sustentado su sociedad estable, acomodada y moderna.

Hay quien piensa que la creciente y efectiva desaparición de la familia nuclear norteamericana tiene poco que ver con el vicio y la vida disoluta que celebran los medios de comunicación y mucho con otros factores. Hace poco Lester Thurow [20], entre muchos, se preguntaba si las cifras persistentes que dan

---

[20] Lester Thurow, *The Future of Capitalism*, pp. 31-33.

cuenta del proceso no se deberían a la obsolescencia económica de la institución. Lo que había sido en tiempos aún recientes un modelo perfectamente adaptado a las realidades de la vida cotidiana puede haber perdido hoy esas virtudes para muchos. No es éste el mejor momento para entrar a ese trapo. Lo único que, por ahora, parece claro es que la tendencia existe y parece hallarse en una inequívoca fase ascendente.

Estados Unidos tiene el mayor porcentaje de padres y, sobre todo, madres solteras de entre los países desarrollados. En 1990, nada menos que un 23% de las familias americanas eran monoparentales. Suecia (17%) y Canadá (15%) les siguen, pero la distancia es notable. Otros países como Gran Bretaña, Alemania, Australia y, por supuesto, Japón (6%) se hallaban bastante más alejados [21]. En términos absolutos son unos 20 millones los hogares en esa situación. Por otra parte, muchas de las familias nucleares o biparentales actuales dejarán pronto de serlo, porque los americanos son el pueblo que más se divorcia del mundo. Su tasa de divorcio es tres veces y media más alta que la de Japón y bastante superior a la de Gran Bretaña, Canadá y demás. Sólo los rusos les siguen de cerca en cuanto a rupturas matrimoniales. Y no hay muchas posibilidades de que nuevos matrimonios vengan a sustituir a los perdidos porque los divorciados y, especialmente, las divorciadas tienen cada vez menores posibilidades de volver a casarse. En 1971 lo hacían unos 225 divorciados y 130 divorciadas de cada mil. Hoy las cifras respectivas son 110 y 75. El que prueba no repite [22].

Murphy Brown es la excepción a una regla de hierro. Las familias monoparentales muestran una fastidiosa propensión a ser las más pobres. Lo que es normal, pues la incorporación masiva de las mujeres al mercado de trabajo hace que los hogares con dobles ingresos puedan subsistir

---

[21] Uri BRONFENBRENNER, *Ibid.*, p. 96.
[22] Uri BRONFENBRENNER, *Ibid.*, p. 98.

con mayor holgura. Pero ni por ésas; la gente parece remisa al matrimonio.

Esto no era así hace sólo un par de generaciones. En 1950 sólo un 5,3% de los hogares blancos y un 17,2% de los negros estaban presididos por mujeres solas, solteras, divorciadas o viudas. Pero desde los años setenta hasta hoy se inicia una tendencia en ambas razas que ha hecho crecer esos porcentajes casi cuatro veces. Como el multiplicando de los negros era ya en 1950 tres veces mayor que el de los blancos, no es de extrañar que el producto final sea más abultado entre ellos. En 1993, un 58,4% de los hogares negros tenían un cabeza de familia femenino; entre los blancos ese porcentaje era del 18,7%.

Como es de comprender, la disminución de las familias nucleares ha traído consigo un aumento de lo que antiguamente se denominaba filiación ilegítima y hoy, por mor de la politcorrección, se define con el circunloquio de hijos concebidos fuera del matrimonio *(out of wedlock)*. Lo cierto es que el número de niños menores de seis años que viven en familias monoparentales se ha más que doblado durante los últimos veinticinco años. En 1970 eran alrededor de un 11% para todas las razas y llegaron a casi 28% en 1994, tras un vuelo tan prodigioso como el de Bob Eamon en los olímpicos de México. Los datos para las mujeres negras son aún más impresionantes. En 1950, los hijos ilegítimos dentro de esa raza representaban un 16,8%; en 1970 ya habían subido al 37,6%. Pero en 1992 la proporción casi se había vuelto a doblar, para llegar al 68,3%. Sí, sí, más de dos tercios de los niños negros nacen fuera de una familia nuclear. De los blancos, donde la ilegitimidad también ha crecido de forma exponencial, sólo son ilegítimos el 18,5%[23].

Los factores que convierten a una mujer negra en madre soltera son bastante predecibles. El primero es su clase social.

---

[23] Uri Bronfenbrenner, *Ibid.*, p. 100.

Un 42% de las mujeres negras pobres conciben hijos ilegítimos, en tanto que sólo un 27% de las de clase media lo hace.
Luego siguen otras, como el tipo de familia que ellas conocieron en su niñez. Las hijas de familias monoparentales reproducen la monoparentalidad. Otro factor parece ser la edad a
la que comienza la actividad sexual. Por cada 25 mujeres blancas que han tenido relaciones sexuales a los quince años, las
negras ya activas son casi 70. Algunos autores, de forma un
tanto discutible, ligan estas estadísticas a las experiencias de la
esclavitud, con su inexistencia de familias legítimas y la preca-
riedad de las relaciones estables entre sus miembros. En cualquier caso, esto último no explica por qué durante los años
cincuenta, la familia nuclear y la filiación legítima predomina-
ban entre blancos y negros [24].

Menos, bastante menos, correcta parece la explicación
al uso de que esos nacimientos de ilegítimos son fruto de un
cálculo deliberado para engancharse a los beneficios de la
Seguridad Social *(Welfare)*. Aunque en términos relativos
hay muchas mujeres negras beneficiarias de los programas
de ayuda a los hijos (AFDC) y los bonos de comida, ya hemos
visto cómo sólo un tercio de los pobres vive exclusivamente
de la Seguridad Social y que el tamaño de los cheques mensuales ha ido disminuyendo hasta los $350. Por otra parte,
no es cierto que los beneficiarios de las ayudas permanezcan
eternamente anclados en ellas. Sólo una quinta parte de las
mujeres de todas las razas pasan más de cinco años en esos
programas. Más aún, lejos de la idea de que las mujeres pobres paren como conejas para cobrar más, lo cierto es que
las tres cuartas partes de las familias dentro de los programas
de ayuda tienen sólo uno o dos hijos. De hecho, como en el
caso tan comentado de Rosa Lee, lo que se da a menudo es
la convivencia bajo el mismo techo de tres generaciones
(abuela, hija y nietos) tratando de llegar entre todos a fin de

---

[24] Uri BRONFENBRENNER, *Ibid.*, p. 101.

mes. A menudo sólo una de esas tres generaciones recibe ayuda federal.

Se ha hablado también de que la revolución sexual y la mayor autonomía de las mujeres en el manejo de sus cuerpos y de sus sentimientos explica la disminución de los matrimonios y el crecimiento de la ilegitimidad. Algo puede ayudar, como indudablemente lo hace la mayor independencia económica de las mujeres y la menor censura social hacia las divorciadas y las madres solteras. Pero todo ello no explica la creciente impopularidad del matrimonio que parece contradictoria con que las familias monoparentales tiendan a ser pobres o muy pobres.

La cosa es particularmente cierta entre las negras. Las familias presididas por una mujer sola suelen estar por término medio debajo de la línea de la pobreza. La renta anual de las familias monoparentales de mujeres negras divorciadas es de $10.000, igual que la de las separadas. En el caso de las que nunca se casaron, la media llega a la extrema pobreza con $8.000 de renta. Cuando se trata de familias presididas por un varón ($18.000) o biparentales ($32.000), las cosas cambian drásticamente. Luego lo lógico sería un aumento de los matrimonios.

La realidad, empero, es que quienes no quieren oír hablar de matrimonio son los jóvenes negros del gueto [25]. Una parte de ellos hemos visto que está en prisión; otros muchos no tienen trabajo y no pueden permitirse los gastos que una familia representa. No hay hombres casaderos en el gueto. Y cuando los hay, no están por la labor. Sexo sí, matrimonio no. Como ha puesto de relieve E. Anderson, es habitual que los jóvenes del gueto se consideren más machos si obtienen sexo con engaños. También ellos prometen matrimonio para alcanzar su *botín* (*get your booty*, que también puede traducirse por dar por el culo a una mujer o, más generalmente, por follar) y, luego,

---

[25] Dinesh D'SOUZA, *Ibid.*, pp. 511-514.

salir volaos *(hit and run)*. Si te quieren cargar con el crío, que seguramente es tuyo, *ese niño no es mío, so perra*, no te vayas a dejar zarandear por un coño *(pussy whipped)* y termines cargando con él como una maricuela *(sissy)*. O, si no, por las bravas. Los raperos de 2 Live Crew lo dicen divinamente en su versión del manual del amante cariñoso y sentimental. "Te voy a quebrar y te voy a follar a placer" o "Te voy a romper el coño y luego la columna". Ninguna de estas tácticas masculinas es por completo nueva. Sí lo es la admiración que despiertan los *poetas del medio urbano actual*. Tupac Shakur, al que un tiroteo con una banda *(gang)* rival se lo llevó por delante el 13 de septiembre de 1996, decía nietzscheanamente *estamos más allá del bien y del mal*. No parece ser éste el mejor terreno para que se desarrollen las relaciones familiares.

Luego hay que añadir que, al parecer, los varones negros pobres rehúyen el uso de preservativos en las relaciones sexuales, con lo que el riesgo de embarazos es mucho mayor que entre sus contrapartes acomodadas. Y no es que las mujeres negras no traten de evitarlos, pero sea por resistencia de su pareja, por desconocimiento o falta de dinero, lo cierto es que no lo consiguen. Muchas de ellas recurren al aborto, de hecho la cifra de abortos entre las negras es de 635 por mil embarazos, casi tres veces los 274 de las blancas. Pero la cifra de nacimientos ilegítimos sigue ahí, obstinada y creciente. Incluso las mujeres casadas no las tienen todas consigo. Si el matrimonio acaba en divorcio, lo más probable es que los hijos se vayan a vivir con la madre y que no vean un céntimo en alimentos. La legislación federal sobre la materia es dura y los padres refractarios *(deadbeat fathers)* pueden dar con sus huesos en la cárcel con más facilidad que en Europa, pero poco se puede sacar a quienes es más que probable que no tengan trabajo y mal se puede encarcelar a los que están ya en el talego.

Estas presiones económicas y culturales son las que contribuyen a la voladura incontrolada de las formas familiares tradicionales entre los negros pobres. Tal vez tenga razón Alice Walker cuando dice que el matrimonio tradicional está acabado; tal vez la tenga *bell hooks* (así, en minúsculas) cuando cree que las madres solteras rompen positivamente con las normas tradicionales de la sociedad blanca. Pero lo cierto es que, mientras no se encuentren alternativas para escapar de esa situación, animarles a que sigan teniendo hijos es comprarles un billete sin retorno, y no de primera, hacia la miseria y la desesperación tan patentes en el gueto. No todas las madres solteras son Murphy Brown.

NO TODOS LOS NEGROS SON IGUALES

Los datos que hemos manejado hasta ahora incurren en la conocida *falacia de las medias*. Se estudia cualquier dimensión de un problema y los resultados se atribuyen por igual, en términos medios, al conjunto de los individuos estudiados. Lo cierto es que ni todos los negros son pobres, ni todos van a prisión, ni todos tienen las, al parecer, bajas cualificaciones educativas a las que hemos venido haciendo referencia. También los negros están divididos en clases o, al menos, tienen niveles de renta muy dispares. Como se apuntó, en su seno se ha producido la misma polarización social que ha ido creciendo en el conjunto de la sociedad americana durante los últimos quince o veinte años. Una polarización bastante intensa en su caso, por cierto. De esto se suele hablar poco, tal vez se considere de mal tono hacerlo, pero la verdad es que la terrible situación en que se hallan muchos negros a menudo impide ver las cosas con más profundidad.

Las diferencias intraétnicas no son nuevas [26]. Tradicionalmente, ha habido sectores acomodados entre los negros. Estaban compuestos por una estrecha capa de millonarios

---

[26] Charles T. BANNER-HALEY, *The Fruits of Integration*, UP of Mississippi, 1994, cap. 1.

cuya fortuna provenía de manufacturas o servicios prestados a la propia comunidad, los artistas que habían llegado y los atletas de éxito. Inmediatamente debajo estaban los profesionales liberales tradicionales: médicos, abogados, pastores, profesores. Muchos de los negros de clase media pertenecían justamente a esta última categoría y en su mayor parte eran mujeres. Lo que significa que sus salarios tendían a ser bajos, no más de la mitad de lo que ganaban los profesores blancos. Por lo que hace a los clérigos, éstos contaban con un número que triplicaba al de los médicos y abogados, justamente lo contrario de lo que sucedía entre los blancos. Las iglesias eran casi la única institución que vertebraba a los negros durante el siglo de Jim Crow y los clérigos dispensaban las llamadas a la paciencia necesarias para soportar tan duro orden social [27]. Desde el final de la II Guerra Mundial se produce un considerable salto adelante y los empleos de clase media, los llamados *de cuello blanco*, comienzan a ser más frecuentes, como se pone de relieve en el cuadro 5.6. La etapa de más rápido avance la constituyen los años que van desde 1940 hasta 1970, lo que hace pensar a los autores del trabajo *America in Black and White*, de donde se han tomado los datos, que no fueron los programas de acción afirmativa, sino otras razones, las impulsoras de esa trasformación. Es una hipótesis que merece ser tratada con cuidado, porque se sabe que los porcentajes de crecimiento suben rápidamente cuando se trata de cantidades pequeñas y a la inversa. Si había, por ejemplo, cien médicos negros en 1940 y hay doscientos en 1970, el porcentaje de su crecimiento se ha doblado. Si había veinte mil en 1940 y hay veintidós mil en 1970, el porcentaje de crecimiento ha sido sólo del diez por ciento, aunque el número absoluto haya subido mucho más. En cualquier caso, parece adecuado señalar que el crecimiento de las clases medias negras comenzó a ha-

---

[27] Stephan THERSTROM y Abigail THERSTROM, *America in Black and White*, Simon & Schuster, 1997, p. 186.

cerse notar con fuerza a partir de los años cuarenta. El gran salto adelante, tanto entre los hombres como entre las mujeres, se produce en los trabajos de oficina y en ventas, lo que indica las barreras con las que todavía se encuentran los negros para integrarse entre los profesionales y los ejecutivos. En ambas categorías se ha producido un mayor avance de las mujeres que de los hombres. Téngase en cuenta lo que se indicó más arriba; entre los profesionales se cuenta a los profesores y muchas mujeres negras lo son.

CUADRO 5.6

NEGROS EN TRABAJOS DE CLASE MEDIA (%)

	1940	1970	1990
Hombres			
Profesionales	1,8	7,8	9,4
Empresarios y ejecutivos	1,3	4,7	6,7
Oficina y ventas	2,1	9,2	15,9
TOTAL	5,2	21,7	32
Mujeres			
Profesionales	4,3	10,8	15,9
Empresarias y ejecutivas	0,7	1,9	7,6
Oficina y ventas	1,4	23,4	35,4
TOTAL	6,4	36,1	58,9

Fuente: S. Therstrom y A. Therstrom, *America in Black and White*, p. 185.

La conclusión general, sin embargo, es clara. "En 1970, más de la quinta parte de los hombres afroamericanos y más de un tercio de las mujeres tenían ocupaciones de clase media, *cuatro veces* más que en 1940 en el caso de los hombres y *seis veces* más en el de las mujeres" [28]. La estructura ocupacional había cambiado también. En 1970 el número de los ingenieros y de los profesores negros era mayor que el de clérigos, la sociedad negra se iba también secularizando.

Como se verá con más detalle algo más adelante, el principal factor de este cambio fueron los avances educativos de los negros desde la posguerra mundial. En 1960, por cada cien blancos que obtenían su título de enseñanza secundaria sólo lo hacían cuarenta y siete negros; en 1980 eran setenta y tres y en 1995 ochenta y nueve. Como es lógico, entre las generaciones más jóvenes, esos números son aún más iguales. Si tomamos el grupo de edad entre veinticinco y veintinueve años, la proporción de negros que tenía cuatro o más años de *high school* era en 1960 de cincuenta y nueve, en 1980 de ochenta y ocho y en 1995 de noventa y nueve, es decir, la misma que los blancos [29].

Asimismo, los negros han tenido mayor acceso a la enseñanza universitaria. En 1995, setenta y seis negros por cada cien blancos habían accedido al primer ciclo universitario o *college* y cincuenta y cinco se habían graduado. Más importante aún era su entrada en instituciones que hasta entonces habían sido blancas casi en exclusiva. Antes de la Guerra Mundial nueve de cada diez graduados negros había asistido a universidades para negros como Morehouse, Howard, Tuskegee y otras. Hoy solamente un 16,4% de sus pares ha ido a una de ellas. El resto se ha graduado en el sistema general, desde las de la Ivy League hasta las más modestas universidades estatales.

---

[28] Stephan THERSTROM y Abigail THERSTROM, *Ibid.*, p. 186.
[29] Stephan THERSTROM y Abigail THERSTROM, *Ibid.*, pp. 188-192.

Este cambio ha repercutido sobre las rentas de los negros, especialmente en los sectores con mayores cualificaciones profesionales. En 1940, un hombre negro medio ganaba un 41% del sueldo del blanco medio; en 1995 era un 67%. Entre las mujeres el recorte ha sido aún más notable. En 1940, una mujer negra ganaba por término medio un 36% de la renta de una blanca; en 1995 había subido al 89%.

¿Cuántos negros americanos negros pueden ser considerados como pertenecientes a la clase media? Stephen Therstrom y Abigail Therstrom sitúan el umbral de entrada a esa categoría en rentas que sean el doble de la línea oficial de la pobreza, es decir, unos $31.000 anuales para una familia biparental con dos hijos. En 1970, un 39% de las familias negras pasaban el listón. En 1995 lo hacían casi el 50%. Lo más llamativo es que en 1940 eran tan sólo un 1%. De nuevo, un salto considerable para muchos.

Los mismos autores ponen de relieve otra peculiaridad importante. Cuando se comparan las rentas de los hogares negros y las de los blancos en general, sus distancias son considerables. Sin embargo, como se ha visto, una gran cantidad de familias negras son monoparentales y las rentas de sus cabezas de familia, mayoritariamente mujeres solteras, son muy bajas. Por el contrario, si comparamos familia a familia, es decir, familias negras y blancas biparentales, el salto salarial entre unas y otras es mucho menor. En 1995, las rentas medias de las familias negras en conjunto eran un 61% de las de las blancas; sin embargo, si hacemos el ajuste mencionado, las familias negras biparentales ganaban un 87% de las blancas. La distancia entre unas y otras bajaba del 39% general al 13%, lo que es significativamente menor.

Incluso esa última distancia que sigue pareciendo enorme a los politcorrectos tiene su explicación en factores distintos de la discriminación. Las familias blancas tienen un mayor grado de educación, lo que redunda en la elevación de sus rentas, por un lado. Por el otro, más de la mitad de los negros viven en el Sur que, por todos los progresos que hemos visto, sigue siendo aún la región de menores ingresos de Estados Unidos. Ambas cosas tiran hacia abajo del porcentaje [30].

En otros aspectos, estos sectores no sólo se han distanciado de los menos aventajados de su propia raza, sino que han acortado considerablemente sus distancias con los blancos. El valor patrimonial de los hogares negros pobres es tan sólo de una décima parte de la media blanca. Sin embargo, esa proporción sube al 40% entre las clases medias negras. La distancia es aún mucha, pero la reducción de diferencias en los estratos superiores, sólo en el curso de los últimos 25 años, es llamativa.

Tradicionalmente, la posición social de los negros había sido muy inestable en todas sus capas sociales. Sin embargo, en el último periodo, las cosas han comenzado a cambiar. Un mayor número de familias negras se ha podido permitir pagar a sus hijos una educación universitaria, lo que unido al aumento del valor patrimonial familiar hace pensar que aquéllos van a poder reproducir o mejorar la situación social de sus padres. Tal vez no haya muchos *Príncipes de Bel Air*, pero las familias equivalentes a las del *show* de Bill Cosby no son ya una excepción entre los negros. Tiene razón Jennifer L. Hochschild cuando resume que "el tercio más acomodado de los negros actuales... tiene una situación socioeconómica mucho mejor de la que nunca hayan tenido sus equivalentes en toda la historia de América" [31].

Una situación similar no puede dejar de repercutir en la conciencia que los negros tienen de su situación. El cuadro 5.7 expresa el cambio experimentado en este aspecto, al seguir la evolución de los porcentajes respectivos de negros y de blancos que se consideran miembros de la clase media.

---

[30] Stephan THERSTROM y Abigail THERSTROM, *Ibid.*, p. 189.
[31] Jennifer L. HOCHSCHILD, *Facing Up to the American Dream*, Princeton UP, 1995, p. 55.

CUADRO 5.7

PERSONAS AUTOCONSIDERADAS
COMO DE CLASE MEDIA (%)

	Negros	Blancos	Proporción 1/2
1949	12	34	35
1956-1958	14	41	34
1966-1968	15	46	33
1976-1978	22	50	44
1988-1991	30	51	59
1994	44	64	69

Fuente: S. Therstrom y A. Therstrom, *America in Black and White*, p. 200.

¿Puede esa casi mitad de las familias negras americanas que se consideran a sí mismas como miembros de la clase media tener un esperanza razonable de que sus hijos se mantendrán en su misma situación? En 1962 no podía decirse nada semejante. Ni la ocupación ni las rentas de los padres tenían significación alguna sobre las perspectivas de la generación futura. En 1973 los datos mostraban que la movilidad intergeneracional de los negros se había aproximado a la de los blancos. Es decir, seguía siendo muy amplia, pero se había estabilizado un poco. En 1996, la mitad de los negros que se autoconsideraban como de clase media provenían de hogares de clase media, es decir, los orígenes sociales de los negros tenían tanta importancia —o tan poca, según se mire— como los de los blancos. El ascenso de la clase media negra se hace también patente en el cambio de sus lugares de residencia. Los negros, al menos parte de ellos, han tomado también el camino de los *suburbs*. Mucho se ha hablado de las dos grandes migraciones de los negros sureños hacia el Norte, pero, como destacan Abigail y Stephen Therstrom, ha habido una tercera igualmente importante. "Entre 1970 y 1995, siete millones de negros se mudaron a los suburbios, por comparación con los 4,4 millones que dejaron el Sur después de 1940. En esas dos décadas y media, mientras que la población suburbana blanca creció en un 63%, la negra aumentó tres veces más rápidamente, en un 193%. Hoy un tercio de los negros vive en suburbios, dos veces más que hace 25 años y esos suburbios, por regla general, son vecindades racialmente mezcladas" [32]. Finalmente, es importante destacar que el número de matrimonios mixtos ha ido creciendo con rapidez en los últimos años, como puede verse en el cuadro 5.8. Aunque sea difícil adscribir la tendencia en exclusiva a las clases medias, parece indudable que ha de ser en ellas donde se ha producido una mayor incidencia de estas uniones, anatema para blancos y negros durante muchos años. La llamada miscigenación o mestizaje es un hueso que los racistas no pueden roer y, sin embargo, parecen ser cada vez más quienes están dispuestos a intentarlo.

CUADRO 5.8

MATRIMONIOS MIXTOS: 1960-1995 (000s)

Año	Total matrimonios	Matrimonios mixtos			
		Total	Bl/Negro	Bl/Otro*	Neg/Otro*
1960	40.491	149	51	90	7
1970	44.598	310	65	233	12
1980	49.514	953	121	785	47
1990	51.718	1.461	213	1.173	75
1995	54.937	1.362	328	988	76

* "Otro" es de cualquier raza distinta de la blanca o la negra
Fuente: US Census Bureau, 1995.

[32] Stephen THERSTROM y Abigail THERSTROM, "American Apartheid? Don't Believe It", *The Wall Street Journal*, 2/3/98.

Hay varias cosas interesantes a destacar. La primera es que no es tan escasa la proclividad de los negros a casarse fuera de su raza, pues las parejas de negros y no blancos se han multiplicado por diez en estos treinta y cinco últimos años. En los matrimonios entre blancos y negros, esta es la segunda cuestión importante, se ha producido también un importante salto adelante. De hecho se han multiplicado casi por siete y, en términos absolutos, han alcanzado recientemente su más alto valor, a pesar de que, entre 1990 y 1995, los matrimonios mixtos totales disminuyeron. Es decir, en su conjunto, hay una clara tendencia a la disminución de la importancia del tabú interracial.

Todas estas tendencias han contribuido a que la clase media negra se sienta más segura de sí misma y a que, como veremos, lo exprese con demandas de que la igualdad entre las razas siga aumentando y también con manifestaciones de gran insatisfacción con el estado presente de las cosas. Sea como fuere, esa mayor seguridad grupal de las clases medias negras tiene también un lado menos brillante. Durante muchos años, los negros americanos, casi todos iguales en la esclavitud o en la segregación, se sentían como un todo único, afectado por los mismos problemas. Su lucha era fundamentalmente la de una *comunidad* racial. Por el contrario, hoy, los intereses de los distintos grupos han comenzado a diverger y la común desigualdad racial va cediendo el paso a una creciente desigualdad entre las diferentes clases de negros. Entre el doctor Huxtable y Rosa Lee comienza a haber casi la misma distancia que entre Roseanne y Murphy Brown.

CAPÍTULO 6

El sueño americano

¿QUÉ CLASE DE SUEÑO?

¿Qué es el sueño americano? El presidente Clinton dio una buena definición en 1993. "El sueño americano con el que nos han educado es sencillo pero muy poderoso. Si trabajas duro y respetas las reglas, tendrás oportunidad de llegar tan lejos como lo permitan los talentos que Dios te haya dado".

La ideología del sueño americano es la de que todos tienen su oportunidad de éxito en la vida. Para las riadas de inmigrantes que llegaron a Ellis Island a comienzos de siglo procedentes de Europa la meta era, ante todo, huir de la pobreza extrema de Irlanda o de Sicilia o de Polonia o de Rusia, todas esas naciones que se empeñaban en no salir del atraso feudal con tal, no ya de quitarles el sueño, sino de ni siquiera dar una mala digestión a sus élites aristocráticas y terratenientes. Pero también hacer las Américas, dar el golpe (*strike it big*), conseguir fama, dinero o ambas cosas a la vez. Para muchos, el sueño se tornó realidad y para todos era una aspiración que aún hoy pervive.

Pero, ¿qué piensan los negros, a quienes nadie les pidió su parecer sobre si querían ir a América, del sueño americano? ¿Se sienten excluidos de él, hasta qué punto han renunciado a conseguirlo? Esto es lo que se preguntaba recientemente Jennifer Hochschild [1]. La respuesta es simple: los negros americanos no tienen una misma actitud sobre sus oportunidades en la sociedad. Pero, paradójicamente, quienes hoy se muestran más desesperanzados son los negros de clase media y acomodada, en tanto que los pobres, incluso aquellos que viven en la pobreza extrema, ven la idea de alcanzar el sueño americano de forma más positiva.

Hochschild se basó en las múltiples encuestas que sobre este asunto se han realizado desde la década de los sesenta hasta la actualidad. La imagen es clara. Hay un momento, al final de las conquistas de derechos civiles, en torno a finales de los sesenta, de gran esperanza para todos los negros, cualquiera que sea su posición social. Sin embargo, desde la era de Reagan las expectativas del conjunto se bifurcan hacia una relativa adaptación social y una alienación creciente.

Un dato muy llamativo es la forma en que comparativamente reaccionan negros y blancos frente a algunas acusaciones que se vierten contra el gobierno o el *establishment* en general como responsables de algunos males que afectan a la comunidad negra. (Cf. cuadro 6.1).

Las preguntas que se examinan van de una verosimilitud media al absoluto dislate, pasando por lo poco verosímil. En efecto, el arresto, por ejemplo, de Marion Barry, el alcalde negro de Washington D.C. en 1989, se efectuó tras de una celada montada con todo detalle por el FBI. Barry efectivamente estuvo consumiendo *crack*, pero la diligencia en capturarle fue mucha, más de la que se puede esperar de la policía en circunstancias similares para cargos electos blancos. Hay fundadas sospechas de que los agentes federales extreman su celo con los negros. De hecho, muchos blancos, especialmente graduados universitarios, creen que la cosa es cierta o creíble.

---

[1] Jennifer L. HOCHSCHILD, *Facing Up to the American Dream*, Princeton UP, 1995.

CUADRO 6.1

RESPONSABLES DE LOS PROBLEMAS DE LOS NEGROS
OPINIONES POR RAZA Y CLASE EN 1990 (%)

1. "El Gobierno deliberadamente selecciona e investiga a los líderes negros electivos para desacreditarlos de una forma que no usa con los blancos".

	NEGROS			BLANCOS		
	Total	HS*	College	Total	HS*	College
Cierto	32	25	37	6	3	5
Podría ser	45	28	47	28	28	32

2. "El gobierno deliberadamente asegura que las drogas sean fácilmente obtenibles en los barrios negros para perjudicar a los negros".

	NEGROS			BLANCOS		
	Total	HS*	College	Total	HS*	College
Cierto	25	18	29	4	3	5
Podría ser	35	24	38	12	18	15

3. "El virus del sida fue creado deliberadamente en un laboratorio para infectar a los negros".

	NEGROS			BLANCOS		
	Total	HS*	College	Total	HS*	College
Cierto	10	10	9	1	2	1
Podría ser	19	8	31	4	7	5

* High School o Enseñanza Media
Fuente: J. Hochschild, Facing up to the American Dream, p. 106.

Sin embargo, la disparidad de opiniones es total en las dos siguientes posibilidades. No se sabe qué es más sorprendente, si los dos tercios de graduados universitarios negros que piensan que el gobierno es responsable de la droga en los barrios negros o los dos quintos que se creen lo del sida. Igualmente llamativo parece que sean precisamente los graduados universitarios negros, a quienes se supone más entrenados para formarse opiniones firmes, los que tienen mucha más propensión a creer esas hipótesis que los negros con menos educación formal.

Lo cierto es que muchos negros acomodados, en ésta y otras muchas encuestas, muestran un gran escepticismo sobre el sistema. A pesar de su indiscutible mejor situación económica, parece como si el sueño americano se les escapase. Hay un concepto sociológico, al que se apunta Hochschild, que explica este tipo de situaciones, el de la *privación relativa* [2]. Con el crecimiento de las expectativas para un grupo social, crecen también sus posibles frustraciones. Sin embargo, quienes se mantienen en una posición estable, aunque sea la peor de todas, no sufren esos males. Indudablemente, los negros educados pueden preguntarse con justicia y con mayor frecuencia por qué sus salarios son un 30% menores que los de los blancos a pesar de que sus responsabilidades son idénticas. En el terreno político, el lacerante hecho de que sus votos sean siempre una minoría y de que sus representantes a menudo no consigan hacer oír su voz les acompaña, creando crecientes frustraciones. Incluso cuando los poderes públicos tratan de llevar adelante reformas que podrían ser convenientes para ellos, lo cierto es que a menudo éstas se empantanan en la maquinaria legislativa o encuentran obstáculos no formulados explícitamente pero insuperables. Recuérdense las dificultades que tuvo el Motor Registration Act en 1992. Y no se planteaba otra cosa que hacer más fácil la inscripción de los negros en el registro de votantes.

___
[2] Jennifer L. HOCHSCHILD, *Ibid.*, pp. 102-105, 223-224.

La explicación debe completarse, y Hochschild también lo anota, con alguna otra causa de tipo económico [3]. La clase media negra parece tener una mayor fragilidad posicional. Si es así en la realidad o sólo en sus percepciones es discutible, pero muchos de ellos temen que un pequeño vaivén de la economía o simplemente cambios legales en los programas de acción afirmativa, a los que nos referiremos más adelante, puedan cambiar su estatus de la noche a la mañana. En efecto, muchos profesionales y muchos pequeños empresarios negros han podido mejorar su posición gracias a esos programas. Sin embargo, éstos se encuentran hoy sometidos a un fuego graneado tanto ante la opinión pública como por diversas medidas legislativas.

Los empleos de muchos de estos sectores negros acomodados son inestables. Muchos autores han puesto de relieve que, a menudo, los negros son nombrados para desempeñar trabajos claramente poco ejecutivos en las empresas. Se les encargan cosas como *relaciones con la comunidad* o se les nombra *expertos en diversidad* o cargos similares que no son obviamente el camino directo hacia las cúpulas corporativas. Esta *segregación con guante de terciopelo* se torna en su contra en los momentos de ralentización de la economía, pues, como es lógico, ésos son los primeros puestos en caer bajo el hacha. La reciente etapa de jibarización corporativa *(corporate downsizing)* que ha hecho furor en Wall Street ha podado los puestos de trabajo de numerosos negros.

Posiblemente no sea así en la realidad, pero las percepciones de los negros acomodados podrían compararse a las de la clase media alemana en trance de disolución a comienzos de la década de los treinta. En ambos casos, la idea de que pueda venirse abajo una posición social tan laboriosamente conseguida puede haber generado una creciente alienación respecto del sistema en su conjunto. La distancia existe, sin

---

[3] Jennifer L. HOCHSCHILD, *Ibid.*, pp. 122-140.

duda alguna. Son muchos los testimonios de lo que los medios llaman la *ira de los negros*. Sin la aquiescencia de muchos negros de clase media difícilmente hubiera podido desarrollarse tanto la cultura *hip hop* o el *gangsta look*.

Por otra parte, el sentimiento de alienación se da mayoritariamente entre los hombres. Las mujeres negras de clase media no lo comparten tanto. De hecho, como hemos visto, ellas tienen más fe en el sueño americano. Se gradúan más en las universidades, obtienen más doctorados, tienen más facilidad para encontrar empleo, sus salarios son casi iguales a los de las blancas y apoyan más consistentemente al Partido Demócrata que defendió en los años sesenta medidas de reforma que les beneficiaban. Un 87% de negras frente a un 78% de negros votaron a Clinton en 1992. En 1996, mientras los hombres le mantuvieron su apoyo, las mujeres negras lo subieron hasta un 89%. Hay quien piensa que la aceptación por los negros acomodados del amable trato entre sexos que proponen algunos practicantes del *gangsta rap* es una forma simbólica de ponerlas en su sitio. En cualquier caso, ni la inseguridad posicional, ni la percepción de la mujer negra como un rival pueden ayudar a que muchas gentes de color gocen tranquilamente de su nueva posición acomodada.

Finalmente, otros autores, generalmente de tendencia conservadora, atribuyen el malestar y la ira de los negros acomodados a su mala conciencia. Es duro subir y tener éxito, participar a toda pastilla en la loca carrera por el estatus *(the rat race)*. "¡Estoy a un paso del suicidio! Hay que ver los juegos de guerra psicológica que tenemos que practicar cada día justo para sobrevivir. Cuestión de salud mental. Es un milagro que no nos hayamos echado todos a la calle para matar a otros o suicidarnos" [4]. Expresiones como éstas se oyen a menudo y, aun tomadas con un grano de sal, muestran el conflicto psicológico de muchos americanos negros. Pero, al fondo, lo que

---

[4] Cf. Dinesh D'Souza, *Ibid.*, p. 164.

se oye es el silencio de los parientes pobres que no consiguen salir de su miseria por mucho que se esfuercen.

Sin embargo, del lado de éstos, las reacciones son mucho menos impacientes. De forma consistente con la hipótesis de la *privación relativa*, los negros pobres han tenido siempre un menor grado de expectativas sobre sus posibilidades en el sistema, tal vez por eso no perciben que su situación haya empeorado con el paso de los años. Más aún, persistentemente proclaman que no hay que echar la culpa al gobierno o a los blancos de la propia situación. Hay aquí una disparidad muy notable con los negros acomodados. Cuanto mayor es el nivel socioeconómico es menor la proclividad a pensar que las dificultades de los negros en su conjunto se deban a ellos mismos. O dicho de otro modo, "precisamente el grupo que parece servir de ejemplo del logro del sueño americano cree menos que ningún otro grupo racial o de clase que la clave del éxito de los negros esté en sus propias manos" [5].

Hay quien ha puesto de relieve que la propia cultura de las bandas (*gangs*) juveniles es una forma *sui géneris* de adaptación al sueño americano. El tráfico de droga sería una forma más de confiar en llegar. Por el momento, el dinero que se puede obtener practicándolo es mucho, aunque no va acompañado del correspondiente ascenso social. Pero imaginemos que algún día el gobierno americano cambia su insensata postura al respecto, que no es éste el momento para discutir. Acaso no veríamos grandes y pequeñas fortunas brotar de los guetos en que ahora no pueden desarrollarse apropiadamente. De dónde, sino del contrabando de licor, salieron las respetables fortunas de la casa Seagram o de la dinastía Kennedy, una vez que el consumo de alcohol fue legalizado.

¿Tiene alguna importancia esta diferencia en la percepción del sueño americano entre los grupos sociales y por sexos de los negros? Son bastantes quienes creen que el cáncer de la

---

[5] Jennifer L. HOCHSCHILD, *Ibid.*, p. 128.

pobreza efectiva y la desafección por el sistema de los hombres negros de clase media son uno de los mayores problemas de la sociedad americana actual. Podría resultar que del encuentro entre la desesperación de unos y la alienación de otros se llegase a una situación de conflicto civil generalizado con esta importante minoría. Sin embargo, las posibilidades de un escenario similar no parecen muy altas.

Es muy fuerte en estos casos la tentación del separatismo, de la segregación a la inversa. Si los blancos frustran continuamente nuestras mejoras, tal vez sea mejor que busquemos nuestro propio camino. El nacionalismo ha sido una opción para muchos negros en este siglo. Tiene, como veremos, grandes dificultades para convertirse en realidad. Por eso, otros muchos se limitan a defender una segregación cultural que sólo afecte a su autoestima o, si va más allá, se proponga subvertir para ellos el orden de valores que quieren imponerles los blancos. Es el camino del afrocentrismo o de la subversión del eurocentrismo.

Otros sectores no se dejan llevar por la teoría de la conspiración y no comparten la tesis de la revolución cultural. Son conscientes de los avances realizados en dos generaciones. También de las limitaciones que coartan la plena igualdad racial. Sus opciones no consisten en la desesperación ni en el segregacionismo inverso, en la práctica del racismo del otro lado del espejo. Son los defensores de la participación en el sistema político, del cambio pacífico aunque difícil y del mantenimiento de los programas que han permitido a tantos escapar de la miseria del gueto, como la acción afirmativa. Veamos cada una de esas opciones.

'SOM UNA NACIÓ?'

El primer impulso de muchos blancos tras la Guerra de Secesión fue enviar a los negros de vuelta a África. Ya lo habían intentado a comienzos del XIX, en tiempos del presidente Monroe, con la creación del estado de Liberia en el África occidental. No era una empresa sencilla, pues, a la dificultad de hacerlo sin contar con los interesados, empecinados como siempre en no entender sus verdaderos intereses, se unían diversos escollos de tipo práctico como a qué país llevarlos, si estarían los potencias coloniales interesadas en recibirlos y demás. Ello no fue óbice para que muchos insensatos adoptasen la idea como programa político.

Curiosamente, la cosa en su conjunto seducía a algunos pensadores negros. También ellos estaban convencidos de que la raza blanca y la negra no tenían nada en común, por lo que era aconsejable mantenerlas separadas. Los negros no deberían tener más referencias que las que provienen de África. Lo normal sería retornar a la tierra prometida después de la cautividad en Egipto. África se presenta así como posibilidad real para unos, los menos. Los más, sabedores del peligro que encierran las quimeras, se la plantean como una ausencia siempre presente que inspira y define la excepcionalidad de toda la cultura negra americana. La tentación del afrocentrismo, con más encarnaciones que Visnú, es una de las constantes recientes para los negros americanos.

Algunos, pocos, se tomaron en serio lo de la vuelta a África. Marcus Garvey había nacido en Jamaica en 1887 y se mudó a Estados Unidos en 1916. Ya antes, en 1914, había fundado la Asociación Universal para la Mejora de los Negros (UNIA) que celebró un Congreso Internacional en Nueva York en 1920, aquellos tiempos de ebullición y entusiasmo que marcaron la era del jazz. Garvey, en la firme convicción de que los negros deberían retornar a África, fundó incluso una compañía de navegación, la Black Star, con ese propósito, amén del de ganarse unos cuantos dólares. Parece que no andaba muy bien de fondos y mantuvo algunas conversaciones con el Gran Cíclope del Imperio Invisible del Ku Klux Klan por si ellos estuviesen interesados en ayudarle. El encuentro que, como siempre, se filtró a la prensa, no parece haber estimulado mucho al público y Garvey tuvo que emprender una operación de control de daños: a la postre, a sus dudosos socios, decía, sólo les movía un comprensible deseo de evitar el mestizaje de su raza, "lo que, en mi opinión, no es un crimen, sino un deseo encomiable". Polifemo vino en su ayuda: todo era un montaje de los medios y una intriga papista.

Desde el hundimiento de la Black Star Shipping Line no constan nuevos esfuerzos en este campo. La opción del desembarco en África se esfuma. Pero la idea de la separación física entre las razas perdura y no sólo del lado de los blancos racistas. Malcolm X es un personaje universalmernte conocido, ayudado por la reciente película de Spike Lee. Malcolm X o Al Hajj Malik al-Shabazz, como se hacía llamar desde que peregrinó a La Meca en abril de 1964, mantuvo posiciones separatistas o segregacionistas durante la mayor parte de su vida de musulmán negro (Black Muslim). Esta parte de su personalidad queda habitualmente eclipsada por la que le ha hecho más atractivo para las audiencias del mundo, sus trazas de *jodíonegro malvado*, de *bad nigger*, que se enfrenta con el poder. Con Malcolm X los blancos no se andaban con bromas. La misma X con la que reemplazó su nombre familiar de Malcolm Little, esa X de las gorritas con que hoy se tocan tantos muchachos negros y, nadie respeta a los difuntos, también algunos blancos, tiene un claro perfil desafiante. Según unos, es la reivindicación orgullosa del apellido X que sus bondadosos amos ponían a algunos esclavos. Según otros, se trata de la cruz con que los esclavos liberados tachaban el apellido de sus antiguos amos.

La cosa, pues, está clara. Es el Malcolm X que decía a Alex Haley en aquella famosa entrevista de *Playboy Magazine* [6]

---

[6] Malcolm X, "Interview", *Playboy*, mayo 1963. Los datos biográficos que siguen están tomados de allí y de "Malcolm X. An Islamic Perspective", una página de Internet mantenida por Yussuf Siddiqui. También de Malcolm X, *Malcolm X Speaks*, Meret, 1965.

lo de que "los viejos tiempos del temor y el temblor ante el hombre blanco todopoderoso se han terminado" o "el islam es una religión que nos enseña a no atacar nunca, a no ser los agresores, pero sí a que puedes cargarte a quien te agreda" o "nunca he visto un hombre blanco que sea sincero".

Pero, decíamos, hay otro lado en Malcolm X. Junto a su crítica a las tácticas de no violencia defendidas por Martin Luther King Jr. y el movimiento de los derechos civiles, hay un intento de explicar la necesidad de la separación entre las razas. La desegregación no ha llegado nunca, ni va a llegar. Lo más sensato es mantener separados a los blancos de los negros, todos saldrán ganando con ello. Los negros serán capaces de mostrar su superioridad, porque lo más valioso de la civilización humana ha sido siempre negro. Cristo era negro, los moros negros conquistaron España, la nación negra de Egipto y los sumerios de piel oscura tuvieron culturas muy desarrolladas. "Los blancos inteligentes saben que son inferiores a los negros", así que la separación será en bien de todos.

Malcolm X había nacido en Omaha, Nebraska, en 1925. Su padre participaba en el movimiento de Vuelta a África (Back to Africa) de nuestro ya conocido Marcus Garvey. La familia se mudó a Lansing, Michigan, y allí unos racistas acabaron con él. Malcolm se educó en casa de una familia blanca "que me quería como quien quiere a un perrito". A los catorce años se escapó para llevar la vida normal de un empresario del gueto, empleado de los ferrocarriles, lotería clandestina, contrabando de licor, perista, chuloputas. A los dieciséis años tenía varios empleados, pero la policía truncó una vez más una prometedora carrera. Siete años preso y, entretanto, vuelve a nacer al leer una frase de Elijah Muhammad, *el hombre blanco es el diablo*.

Luego lo más aconsejable es estar lejos de él. Eso quiere para su pueblo. La separación de negros y blancos salvará a América. No hay, al menos en esta etapa de X, ningún otro arreglo posible. En realidad, cuanto más supremacistas, mejores son los blancos. No hay que fiarse de los liberales que dicen querer ayudar, *el hombre que echa gusanos al río no es siempre amigo de los peces;* lo mejor, los blancos honestos como los gobernantes de África del Sur [estamos en 1963, recuérdese], más vale "el candor de un segregacionista sureño que la hipocresía del yanqui que quiere integrarnos". Así que si los blancos son sinceros y quieren lavar sus culpas y arrepentirse, que permitan a los negros salir de esta casa de esclavitud, que les den algunos estados de su territorio, para que podamos establecer "nuestro propio gobierno, nuestro propio sistema económico, nuestra propia civilización".

En los últimos meses de su vida X rompió con el movimiento de Elijah Muhammad. Algún escándalo del que se habló mucho no pareció gustarle y formó otro movimiento. Al parecer, antes de ser asesinado en 1965 en Nueva York por alguna facción de la Nación Islámica (NOI), el movimiento de Elijah Muhammad, el hombre que le había hecho renacer, Malcolm X suavizó sus puntos de vista. Viajar ilustra mucho y la mentada peregrinación a La Meca le llevó a reflexiones que, por apacibles, no suelen ser producto del gueto ni de la cárcel.

Eric Hobsbawm tiene un libro excelente dedicado a los nacionalismos y su evolución y allí describe la forma en que las nacionalidades se transforman en naciones [7]. La primera etapa es el protonacionalismo popular, que recoge o directamente inventa algunas pautas culturales que se estiman únicas. La segunda, su conversión en un fenómeno político con la reivindicación de una estatalidad propia. Malcolm X parece haberse situado ya, al menos en alguna de sus encarnaciones, en esta segunda perspectiva.

La primera etapa del nacionalismo suele ser, con mucho, la más divertida desde un punto de vista intelectual, porque es

[7] Eric HOBSBAWM, *Nations and Nationalism since 1870*, Cambridge UP, 1992, cap. 2.

la más mitopoyética. Es el tiempo de la formación de las cosmogonías y los mitos que darán sustento a las posteriores reivindicaciones de exclusividad. Todos los que tienen alma de niños disfrutan mucho con la mitopoiesis. ¿Cómo no vamos a celebrar a la gran familia infeliz que mora en el Olimpo con el padre de todos los dioses a su cabeza, ese taimado Zeus, siempre montando increíbles intrigas para yacer con la mujer de sus deseos, hoy cisne, mañana sátiro, al otro lluvia de oro; o a Wotan, ese pobre dios, cuyo mundo se va al traste por ambicionar una residencia mejor y no poder pagar a la inmobiliaria Fassolt&Faffner? Pequeños dramas y placeres de la vida cotidiana. Qué gran diferencia con los mitos del monoteísmo.

Cuando todo el mundo creía que las religiones universales no podían ya alumbrar nada mejor que al gurú Nanak o el aburrido panteón de los Bahais, en Estados Unidos ha habido dos explosiones de creatividad. Una es el *Libro de Mormón*, del que no podemos ocuparnos. La otra es la de la Nación Islámica (Nation of Islam o NOI). El separatismo negro, el afrosegregacionismo debe mucho a la NOI. Sus mitos son su protonacionalismo popular.

En la Historia Oficial reducida de la NOI que se encuentra en sus páginas de Internet se narra cómo el 4 de julio de 1930, el día en que se celebra la independencia de Estados Unidos, se reveló ante el mundo un sabio maestro cuya misión era la restauración de un pueblo perdido, los descendientes de la tribu de Shabazz. Sus miembros habían estado cautivos como esclavos durante tres siglos, pero el nuevo profeta sabía cómo librarlos de su prisión. El maestro era la segunda encarnación de Jesucristo, pero su título actual era el de Al-Mahdí. Hasta entonces el mundo le había conocido como Wallace Fard.

Fard había oído de los esfuerzos de Garvey por hallar una nueva tierra de promisión para los negros americanos y respondió al apocalipsis de los tiempos con su versión particular. La de Fard era una visión milenarista. El día de la lucha final estaba por llegar y los negros deberían prepararse para el enfrentamiento con los demonios blancos. La cosa no iba mucho más allá, lo que no prometía un gran futuro en mundo tan competitivo como el de las ofertas religiosas de salvación.

Pero algo más tarde, el Mahdí encontró un excelente director para su departamento comercial, su Pablo de Tarso. Se llamaba Elijah Poole, pero pronto abandonó su apellido de esclavo por el de Muhammad. Muhammad creía en en el *repackaging* y pronto dio cuenta en un *Mensaje a los negros de América* de que la doctrina ofrecía bastante más de lo prometido en la antigua etiqueta. El nuevo producto efectivamente se ha revelado capaz de subyugar a un gran número de negros americanos e influir a otros muchos más. Allí se vuelven, como un calcetín, algunos de los mitos fundantes de la tradición judeocristiana y se alteran dramáticamente sus símbolos [8].

El dios primordial, Alá, era por supuesto un dios negro, que había creado el mundo a su imagen y semejanza. Los primeros hombres y mujeres eran, pues, negros. Más aún, Alá había creado una raza especialmente dotada, la tribu de Shabazz, ésa de los negros americanos con la que ya nos hemos topado. Pero el pecado de orgullo abunda, incluso en los medios más apacibles. Un demiurgo de la corte celestial tenía otros designios y quería controlar el imperio. Este Darth Vader se llamaba Yacub. Pronto fue desenmascarado por sus hermanos y desterrado a la isla de Patmos.

Ebrio de venganza, Yacub siguió con sus maquinaciones y empezó a realizar experimentos genéticos en contra de sus antiguos semejantes que, recordemos, eran todos negros. El fin de la historia se puede imaginar. Jugando con distintas cantidades de melanina, Yacub fue decolorando a los negros en dosis sucesivas, primero morenos, después los de piel roja,

---

[8] Dinesh D'SOUZA, *Ibid.*, pp. 427-428.

luego llegaron los amarillos. Cuanto más quebrada la color, más torpeza y maldad. Pero Yacub se superó. Le llevó ochocientos años, pero consiguió una raza de animales que andaban a cuatro patas y vivían en los árboles. Eran los blancos, entregados a apareamientos sin cuento, tan innobles que no rehuían la coyunda con otros animales. De una de esas mezclas brotó el pueblo judío. Los blancos eran pozos de vicio, concupiscentes, tramposos y amantes del dinero.

Todos los dioses prueban a los fuertes y Alá no es excepción. Así que permitió el dominio blanco sobre la tierra por seis mil años y en los tres últimos siglos que fueran amos de la tribu de Shabazz y aherrojaran a su pueblo. Pero el tiempo de la prueba está tocando a su fin. El Señor llega.

Hasta aquí la nueva cosmogonía que tanto divierte a nuestro niño interior. Sin embargo, movimientos escatológicos originales se encuentran por docenas en los supermercados de artículos religiosos, generalmente en el sector ofertas. Éste de la NOI, por el contrario, ha conseguido una cierta imagen de marca y buena cuota de mercado. Tal vez, como apunta Mattias Gardell, su éxito se deba a una lograda transformación de los simbolismos básicos [9]. La mitología judeocristiana, no hay que haber leído a Barthes para saberlo, se funda sobre imágenes de oposición binaria como la del combate de la luz y las tinieblas. La luz es blanca, las tinieblas negras. Para los musulmanes negros es todo lo contrario. El mal se identifica con el color blanco y la virtud con el negro. Los faraones de Egipto, que eran blancos, oprimían a un pueblo oscuro, Pilatos era un amo blanco que condenó a un hombre de color, quien no convendría en la superior belleza de la reina de Saba. Las cañas se han tornado lanzas y es de imaginar lo reconfortante que eso puede resultar para quienes durante siglos han tenido que avergonzarse de su color de piel.

---

[9] Mattias GARDELL, *In the Name of Elijah Muhammad*, Duke UP, 1996.

Elijah Mohammad tenía muy buenas cualidades gerenciales. Desde la mezquita n. 2 de Chicago, su organización fue irradiando hacia muchos otros puntos del país, pero aunque el combate final era artículo de fe, el tiempo pasaba y entre tanto era menester ofrecer algo a los que esperaban la parusía. Así que, junto a la cosmogonía, comienza a aparecer una teología racional, bastante más aburrida, fundada en el recurso al Corán pero también a las Escrituras, nuevas y viejas, que han sido la base de la religiosidad negra americana por muchos años. Es una mezcla que no hace muy felices a las confesiones bautistas tradicionales y que horrorizaría a los *mullahs* de estricta observancia, pero no hay refresco de éxito si no se adapta a los gustos de la mayoría.

En 1975, la muerte de Elijah Muhammad trajo un periodo de turbulencia a la NOI. Ya antes, incluso, había habido un sinnúmero de rumores sobre los problemas familiares del patriarca y las dificultades financieras del grupo. Sus tiendas de ropa y sus panaderías, ya hemos dicho que Muhammad era un buen organizador, no estaban obteniendo los resultados apetecidos. Se produjeron serios enfrentamientos entre facciones rivales y algunos de ellos acabaron a tiros, con la muerte de musulmanes no particularmente bien vistos como Malcolm X.

Durante el otoño del patriarca, Louis Farrakhan [10], conocido en el mundo como Gene Walcott, se había convertido en el portavoz reconocido de la NOI, pero la herencia espiritual pasó al hijo de Elijah, Wallace Deen Muhammad. Por la material hubo más que palabras cuando algún otro hijo, ilegítimo éste, reclamó su cuota parte ante los tribunales. Sin embargo, al cabo de unos años, Farrakhan, que procedía de la mezquita n. 7 de Harlem, puso orden en Chicago y restauró la sucesión apostólica. Wallace Jr. se escindió y marchó a California con un puñado de seguidores, donde tal vez siga a es-

---

[10] Gary WILLS, "A Tale of Three Leaders", *The New York Review of Books*, 19/9/96.

tas alturas. Su nombre desaparece en la historia de los perdedores. Farrakhan, a quien conocemos por haber organizado en 1995 la Marcha del Millón de hombres negros a Washington D.C., dio una vuelta de tuerca en la adaptación a las realidades del mundo sublunar. No renunció a las fantasías fundacionales, de hecho él mismo dice sin pestañear que en algún momento pasado fue recogido por un OVNI y allí tuvo una revelación, pero ha aportado una teología estricta al movimiento.

Sobre la base de una dogmática más racional ha levantado una moral colectiva [11]. Las universidades islámicas enseñan a respetar las leyes del país y a no transigir con las normas del gueto, las que los blancos quieren imponer para acarrear la destrucción de la raza negra. No se portarán armas, todos los vicios, alcohol, tabaco y droga, quedan desterrados, hay que mantener el orden y las buenas costumbres. La familia es el pilar básico de la sociedad, las relaciones extraconyugales y prematrimoniales y el aborto son pecados fuertes, las mujeres, que deben vestir con modestia, han de transmitir a sus hijos y esposos un ejemplo de alta espiritualidad [12]. Si no fuera porque sabemos quién lo está diciendo podríamos creernos en alguna casa del Opus Dei.

Farrakhan y, sobre todo, algunos seguidores de cabeza caliente han ganado merecida fama de antisemitas. Dicen cosas atroces de los judíos. Más aún, no han borrado de su doctrina lo referente a la legítima defensa, es decir, que de ellos nunca partirán las agresiones, pero no se llame nadie a engaño si repelen las que puedan cometerse en su contra. Ahí están los Primores del Islam (Fruits of Islam), esos muchachos fornidos de presencia inquietante, karatecas de cinturón negro, terno impecable y pajarita, los que guardaban las espaldas

---

[11] La articulación de esta ética se encuentra en numerosas contribuciones que aparecen en el periódico de NOI, *The Final Call*, por ejemplo, "The Sacredness of the Female", "What is Troubling America?", "America's Moral Decline" y varias más de este tenor. Pueden consultarse en su edición de Internet.
[12] *The Economist*, "Walking the Earth like Brothers", 24/8/96.

a Johnnie Cochran el día de la absolución de O. J. Simpson, por si alguien quiere comprobarlo. Pero, en el fondo, sería exagerado llamarlos nazis. Sus normas son estrictamente conservadoras y la Marcha del Millón nada más que una marcha de arrepentimiento, una ocasión penitencial.

Lo suyo es una moral estricta, muy propia de la comunidad bien conservadora de Roxbury, Nueva York, en donde Farrakhan se educó. Una moral que evite la autodestrucción y que devuelva a los negros la dignidad que les han querido hacer perder los blancos. Pero no hay planes para salir del país, ni siquiera para exigir algunos territorios. De hecho, se han recogido muchas velas desde los tiempos separatistas de Malcolm X. Farrakhan saltó a la escena nacional cuando participó en la campaña presidencial de Jesse Jackson en 1984. Si la marcha de 1995 sirvió de algo, ha sido para reforzar sus convicciones intrasistema.

El *Arizona Republic*, un periódico de Phoenix, publicó en 1996 una extensa entrevista con Farrakhan. América es la única superpotencia del mundo, aunque lamentablemente no lo es en lo moral. Pero si quiere regenerarse, ahí están los musulmanes negros prestos a ayudar. Hay que resolver los problemas entre negros y blancos y el voto sirve para eso. No, no va a haber otra marcha inmediatamente. Lo importante es poner en acción a los capítulos locales que la organizaron y coordinarlos entre sí. Sí, hay que trabajar con todos los demás líderes negros honrados y extender nuestro radio de acción a otros sectores, hispanos, árabes, asiáticos y blancos pobres. Verde y con asas, Farrakhan habla como su próximo candidato al Congreso [13].

Incluso cuando se dirige a los representantes de la cultura *hip hop* con motivo de la muerte de Tupac Shakur, comparte su dolor, pero les advierte que Shakur todavía no había madurado lo suficiente y lo que sigue no parece estar en la misma

---

[13] *Arizona Republic*, "Who is Farrakhan?", 25/3/96.

onda de los raperos. "El culto a las pistolas, al asesinato y a la muerte que ha ganado la imaginación de los jóvenes nos dice algo de esta prodigiosa generación. Es una generación endurecida por el rechazo de la sociedad; que rechaza ser *educada* porque sabe de la esterilidad y el estancamiento de un sistema educativo diseñado para convertir a los seres humanos en instrumentos de un sistema por completo hostil; que rehúsa volverse hacia Dios a causa de los chulos y las mujeres que se prostituyen en nombre de Dios; que aprende a matar porque vive en un mundo en que el asesinato, la guerra, la violencia y el aborto se han convertido en formas de vida. Como los padres no creen que matar a un no nacido sea un crimen, hemos producido una generación que carece de respeto hacia la santidad de la vida humana" [14].

La Marcha sobre Washington de 1995 demostró varias cosas [15]. La primera que Farrakhan, arropado, es verdad, por muchas otras instituciones y líderes negros, tiene una capacidad notable de movilización pacífica. Desde 1963 no se había visto algo semejante. La segunda: su mensaje de arrepentimiento y penitencia de los negros por las malas acciones cometidas contra su propia raza es capaz de calar en amplios estratos de esa sociedad. Son muchísimos los negros que no comparten la transvaloración de todos los valores que brota de un sector de la cultura *hip hop* y no desean ser confundidos, como todo, con esa parte. Sin embargo, conviene notar los límites que las teorías sociales de NOI imponen a su propio desarrollo. La Marcha del Millón era una *marcha de hombres;* las mujeres negras no estaban invitadas a participar. Donde algunos críticos vieron una prueba del lugar ancestral que Farrakhan reserva a las mujeres en la sociedad, muchas de ellas temen que su eventual éxito tenga como primer resultado un intento de *ponerlas en su sitio.*

---

[14] Louis FARRAKHAN, *Hip Hop*, The Final Call, 1/10/96.
[15] Darryl PINCKNEY, "Slouching toward Washington", *The New York Review of Books*, 21/12/95.

Han pasado muchas lunas desde que Marcus Garvey y otros muchos soñasen con empezar una nueva vida en África. Por el camino han ido quedando las ilusiones y, también, muchos sueños imposibles. El afrocentrismo político ha tenido que beber el cáliz amargo de la realidad. Los negros americanos *no son una nación*, ni tienen posibilidades de dar en una. No pueden reclamar *su* tierra, porque no existe. Los habitantes originales de América del Norte eran los indios. Puestos a buscar ejecutorias, tan intrusos son los negros como los blancos. Y la mayoría de ellos tampoco quiere la opción africana. ¿Adónde ir, a Biafra, a Liberia, a Ruanda? ¿Con qué etnia identificarse?

Tampoco cabe el separatismo. Los negros americanos son una minoría racial y social amplia, sí, pero minoría al fin. No hay un solo estado de la Unión que cuente con una mayoría negra en su población, así que mejor no jugar con el fuego de una eventual limpieza étnica. Si acaso, y al parecer algunos están en ello, tendrán que repensar su papel y sus objetivos dentro de la sociedad americana en su conjunto. Y tener la santa paciencia de los que saben que las reformas necesitan tiempo, aunque también, a veces, algún puñetazo encima de la mesa. Pero, cada vez más, las cosas se deslizan hacia el afrocentrismo cultural [16]. También así comienza un nuevo viacrucis.

Puede parecer muy lúcido exaltar el nihilismo de parte de la cultura del gueto o tratar de devolver su orgullo a los negros con ideas más bien locas que comparten incluso algunos blancos de corazón tierno. En realidad, es un viaje a ninguna parte. Pongamos que fueran ciertas las patrañas que ha inventado Martin Bernal en su *Black Athena* [17], ¿iban a sacar algo práctico

---

[16] *The Economist*, "The Impossible Dream?", 13/7/96.
[17] Bernal ha tratado de elevar a clave académica las doctrinas de los musulmanes negros sobre el origen de la cultura occidental, atribuyéndolas a una sociedad superior, por supuesto negra, que habitaba en Kemet, el antiguo Egipto. Cf. Martin BERNAL, *Black Athena*, vol. 1, Rutgers UP, Nueva Jersey, 1987, y *Black Athena*, vol. 2, Rutgers UP, 1991. Una contundente respuesta a sus tesis se encuentra en Mary LEFKOWITZ y Guy MCLEAN ROGERS, *Black Athena Revisited*, University of North Carolina Press, Chapel Hill, 1996.

de ahí los negros? El problema no está en si fueron capaces de crear lo que los blancos no han sabido sino copiar; el problema es por qué después parecen haber agotado su capacidad tan dramáticamente. Las respuestas no están en un mítico pasado a buscar en Egipto o en un Kemet negro, ni en inventarse mitos y ritos de una sedicente cultura panafricana que nunca ha existido, como ese *Kwanza*, tan progresista, con que algunos quieren sustituir a la Navidad. Ni el *ebónico* [18] ni la matemática suajili [19], si es que alguien sabe qué animales son ésos, van a ayudar a los niños negros a competir en un mundo cuyas reglas se hablan y se miden en otras proporciones. Las entrevistas de empleo se van a interesar, por el contrario, por la corrección de su inglés y su manejo de las matemáticas occidentales, que, por cierto, vienen de los árabes de piel oscura. Animarles a que su orgullo se exprese ignorándolas o defender unas supuestas cualidades culturales específicas de los negros son caminos seguros para la reproducción de su miseria y su impotencia. Algo que, por otra parte, ha comprendido muy bien la clase media negra que trata de equilibrarse con los blancos en el único terreno de juego a reivindicar, el de la competencia profesional y el mérito, valores sí, muy occidentales éstos. Pero que si han de ayudar al conjunto de los negros americanos a librarse de las quimeras del separatismo negro y de las ridiculeces de muchas versiones del afrocentrismo, tanto da que los hubiesen inventado en Kemet.

---

[18] En las escuelas de Oakland, California, se libró en 1996 y 1997 una dura batalla entre los partidarios de que la enseñanza de los niños negros pudiese hacerse en ese *pidgin* del inglés que muchos hablan en sus casas y que, según algunos, puede considerarse como una verdadera lengua.

[19] Tan curioso embeleco es, según sus defensores, una forma aún nunca claramente explicitada de matemática, muy superior a las matemáticas de origen griego y árabe que se han enseñado por siglos. La matemática suajili, dicen, puede enseñarse de forma menos analítica y se adapta mejor a las formas de razonamiento de los niños y niñas negros cuya mente tiende a funcionar de forma más sintética que la de los blancos.

EL GRAN PUZZLE AMERICANO

ACCIÓN AFIRMATIVA: COSTES Y BENEFICIOS

Allan Bakke es hoy un médico avecindado en Rochester, Minnesota, donde practica su profesión de anestesiólogo. Bakke trata de llevar una vida apacible y no concede entrevistas a la prensa. Su cuarto de hora de fama mundial pasó hace ya bastante tiempo cuando en 1978 el Tribunal Supremo decidió darle parcialmente la razón en el caso Bakke *v.* California Board of Regents.

En 1973, Bakke solicitó ser admitido en el programa de Medicina de Universidad de Davis, que pertenece al excelente sistema californiano de universidades públicas. Al mismo tiempo, entre otros muchos candidatos, solicitaron ser admitidos, y lo consiguieron, cinco estudiantes negros que tenían peor expediente académico y peores resultados que Bakke en sus pruebas de admisión a la universidad. Los cinco fueron admitidos gracias a su color y dejaron fuera a otros tantos blancos, pues las universidades americanas en general practican un férreo sistema de *numerus clausus* que se extrema en facultades de gran demanda como medicina o derecho. Bakke presentó una demanda judicial con el resultado sabido. Era el primer desafío a los programas de acción afirmativa *(Affirmative Action)* en favor de los negros [20].

La década de los sesenta estuvo marcada por muchas batallas y considerables victorias en el terreno de los derechos civiles de los negros. Pero la segunda emancipación tenía que evitar naufragar en los mismos los escollos que la primera. La conquista de la libertad tras la Guerra Civil se vio empañada por la segregación y las leyes Jim Crow. Ahora se trataba de hallar los medios necesarios para que los derechos conseguidos no se quedasen en el papel. Esta idea se veía favorecida por una creciente convicción compartida por otros muchos

---

[20] Nicolas LEMANN, "The Case for Affirmative Action", *The New York Times Magazine*, junio 1995.

americanos, la de que los negros tenían derecho a un trato especial que les compensase por tan largos años de esclavitud y ciudadanía de segunda.

Hay quien cree que esta última idea puede ser incoherente con el objetivo de que la competencia individual y el mérito sean las reglas básicas del orden social. Entre las diferentes ideologías democráticas hay un gran consenso sobre que en una sociedad con escasa desigualdad real entre los grupos que la forman no debe haber otros criterios de recompensa. Todos deben ser tratados por el mismo rasero y, como dicen los americanos, la ley debe ser ciega para el sexo, el color, la clase social y demás dimensiones de desigualdad. Todos han de tener las mismas oportunidades.

Pero cuando se trata de situaciones reales, en las que algún grupo, por las razones que fuere, ha sido tratado a lo largo de un periodo de forma desigual, ese principio necesita ser mejorado. Nadie puede garantizar el resultado de la carrera, ni, por supuesto, que todos hayan de llegar al mismo tiempo a la meta. Pero para que pueda haber juego limpio es imprescindible que los participantes se presenten en la línea de salida en parecidas condiciones. Los caballos de carreras y los jugadores de golf tienen un hándicap que equilibra sus desigualdades de peso o de habilidad. Sólo en los torneos de los grandes maestros salen todos a la par. Pues, de eso trata la acción afirmativa, de que se reparen en la línea de salida las diferencias históricas que existen entre diversos grupos sociales y que podrían trucar la carrera de no ser aminoradas.

Al amparo de las leyes de derechos civiles, ese programa se extendió desde los negros a otros sectores que lo reclamaron y cuyo caso pareció convincente: mujeres en general, hispanos, indios, asiáticos, personas con defectos físicos o psíquicos. Hay quien se cree gracioso al decir que en Estados Unidos lo mejor, por ejemplo, es ser mujer hispana y, además, tener dificultades motoras; todas las puertas estarán abiertas.

La conjugación de la igualdad de oportunidades con algún tipo de discriminación positiva es muy difícil. Seguramente, nunca existirá una receta completa y perdurable para conciliarlas, los compromisos serán siempre provisionales y jamás nos veremos exentos de tomar decisiones políticas discutibles. La solución americana de la acción afirmativa, sin embargo, ha sido bastante sensata hasta la fecha, pero no ha dejado de causar damnificados, como Bakke, y tiene numerosos adversarios. En definitiva, toda discriminación, aunque se vista de seda, discriminación se queda.

Es bueno discutir si la discriminación positiva es indeseable o no. Debemos agradecer a los conservadores americanos que hayan puesto el tema sobre la mesa. Al cabo, nada debe ser tabú. Lo que para muchos hace particularmente odiosa a la politcorrección es su entusiasmo desmedido por la autocensura. En una sociedad abierta, empero, tan legítimo es defender ésta o aquella medidas de evitación de las desigualdades como oponerse a ellas. La discusión pública, seguida de la decisión mayoritaria, son la mejor forma de las conocidas para formar criterios, siempre precarios por otra parte. Poco valor tienen las ideas que no se creen capaces de afrontar una discusión pública.

Pero volvamos a los hechos que suelen ser más divertidos. La revolución conservadora de 1994 que llevó a los republicanos a la mayoría del Congreso y el Senado, algo no visto desde los años veinte, y otras numerosas inciativas anteriores, teóricas o directamente políticas, han tenido en el punto de mira los programas de acción afirmativa. Acabar con ellos o limitarlos considerablemente, junto con la jibarización de la seguridad social han sido su programa permanente.

La primera y más conocida forma de acción afirmativa se da en el terreno universitario. Una educación superior ha sido tradicionalmente garantía de buenos salarios y esta tendencia se ha acelerado en los últimos años. En la actualidad, una persona que no haya completado su grado medio (*high school*)

tendrá un salario anual promedio de $12.809. Quien lo haya
obtenido tendrá unas ganancias de $18.737. Un graduado del
primer ciclo universitario (*bachelor*) casi le dobla con $32.629.
Un posgraduado universitario (*master*) llega a los $40.368 y
un doctor a los $54.904. La importancia de la educación en la
movilidad ascendente parece clara.

Como grupo, los negros tienen unos resultados educativos más bajos que los de los blancos. Herrnstein y Murray
mantienen en su justamente controvertido trabajo *The Bell
Curve* que, medida en puntos de SAT, una prueba de conocimientos lingüísticos y matemáticos que se aplica a todos los
aspirantes a ingresasr en la enseñanza universitaria, la diferencia media entre blancos y negros era de unos 180 entre los estudiantes que concurrían a universidades de élite o, en jerga
estadística, casi 1,3 desviaciones normales [21]. Se estará de
acuerdo o no en si esos datos son fiables en sus detalles, pero
casi nadie argumenta que la diferencia sea inexistente.

Los defensores de los programas de acción afirmativa
aceptan la diferencia y precisamente la ven como una de las
razones que los justifican. La distancia entre razas no es algo
genético o natural, sino el resultado de las condiciones adver-
sas con que los negros enfrentan sus progresos educativos.
Precisamente porque están retrasados y, en condiciones de
igualdad, no serían admitidos en las universidades prestigio-
sas, los negros han de ser tratados de forma diferente que los
blancos.

El proceso de admisión a las buenas universidades americanas es muy competitivo, pero la competición tiene sus límites. El criterio de los resultados en el SAT no es el único.
Tradicionalmente siempre se ha hecho un sitio para los bue-

---

[21] Richard J. HERRNSTEIN y Charles MURRAY, *The Bell Curve*, Simon & Schuster,
Nueva York, 1998, p. 98. El libro ha causado una profunda discusión en los medios académicos americanos, especialmente por su no probada afirmación de que
la diferencia en habilidades cognitivas entre negros y blancos (también llamada G
o inteligencia General) tiene sus raíces en distintas dotaciones genéticas.

nos atletas, las personalidades singulares, los hijos de antiguos alumnos y el sobrino tonto de los benefactores de la institución, tengan o no un buen SAT. Por qué no aplicar los mismos criterios a las mujeres y a los negros y otras minorías raciales. De hecho, esto es lo que proponen los partidarios de la acción afirmativa y lo que está o estaba pasando en muchas universidades, donde los criterios favorables a los grupos sociales menos favorecidos también puntuaban en su favor y daban lugar a un cuerpo de estudiantes más diverso racialmente. Véanse, por ejemplo, los datos para la Universidad pública de Los Ángeles (UCLA) del cuadro 6.2, que comparan lo que sucedería si las admisiones se hubiesen atenido exclusivamente a criterios académicos de rendimientos y lo sucedido en la realidad.

CUADRO 6.2

ALUMNOS DE PRIMER AÑO EN UCLA (1994)

	Total (%)	Sólo por criterios académicos (%)
Asiáticos	42,2	51,1
Blancos	30,7	42,7
Hispanos	20	5
Negros	7,1	1,2

Fuente: Andrew Hacker, *The New York Review of Books*, 11 de julio de 1996.

A partir de este momento, se tira de pistola. Ya conocemos los argumentos pro-acción afirmativa en el terreno educativo. Sin estos criterios, los negros se mantendrían en su antiguo atraso y no podrían aspirar a posiciones superiores en la sociedad americana. Precisamente esto último es lo que ha sucedido, con buenos resultados para todos.

Toda finalidad, en este caso la competencia académica, necesita de unas reglas y unos procedimientos normalizados que permitan alcanzarla. Prescindir de unas y de otros equivaldría justamente a lo contrario. Sin embargo, los más extremos defensores de la acción afirmativa recogen las conocidas críticas a las pruebas de aptitud, fuertemente escoradas, se dice, en favor de los blancos. Si las pruebas dan consistentemente malos resultados a los negros, lo apropiado sería eliminarlas. Nunca nos dicen con qué se proponen sustituirlas, lo que, en definitiva, lleva a defender la arbitrariedad. La dura experiencia histórica de los negros enseña, sin embargo, que la arbitrariedad ha jugado siempre en su contra y deberían ser ellos los primeros interesados en denunciarla, no en mantener posiciones insostenibles. Ése es el camino de la matemática suajili y no conviene transitar por él.

De hecho, los asiáticos obtienen altísimas puntuaciones en el SAT, a pesar de los múltiples elementos en su contra. Muchos de ellos, a diferencia de los negros, no tienen al inglés como lengua materna y la cultura americana les es ajena. Y, sin embargo, sacan por media 30 puntos a los blancos en el SAT. Si los datos de Hacker que citábamos son apropiados, los asiáticos, sin ninguna justificación, son los verdaderos y únicos perjudicados de todas las minorías. Si se quiere mantener la acción afirmativa educativa parece, pues, más lógico abandonar el terreno de la justicia conmutativa y defender que efectivamente sus criterios son ciertamente discriminatorios para asiáticos y blancos, pero que, a pesar de ello, están justificados por la necesidad de cambiar radicalmente las secuelas de la antigua discriminación, por justicia distributiva.

Lógicamente, toda discriminación positiva, por ser discriminación, debe tener un horizonte limitado en el tiempo. Es decir, tendrá que acabarse algún día, una vez que se convenga en que las circunstancias que la hicieron aconsejable, si no han desaparecido para todos los casos, sí han disminuido de forma apreciable. Cuál ha de ser ese horizonte temporal es discutible, pero negarse a abrir un debate sobre ello sólo favorece a quienes acusan a sus partidarios de aferrarse a una situación de privilegio.

El resultado es conocido, los que salen legitimados son quienes quieren cancelar los programas de acción afirmativa *ya*. California, que es un estado mucho más complicado de lo que parece, ha dado ya el paso. En julio de 1995, los miembros del Consejo Rector del sistema de universidades públicas decidieron acabar con las admisiones de estudiantes, el reclutamiento de profesores y la contratación de servicios basados en la raza o el sexo. "Es un momento histórico. Es el comienzo del fin de las preferencias raciales", decía el gobernador republicano Pete Wilson.

Para los anti-acción afirmativa, ahí está el camino correcto. Los programas de acción afirmativa educativa son otra muestra más de las ilusiones estatistas de la sociedad moderna. Ya se sabe que al otro lado del Atlántico las palabras cambian sus valencias. En Estados Unidos nuestros socialdemócratas son *sus liberales* y los que nosotros llamamos liberales o neoliberales son allí, para pasmo de Fermín Salvochea, *sus libertarios*. Pues bien, los libertarios americanos están persuadidos de que todos los programas federales son externalidades que distorsionan el buen funcionamiento de los mercados. Si los negros no pueden competir por los mejores puestos, que no se empeñe el gobierno en ayudarlos. Si lo hace, a la postre, inducirá un declive de la calidad de las universidades. Por otra parte, siempre habrá universidades de segunda o de tercera que podrán acoger el excedente de negros que no consiguen ser admitidos en las de la Ivy League o en Stanford. Sin embargo, cabe argumentar con bastantes números en la mano que la acción afirmativa educativa ha sido precisamente clave a la hora de generar una clase negra acomodada, lo que redunda en beneficio del sistema en su conjunto. Más aún, si los negros, como se desprende de la argumentación de *The Bell Curve*, estuvieran condenados a no superar nunca sus diferencias de inteligencia respecto de los blancos, a fuer de cínicos, más valdría mantenerlos contentos, aun a cambio de algunas poco claras *transferencias a las familias*, según la jerga de los hacendistas. Las distorsiones del mercado que puede crear la intervención estatal en su favor palidecen comparadas con las de unos buenos disturbios. Y los negros pueden tener una menor capacidad cognitiva, pero parecen entender que la situación de sus guetos es difícilmente aceptable para cualquier inteligencia aun la más limitada.

Un segundo argumento contra la acción afirmativa educativa es que toda discriminación, aun la positiva, crea nuevas injusticias. Acabamos de ver lo que les pasa a los asiáticos, si no a los blancos. Cuanto más estudian, peor les va. Y éstos sí que se aplican y no esos negros perezosos. De repente, con algo de retraso, los conservadores se han hecho todos prochinos. No sabemos lo que dirán en 2050, cuando los blancos sean sólo un 52% de la población americana y los asiáticos estén en un 11% y sigan sacando mejores resultados en el SAT y copando los mejores puestos. ¿Aceptarán que la élite se les llene de amarillos de ojos oblicuos o tendremos nuevas erupciones de nipofobia, como cuando los grandes de Detroit perdían terreno en el mercado del automóvil?

Hay otro campo en el que la acción afirmativa ha tenido profundas consecuencias, el de la estructura ocupacional. Dos cosas deben destacarse. La primera es que entre 1970 y 1990 [22], la presencia de los negros ha crecido significativamente en todas las profesiones, excepción hecha de la de agricultor, incluso en aquellas que requieren de grandes capacidades técnicas, como piloto de aviación. En muchas profesiones, la presencia de los profesionales negros se ha doblado y en algunas se ha multiplicado por tres (secretariado, entrenadores

---

[22] *The New York Times*, 23/7/95.

deportivos) y por cuatro (empleados de banca). Son ocupaciones de bajas remuneraciones, pero no es menos cierto que hasta hace poco les estaban vedadas. La segunda cosa a destacar es la cuestión de las diferencias salariales con los blancos. Siguen existiendo fuertes disparidades entre ambas razas pero tienden a aminorarse. Incluso hay algunas profesiones, como las de diseñador o agente de la propiedad inmobiliaria, en que los negros sobrepasan holgadamente a los blancos. Es indudable que aún se está lejos de la paridad salarial, pero las diferencias tienden a aminorarse.

Estos datos confirman otros de diversas fuentes. Indudablemente, estos avances experimentados en muchas profesiones tienen mucho que ver con los programas de acción afirmativa en el terreno del empleo. La primera medida en este campo la adoptó en 1969 el presidente Nixon con el llamado Plan Filadelfia (Philadelphia Plan), encaminado a asegurar que las empresas que quisieran contratar con el gobierno federal estuviesen abiertas a los negros. A estas medidas iniciales fueron siguiendo otras encaminadas a procurar una adecuada proporcionalidad de negros en todas las empresas del país.

Los primeros intentos se encaminaron a conseguir una representación proporcional de los negros en los centros de trabajo. *Las empresas deben parecerse a América* es algo que todavía hoy se escucha a menudo. La cosa no estaba exenta de dificultades, pues, a diferencia de las mujeres, que se hallan en proporciones constantes en casi todas partes, los negros tenían concentraciones espaciales muy dispares. Si se aplicaba una medida de representación proporcional nacional (en torno al 13%) a Detroit con su más de 70% de población negra, evidentemente sus habitantes saldrían perjudicados. Al otro extremo, no era cosa de que las ciudades o estados con escasa población de color la importasen para aproximarse a la media del país.

Más urgente era todavía impedir que las empresas con tendencias segregacionistas pudiesen ampararse en pruebas psicotécnicas de carácter general, ésas en las que los negros suelen dar por debajo de la media de los blancos, para reclutar exclusivamente a éstos. En 1971, el Tribunal Supremo en la sentencia Griggs *v.* Duke Power salía al paso de estas prácticas, al establecer que las prácticas contractuales que favorezcan de forma desproporcionada a un grupo racial sólo podrán justificarse si se basan en pruebas de capacidad específicamente relacionadas con la línea de productos o servicios de la empresa.

En 1978, el gobierno federal estableció una serie adicional de medidas encaminadas a reforzar la acción afirmativa. Se conocen coloquialmente como *la regla del 80%* y consisten en que una empresa no podrá ser sancionada por discriminación racial si prueba que contrata miembros de las minorías protegidas en una tasa equivalente al 80% de la del grupo mayoritario. En concreto, si una empresa recluta a 100 trabajadores entre un total de 1.000 aspirantes blancos (10% del total de los blancos), debe de reclutar al menos un 8% entre los aspirantes de otros grupos raciales, es decir, que si se presentan 100 candidatos negros, al menos ocho deben ser contratados.

En caso de no cumplir con estos criterios, las compañías están expuestas a largos litigios y eventualmente a sustanciosas reparaciones. Para algunos analistas, esta regulación es muy onerosa para las empresas, porque en caso de duda son ellas las que tienen que probar que se atuvieron a las exigencias legales y no a la inversa. Está claro, sin embargo, que, a lo largo del proceso, las contrataciones de negros en empleos de oficina subieron desde un 5% en 1958 hasta un 20% en 1990 y las de personal profesional y técnico pasaron de un 2,5% a un 13% en el mismo periodo. Son saltos espectaculares en treinta años. Por otra parte, la tendencia, aunque se ha moderado un poco, sigue siendo ascendente. Es difícil dudar del éxito de estos programas o de que la acción de gobierno no haya sido parte decisiva del mismo.

Los críticos de la acción afirmativa en el terreno del empleo insisten en que buena parte de los avances se ha debido al aumento de los empleos ofrecidos a los negros en el sector público. De hecho, la participación de los negros en puestos como los de policía, bombero o funcionario de oficina ha crecido mucho. Como ha señalado A. Hacker, en torno a un tercio de todos los abogados negros y de todos los científicos negros trabajan para el gobierno y los negros ocupan un 20% de las fuerzas armadas y del servicio de correos [23]. Sin duda en el sector público es más fácil exigir a todos sus organismos el cumplimiento de la nueva legalidad. Pero sea como fuere, el aumento que hemos visto en el sector privado es también notable y la América laboral es hoy mucho más parecida a la América de la calle. Sin embargo, todo el mundo ha oído historias de horror. Los anti-acción afirmativa nos hablan de bufetes de abogados y de asociaciones que aterrorizan a las empresas con amenazas de litigios antidiscriminatorios y de cómo aquéllas ceden a estas presiones paramafiosas. Son afirmaciones exageradas. Si fueran ciertas pondrían en tela de juicio al propio sistema de justicia, aunque nuestros críticos aplaudan sin reservas sus decisiones cuando las creen favorables. Más grave aún, dirían muy poco del empresariado americano que, sin embargo, sabemos que ha resistido presiones mafiosas muy fuertes en otros terrenos. El mundo real no es perfecto, pero tampoco anda por ahí vestido siempre de payaso.

Otro ámbito en el que la acción afirmativa ha actuado con notable éxito ha sido el de favorecer la aparición de empresarios y pequeñas industrias entre las minorías [24]. Al principio se exigía que las compañías que quisiesen hacer negocios con el gobierno tuviesen una política equilibrada de reclutamiento. Más tarde se ha establecido una reserva de fondos federales o estatales para contratar con empresas que pertenezcan a mujeres o a alguna minoría racial. Los críticos vuelven a la carga y nos recuerdan cómo en Richmond, Virginia, se es-

---

[23] Andrew HACKER, *Two Nations*, p. 73.
[24] K. Anthony APPIAH, "How to Succeed in Business by Really Trying", *The New York Review of Books*, 12/1/95.

tablecieron preferencias contractuales para empresarios de origen esquimal, aunque sólo había censadas cinco personas de esa raza en la región, o cómo en Ohio recibieron trato preferencial empresas montadas por hindúes recién bajados del avión.

Sin duda, habrá abusos, éstos y otros, que deben corregirse, especialmente cuando se tiene en cuenta que sólo en 1995 los fondos federales reservados a contratos con mujeres y minorías fueron de $11 millardos. El Tribunal Supremo, en sentencia muy discutida, la de Adarand *v.* Peña de 1995, ha decidido que los contratos que favorezcan a las minorías deberán ser cuidadosamente examinados por los tribunales y sólo se justificarán si existe un "apremiante interés gubernamental". Esta decisión impedirá que en el futuro puedan darse situaciones como la fallada, de que se elija a una empresa de precios más caros sobre otro contratista más barato porque la primera era propiedad de un hispano [25].

Finalmente, la discusión ha subido de tono en otro de los terrenos en que se ha querido hacer valer la acción afirmativa, en el proceso electoral. Lani Guinier es una prestigiosa jurista negra que fue propuesta por el presidente Clinton para ocupar el cargo de directora de la Comisión de Derechos Civiles en el Departamento de Justicia, cargo que necesita ser confirmado por el Senado. Pronto comenzó a oírse que sus posiciones doctrinales carecían de la mesura necesaria para un puesto de esa naturaleza. El pecado de Guinier se había cometido en algunas revistas especializadas al tratar de aplicar la doctrina de la acción afirmativa a la zonificación electoral.

En inglés existe una palabra específica, la de *gerrymandering*, para designar el proceso de manipular los distritos elec-

[25] *Vid.* "A Sad Day for Racial Justice", *The New York Times*, 13/6/95; Tamara Lewin, "5-4 Decision Buoys Some; For Others, It's a Setback", *The New York Times*, 13/6/95; Steven A. Holmes, "US Issues New, Strict Tests for Affirmative Action Plans", *The New York Times*, 29/6/95.

torales. Muchos de ellos tienen una historia turbia y un trazado dudoso que sumerge a las minorías raciales en sectores de abrumadora mayoría blanca, lo que ha llevado a aquéllas a exigir que se proceda a una rezonificación más acorde con la realidad y la geografía. En muchos casos, los nuevos distritos son también sumamente sospechosos, serpenteando aquí y allá, para incluir a cuantos no blancos sea posible en una mayoría artificial. Por su parte, los blancos incluidos en los nuevos distritos han defendido la necesidad de que todos los distritos electorales mayoritariamente habitados por minorías sean a su vez rezonificados para evitar que el voto blanco no cuente.

Guinier se oponía a esta última tesis por considerar que desmembrar los distritos de mayoría negra o hispana podría representar una vuelta a los tiempos de la segregación. Sin embargo, no hacía ascos a la primera. Los blancos han tenido siempre gran capacidad de imponer sus intereses por la vía electoral, lo que necesita de un reequilibrio. Más aún, para evitar que las minorías raciales se vean perpetuamente frustradas en sus expectativas, llegaba a avanzar la idea de que en circunstancias muy tasadas podía otorgárseles un poder de veto sobre las decisiones mayoritarias que fueran contrarias a sus intereses.

La tormenta que se abatió sobre ella es imaginable [26]. El presidente se apresuró a retirar su propuesta de forma poco gallarda y los conservadores exhibieron su cabellera en Capitol Hill. Sin duda, las lucubraciones de Guinier que, hay que repetirlo, no eran la formulación de un programa de actuación, sino contribuciones al debate académico, parecen poco convincentes. Las reglas del juego democrático son al tiempo rígidas y muy frágiles y cualquier excepción en favor de una minoría tiende frecuentemente a volverse en su contra. Sin embargo,

---

[26] Anthony LEWIS, "The Case of Lani Guinier", *The New York Review of Books*, 13/8/98.

Guinier ponía el dedo sobre algo muy real, que los negros serán siempre una minoría en Estados Unidos, una minoría a la que ni siquiera le queda el recurso teórico de postularse como nación o separarse del resto. Un dilema cornudo.

En estas circunstancias, la tentación de caer en el pesimismo es grande [27]. Lo que sucede es que el pesimismo suele acabar no ya en derrotismo, sino en seguras derrotas. La divergencia de intereses entre negros y blancos es mucha, como se ha puesto de relieve en estas páginas. Esto es algo inmencionable en la sociedad americana, pero eso no le quita sus aristas. Ahora bien, encerrarse en el particularismo de los distritos electorales homogéneos o pedir derechos de veto, aunque sea en circunstancias muy aquilatadas, es ceder una vez más al imposible proyecto de una segregación inversa.

La alternativa no es cosa de poco. Colocarse en la óptica de las demandas aceptables, más allá del color de la piel, por otros grupos sociales; en definitiva, pensar y actuar como mayoría cuando se está condenado a ser siempre minoría parece tarea sobrehumana. Pero no es imposible. De hecho hay muchos blancos dispuestos a votar por un candidato negro cuando éste plantea programas integradores. David Dinkins en Nueva York, Tom Bradley en Los Ángeles, Maynard Jackson en Atlanta, los congresistas reunidos en el Black Caucus y otros muchos son ejemplos de ello. Los negros pueden organizarse como fuerza política y negociar duramente con los candidatos a los que vayan a dar sus votos, sean o no negros. Jesse Jackson lo demostró en sus candidaturas presidenciales anteriores y en 1992 al apoyar condicionalmente a Clinton. Nada impide, salvo la desconfianza en sí mismos y la tentación del particularismo, que una minoría tan importante pueda ejercer su influencia (*get leverage*) sobre el resto de la sociedad.

---

[27] Andrew HACKER, "Goodbye to Affirmative Action?", *The New York Review of Books*, 11/7/96.

Los programas de acción afirmativa han sido un punto de apoyo eminente en el proceso de los derechos civiles. Sus resultados han sido muy notables, aunque tienen limitaciones evidentes. A veces, sus defensores caen en abusos rápidamente magnificados por intereses ajenos. A veces plantean demandas difícilmente aceptables. Los propios beneficiarios no son el conjunto de la sociedad negra sino a menudo sus sectores más acomodados y mejor educados, pues poco de ella llega al gueto, lo que aumenta la mala conciencia de los agraciados. La acción afirmativa exige adaptarse a pautas de comportamiento lejanas del acervo cultural propio, hay que *obrar como los blancos* y esto no está bien visto por muchos hermanos y hermanas *(brothers and sisters)*, es la cobardía del Tío Tom. Además, no es una fórmula que pueda durar para siempre, porque toda discriminación, aun justificada, debe desaparecer en algún momento dado. Utilizarla adecuadamente es, en fin, muy complicado. Al cabo, ha tenido y tiene excelentes efectos para muchos. Especialmente en el terreno educativo ha garantizado una mayor movilidad social. Es muy posible que sea ahí donde se encuentren sus mejores resultados y la mejor posibilidad de justificarla. Lamentablemente, no está diseñada para enfrentarse con los atroces problemas de la *underclass*. Pero, como todo proyecto político, puede ser mejorada con la discusión y el debate propios del proceso democrático. Tras el crepúsculo de los dioses, no hay muchas más formas civilizadas de resolver los conflictos de intereses en las sociedades modernas, en especial en aquellas tan complejas como los Estados Unidos de América.

TERCERA PARTE

ALGUNAS GANADORAS... Y OTROS MÁS

CAPÍTULO 7

Clarence ¿qué?

El día 1 de julio de 1991, en su residencia de Kennebunkport, Maine, la casa solariega que le servía como residencia de verano, un presidente Bush visiblemente satisfecho anunciaba que la vacante dejada por el juez Thurgood Marshall en la Corte Suprema iba a ser cubierta, si se obtenía el beneplácito del Senado, por Clarence Thomas, un juez del Tribunal Federal de Apelaciones de Washington D.C. La conformidad del Senado era necesaria, pues muchos nombramientos en el poder ejecutivo y en el judicial, cuya iniciativa se deja al presidente, no llegan a formalizarse hasta que una mayoría de esa Cámara los sanciona. Resultaba raro ver tanta satisfacción en un blanco patricio y conservador como Bush al aparecer junto a un negro tan oscuro como su elegido.

Para los periodistas que cubrían el acto, gente normalmente enterada, así como para miles de abogados, jueces, profesores de Derecho y juristas de vario pelaje que por vez primera oían el nombre del candidato, el segundo juez de raza negra de la Corte Suprema en la historia de Estados Unidos, y le veían junto al presidente en TV, la reacción fue de asombro: "Clarence *¿qué?*" Pocos conocían a Clarence Thomas, a pesar de que en sus palabras de presentación Bush hubiese subrayado que era la persona *más cualificada* para ocupar tan importante puesto. La mayoría nunca había oído hablar de éste, al parecer, único ejemplar en manada tan variada como la

271

de los abogados americanos. Ello parecía sospechoso precisamente porque Thomas iba a sustituir a Thurgood Marshall, uno de los patriarcas de la segunda emancipación negra, el defensor en 1954 del caso Brown *v.* Board of Education, que abrió el portillo de la desegregación de las escuelas, y un jurista unánimemente respetado por su contribución a hacer realidad el principio de igualdad de todos ante la ley.

Bush podía estar satisfecho, pues acababa de lanzar un misil directamente a la línea de flotación de sus adversarios políticos más caracterizados, los demócratas que en Estados Unidos se denominan *liberales*, el equivalente de la socialdemocracia europea, así como al conjunto del movimiento de defensa de los derechos civiles que, bajo una incontrolable multitud de siglas, agrupa a los sectores más progresistas de la sociedad americana. Pronto se sabría que la mejor, por no decir la única, cualificación de tan excelente candidato no era otra que el detalle biológico de su color de piel con el que, como las serpientes que intimidan hasta paralizarlas a sus presas, iba a conseguir, al menos así lo esperaban los asesores presidenciales, desarmar todas las críticas que se le lanzasen desde esos sectores. Pronto se sabría también que, pese a su tonalidad cutánea, de las más oscuras de entre los negros, Thomas había tenido tanto éxito en emblanquecerse que, pensaban algunos, Michael Jackson bien podría pedirle la receta tras tantos millones de dólares gastados sin provecho alguno en el mismo propósito. Tardaría algo más en saberse que la propuesta de nombramiento se iba a encontrar con dificultades imprevistas que estuvieron a punto de descarrilarla y de dar al traste con semejante maniobra, tan cuidadosamente puesta a punto. La estrategia de jugar en el caso de Thomas la carta racial, ese toque moderno de los conservadores americanos, se iba a ver sorpresivamente contrarrestada por una acusación de acoso sexual que reflejaba otro aspecto de la moderna sociedad americana, la exigencia feminista, hecha suya por gran número de mujeres, de que semejantes abusos

de poder no queden impunes. Pero no adelantemos acontecimientos.

Como en todos los países, la judicatura en Estados Unidos no ha sido a lo largo de su historia una hermandad de di-
namiteros asturianos. El poder judicial en casi todas las sociedades industriales se sitúa mayoritariamente algunos pasos,
por lo menos, por detrás de la mayoría social, eso que solemos
denominar el centro político. Cuando los márgenes en los
que se mueve ese centro son estrechos, porque hay un alto
grado de consenso en torno a los grandes problemas, los jueces suelen instalarse confortablemente en un estudiado conservadurismo y sancionan sin dudar las prácticas sociales que
lo mantienen vigoroso. No se olvide, por ejemplo, que fue
una decisión judicial la que puso en funcionamiento el sistema
de *iguales pero separados*, tan peculiar del segregacionismo
americano hasta los años cincuenta y sesenta. No es menos
cierto, sin embargo, que cuando aparecen procesos sociales
complejos como, por ejemplo, los cambios políticos y culturales de la sociedad americana tras esas fechas, los límites del
consenso tienden a ser menos visibles o a ser vistos de otra
forma y los jueces se adecuan a la nueva situación. De hecho,
la interpretación judicial de las leyes de derechos civiles tendió a dar amplias garantías a los grupos potencialmente dis-
criminados y aun a ampliar ocasionalmente los conceptos legales, que siempre necesitan de interpretación.

No era ajena a tal actitud la circunstancia de que bajo los
presidentes Kennedy y Johnson se hubiese usado frecuentemente la prerrogativa de nombramiento de los jueces federales y de la Corte Suprema para impulsar a candidatos que,
como la mayoría de la sociedad americana en esos momentos,
se mostraban proclives a utilizar la ley como un instrumento
de progreso en el camino hacia el fin de las diversas discriminaciones. Esos jueces, por así decir, de centro-centro fueron
adoptando una actitud activa en favor de mujeres, negros, latinos y otros conjuntos y causas sociales afectadas con ante-

rioridad por diversas trabas en sus exigencias de cambio y de igualdad ante la ley.

Nada dura eternamente. El ostensible giro social hacia un mayor conservadurismo que se produce en Estados Unidos al final de los años setenta y en los ochenta se deja sentir también en el seno de la judicatura. Pero a este nuevo meandro en la evolución de la vida social se añade ahora un designio claro por parte de la derecha americana que ha aprendido las lecciones del pasado más reciente. Se necesita, dicen, una regeneración democrática o, lo que es lo mismo, hay que reconquistar la sociedad civil, pues no basta con obtener la mayoría en los ejecutivos y legislaturas federales y estatales para ganar en ese empeño. Para consolidar el predominio social de las nuevas tendencias conservadoras, eso que los gramscianos de antaño y todos los cursis de hogaño llaman la *hegemonía*, hay que impregnar todas las instituciones sociales, más allá de la atención casi exclusiva por la política, y es menester aprender las técnicas de movilización tan bien empleadas anteriormente por los grupos progres. La cosa comienza, como siempre, en iglesias cristianas de vario pelaje, en sinagogas marcadamente ortodoxas y en otras instituciones similares, a las que el radicalismo y la libertad de costumbres favorecidos por algunos de los grupos radicales han levantado ronchas, pero los temas de que se ocupan llevan una envoltura nueva y se defienden con nuevas actividades.

No hay batalla pequeña y los conservadores, como el Ejército Rojo en Stalingrado, se disponen a resistir casa por casa. Cada comunidad ante las elecciones locales, cada escuela a la hora de elegir las directivas de las asociaciones de padres y profesores (Parents' and Teachers' Associations o PTAs) es una prueba decisiva entre las fuerzas del bien y las del mal. La Coalición Cristiana (Christian Coalition) es la organización señera de esta fase de activismo. La Christian Coalition, así como algunos otros grupos religiosos fundamentalistas y diversos intelectuales conservadores iban a encontrar su vehículo político de elección en el Partido Republicano, más conocido como Grand Old Party o GOP. Tras el paréntesis avuncular de Eisenhower (1952-1960), los republicanos lo habían tenido difícil y su sino hubiese seguramente empeorado de no haberse empecinado Kennedy y Johnson en meterse en la escalada de Vietnam y en llevar así a la sociedad americana a la fase más facciosa de su historia reciente. El conservadurismo patricio de los millonarios y los *country clubs* del Norte que había nucleado al partido en los viejos tiempos de gloria, hasta la llegada de, como le llamaban, *ese villano* de Franklin Delano Roosevelt, estaba perfectamente pasado de moda. Richard Nixon, un plebeyo oportunista sin más horizonte teórico que el de aferrarse al poder incluso a costa de las mayores torpezas, como la del Watergate ("hemos tenido", decían los rojos de entonces, "presidentes que eran grandes criminales, pero nunca vulgares rateros"), un *realpolitiker* autodidacta y un paranoico por convicción, constituyó el fin, sin norte ni rumbo, de esa época. Hacía falta un nuevo republicanismo, con otras bases y otros medios de actuación.

Este nuevo republicanismo tuvo en Reagan a su mejor expresión, seguramente no tan involuntaria. Reagan, en contra de lo que dijeron nuestros progres, no sólo no era un mal actor, hay que ver sus excelentes actuaciones en los años de su presidencia, sino un gran intuitivo. Carecía de las ideas y las palabras para teorizarlo, pero en el fondo de su corazón sabía por dónde le llevaba su camino y cómo encajar las piezas de la nueva situación. El país estaba dividido, pero la cura de sus males no estaba en la recomposición del consenso centrista y claudicante con los liberales, sino en la reconquista del poder para la derecha y desde la derecha, aunque a menudo fuera extrema. Otra revolución thatcheriana, en suma.

Los liberales, lo hemos apuntado, habían metido al país en Vietnam. También habían favorecido programas de derechos civiles y de defensa de los sectores más pobres, como la Gran Sociedad (Great Society) de Lyndon Johnson, versión americana y algo desmedrada de las políticas europeas de bienestar. Ambas decisiones eran contradictorias para los grupos sociales en los que los demócratas basaban su fuerza política. El servicio en Vietnam recaía de forma desigual y hasta abusiva sobre las minorías raciales, especialmente los negros y los latinos, al tiempo que encontraba enormes resistencias entre la juventud blanca educada. Las políticas de bienestar y de derechos civiles favorecían a las mujeres y a esas mismas minorías raciales, pero sus efectos eran vistos con justificada desconfianza por los trabajadores blancos no universitarios, uno de los grandes bastiones demócratas desde los años treinta. Con McGovern en 1972, los demócratas bajaron hasta el último peldaño de esta contradicción.

Los nuevos republicanos supieron explotar estas dificultades con maestría. No se trataba de cerrar las puertas del partido y de la acción política a la constelación de fuerzas sociales que se habían desencadenado desde los sesenta, sino de dar un rumbo conservador a sus demandas y de apoyarse precisamente en aquellos sectores más dispuestos a tal giro o en los más carentes de opiniones claras. Pues se puede ser asalariado y aun sindicalista sin por eso ver con simpatía las demandas favorables al aborto; o feminista sin creer que *Playboy*, *Penthouse*, *Hustler* y demás parroquia merezcan ser amparados por la Primera Enmienda a la Constitución, ésa que garantiza, entre otros, el derecho a la libre expresión; o negro sin sentir simpatía por esos malditos estudiantes que quemaban las banderas de barras y estrellas o gritaban "Ho, Ho, Ho Chi Min" en sus manifestaciones.

Economía de oferta *(supply-side economics)*, rearme moral y recuperación de la iniciativa internacional se convierten así en los tres grandes ejes sobre los que se intentará recomponer la hegemonía social de la derecha. Posiblemente, el único campo en que haya habido un avance total sea el tercero. Reagan apostó a que la guerra fría podía ganarse y acertó. Así que se metió en unos tremendos gastos militares que, junto a los recortes impositivos que favorecieron a los más ricos, crearon un déficit público pavoroso cuya factura sólo ahora parece estar a punto de pagarse finalmente. Pero en esta carrera de armamentos, su montura resistió, en tanto la del enemigo, *el imperio del mal*, cayó exangüe. El imperio soviético, *el socialismo real* de los cursis de la época, se vino abajo, algo que la inmensa mayoría agradece, pues la Revolución de Octubre dio a luz a uno de los más odiosos regímenes del siglo XX, y mira que ha habido bastantes.

En la economía también se consiguieron algunos cambios importantes a los que ya nos hemos referido. El rearme moral, sin embargo, era más difícil de alcanzar. Bajo ese lema se agrupaban, sobre todo, actitudes defensivas, pues los más conscientes de entre los conservadores estaban ciertos de que había algunas cosas que nunca podrían volver a ser lo que fueron: la segunda emancipación de los negros o la incorporación masiva de las mujeres al trabajo o la sociedad multirracial, por ejemplo. Pero sí se podían cortar sus manifestaciones más avanzadas o aguar muchas de sus conquistas. Había que detener a los sectores avanzados con una táctica audaz, mediante la imposición de una práctica política y relativamente intransigente, *más allá del consenso liberal*, tal y como lo ha definido el historiador inglés Iwan W. Morgan en su descripción de lo sucedido en Estados Unidos desde 1965 [1].

A ser posible, para llevarla a cabo habría que contar con los representantes atípicos, por conservadores, de los diversos movimientos sociales que representaban a las nuevas fuerzas sociales, las mujeres y las minorías étnicas. Ésa era la médula de la llamada revolución reaganiana y su novedad. Nada mejor que unas cuantas mujeres para llevar la lucha contra el derecho al aborto o que encomendar a algunos negros el cargarse o dejar en el chasis los programas de acción afirmativa. Si se podía contar con ellos para ocupar cargos judiciales, es decir,

[1] Iwan W. MORGAN, *Beyond the Liberal Consensus*, St. Martin's Press, 1994.

para limitar los destrozos de la larga era de jueces nombrados por los demócratas, excelente. Bush lo había intentado con afán. Manning Marable, un profesor de la Universidad de Colorado, señala que durante sus dos primeros años de mandato, Bush nombró setenta jueces federales. La gran mayoría, acaso podría esperarse algo distinto, eran blancos, acomodados y conservadores. Sin embargo, un 12% eran mujeres y un 6,5% provenía de minorías raciales. Todos profundamente hostiles a los derechos civiles [2]. Poder llevar a alguno de ellos a la Corte Suprema parecía un sueño. Y Bush estaba a punto de conseguirlo.

No es de extrañar, pues, que apareciese tan sonriente en Kennebunkport, Maine, su casa solariega, junto a Clarence ¿*qué?* aquel 1 de julio de 1991, ni que ante el estupor de propios y extraños le requebrase como el candidato *más cualificado* para el cargo, de entre los miles que potencialmente podían serlo. Thomas colmaba con facilidad todas las calificaciones que Bush deseaba en un nuevo juez de la Corte Suprema: era un negro que tenía el alma blanca.

Sin duda era racialmente negro, no había más que mirar su foto. Él decía que en la escuela le llamaban ABC (America's Blackest Child), el chico más negro de América [3]. Pero, además, también socialmente era un negro, es decir, venía de un medio social desfavorecido como gustan de decir algunos. O, en castellano recto, entre 1948 y 1954, los primeros seis años de su vida, había sido más pobre que las ratas. Hasta el nombre de su pueblo, Pin Point (Punta de Alfiler), Georgia, quince millas al sureste de Savannah, parecía haberle predestinado a la modestia y a la pobreza. Su historia familiar repetía mu-

---

[2] Manning MARABLE, "Clarence Thomas and the Crisis of Black Political Culture", en Toni MORRISON (ed.), *Race-ing Justice, En-gender-ing Power*, Pantheon Books, 1992, p. 63.
[3] Los datos biográficos de Thomas están sacados de Jane MAYER y Jill ABRAMSON, *Strange Justice*, Plume, 1994.

chas de las pautas conocidas: Thomas era el segundo hijo de una adolescente, Leola Williams, que, a su vez, era ilegítima; Clarence Thomas padre tampoco estaba casado con su madre y abandonó a la familia poco después de que Leola tuviese su tercer hijo; la madre hubo de ganarse la vida trabajando como asistenta en Savannah con el bajísimo sueldo de 14 dólares diarios, casi nada para sacar adelante una familia de cuatro personas; las perspectivas de que los hijos pudiesen alcanzar una buena educación eran prácticamente nulas. En fin, lo habitual en tantas vidas de negro en el Sur rural de mediados de siglo.

Pero Clarence y Myers, su hermano pequeño, tuvieron relativa suerte. Ante la imposibilidad de allegar recursos para toda la familia, Leola pidió a su propio padre ilegítimo, Myers Anderson, que se ocupase de los nietos y éstos se mudaron a vivir con él en Savannah. La niña mayor, Emma Rae, se quedaría con la madre. Anderson no era rico, ni siquiera podría decirse que perteneciese a la clase media, pero con gran esfuerzo había logrado poner en marcha un negocio de reparto de combustibles a domicilio que le permitía estar por encima de la línea de pobreza. Puestos a meterse en gastos, Anderson no quería quedarse con la nieta mayor, en quien seguramente no veía una inversión útil, y prefirió hacerlo con los dos hombrecitos en un arreglo típicamente tradicional y conservador, qué otra cosa podría esperarse. Al parecer, el abuelo era un tipo duro, que sabía lo que en realidad valía un peine y que enseñó a los nietos desde pequeños los valores del trabajo y el sacrificio, las claves de la moral calvinista, aunque él fuera católico. Al menos, ésa es la leyenda que Thomas y sus hagiógrafos han tenido buen cuidado en exponer una y otra vez. No hay por qué desecharla, pero conviene poner de relieve que la pobreza extrema en la que todos ellos dicen que vivió de niño no fue uniforme. Las cosas cambiaron mucho con la marcha a la casa del abuelo, las oportunidades se ampliaron. De haber seguido con su madre, como hizo Emma Rae, difícilmente hubiera llegado Clarence

Thomas a obtener las oportunidades educativas que, aunque modestas, se le abrieron de la mano de Myers Anderson.

Tras una serie de escuelas parroquiales católicas, a los dieciséis años Thomas entró en el seminario de St. John Vianney, a unas treinta millas de Savannah, para estudiar para cura. Como en tantas sociedades atrasadas, la Iglesia católica del Sur ofrecía posibilidades de ascenso social a muchachos que no habrían podido estudiar de otra forma, a cambio de que aceptasen una serie de pautas de conducta profundamente tradicionales que les marcarían por el resto de sus días. Indudablemente, no todos los que pasaron por los seminarios fueron unánimemente conservadores, pero la jerarquía hacía lo posible porque así fuese. En 1967 Thomas se transfiere a un seminario mayor, el de la Inmaculada Concepción en Misuri, pero al año siguiente decide detener sus estudios teológicos y volver al mundo. Hay un rifirrafe familiar y el abuelo decide no encargarse más de él y le abandona a su suerte.

Pero no ha sido la suerte lo que le ha fallado a Thomas a lo largo de su vida. Las universidades del Norte, sin excepción, se lanzan en estos años a una verdadera carrera por los alumnos de color. Si antes había sido su sexo lo que le había sacado de la miseria, ahora lo sería su raza. En 1968 entra en una prestigiosa universidad jesuítica de Massachussets, la de la Santa Cruz (Holy Cross), donde no sólo se le abren las puertas de los estudios superiores, sino que obtiene una ayuda financiera que le cubre la matrícula y parte de sus costes de manutención. Algo similar sucede luego cuando decide optar a la Facultad de Derecho de Yale, que lo acoge dentro de sus recientes programas de acción afirmativa, es decir, basándose más en su color que en las notas obtenidas en su carrera anterior, las cuales, por otra parte, no habían sido malas. En 1971, Thomas es un flamante abogado, licenciado por una de las mejores fábricas de carreras profesionales y políticas del país.

Al parecer, cosas de juventud, en Holy Cross tuvo sus coqueteos con el nacionalismo negro. Él mismo se ha encargado de contar con frecuencia que hasta tenía un póster de Malcolm X en su habitación. Le vieron tocado ocasionalmente con la boinita negra del Black Power y hablar con simpatía de Stokeley Carmichael del SNCC. A estas alturas, sin embargo, ya sabemos cómo el extremismo de Malcolm X, como buena parte de los extremismos, contiene numerosos elementos internamente contradictorios. Su gran enemigo es sin dudar el racismo de los blancos, pero éste tiene un hermano gemelo, igualmente malvado, el posibilismo reformador de los liberales blancos y de los dirigentes de color. Como le confiara a Alex Haley, Malcolm X prefería a los "honestos" gobernantes de la Suráfrica de 1963 sobre los "yanquis hipócritas" que decían luchar contra la segregación. Rómpase esa imposible tensión interna, como hizo Clarence Thomas, y pronto podemos darnos de bruces con el más profundo conservadurismo, a la extrema derecha por la extrema izquierda. En algún momento de su estancia en Yale Thomas ve la luz, comienza a librarse de sus escasas señas de identidad anteriores y se adentra en una no muy larga vía dolorosa que le lleva a algunas conclusiones poco sorprendentes.

Lo que fuera oportunidad excelente y excelentemente aprovechada, nada hay que reprocharle por ello, se convierte repentinamente para Thomas en una merecida victoria. Me estoy refiriendo a sus grados universitarios que, según él, ya sólo se deben a su esfuerzo. Lejos de Thomas la simpática desvergüenza de aquel Mr. Doolittle que justificaba sus escasos logros y merecimientos, más que en su esfuerzo, en "un poco de suerte" (*"a little bit of luck"*). Thomas ha salido de PinPoint en vuelo rasante hasta Yale de la misma forma en que lo hiciera el barón de Münchhausen, tirándose de los pelos o, como suele decirse por su tierra, de los cordones de sus botas (*pulling one's own bootstraps*). Todo se lo debe exclusivamente a sí mismo. Ni un recuerdo para la amarga realidad. Sin embargo, diez años antes, seguramente no podría haber soñado con entrar en Yale. Quince años después, sus amigos

EL GRAN PUZZLE AMERICANO

conservadores habrían podido poner a su candidatura por muestra de los excesos de los programas de *acción afirmativa*. Pero Thomas siempre ha contado con la suerte de Mr. Chance, la de estar ahí en el momento oportuno, lo que no es poco. Ahora se ve reforzada por un fuerte ataque de amnesia [4].

A Thomas no le gustan los vagos campos de la teoría, ni siquiera la jurídica, algo que uno esperaría de los más altos y purpurados jurisconsultos, y poco sabemos de los fundamentos de sus creencias y acciones. Cuando ha tenido oportunidad para exponerlos en solemnes ocasiones como en discursos de fin de curso en alguna universidad de provincias o en charlas homiléticas ante audiencias de arcanas cábalas conservadoras nos ha regalado con dos serias contribuciones, una de teoría política y otra sociológica. La primera es su radical oposición de principio a la *acción afirmativa*, que no es otra cosa, dice, sino un inaceptable reconocimiento de las cuotas raciales o de sexo. Aquí el matiz lo es todo. En una sociedad que cree profundamente en la igualdad, como la americana, hablar de cuotas es mentar la bicha. Una buena parte de los americanos puede entender, aun arrastrando los pies, que determinados grupos sociales que han sido privados por siglos del acceso a la educación o a los empleos importantes puedan ser favorecidos por un tiempo hasta alcanzar una igualdad de condiciones, o casi, con la mayoría de la sociedad. En definitiva, para subir tirando de los cordones de las propias botas, hay que tener botas. Pero, si advierte un matiz de privilegio inverso en esta posición, el americano medio ve rojo. Ese matiz lo pone la conversión de la *acción afirmativa* en una *cuota*, es decir, la pretendida exclusiva de un número fijo de plazas en universidades o empresas para esos mismos grupos, con independencia de la capacidad de sus miembros. Nadie ha podido demostrar hasta la fecha que esto sea así, pero ello no ha sido óbice para que Thomas y otros conservadores negros más ilustres que él,

---

[4] Juan WILLIAMS, "A Question of Fairness", *The Atlantic*, febrero 1987.

como Thomas Sowell y algún otro, en sacra comunión con muchos blancos, hayan denunciado profusamente el *sistema de cuotas* que imperaría en la sociedad americana, sancionado, a menudo, por el activismo de los tribunales.

El descubrimiento sociológico se sigue de ahí. La defensa del sistema de cuotas en que ha dado la *acción afirmativa* favorece de forma desigual a los negros. La gran mayoría, incapaz de encontrarse las botas, permanece donde solía, en la pobreza y el atraso. Sólo que aleccionados para exigir de los poderes públicos crecientes ayudas y subvenciones que no hacen sino impedirles salir de su situación. Son los que se aprovechan y justifican su escaso amor al esfuerzo y al trabajo con el cobro de las ayudas sociales que los mantienen en su estado de dependencia, los adictos a los bonos de comida y las reinonas del subsidio *(welfare queens)*.

Pero si la *acción afirmativa* no ha mejorado la suerte de la mayoría de los negros, hay quienes sí se han beneficiado considerablemente con ella. Son los dirigentes negros en sus diversas encarnaciones de políticos activos, líderes de organizaciones sociales, organizadores de grupos de presión *(lobbyists)*, predicadores politizados, abogados de pleitos pobres y demás perraje. Con una desconfianza que para sí hubiera querido Malcolm X, Thomas piensa que ellos sí tienen un interés económico real en que la mayoría de los negros no mejore su posición.

A estos puntillos de doctrina se unía una firme convicción moral. Durante las primeras sesiones de trabajo para su confirmación se habló mucho sobre el jusnaturalismo de Clarence Thomas. En esencia, es jusnaturalista quien piensa que existen principios, los que sean, superiores a la ley positiva que ésta debería respetar siempre. Esos principios forman el llamado *derecho natural*. Como puede suponerse, con esta definición hay jusnaturalismos de toda traza, tantos que, en el límite, declararse como tal quiere decir bien poco. Durante los últimos siglos, sin embargo, diversas doctrinas jusnaturalistas sirvieron, junto con otras tendencias de la filosofía jurídica, para justificar la democracia, los derechos del hombre y del ciudadano, el recorte de los poderes arbitrarios del Estado, en definitiva, para darnos el moderno Estado de Derecho. Sin embargo, en la actualidad y en Estados Unidos, una vez hechas realidad buena parte de las exigencias de los doctrinarios jusnaturalistas progresistas, esto es, reconocidas éstas como derechos positivos, existen sectores conservadores, algunos ultraconservadores, que se arman de invocaciones al derecho natural para tratar de recortar algunos de los elementos que creen demasiado audaces en las nuevas normas jurídicas, especialmente en campos tales como la familia, los derechos de las mujeres y las minorías raciales, el aborto, la educación libre de trabas religiosas y cosas similares.

El jusnaturalismo de Thomas parece más acomodaticio que doctrinario, obra, sobre todo, de los redactores de sus discursos y no de su propia iniciativa [5]. Una de las pocas instancias en que lo blandió fue en ocasión de celebrar un discurso de otro conservador, Lewis Lehrman, que veía en el derecho natural dispuesto por Dios una base para oponerse al aborto, ese crimen que viola el derecho inalienable a la vida. Justamente lo contrario de lo decidido por la Corte Suprema cuando legalizó el aborto en su famosa decisión en el caso de Roe *v.* Wade en 1973. Hubo quien más tarde, en las sesiones de confirmación del Senado, le recordó este episodio que Thomas ninguneó con una respuesta de profunda reflexión jurídica. El paso, dijo Thomas, no tenía gran importancia porque el discurso había sido pronunciado ante un auditorio reducido y muy conservador, cosas de ésas que se dicen sin pensar, nonadas. Era, sin embargo, el mismo Thomas que cuando le apretaron las clavijas sobre sus opiniones en torno al aborto ponía la cara del monaguillo que fuera años antes para decir que *nunca* había discutido en público la cosa y que

---

[5] Jane MEYER y Jill ABRAMSON, *Ibid.*, pp. 209-210.

en los tiempos de Roe *v.* Wade estaba demasiado ocupado en ganar dinero para mantener a su familia como para prestar atención a estos asuntos. Hay mucha gente empeñada en negar el pan y la sal a Thomas, pero algo que nadie podrá quitarle es su sentido de la medida.

Éstos eran los méritos teóricos que hacían de Thomas, como dijera Bush, el candidato *mejor cualificado* para el puesto. Claro que Thomas había hecho otros méritos y muy notables ante sus superiores. Al final de sus estudios jurídicos decía a quien quería oírle que, dadas sus convicciones intelectuales, nunca aceptaría un trabajo relacionado con problemas de discriminación, que eso arruinaría su carrera. ¿Que no quieres caldo, eh? Dos tazas. Como esos periodistas que quisieran escribir de cine o de vida social y, sin embargo, tienen que fungir de redactores deportivos por aquel artículo ocasional que, mire usted por dónde, tanto gustó a su director que... hala piragüismo, baloncesto, billar o lo que se tercie, a Thomas no le ofrecían más que trabajos de esa índole. Nada más ganar Reagan las elecciones lo colocaron en el equipo encargado de hacer la transición en la Comisión para la Igualdad en el Empleo, la EEOC, encargada de velar por el cumplimiento del Título VII de la Ley de Derechos Civiles de 1964 que prohibía cualquier tipo de discriminación ocupacional en las empresas americanas de más de quince trabajadores. A los pocos meses, en mayo de 1981, lo aparcan en un puesto de cuarta regional como secretario adjunto para asuntos de discriminación en el Departamento de Educación. Pero la virtud del justo florece en la adversidad. Así que, tras un año de exilio en Educación, Thomas alcanza un puesto de rango cuasiministerial, el de presidente de la EEOC. Lo más plus para personalidades poco interesadas en estos problemas. Allí permaneció desde 1982 hasta julio de 1989 en que el presidente Bush le nombró para el prestigioso Tribunal Federal de Apelaciones de Washington D.C. Lo demás ya lo sabemos.

Poner a Thomas a presidir la EEOC, ha dicho alguien, era encargar a la zorra de custodiar el gallinero. Los republicanos de Reagan eran lo suficientemente astutos para saber que, más allá del populismo antiburocrático electoral, toda administración resiste bravamente los intentos de aniquilar alguno de sus tentáculos y que al monstruo hay que agarrarlo por el flanco. Así que, en vez de destruir a la EEOC, la misión de Thomas era otra, adormecerla. En vez de impulsar sus trabajos, dejarla caer en un gentil sopor. En esto, al parecer, demostró una maestría consumada.

La EEOC no era un reducido ente burocrático. Contaba con unos 3.100 empleados de diferentes niveles y cincuenta delegaciones en cada uno de los Estados de la Unión. Su trabajo consistía en recoger las demandas por discriminación de cualquier clase, examinar su fundamento, tratar de hallar arreglos amistosos y eventualmente defender ante los tribunales los casos que lo mereciesen. Como en todas partes, el plazo desde la iniciación de los procesos hasta su sustanciación tenía unos límites temporales perentorios, de forma que, si no se alegaba dentro de los mismos, la acción decaía. Esto imponía una carga de trabajo considerable y, por supuesto, variable a esa agencia. El trabajo creció a medida que la EEOC y sus actividades se hicieron más conocidas y respetadas.

Thomas tenía su plan en cada uno de estos campos. Sin lograrlo plenamente, insistió en que cada una de las demandas habría de sustanciarse por separado, evitando al máximo las acciones colectivas. Primera manga ganada. La segunda manga consistió en tratar de reformar las Reglas Uniformes en el Proceso de Selección de Empleados, que exigían a las empresas que sus pruebas de selección de personal no estuviesen sesgadas por prejuicios raciales o sexistas. Esta manga se perdió ante la presión de los afectados. La tercera manga se jugó en un terreno burocrático bien conocido y obtuvo mejores resultados. Hay muy pocas instancias en que una burocracia sancione a sus miembros por no hacer nada, especialmente si la inactividad puede justificarse, mal que bien, invocando complicados procedimientos y reglas técnicas. Lo primero que aprende cualquier funcionario aspirante al éxito en la Administración española, por ejemplo, es el jugo que puede sacarse de los informes. Por un quítame allá esas pajas, se pide que evacuen informes la secretaría general técnica del departamento, el subsecretario, el portero mayor, los sindicatos, los servicios jurídicos, la intervención delegada de Hacienda, los altos órganos consultivos del Estado, el Consejo de Indias, por si cuela, o el Tribunal de las Aguas, tan colorista. Mientras los expedientes, como se los llama, pasan por todas esas manos, yendo parsimoniosamente de aquí para allá y acullá, menos urgencia hay en resolver la cuestión. Eso es precisamente lo que distingue al burócrata eficaz del chapucero que recurre a triquiñuelas dilatorias sin fundamento, como retrasar los portafirmas que se llevan al baranda de turno, llevarlos cuando está de vacaciones, cancelar reuniones bajo cualquier pretexto trivial, rehacer una y otra vez los escritos insustanciales y otras maniobras similares, técnicas justamente tenidas entre groseras por la élite más creativa. Pero a todo hay quien gane. Da vértigo imaginar de lo que sería capaz un buen funcionario americano de los años ochenta, curtido por los recuerdos del *spoils system* y contando además con computadoras y otros recursos de alta tecnología. Así que la EEOC bajo Thomas no se destacó por su trepidante ritmo de trabajo.

Si hemos de creer a Jane Mayer y Jill Abramson, dos periodistas del *Wall Street Journal*, autoras de un trabajo sobre la llegada de Thomas a la Corte Suprema, "en la primera mitad de 1986, cuando se aproximaba la fecha de renovar el nombramiento [de Thomas] como presidente, la EEOC conseguía arreglos amistosos sólo en el 13,6% de los casos que cerraba, en comparación con un 32,1% en el año fiscal de 1980. De los casos que tomaba en consideración, en un 56,6% 'no hallaba causa' para llevarlos a los tribunales, una tasa que doblaba la del último año de la Administración Carter" [6]. Algo que puede hacer verosímil la cifra de unos 13.000 casos de discriminación por razón de edad que se habían dejado prescribir a lo largo de su mandato según la NAACP, el gran *lobby* de los negros americanos.

Se ha dicho a menudo que las ciencias sociales son ciencias blandas. Es, a todas luces, una exageración. Hay algunas, como la psicología, que son verdaderamente fofas. Atrévase, pillín, si es hombre, a que le interpreten ese sueño recurrente en que usted conduce una locomotora que se introduce en un túnel y reúna, al menos, diez respuestas de un freudiano fundamentalista, otro heterodoxo, un adleriano, un jungiano pasado por el kleinismo, un kleiniano pasado por el jungismo, al menos dos gestaltistas, un lacaniano parisino, otro argentino y otro del Burgo de Osma. Bingo. Cada una distinta, *natürlich*. No le digo la que se puede armar si se trata de una pesadilla en la que se oiga a los Tres Tenores acompañar a La Niña de los Peines en *Los campanilleros*. Pero que no se alborote la parroquia psicológica, podríamos citar otras varias ciencias sociales en las que sucede lo mismo, lo que pasa es que la ciencia del alma es la que viene al caso ahora. Lejos de mí tratar de bucear en las profundidades del ser humano, ese piélago insondable, pero de alguna forma hay que caracterizar a este individuo que es el juez Thomas y parece insoslayable hacerlo con categorías cercanas o propias de la psicología, aun situándonos en aquel lugar donde ésta se corta con otra ciencia de perfiles imprecisos, la sociología. Para entender a Thomas y el alboroto que se va a formar a continuación, vamos a definirlo con un tipo ideal que trataremos de justificar a continuación, el de *predador burocrático*.

La burocracia pública moderna es un aguijón al costado de nuestras democracias. El ciudadano medio ve de repente cómo, junto a los parlamentos y gobiernos cuya necesidad es

---

[6] Jane MEYER y Jill ABRAMSON, *Ibid.*, p. 143.

sencilla de comprender, surgen como hongos tras la lluvia un sinnúmero de organismos intermedios que manejan nuestros impuestos, prevén el crecimiento económico futuro con serias implicaciones para lo anterior, disponen lo que vamos a pagar, adoptan decisiones sobre nuestras ciudades, hacen campañas por televisión diciéndonos que sonriamos, cómo debemos conducir, cuándo utilizar condones o cualquier otra simpleza que les rote, fabrican barcos o muebles o material eléctrico y afirman prestarnos servicios cuya utilidad escapa a muchos, como la del ejército, la policía antidrogas, los pósitos y esas cosas. Quienes se quejan de la grisura o la mediocridad burocrática desconocen injustamente el caudal creativo que puede movilizar el funcionario de turno a la hora de imponer o ampliar sus apetencias y competencias.

Sin duda, estas entidades burocráticas no carecen de legitimidad, pues su vida, así como el nombramiento de sus cumbres, depende del gobierno de turno, elegido democráticamente, o de un mecanismo algo más complejo, como en el sistema americano, donde el presidente designa y el Senado ha de ratificar la propuesta de nombramiento. Pero, a menudo es difícil comprender esta relación. Los propios órganos administrativos, lo sabemos desde *El fenómeno burocrático* de M. Crozier, tienden a aumentar su autonomía, a perderse en luchas internas de poder y a reforzar su falta de responsabilidad efectiva por medio de esos mil mecanismos que hicieron las delicias de los seguidores de la serie *Sí, ministro*.

Por lo demás, aun reconociendo la legitimidad democrática de origen de la burocracia pública, ésta es, por naturaleza, un aparato jerárquico y autocrático. En efecto, la competencia técnica en la que se funda requiere una organización piramidal, impulsada de arriba abajo, donde el ideal es que se cumplan las órdenes superiores sin dilación, sin resistencia pasiva, sin siquiera un pestañeo de duda. No todas las burocracias acaban así. Precisamente los controles propios de la sociedad democrática están pensados para evitarlo. Sin embargo, las gentes sensatas tienden con razón a desconfiar del aparato como tal y también de sus representantes. Es demasiado el peso de los aparatos burocráticos sobre nuestras vidas, son notorias e innumerables sus muchas carencias y errores como para pedir a los ciudadanos que miren con benevolencia al monstruo. Hay algún paranoico que cree que el trato autoritario y distante que se recibe, por ejemplo, en las oficinas públicas americanas es una conjura neoliberal para desacreditar de una vez por todas al sector público ante los ojos de sus usuarios. No es cierto, pero lo parece.

La burocracia pública moderna es un fenómeno extraordinariamente complejo y todavía mal conocido. En especial se sabe muy poco de lo que suele llamar el comportamiento de *las cúpulas burocráticas*, esas instancias organizativas que en la jerga española corresponden a direcciones y subdirecciones generales, presidencias y órganos ejecutivos de empresas y entes públicos, organismos comerciales y demás pellejería, perdónese la expresión almeriense. Este grupo de gentes que existe con mayor o menor amplitud en todas las sociedades modernas adoptan decisiones importantes para la vida de los mortales, pero su responsabilidad, especialmente cuando hay mal manejo técnico, incompetencia u omisión no dolosa es prácticamente imposible de exigir. Son un conjunto opaco, regido por las reglas del favor político, arcanas sí, pero muy estables, como la cooptación y el patronato, típicos de sociedades cerradas o secretas.

Todos estos puestos suelen ser apetitosos. Ofrecen buenas remuneraciones, permiten disponer de grandes recursos, dan poder e influencia social durante el tiempo que se ejercen y, si se utilizan con cabeza, permiten establecer redes de contactos para el futuro, cuando haya que dejar el asiento al sucesor que llega con iguales expectativas y aspiraciones. Para su desempeño es requisito tener una cierta cualificación técnica en el terreno de que se trate, aunque no siempre suceda así, pero eso no basta. Importa mucho más el manejo adecuado de las relaciones con el poderoso o su entorno, saber ser un hábil vendedor de sí mismo, o estar dispuesto a cargar con un muerto si fuere menester, dicho sea en sentido figurado. Tal es el medio ecológico adecuado para el desarrollo del *predador burocrático*. Éste, como la hiena, es un depredador oportunista cuyo fin es utilizar para engrandecimiento propio los amplios medios que el sistema pone a su disposición, con independencia de que así cumpla o no los fines para los que el aparato fue diseñado, y en esta carrera no respeta principio alguno que le impida colmar sus ambiciones o diverja de ellas. No todos los altos burócratas son predadores, pero entre ellos hay un gran número de éstos, como bien lo ha mostrado la experiencia. Desde luego, Thomas lo era. Ya había dado buenas muestras desde jovencito. Su paso de votante registrado del Partido Demócrata al Republicano se dio justamente antes del triunfo de Reagan en 1980 y poco tuvo que ver con que se le hubiesen caído de los ojos las escamas de una ingenua ideología.

Así que la cosa estaba clara. Si se quería evitar que se colase de matute y con intenciones de miura en la Corte Suprema, a Thomas había que borkizarlo. El barbarismo viene a cuento de Robert H. Bork, a quien hoy pocos recuerdan. En 1987 y con los fines ya conocidos de parar en seco el pretendido activismo político de ese tribunal, Reagan propuso a Bork para cubrir una de las vacantes producidas en la Corte Suprema. Su candidatura ha sido una de las pocas que el Senado haya rechazado a lo largo de su historia. No la única, pues en tiempos de Nixon, por ejemplo, varios grupos pro derechos civiles habían conseguido torpedear las propuestas de dos halcones, Clement Haynsworth y Harrold Caswell. Pero Bork era un peso pesado en la jurisprudencia americana: profesor universitario de Derecho en Yale, alto funcionario de la Administración Nixon, juez del Tribunal de Apelaciones de Washington D.C. y autor de numerosos artículos sobre materias constitucionales; en suma, tenía la madera necesaria para llegar a la cumbre.

El problema de Bork era que había enseñado demasiado la patita. Sus adversarios políticos no le perdonarían nunca su participación en *la masacre de la noche del sábado*, cuando Nixon se cargó al fiscal especial Archibald Cox, que le estaba apretando demasiado las tuercas con el Watergate y arrasó con la cumbre del Departamento de Justicia, poco flexible a sus sugerencias de mirar hacia otra parte. Pero allí estaba Bork en funciones del Señor Lobo de *Pulp Fiction*, para encargarse de los cadáveres y ocupar el sitio de los muertos. A sus adversarios ideológicos les bastaba seguir *la pista de papel* dejada por Bork para demostrar cuáles eran sus intenciones. Bork era enemigo frontal del aborto y había escrito, por ejemplo, en relación con la disposición de la Ley de 1964 sobre Derechos Civiles que prohibía la segregación en establecimientos hosteleros, que éste era un principio profundamente inicuo que atentaba contra el derecho de propiedad. El mismo día de su propuesta por Reagan, Ted Kennedy le asestó una estocada que llevaba mucha muerte al decir que "la América de Bork sería un país en el que las mujeres se verían forzadas a procurarse abortos clandestinos y los negros se sentarían en mostradores segregados".

Lo cual que se formó una amplísima coalición anti-Bork que acabó con su candidatura. En ella participaban un sinnúmero de organizaciones y grupos de presión representantes de numerosos intereses, que cuajaron en una sólida alianza de negros y mujeres. Esta lección fue muy bien aprendida por los conservadores: era preciso impedir que se formase nuevamente un frente amplio de oposición y precisamente el color de Thomas sería la estaca a clavar en el corazón del gran vampiro. Con un entusiasmo difícil de entender de otra manera, el aparato de relaciones públicas de la Casa Blanca y del Partido Republicano, perfectamente engrasado por Kenneth Duberstein, se puso a la tarea de convencer al público, especialmente el de color, de que lo importante era la piel de Thomas, su tesón por salir de la pobreza gracias a su propio esfuerzo, su ejemplaridad moral y su honestidad intelectual. Otro gran Horatio Alger del sueño americano. Lo demás, sus escasas capacidades intelectuales, su oscura ambición, su oportunismo, la forma en la que había manipulado la EEOC, el peligro que, con independencia de su color, sujetos así podían representar para las libertades civiles de los americanos, eran, según los abanderados de Thomas, naderías y pequeñeces que sólo algunos resentidos trataban de agitar.

Sus esfuerzos no fueron vanos. Los primeros sondeos de opinión mostraron un alto porcentaje tanto de negros como de blancos en favor de su nombramiento. Las cifras oscilaban entre un 45% y un 53% de negros en su favor; en cualquier caso, eran bastante alentadoras. Sólo había un problema. Al tiempo que veían favorablemente su historia, muchos americanos querían saber más sobre el candidato, algo que precisamente sus defensores trataban de evitar. Más Pin Point y menos EEOC era la mezcla más conveniente para debilitar cualquier oposición organizada. Y ello estaba dando sus frutos. El gran dilema de creer a su piel tan negra o a su corazón tan blanco paralizó por completo a los líderes negros durante las semanas siguientes al nombramiento de Thomas, de forma que a comienzos de septiembre de 1991 el porcentaje de negros que apoyaban su candidatura había llegado al 60 y al 65%, según las diversas encuestas. Para después del verano la batalla parecía estar ya definitivamente librada y la distancia entre los negros, por un lado, y los liberales blancos y los grupos feministas, que atacaban la candidatura de Thomas, por el otro, era posiblemente mayor que nunca desde los años sesenta.

Y en esto llegó Anita Hill. Una mujer negra, a la sazón en los treinta y cinco años de su edad, profesora de Derecho de la Universidad de Oklahoma y con una historia que contar. Entre el verano de 1981 y la primavera de 1983, Hill había trabajado junto a Thomas en el Departamento de Educación, primero, y en la EEOC después y, según ella, en esos veintiún meses Thomas la había sometido a un largo proceso de acoso sexual. La cosa comenzó con vagas sugerencias por parte de Thomas, como "Vd. debería salir a cenar conmigo alguna vez", invitación que se repitió con cierta insistencia a pesar de que Hill había dejado claro desde el principio que no creía conveniente alternar con un superior directo. Luego, vinieron las ocasiones en que Thomas la llamaba a su despacho o almorzaba con ella en la cafetería del centro, supuestamente para hablar de cuestiones de trabajo, y terminaba por perderse en discursos sexuales de variada índole. "La conversación era muy explícita por su parte. Hablaba de cosas que había visto en películas pornográficas, tales como mujeres en relación sexual con animales o sexo en grupo o escenas de violaciones. Hablaba de material pornográfico en que aparecían fotografiados individuos de pene muy grande o mujeres con enormes senos protagonizando diversos actos sexuales. En varias ocasiones, Thomas me habló por menudo sobre sus propias proezas sexuales", contaba Anita Hill. Incluso le confió en algún momento, sin duda sublime, que "se había medido el pene y decía que lo tenía más grande que la mayoría". Había otros detalles específicos casi tan sabrosos. Como las veces en que Thomas le decía que podía adivinarle las bragas a través del vestido o lo bueno que él era para el sexo oral o aquella otra en que, sin darle importancia, le preguntaba quién habría puesto vello púbico en la lata de Coca-Cola que estaba bebiendo o la discusión sobre una estrella masculina del cine porno que atendía por el nombre de Gran Badajo Silver (Long Dong Silver), en cómico homenaje al Long John Silver de *La isla del tesoro*, y cuyo aparato le llegaba a la rodilla. Es decir, era casi tan grande como el del propio Thomas. Hasta aquí las quejas de Anita Hill.

Bueno y ¿qué?, se preguntaban algunos. Thomas podía ser el típico pelmazo pero nunca fue acusado de ejercer acoso sexual en primer grado. Nunca amenazó a Hill con despedirla si no se acostaba con él, ni le ofreció beneficios especiales para el caso de que lo hiciera. Cuando llegó el momento de cambiar de trabajo, ella lo hizo por su propia voluntad y con su recomendación. Luego, más allá del mal gusto, ¿qué hay de malo en todo esto? Una reacción bastante común entre latinos y europeos del Sur, que no entienden las sutilezas gringas.

De ser cierta, sin embargo, la conducta de Thomas habría sido una clara infracción de las leyes americanas. En efecto, junto al caso claro de acoso que consiste en ofrecer favores o castigos a cambio de relaciones sexuales, en el derecho americano se entienden también como tal las conductas tendentes a crear un ambiente que pueda ser interpretado como hostil o discriminador por razón del sexo. Para entendernos, soy muy libre, por ejemplo, de comprar todas las revistas pornográficas que encuentre en el mercado y de usarlas para mis intereses privados, pero si me empeño en exhibirlas sobre mi escritorio de trabajo en un espacio público en el que circulan mujeres u hombres que pueden sentirse ofendidos por ellas, entonces estoy incurriendo en acoso. Otrosí digo de las bromas de mal gusto, los chistes verdes o la repetición de expresiones como "está Vd. muy buena", "ese vestido tan vaporoso te sienta muy bien" o "tú ponte guapa y cállate".

Sin duda, mucho de esto es difícil de entender para personas más relajadas en estas materias, como tantos latinos y europeos, y la beatería de los politcorrectos americanos ha llegado en este punto a barroquismos insuperables. Pero, sea como fuere, incluso con estas zonas oscuras que se prestan a numerosas estupideces, la ley es la ley y pocos pueblos como el americano para respetarla.

Anita Hill abrió así un portillo por el que se aprestaron a pasar una gran parte de quienes esperaban su oportunidad de borkizar a Thomas. El asunto ahora pasaba a mayores, una vez que los medios de comunicación se sorprendían con su potencial. El presidente de la EEOC, el organismo encargado de perseguir la discriminación racial y el acoso sexual, entusiasmado cual un Fellini de color con Big Mamma Jamma, cuyas tetas, al desbordarse, empequeñecían las crecidas del

Misisipí. Una historia de acoso sexual en ese santuario del aburrimiento que es la Corte Suprema. Con cosas así los reporteros comenzan a salivar y los medios pierden la compostura. Como el público.

Jaleadas por diversas organizaciones feministas, por varias mujeres congresistas y por los habituales defensores de las causas liberales, las audiencias del Senado sobre el nombramiento de Thomas se convirtieron en asunto de portada de los periódicos y abrían los telediarios. Una buena parte de los procedimientos se dio en directo. Lamentablemente, toda esta escandalera parecía una confesión de impotencia. Como no podemos desbaratar por procedimientos rectos la siniestra burla de Bush al nombrar a este híbrido de blanco y de negro como sustituto nada menos que de Thurgood Marshall, como no podemos decir claramente que más importante que el color de su piel es la doblez del candidato, como no nos atrevemos a defender que sus actitudes ultraconservadoras no convienen a un juez de la Corte Suprema y son una amenaza para la sociedad americana, persigámosle por sus presuntos fallos de conducta, argumento especialmente atractivo para tantos americanos de cualquier pelaje ideológico que esperan de sus figuras públicas un comportamiento intachable en todos los campos.

Al transitar por esta solución, en definitiva, los acusadores de Thomas estaban cambiando un argumento general por otro de oportunidad. Pongamos que se hubieran podido probar las acusaciones de Hill y que la candidatura de Thomas hubiera descarrilado. No todos los negros juristas, conservadores y semiágrafos son acosadores sexuales convictos, algunos, al menos, seguro que no. Si, ante el fin de su candidato inicial, Bush hubiera echado mano de un sustituto de similares características, pero sin tacha en el asunto del acoso, ¿hubiera significado eso para los enemigos de Thomas que el nuevo candidato ya no podía ser objetado? No digo que Thomas no mereciese la borkización, pero obtenerla así, a cualquier precio, hubiera sido una victoria pírrica contra el desembarco conservador en la Corte Suprema. En definitiva, los progres y los politcorrectos de ambos sexos se lanzaron por el camino que parecía más fácil y, como suele suceder con frecuencia, el atajo los metió en un berenjenal. Los suyos eran argumentos *ad hominem* que no hacían del conservadurismo en general el enemigo a batir y reducían la cosa a la conducta de una persona.

Con esos planes de combate, empero, era difícil otro desenlace que el que se produjo. Ante todo, porque las acusaciones de Anita Hill no fueron probadas. En primer lugar, su acusación no fue corroborada por otras similares, algo que es llamativo. Los acosadores sexuales no suelen contentarse con una sola víctima, sino que le cogen gusto a la cosa. Ése fue, por ejemplo, el caso de Robert Packwood, un senador de Oregón que tuvo que renunciar a su escaño en 1993 tras ser denunciado por varias mujeres. Nada similar sucedió en el caso de Thomas y ninguna otra mujer hizo una declaración jurada como la de Hill. Mucho se ha hablado de que una segunda colaboradora de Thomas, Angela Wright, estaba dispuesta a corroborarla; lo cierto es que, por las razones que fueren, Wright renunció a comparecer en persona ante la comisión senatorial.

En segundo lugar, hay algo difícil de entender en la actitud de Hill, algo que ella nunca ha llegado a explicar satisfactoriamente. ¿Por qué esperó casi diez años para hacer sus acusaciones? Oportunidades no le habían faltado antes. Hill dejó de trabajar para Thomas en 1983 y, desde ese año, Clarence *¿qué?* había tenido que pasar por dos veces más ante un comité senatorial, la primera cuando en 1986 fue renovado su nombramiento de presidente de la EEOC y la segunda en 1989 con ocasión de su paso a juez del Tribunal Federal de Apelaciones en Washington D.C. En cada una de esas dos ocasiones, como ya lo hiciese en 1982-1983, Hill prefirió mantenerse callada. A qué se debía su actual locuacidad y, lo que es evidente, la buena memoria de la que ahora hacía gala.

En definitiva, en vez de permitir la puesta en claro de la maniobra que la Casa Blanca estaba llevando a cabo, el aparente camino fácil de la politcorrección desembocó en la situación imposible de que los senadores tuviesen que votar basados no en los hechos probados y sus posibles consecuencias, sino en la palabra de una persona contra la de otra. Hill contra Thomas. Aquí fue pintar como querer y, al final, la opción conservadora se llevó el gato al agua.

¿Decía la verdad Anita Hill? Numerosos indicios inclinan a pensarlo. Hill tiene todas las trazas de ser una cursi de provincias. Valga decir, era una persona educada en el seno de una familia de villorrio, había nacido en Lone Tree, al nordeste de Oklahoma, en un medio rural cerealero, de una familia de campesinos propietarios de sus tierras. No el mejor medio para llevar una vida poco convencional o poco conservadora. El trabajo y el esfuerzo individuales eran la base del relativo bienestar y la médula de las creencias familiares, a las que habían contribuido algunos parientes dedicados a la iglesia o a la enseñanza. Todos sus hermanos habían hecho el servicio militar, a pesar de que éste no era obligatorio. La discreción materna sobre los misterios de la vida y del amor, que se decía en tiempos, era completa. En definitiva, el de Hill era uno de esos hogares del hondón de la raza, hechos para el sacrificio, la verdad, el deber y el pudor [7]. Los años no parecen haber cambiado mucho esas convicciones y su reciente libro sobre los acontecimientos no hace sino abonar la opinión sobre su cursilería.

Hill era una niña lista y obtuvo una beca completa para estudiar Psicología en la Universidad estatal de Oklahoma, en Stillwater, donde se reveló como una excelente estudiante. En 1977 le dieron una beca Earl Warren, financiada por

[7] Jane Meyer y Jill Abramson, *Ibid.*, pp. 82 y ss.

la NAACP, para estudiar Derecho en Yale, como Clarence Thomas. Se graduó en 1980 y, tras una serie de empleos iniciales, acabó por trabajar a sus órdenes en 1981, como sabemos.

Esta sucesión de hechos poco relevantes venía complementada, según dicen sus amigos, por una extraordinaria discreción social y una vida sin sobresaltos ni excentricidades. Hill parecía, a su manera, ser otra aprendiza de predadora burocrática, al estilo de su jefe, dispuesta a hacer una buena carrera de negra conservadora en el Washington reaganiano. Pensar que una cursi semejante pudo inventarse lo del sexo oral, lo del tamaño del pene de Thomas o la historia de Gran Badajo Silver es difícil.

Sin embargo, la verdad jurídica no siempre coincide con la realidad. Para que algo valga como tal ante los tribunales o, como en este caso, ante una comisión senatorial de investigación, es necesario que se pruebe. Una larga tradición jurídica dice, además, que cuando se trata de acusaciones la carga de la prueba corresponde al acusador. Dicho de otra forma, estamos ante la presunción de inocencia, que es parte de las garantías de todo acusado en las sociedades democráticas. Hay quien ha apuntado que los casos de acoso sexual son asuntos civiles y que la carga de la prueba debería repartirse entre las partes. Afortunadamente, no es ése el criterio de los tribunales, pues si la mera acusación bastase para asegurar la condena del acusado estaríamos ante un retroceso hacia la caza de brujas. Lamentablemente para quienes creen en la veracidad de Anita Hill, el hecho es que no pudo probar su memorial de agravios. Y en ésta, como en todas las ocasiones, es más conveniente que pueda irse de rositas un culpable que abrir un portillo para la condena de eventuales inocentes.

En semejantes condiciones, la única actitud razonable para Thomas y sus seguidores era encerrarse en la negativa y cruzar los dedos para que no apareciesen otras pruebas o testigos que corroborasen a Hill. Cualquier vacilación por su parte le habría condenado con seguridad. Así comenzó una lucha sin cuartel. Los senadores pro Thomas se abalanzaron sobre Hill al grito de *todo vale*. Hill era, así, según las ocasiones y el orador, una feminista radical dispuesta a perder a Thomas por si su voto en la Corte Suprema ponía en peligro el derecho al aborto; una criptolesbiana que odiaba a los hombres en general; una mujer despreciada por Thomas en el terreno sentimental y que buscaba venganza; una *erotómana* que, al decir del doctor Jeffrey Satinover, un jungiano conservador, como le definen Mayer y Abramson, sufría del síndrome de De Clérambault, consistente en imaginar y creer a pie juntillas las propias fantasías sexuales sobre el acusado; una funcionaria incompetente que trataba de vengar sus fracasos profesionales acusando al jefe que había sido testigo y juez de los mismos. Poco importaba que esas teorías fuesen contradictorias entre sí; poco importaba que Hill hubiese pasado adecuadamente la prueba del detector de mentiras; lo que importaba era demolerla [8].

Quienes querían la piel de Thomas no les anduvieron a la zaga. Ahora nos enteramos de que era un ávido coleccionista de *Playboy* y de que guardaba pilas de ellos en su casa; de que alquilaba numerosas películas porno para verlas en sus horas libres; de que le gustaba discutir algunas de las escenas que veía; de que a menudo empleaba lenguaje obsceno [9], es decir, de que hacía las mismas cosas que otros muchos hombres americanos hacen pacíficamente, pero, en su caso, eran pruebas palmarias de su detestable catadura moral.

La fascinación del público empezaba a disolverse en un creciente hastío ante esta lucha en el barro. Así que Thomas se encontró con un terreno abonado cuando decidió jugarse el todo por el todo el viernes 11 de octubre de 1991. A las diez en punto de la mañana comenzaba su primer discurso ante el comité senatorial desde que las acusaciones de Hill fueran da-

---

[8] Jane MEYER y Jill ABRAMSON, *Ibid.*, pp. 306-310.
[9] David BROCK, *Ibid.*, pp. 83-87.

das a la publicidad. Quienes le siguieron por la televisión le oían cosas con las que en su fuero interno no podían dejar de estar de acuerdo: que, si había que pasar por todo esto, el puesto de juez de la Corte Suprema "no valía la pena", que no estaba dispuesto a discutir en público "lo que sucede en lo más íntimo de mi vida privada o en el santuario de mi dormitorio" ni a "proporcionar la cuerda para mi propio linchamiento". Tras las declaraciones de Anita Hill, que duraron casi todo ese día, Thomas tuvo ocasión de volver sobre el asunto en su última intervención, que cerraba, de acuerdo con las reglas establecidas, el ciclo de testimonios ante el comité. Lo que estaba pasando, según él, era una repetición de lo que tantos negros habían tenido que soportar antes, sin poder defenderse. "Esto no sólo confirma, sino que entra de lleno en los peores estereotipos sobre los negros en nuestra sociedad. ¡Y no tengo forma de cambiarlo ni de refutar semejantes acusaciones!". Era, en definitiva, un linchamiento, igual al que habían sufrido tantos otros negros inconformistas en el pasado, pero esta vez de alta tecnología.

Poco importaba que las circunstancias fueran diferentes, que su acusadora fuera una mujer también negra, que haya una cierta distancia entre probar la cuerda y defenderse gentilmente en televisión, o que su testimonio fuera jaleado por la Casa Blanca. Thomas, cuyo nombramiento siempre había contado con las ventajas de la carta racial, la volvía a jugar ahora hasta las heces. Y, de nuevo, como había sucedido a lo largo del verano, esa invocación desarmaba instantáneamente a buena parte de sus oponentes, como mostraban los estudios de opinión que variaban con los días. Según Margaret Burnham, hubo notables cambios desde el 6 de octubre, en que se hicieron públicas las acusaciones de Anita Hill, hasta el momento del voto en el Senado [10]. Antes de Hill, Thomas conta-

---

[10] Margaret BURNHAM, "The Supreme Court Appointment Process and the Politics of Race and Sex", en Toni MORRISON, *Ibid.*, pp. 306 y ss.

ba con un 61% de mujeres y un 65% de hombres a su favor, pero tras el 6 de octubre el porcentaje se había reducido respectivamente al 43 y al 51%. Cuando Hill acabó de prestar declaración, las cifras eran del 43% y el 59%, una diferencia por sexos de 16 puntos. Sin embargo, tras la exposición final de Thomas, las cosas se habían reequilibrado. El sábado 12 de octubre un 61% de los hombres y un 57% de las mujeres estaba a su favor. La oración de Thomas había surtido los efectos esperados. Las diferencias entre negros y blancos fueron igualmente notables. Más de un 50% de los negros le apoyaba antes de comenzar las sesiones del comité; al final, su apoyo había subido otros 5 puntos. Un tercio de los negros creía que debería ser confirmado aun si las acusaciones se hubieran probado. Un 43% de negros frente a un 21% de blancos creía que Thomas había sido víctima de maniobras racistas.

El martes 15 de octubre de 1991, el pleno del Senado aprobó la propuesta de nombramiento de Clarence ¿qué? Thomas por un apretado margen de 52 a 48. Los senadores demócratas del Sur votaron a su favor. La única senadora republicana, Nancy Kassebaum, de Kansas, también. Los críticos de Thomas señalaron con razón que era el peor resultado que ningún juez confirmado haya recibido nunca. Otros siguieron divertidos la cómica urgencia con que la Casa Blanca improvisó su ceremonia de juramento, por si antes de ella aparecían más testimonios inconvenientes. Pero, como dijo entusiasmado uno de sus partidarios en el GOP, "lo importante es que hemos ganado".

Durante todo este largo proceso, algunos importantes líderes de opinión negros como la poetisa Maya Angelou y el sociólogo Orlando Patterson explicaron su apoyo a Thomas con la esperanza de que, a pesar de sus deficiencias, la nueva responsabilidad que asumía le sirviese para afinar sus juicios y hacerle más permeable a las demandas de los partidarios de los derechos civiles. No parece haber sido el caso. Desde que asumió sus funciones, el juez Thomas se ha revelado como el juez más conservador e irredento de entre los nueve que componen la Corte Suprema. Si tenemos en cuenta que tan alta magistratura es vitalicia y que Thomas tenía cuarenta y tres años cuando le nombraron, ésas y otras esperanzas semejantes van a verse defraudadas por largo tiempo.

Aijo, aijo, vamos a trabajar

EL SIGUIENTE GRAN MOMENTO DE LA HISTORIA ES NUESTRO

Una de las interpretaciones decía que Bobby Riggs era un tonto. No le había ido mal en la vida, porque había sido un buen jugador de tenis profesional, había sido astuto en los negocios y se defendía bastante bien. Pero nadie ha dicho que el éxito en el deporte o en los negocios, como en cualquier otro campo aisladamente tomado, vacune contra la estupidez. Bobby Riggs era un tonto porque no ponía en cuestión las verdades reveladas y se las creía a pie juntillas. Una de ellas, para un buen número de hombres, es la de la superioridad innata del género masculino sobre el femenino. Más aún, muchos creen como Bobby Riggs que cualquier individuo de su especie, por serlo, es superior a cualquier mujer y en cualquier campo de actividad. Así que no tuvo mejor idea que retar a Billy Jean King a jugar un partido de tenis. Según Riggs, un tenista masculino como él, aunque hubiera superado lo mejor de su carrera y contase ya cincuenta y cinco tacos, podía hacer morder el polvo a cualquier campeona [1].

---

[1] Este dato y varios hechos más a los que nos referiremos en páginas posteriores están tomados de "The Feminist Chronicles", una publicación que aparece en Internet, sin mención de autor.

Muchos recuerdan todavía con estupor a Billy Jean, con sus gafillas y su increíble *drive*. La King fue la más grande tenista de los primeros años stenta. En 1972, la revista *Sports Illustrated* la nombró *deportista del año*. Billy Jean King, además, no se mordía la lengua y decía las mismas inconveniencias que a la sazón habían comenzado a decir muchas mujeres sobre su papel social. Así que aceptó con gusto el envite y pronto se establecieron el lugar y la bolsa del partido. Sería en el Astrodome de Houston, Texas, con una bolsa de $100.000, que iría íntegra para el ganador. Los medios americanos, con su inigualable olfato por el espectáculo, lo llamaron *la batalla de los sexos* y hasta *Time Magazine* dedicó una portada a Bobby Riggs.

El partido fue un taquillazo, lo que avala la segunda interpretación, que Riggs no era tan tonto como algunos pensaban, pues, pelillos machistas a la mar, iba a ganar una buena suma de dinero en cualquiera de los casos, porque llevaba porcentaje en el aforo. Sea como fuere, la cosa creó gran expectación y tuvo un final anunciado, pero igualmente satisfactorio para las mujeres y los hombres que no creían en las verdades reveladas. Billy Jean King ganó a Riggs en cinco sets, sin perder ni uno. Un diario titulaba "Uno a cero para las mujeres".

El titular era demasiado épico, sin duda, pero lo cierto es que las mujeres americanas, en éste y en otros campos, han marcado muchos puntos desde los años setenta. Hay quien piensa que dentro de cien o doscientos años, no lo veremos, algún sociólogo o historiador o lo que sea será entrevistado por algún medio y que, a la pregunta de cuál ha sido el proceso social más importante de la segunda mitad del siglo XX contestará sin dudar que la incorporación masiva de las mujeres al mercado de trabajo. Tendrá razón. Lleva tan poco de vida la cosa y, al tiempo, va tan rápida que a menudo parece imposible detenerse para reflexionar sobre lo sucedido.

Las verdades reveladas de las religiones de todo el mundo y las instituciones de la mayor parte de las culturas conocidas han determinado desde hace muchos siglos que el mundo del trabajo es eminentemente masculino y que la mujer debe reinar en el hogar. En *La mística de la feminidad* cita Betty Friedan a otro, al parecer, tonto notable, un tal Lynn White, que fuera presidente de Mills College, una universidad californiana sólo para mujeres. Mr. White sostenía que las mujeres debían de ser educadas, ante todo, para convertirse en amas de casa y madres. En esto, sin embargo, no era necesariamente tonto, porque esa opinión la compartían a la sazón un sinnúmero de hombres y mujeres, algunos de ellos y ellas sensatos. Pero con la temeridad que suele dar su condición, tan extendida por otra parte en los medios académicos, añadía a renglón seguido cuánto mejor fuera que en vez de trabajar se dedicasen las mujeres a la teoría y la práctica de cocinar unas simples alcachofas con leche, especiar *curries* sobresalientes o preparar *paella vasca*. Lo que a las claras prueba, en especial esto último, que Mr. White era un tonto, que no sabía de qué estaba hablando.

Ya hemos dicho que no estaba solo en lo primero. Una encuesta de la Asociación Americana de Mujeres Universitarias (American Association of University Women o AAUW) realizada en 1970 informaba de que el 60% de los hombres y el 43% de las mujeres creía que el papel social básico de la mujer era el de esposa y madre. Unos años antes, en 1965, otra encuesta entre las estudiantes de la Universidad de Stanford, California, señalaba que un 70% de ellas no pensaba trabajar mientras sus hijos fueran menores de seis años y sólo un 43% pensaba hacerlo una vez que llegasen a los doce. Y, de repente, zas. En 1972, sólo un 4% de las estudiantes que se graduaban en la misma universidad esperaba ser ama de casa a los cinco años de su graduación, sólo un 3% dejaría de trabajar cuando sus maridos acabasen sus estudios y sólo el 7% decían estar dispuestas a dejar de trabajar para educar a sus hijos. Habían pasado siete años y el mundo se había vuelto del revés.

Porque las mujeres americanas no sólo lo decían, sino que lo cumplían y en esos años comenzaron a incorporarse masivamente al mercado de trabajo [2].

No era la primera vez que sucedía, todo hay que decirlo. Durante la II Guerra Mundial, con los hombres mayoritariamente en los frentes, una gran cantidad de mujeres que no estaban en ellos como enfermeras y auxiliares de combate se había puesto a trabajar en las manufacturas de guerra y en el frente interno *(home front)*. Pero la cosa no había sido duradera. La vuelta de los G-Men las devolvió a casa. La mayoría se fueron por propia voluntad y años más tarde se diría que nunca hubiesen pasado por la experiencia laboral, tal era el gusto con que parecían acoger la recomposición del antiguo orden de los sexos.

Entre 1945 y 1965, durante los veinte años que algunos hoy creen haber sido el pináculo de la grandeza americana, todo volvió a ser como antes para las mujeres de la clase media: la casa y los niños, que los parieron con un entusiasmo pocas veces igualado, son las madres de los *boomers*. Sin duda hubo rebeldías, pero se perdían como una gota en el mar de la conformidad. *Eppure...* Nadie se lo podía imaginar pero sus hijas, ésas que jugaban con la Barbie que Ruth Handler había diseñado en 1959 y que iba a ser la clave de los grandes beneficios de la compañía Mattel hasta el día de hoy, iban a tirar por el camino opuesto. Qué desastre de educación. Pásese usted la vida sacrificándose por los hijos y éste es el trato que nos dan. Lo mismo que sus hermanos, que venga de ver televisión y aprender lo que se debe con los de *Bonanza* y con John Wayne y acababan por defender a los negros, negarse a ir a Vietnam o corear a Jimmy Hendrix, como lo recordara Umberto Eco cuando todavía tenía algo que decir.

Lo cierto es que las chicas salieron trabajadoras. Entre 1950 y 1993 la participación femenina en la población activa americana se ha doblado, pasando de un 30% en la primera fe-

---

[2] "The Feminist Chronicles".

cha a un 58% en la segunda. La curva ascendente ha sido muy marcada, pero el gran salto se da entre 1970 y 1980, cuando la participación sube casi un 9%. El crecimiento ha seguido sin detenerse en los años más recientes: en 1995, aproximadamente seis de cada diez mujeres de dieciséis o más años trabajaban. En totales, en 1995, había en Estados Unidos 103 millones de mujeres de dieciséis o más años y de ellas 61 millones, un récord histórico, estaban en la fuerza de trabajo. Si de la participación femenina pasamos al peso relativo de los sexos en ese mismo contingente, veremos que en 1995 las mujeres representaban un 46% de la población activa. Se estima que en 2005 serán un 48%. Es decir, dentro de unos pocos años habrá una población activa casi similar en su composición a la población en su conjunto. Desde este punto de vista podríamos decir que la igualdad laboral entre los sexos se toca casi con la mano.

Por grupos de edad, como lo muestra el cuadro 8.1, la participación femenina en la fuerza de trabajo varía, acentuándose, como es lógico, en las edades intermedias.

CUADRO 8.1

Participación femenina grupos etarios (1995)

Grupos	%
Todos	58,9
16 a 19	52,2
20 a 24	70,3
25 a 34	74,9
35 a 44	77,2
45 a 54	74,4
55 a 65	49,2
65+	8,8

Fuente: US Bureau of Labor Statistics, 1996.

La tasa es relativamente pequeña entre las adolescentes (dieciséis-diecinueve años), muchas de las cuales están realizando sus estudios secundarios o universitarios y cae vertiginosamente a partir de los sesenta y cinco, edad en la que la inmensa mayoría ha llegado al retiro. Las mujeres de edades intermedias (veinte-cincuenta y cuatro), sin embargo, muestran tasas de participación muy altas, siempre superiores al 70%. La caída de participación en el grupo de mujeres de entre cincuenta y cinco y sesenta y cinco años se debe, sin duda, a la incidencia de crecientes tasas de jubilación, pero también a que la generación de estas mujeres nacidas entre 1930 y 1940 no estuvo nunca presente en tan alto grado en la fuerza laboral.

Hay una larga discusión sobre las raíces de semejante cambio social, sin par en ninguna otra sociedad conocida y, desde luego, inigualado en la sociedad americana a lo largo de toda su historia anterior. A menudo se piensa que es el resultado de la lucha de las mujeres contra su discriminación. Éste es un asunto antiguo pero mal conocido todavía, aunque numerosas contribuciones recientes de, en su mayor parte, historiadoras, lo han ido documentado para diversos periodos. Con independencia de los indudables méritos de tales trabajos, en la realidad la cosa no comenzó a dar frutos visibles hasta finales del siglo pasado, cuando las sufragistas británicas y americanas empezaron a poner en cuestión otra verdad revelada, que las mujeres debían estar excluidas del principal de los derechos políticos, el derecho al voto. Esa reforma tardó en madurar; en Estados Unidos la enmienda constitucional n. 19 que dio el voto a las mujeres se aprobó tan sólo en 1920.

Desde entonces y hasta mediados de los años sesenta se diría que la inmensa mayoría de las mujeres americanas se conformaba con este no pequeño detalle. De hecho, la Ley de Derechos Civiles de 1964, que representará el primer gran hito moderno en el movimiento de liberación de la mujer, las afectó casi de casualidad. El Título VII de la Ley añade el sexo a otras discriminaciones como las de raza, color, religión y nacionalidad, que deben ser abolidas hasta hacer que todos los ciudadanos y ciudadanas sean iguales ante la ley. La cosa, sin embargo, fue obra de una enmienda defendida fuera de programa por el congresista Howard W. Smith, un representante sureño, que inició la moción de incluirla como una añagaza táctica para frenar la aprobación de la propia ley, inicialmente pensada sólo para los negros [3]. La idea era crear con el nuevo asunto una confusión tal que diese al traste con el proyecto en su conjunto, lo que no sucedió. Ya lo decían nuestras madres, no se debe jugar con fuego.

Hasta entonces, las americanas no habían cuestionado las instituciones que les aseguraban de forma duradera una situación jurídica y social de inferioridad al hombre. Un dato lo muestra bien. En 1959, Mabel Newcomer escribió un trabajo sobre *Un siglo de Educación Superior (A Century of Higher Education)* en el que se ponía de relieve que la proporción de mujeres entre los estudiantes de primer ciclo universitario *(college)* había caído del 47% en 1920 al 35,2% en 1958. Tres de cada cinco mujeres matriculadas en la universidad seguían cursos de secretariado, enfermería o pedagogía.

En distintos estados americanos existían numerosas limitaciones a lo que, en derecho, se llama la *capacidad de obrar*, es decir, el conjunto de derechos que aseguran un ámbito de libertad dentro de la esfera privada. Otras muchas prácticas sociales aseguraban a los hombres, casi en exclusiva, el goce de numerosos beneficios. Los derechos y libertades de las mujeres americanas estaban muy restringidos y para ellas casi no valía la máxima de que "lo que no está jurídicamente prohibido, está permitido". Buena parte de sus actividades estaban sujetas a autorización del padre, del esposo o de los hijos.

Basta repasar las protestas y los objetos de tantas movilizaciones de las mujeres americanas para darse cuenta de la inercia social con la que se enfrentaban. Junto a las discrimi-

---

[3] "The Feminist Chronicles".

naciones legalmente sancionadas, las prácticas "normales" de lo que muchas de ellas llaman *cultura patriarcal* son llamativas. Muchas mujeres que participaron en la lucha por los derechos civiles se escandalizaban de la forma en que las trataban, incluso los partidarios de las posiciones más radicales. Discutían en el SNCC (Students Nonviolent Coordinating Committee), un grupo muy activo en la lucha pro derechos civiles, las tesis de una de sus afiliadas, Ruby Doris Smith, sobre la posición de las mujeres en su seno y sentenciaba Stokely Carmichael, uno de sus líderes: "Tumbadas"[4]. Lo que por ningún concepto puede considerarse como una muestra de sofisticación.

En otros ámbitos de la vida social, las sorpresas no eran menores. En 1966, las azafatas de vuelo iniciaron acciones legales al amparo del Título VII de la Ley de 1964 porque sus compañías les exigían despedirse si se casaban, quedaban embarazadas o cumplían treinta y dos o treinta y cinco años, según se estipulase. La actitud de las aerolíneas no es tan sorprendente si se tiene en cuenta que en 1962 un 28% de las empresas seleccionadas para un estudio sobre el papel de la mujer decían que el *sex appeal* y la buena apariencia física eran "una necesidad" para las vendedoras o las azafatas de vuelo. Hubo que esperar a 1970 para que United Airlines cancelase sus vuelos *sólo para hombres* y para que el *Washington Post*, un diario abiertamente progre, instruyese a sus redactores de que no deberían usar en sus artículos cosas como *morena, mona* o *divorciada*, que eran el pan nuestro de cada día para describir a las mujeres. Una de las más largas batallas se dio contra la costumbre de clasificar los anuncios de empleo por palabras bajo rúbricas distintas para hombres y mujeres.

La lista podría seguir por muchas páginas. Sin embargo, bajo la superficie, comenzaban a notarse movimientos sordos. En 1953 apareció la traducción americana de *El segundo sexo* de Simone de Beauvoir, en donde se expresaba, quizá por vez

---

[4] "The Feminist Chronicles".

primera, el concepto, tan llamado al éxito, de *la liberación de la mujer* (*Women's Lib*). En 1963 fue el turno de *La mística de la feminidad* de Betty Friedan. Ambas obras sirvieron de ocasión para numerosas discusiones y varios proyectos. Pero la gran fecha es 1966. En Washington D.C., en el mes de junio, se llevó a cabo la conferencia fundacional de la Organización Nacional para las Mujeres (National Organization for Women o NOW), tras llegar a la conclusión de que la Comisión para la Igualdad en el Empleo (EEOC) prevista en la Ley de 1964 para luchar contra las discriminaciones en ese terreno, no estaba a la altura de lo que se esperaba de ella. Veintiocho mujeres contribuyeron a su fundación con $5 por cabeza. Betty Friedan fue elegida primera presidenta. Unos meses más tarde, en octubre, se desarrolla una nueva conferencia de la NOW que ya cuenta con 300 afiliadas. La organización se divide en siete grupos de acción *(task forces)* que se especializan en la siguiente áreas: familia, educación, empleo, medios de comunicación, religión, mujeres en la pobreza y derechos civiles y políticos de las mujeres, que serán sus campos fundamentales de trabajo en los años venideros. En 1992 sus miembros habían subido a 275.000 y, por el camino, la NOW había originado otras organizaciones y liderado muchas acciones que han contribuido notablemente a acabar con la situación de inferioridad de muchas mujeres y a asestar duros golpes al *statu quo* [5].

No hay duda de que las mujeres americanas han luchado esforzadamente contra la discriminación, ni de que sus esfuerzos han tenido notables resultados. Sin embargo, para el curioso impertinente, tal realidad no puede agotarse en su propia evidencia, pues no se contesta la pregunta básica de por qué ha sido así y no de otra manera o, lo que es lo mismo, por qué la conciencia de la discriminación ha tenido que esperar hasta entrada la segunda mitad del siglo XX para mani-

---

[5] "The Feminist Chronicles".

festarse con tal fuerza entre las mujeres americanas. Acaso no podría haber sucedido lo mismo en el XIX o en 1911 o en 1930, por dar fechas al azar.

Para algunos, y no precisamente una banda de radicales enfermizos, la cosa tiene una explicación claramente económica. Como la de Gary Becker, un profesor de la Universidad de Chicago y premio Nobel de Economía en 1992. Es verdad que su *Tratado sobre la familia* tiene más letras griegas que la *Anábasis* y que su lectura no es precisamente un paseo militar para aquellos a quienes una decisión burocrática ya bastante lejana apartó en lo más tierno de su edad de la dura pero no menos rigurosa senda de la lógica matemática, pero uno colige oscuramente que lo que allí se dice es bastante sensato [6].

Becker reflexiona sobre la persistencia de la familia en la mayoría de las sociedades conocidas y señala que se debe a que la familia es una forma, posiblemente la más eficiente, de organizar el trabajo social. La tal división no es, pues, una institución natural, en el sentido de impuesta por la genética. Es una estrategia fruto de infinitos procesos de pruebas y errores que permite alcanzar el mayor grado posible de utilidad para cada familia y para el conjunto. La especialización de tareas dentro y fuera del hogar no es sino otra forma de ese cálculo racional de costes y beneficios que supone la división del trabajo. Aunque no hubiese diferencias biológicas entre sus miembros, cualquier familia eficiente necesitaría especializarlos en diversos usos del tiempo y distintas formas de acumulación de capital humano.

Toda familia que se impone una división de funciones adquiere ventajas comparativas respecto de otras menos especializadas. En definitiva, aquéllas son más productivas y pueden ofrecer mejores alternativas a sus miembros. De suerte que, en el correr de los tiempos, la especialización de éstos irá creciendo. Habitualmente, en el caso de mayor especialización,

---

[6] Gary BECKER, *A Treatise on the Family*, 2ª ed. revisada, Harvard UP, 1991.

sólo uno de sus miembros dedicará por igual su tiempo a la casa y al mercado de trabajo. De los demás, quienes sean más eficientes en la primera se especializarán en ella, así como los otros lo harán en el mercado. Sería absurdo dedicar a labores domésticas a quien tiene claras aptitudes, por ejemplo una licenciatura, para ganarse la vida en el marco de la economía extrahogareña. De esta forma hay un incentivo claro para que todos los miembros de la unidad familiar alcancen un total grado de especialización en una de las tareas o, lo que es lo mismo, se dediquen por completo a las tareas del hogar o a las del mercado en general.

Sin embargo, la regla en la mayor parte de las sociedades conocidas ha añadido algo más: son las mujeres quienes han de especializarse en las tareas domésticas. Hasta muy recientemente, sobre la base de una diferencia natural inicial, como es el hecho de que las mujeres parecen ser únicamente capaces de ser madres, las distintas sociedades han generado estrategias de inversión diferenciada en capital humano y han establecido instituciones culturales que refuerzan aquel hecho. Aquí sí ha entrado tradicionalmente la biología como base real y teórica de las "obvias" desigualdades entre los sexos y soporte de las instituciones culturales que tratan desigualmente a hombres y mujeres. Biológicamente, la participación masculina en la producción de los hijos acaba con la fertilización del óvulo por el espermatozoide. Tras de ello el control de la reproducción está en manos de la mujer que acoge y alimenta al feto, lo echa al mundo y se encarga de cuidarlo. Además, las mujeres han solido cumplir otras tareas relativas al cuidado de los hijos, tales como ofrecer afecto o iniciarles en sus primeros pasos educativos, las cuales han reforzado aquella diferencia inicial. Más aún, nada impide que puedan cuidarse de sus hijos mayores mientras traen al mundo otros pequeños o realizan otras actividades domésticas. De esta forma, en la mayoría de las sociedades conocidas, las mujeres han pasado la mayoría de su vida adulta en la producción y cuidado de los niños.

Las inversiones familiares, medidas fundamentalmente por el tiempo dedicado a la realización de tareas especializadas, tienden así a reforzar las diferencias biológicas y destinan a sus miembros más eficientes a las distintas tareas. En teoría podría pensarse la posibilidad de que las familias esperasen muchos años para decidir en qué sector especializar a cada uno de sus miembros de la forma más eficaz. Pero en realidad ésta ha sido hasta la fecha una opción inabordable. Como las inversiones en los distintos miembros de la familia comienzan cuando los niños y niñas no han desarrollado aún por completo sus orientaciones sexuales y sus capacidades laborales, ante tan escasa información, es habitual que las inversiones que se realicen para las niñas sean de capital doméstico y que las de los niños lo sean de capital de mercado. "Las inversiones en desviados serían seguramente más comunes si la biología se desviase más a menudo o si se revelase a edades más tempranas" [7]. Y tómese lo de *desviados* estrictamente en su sentido de personas que no se ajustan a las pautas estadísticamente mayoritarias, sin ver en ello ninguna concesión soviética a las llamadas conductas patológicas.

De esta suerte tenemos conformada una división social y sexual en la que las mujeres se especializan en tareas domésticas y los hombres en las del mercado. Esto explica también la prevalencia del matrimonio en casi todas las sociedades conocidas. Dada la especialización en el hogar de las mujeres, éstas han "exigido" a lo largo de la historia contratos de largo alcance con sus maridos, de tal modo que queden protegidas contra el abandono, el divorcio o cualquier eventualidad semejante. Otra forma de llamar a los *valores familiares* de los que hablaremos luego. Pero nada de esto está escrito en bronce y podría cambiar decisivamente si, por las razones que fueren, las razones de la división del trabajo entre los sexos se aminorasen o tendiesen a desaparecer. Por un lado, habría más mujeres dispuestas a in-

---

[7] Gary BECKER, *Ibid.*, p. 43.

vertir su tiempo y su esfuerzo en una especialización laboral o de capital humano con la consiguiente disminución de su dedicación doméstica. Por otro, al reducir su especialización en el cuidado del hogar y de los hijos, el matrimonio no sería ya necesariamente algo tan beneficioso para ellas.

Por consiguiente, dentro de un modelo lógico en el que la división del trabajo se vaya convirtiendo en división de tareas a secas, indistintamente asumibles por los sexos, cabe esperar también una disminución de los matrimonios tradicionales y de la natalidad, un aumento de las parejas de hecho y de los divorcios. Cabalmente, lo que está sucediendo en tantas sociedades tradicionales, sin distinciones culturales.

La división del trabajo entre los miembros de un hogar, como hemos visto, existe en tanto es socialmente útil. Pero podría pensarse una situación tal que esa especialización en tareas "no siguiese estando ligada al sexo: los maridos podrían especializarse en tareas domésticas y las mujeres en las laborales en alrededor de la mitad de los matrimonios, al tiempo que en el resto de ellos sucedería lo contrario... El sexo de las personas no sería ya más un indicador válido de sus ganancias o sus tareas domésticas" [8].

Es aún pronto para saber si esto podrá ser posible. Pero es importante saber que los cimientos económicos de nuestra sociedad no se tambalearán si sucede. Al revés, se harán más eficientes en cuanto que la sociedad en conjunto obtendrá beneficios de la mayor especialización de todos sus miembros. La biología no es el destino. De hecho, lo que el modelo permite ha comenzado a suceder en la realidad. Como hemos visto, las mujeres americanas se han incorporado masivamente al mercado de trabajo en la segunda mitad del siglo. Es difícil atribuir lo sucedido a una sola causa, pero parece claro que algunos elementos de índole diversa han desempeñado un importante papel.

---

[8] Gary BECKER, *Ibid.*, pp. 78-79.

Por un lado, han aparecido innovaciones técnicas que han podido liberar en parte a las mujeres de la carga reproductiva con todas sus consecuencias. El uso generalizado de anovulatorios y otros medios de control de la natalidad les han permitido regular sus ciclos naturales y poder tomar sus propias decisiones en este campo. Por otra parte, se ha extendido considerablemente el empleo de máquinas de toda clase en forma de neveras, lavadoras y demás electrodomésticos, que aligeran los trabajos del hogar y los descualifican, de forma que pueden ser desempeñados con gran facilidad e indistintamente por las personas de ambos sexos. Pero no puede desconocerse que, en el fondo, es el deseo de ser más productivos y eficientes, es decir, razones abiertamente económicas, lo que ha requerido la incorporación masiva de las mujeres al mercado de trabajo en los tiempos recientes y no hace cien o doscientos años.

En el caso americano, al que nos ceñiremos, hay un momento decisivo en esa incorporación, la década de los setenta. Justamente en 1972-1973, medidas en dólares constantes de 1982-1984, las ganancias medias anuales de los hombres americanos en su conjunto llegaron al culmen, para alcanzar algo más de $25.000. En los veinte años que parten de 1950, donde la media era de $14.000 anuales, el ascenso de los salarios masculinos había sido muy notable, de un 78%, casi un 4% de crecimiento cumulativo anual en términos reales. Aunque hay otros factores, tales como los gastos ocasionados por la guerra en Vietnam, los costes de los programas sociales de la *Gran Sociedad* y el aumento de los precios del petróleo, parece indudable que la fuerza de trabajo masculina autóctona se estaba poniendo por las nubes y contribuía al aumento de la inflación, que despega con fuerza por entonces.

Situaciones similares se habían creado en otros momentos de inflexión en la vida económica americana y se habían solucionado ampliando el mercado de trabajo, normalmente mediante la inmigración. En efecto, en los cien años que van de 1850 a 1950, la población americana pasó de 23 a 152 millones de personas y ese aumento no se debió en exclusiva a las altas tasas de fertilidad. Como bien se dice, excepción hecha de los pieles rojas que habían llegado muchos siglos antes, Estados Unidos es incluso en nuestros días una nación de inmigrantes y la imagen de la caldera de fundición *(melting pot)* con la que se suele compararlos, lejos de ser un mito, refleja lo sucedido con bastante exactitud.

Sin embargo, las grandes migraciones europeas habían caído rápidamente tras 1910. Durante los años de la Gran Depresión el flujo migratorio se torna incluso negativo y, aunque en los años ochenta se produjera una importante entrada de latinos y emigrantes asiáticos, las tasas nunca llegaron a la altura de finales del XIX y comienzos del XX. En los años sesenta y setenta, los países latinos no generaban grandes flujos migratorios, el Sureste asiático estaba en guerra precisamente con Estados Unidos y la guerra fría había cerrado a cal y canto países como Polonia, Checoslovaquia o Rusia, donde tradicionalmente se habían originado tantas migraciones en pos del sueño americano. Las sociedades de Europa occidental estaban pasando a su vez por una fase de rápido crecimiento económico y pocos de sus miembros se sentían tentados de cruzar el charco en un momento en que no apretaba la necesidad económica ni la política. Es decir, las grandes canteras de fuerza laboral adicional no podían ser explotadas al uso tradicional.

Luego había que mirar en otra parte. Sin duda, los trabajadores masculinos hijos del *boom* natalicio de la posguerra se iban a incorporar al mercado y su número era superior al de la generación de sus padres. Pero a comienzos de los setenta sólo estaban llegando los primeros y, en cualquier caso, no eran suficientes para mantener a nuestra amiga la NAIRU en condiciones de funcionamiento adecuado. Así que no parecía haber muchas más soluciones que recurrir a un contingente social amplio, subutilizado, disponible y dispuesto a entrar en el mercado de trabajo, las mujeres, en especial las casadas. Y así sucedió, como hemos visto.

El primer objetivo de tan grande ampliación del mercado de trabajo se cumplió. Si ahora volvemos a tomar el conjunto del periodo, entre 1951 y 1992, el salario medio masculino creció sólo un 50%, un 1,1% anual y los salarios anuales medios masculinos no han hecho sino descender desde su cumbre de 1972-1973. En los últimos veinte años se ha producido una caída estable de los ingresos de los hombres hasta rondar los $21.000, es decir, una caída de un 16%, cercana al 1% anual. Ya sabemos que esa caída ha sido desigual para los diferentes sectores de asalariados con una correspondiente polarización de las rentas, pero esto no hace ahora al caso. Lo que se debe destacar es que el conjunto de los hombres americanos empleados ha visto reducidas sus ganancias reales desde la incorporación masiva de las mujeres [9].

No es algo digno de especial asombro ni debe alentar nueva literatura misógina. Lo mismo había sucedido con la llegada de las sucesivas oleadas migratorias y es parte del normal funcionamiento del mercado. Esta finta oportuna de los estrategas empresariales americanos, lejos de acarrear peores condiciones para todos, ha permitido no sólo el lanzamiento del gran movimiento social de la segunda mitad del siglo XX, sino también un ascenso de las rentas femeninas. Tendremos que volver a ello más adelante, pero déjese anotado ahora mismo para establecer luego las comparaciones correspondientes. En 1951 el salario medio anual de las mujeres estaba justo por encima de los $8.000. En 1992 llegó a los $14.000, con lo que su crecimiento global en estos cuarenta años ha sido del 75%, casi un 2% anual. En definitiva, la distancia entre las rentas masculinas y femeninas (*earnings gap*) se ha reducido en estos cuarenta años, muy especialmente entre 1973

---

[9] BLS, "Earning Differences between Women and Men", diciembre 1993.

y 1992 [10]. Con independencia de los juicios de valor que se puedan emitir sobre la justicia de que sólo ahora la media de las mujeres esté llegando a ganar anualmente lo que ganaban los hombres hace ya cuarenta años, hay dos hechos incontrovertibles, a saber, que las rentas masculinas han disminuido globalmente en los últimos veinte años y que las femeninas, aun partiendo de una base muy inferior, pues eran un 56% de las de los hombres en 1951, han crecido más rápidamente a lo largo de todo el periodo. En definitiva, parece que el modelo de Becker al que nos hemos referido se va cumpliendo y que la división del trabajo basada en el sexo va cediendo el puesto a otra que gira en torno a las cualificaciones profesionales, con independencia de que su portador sea hombre o mujer. No hay que ser Séneca para predecir que esto acarreará cambios muy considerables, que están aquí ya y que el próximo gran momento de la historia es indiscutiblemente de las mujeres. Al menos en Estados Unidos, pero todo se andará.

A QUÉ SE DEDICAN LAS MUJERES AMERICANAS

Como para cada quien, el trabajo para las mujeres americanas es un compromiso entre deseos y realidades, entre aspiraciones y sudores. Así que vamos a hablar de los últimos para luego referirnos a las primeras. Puede que así las cosas queden algo más claras. De los 103 millones de mujeres americanas mayores de dieciséis años que había en 1995, casi un 60% formaban parte de la fuerza de trabajo. En total, se trataba de 61 millones de mujeres, de las cuales tenían un empleo efectivo 57,5 millones. En 1996, llegaron a los 58,5 millones. El cuadro 8.2 muestra la distribución por categorías laborales de esas mujeres.

---

[10] BLS, "Earning Differences between Women and Men".

CUADRO 8.2

Mujeres empleadas por categoría laboral (1995)

Categoría	Millones
Cuadros de gestión y profesionales	16,9
Cuadros técnicos, de ventas y administrativos	24,1
Servicios	10,2
Producción de precisión, artesanal, reparaciones	1,2
Trabajadoras industriales	4,4
Granjas, forestales y pesca	0,7
Total	57,5

Fuente: US Dpt. of Labor, Bureau of Labor Statistics, 1996.

Ya se ha dicho que los casi 58 millones de mujeres empleadas representaban en 1995 un 46% del total, con una importante subida durante los últimos quince años. En efecto, en 1983 las mujeres eran tan sólo un 40% del conjunto. Esto no significa que con anterioridad a su incorporación al mercado de trabajo las mujeres no diesen palo al agua. La verdad parece ser la contraria. Durante siglos, el cuidado de la casa y de los hijos ha supuesto una importante carga de trabajo no remunerado que contribuía decisivamente a la economía de los hogares. Todavía hoy colea una larga disputa teológica, tan insustancial como casi todas las de este género, entre algunas autoras feministas sobre si esa contribución podría ser caracterizada como *un modo de producción doméstico*. Pero para interesarse por esto hay que haber llegado, al menos, a cinturón marrón en marxismo, lo que no es el caso para la feliz mayoría de los mortales.

Sea como fuere, durante siglos las mujeres han llevado el peso del hogar: la elaboración y distribución de alimentos;

el cuidado médico de los hijos, al menos en las afecciones simples; múltiples tareas educativas como enseñar las letras, las cuatro reglas o el saber estar; el diseño y confección de aquellas atroces colecciones de primavera y otoño que pasearían los chavales, esas víctimas, y ellas mismas. Muchas de esas tareas, sin embargo, han sido convertidas poco a poco en especialidades, separadas de la esfera doméstica y entregadas para su realización al mercado. Primero fue la escuela obligatoria y el médico de familia. Pero los cambios de los cincuenta y sesenta, cuando nace la industria de la comida rápida (*fast food*) iban a liberar a millones de mujeres de la pregunta fatídica, qué queréis comer mañana.

En 1940, Dick y Maurice MacDonald, dos hermanos que habían huido a California en medio de la Depresión en el Nordeste, consiguieron, tras mucho penar, un crédito de $5.000 para abrir un restaurante en San Bernardino, una ciudad cercana a Los Ángeles que albergaba mayoritariamente a trabajadores industriales [11]. Habían pedido $7.500 pero ningún banquero se los daba. ¿Qué de bueno podría salir de un negociete de barbacoa para currantes que querían que se les sirviese en sus coches y de unos tipos que carecían de referencias bancarias? Bueno, ni Frederick Taylor ni Henry Ford habían pasado en vano por la historia de América. Los MacDonald sabían que el éxito del negocio estaba en una serie de productos limitados y de calidad para un mercado masivo y que había que producirlos con la tecnología apropiada.

En 1948, los MacDonald cerraron sus puertas por una temporada y planearon hacer eso precisamente. Un solo producto central, la hamburguesa, unas pocas derivaciones o acompañantes y unas cocinas bien equipadas que sirviesen ese producto central por igual en San Bernardino, en Hoboken, en Peoria o en Beverly Hills. El manual de operaciones de McDonald's lo establece con la precisión necesaria: una ham-

---

[11] David HALBERSTAM, *The Fifties*, cap. 11.

burguesa es una oblea de carne picada y magra de vacuno, de buena calidad, con un peso de 1,6 onzas (algo menos de 50 gramos) y un diámetro de 3,5 pulgadas (unos 9 centímetros), en total un contenido graso del 17 al 20%. Va embuchada en un panecillo y acompañada de rodajas de cebolla con un peso de un cuarto de onza (unos 7,5 gramos), una cucharada de las de té de mostaza, una cucharada sopera de salsa de tomate *(ketchup)* y una rodaja de pepinillo de una pulgada de diámetro (unos 2,5 centímetros). Platos, vasos y servilletas de papel evitaban gastos superfluos en instalaciones, lavado y roturas, para desesperación de los amantes de la naturaleza. Y el servicio reducido al mínimo, pues el cliente o bien ordena y come en su coche, o bien lleva él mismo a su mesa la comanda que le ponen en el mostrador y se encarga de tirar los desperdicios al cubo de la basura.

Sólo un pequeño inconveniente: el punto de venta localizado. Quien quiera comer una hamburguesa de McDonald's tiene —tenía— que desplazarse a San Bernardino, no muy al alcance de la mano más allá de un radio de diez millas. Aquí llegó Ray Kroc. Kroc había echado los dientes en el negocio de hostelería vendiendo un pequeño engendro mecánico llamado Multimixer con el que hacer cócteles era cosa de segundos. Como buen americano, Kroc quería ser millonario y tenía la idea perfecta: "un, dos, tres McDonald's", las franquicias. Los hermanos ya habían experimentado con ellas. Cuando Kroc apareció por San Berdou ya habían concedido nueve en California, pero aquello no funcionaba. Los tipos usaban a menudo la marca junto con su propio nombre, los locales seguían sus gustos individuales, por no haber, a menudo no existía menú unificado ni precios comunes. Los castizos de otros tiempos tenían una definición, aquello era la República de Andorra.

Como tantos monarcas modernos, Kroc era un unificador. "Hemos comprobado", decía, "que no podemos fiarnos de los inconformistas". El imperio de la hamburguesa se dota de una burocracia, tropas uniformadas, un sistema de impuestos y un cuartel general. Desde Chicago, lejos de la loca California, se dirige militarmente la vasta operación con un manual donde todo, como se ha visto, está previsto: tamaño y disposición de las unidades de venta y su personal, líneas de suministro aseguradas y centralizadas, alianzas estratégicas (sólo se vende Coca-Cola en los arcos dorados), porcentajes sobre las ventas o los beneficios de los franquiciados para el mercadeo común. Para los otros, los pequeños empresarios dispuestos a trabajar sin plantear cuestiones incómodas, hay todo un futuro de beneficios. En 1961 Kroc les compra la compañía y la marca a los MacDonald por $2,7 millones, un kilo de dólares para cada hermano después de impuestos.

A partir de ese momento, la historia ya no se lee con la misma desenvoltura épica con que la ha narrado David Halberstam. La verdad de McDonald's está ahora en las letras diminutas de las cotizaciones de bolsa que leen los millonarios y que, como bien sabía Sugar Kane, debe ser la causa de que todos tengan que llevar gafas. Así lo resume Richard Gibson, un periodista especializado en el asunto: "McDonald's sigue siendo la mayor cadena de restaurantes del país y del mundo. Cuenta con más de 15.000 en más de 100 países. Sus ventas totales del año pasado [1996] alcanzaron los $31,8 millardos sobre los $29,9 millardos de 1995. Sus ganancias netas también subieron hasta $1,57 millardos o $2,21 por acción en comparación con $1,42 millardos o $1,97 por acción en 1995" [12].

Ésta es la marcha del más grande de los imperios de comida rápida. Pero hay otras muchas cadenas y algunas de ellas casi tan grandes. De acuerdo con cifras manejadas por un periodista del *NYT*, Barnaby J. Feder, solamente el mercado americano de las hamburguesas representa unos $39 millardos anuales, a los que hay que sumar casi otros sesenta del

[12] *The Wall Street Journal*, 26/2/97.

resto de los negocios *fast food* [13]. Todos ellos hablan a las mujeres, no en balde los primeros anuncios de McDonald's fueron "Saque a Mamá de casa una noche", primero, y "Que Mamá se tome la noche libre", después. Y las mujeres lo han entendido muy bien. Por más que se hayan hecho incontables campañas sobre los altos niveles de colesterol y de grasa de las hamburguesas o lo inconveniente que es para la salud el pollo frito, ellas saben que algún sacrificio habrá que hacer para librarse de los fogones. Lo que significa que hoy una gran parte de las familias americanas se alimenta diariamente de *fast food* y que la cocina de la casa a menudo ha vuelto adonde solía, al ara que recuerda a los ancestros. Alguien habrá contabilizado los millones de horas anuales que se ahorran las americanas en desplazar hacia el exterior del hogar algunos trabajos que otros realizan de forma más eficiente. Son, de seguro, suficientes para compensar esos gastos de $100 millardos anuales en comida rápida. Una cantidad que embota la mente; en pesetas, estamos hablando, al cambio de mediados de 1997, de unos *quince billones* anuales, más de tres veces lo que representa, por ejemplo, toda la industria turística española que, en rendimientos, es la tercera del mundo.

Sin embargo, por más que se haya reducido la esfera doméstica, tantos siglos de especialización no se han borrado de la noche a la mañana entre las mujeres. De hecho, una gran parte de ellas se dedica a los llamados *trabajos de mujeres* y su incorporación al mercado, para muchas, ha sido la continuación del hogar, pues se les pedía que hiciesen valer las capacidades adquiridas en la vida doméstica. Llamamos *trabajos de mujeres* en una convención estadística a aquellos en los que éstas tienen una participación superior al 70% en la composición de su fuerza laboral. Según el Bureau of Labor Statistics (BLS), en 1996, de entre las veinte ocupaciones principales de las mujeres americanas por número de em-

---

[13] Barnaby J. FEDER, "Defining Fast Food", *The New York Times*, 22/6/97.

pleadas, esos trabajos eran principalmente de secretarias (98,6%), recepcionistas (96,9%), enfermeras (93,3%), empleadas de contabilidad y auditoría (91,9%), ayudantes de sanidad (88,4%), camareras (83,3%), cajeras (78,1%), vendedoras (77,9%), administrativas (76,9%), ordenanzas y limpiadoras (74,1%). Como puede verse, no son los empleos más prestigiosos de la pirámide ocupacional ni los mejor pagados y en su mayoría llevan la marca del hogar y sus antiguas corveas [14].

Lo que sí puede apreciarse es una disminución paulatina y lenta en la participación femenina en esos *trabajos de mujeres*. El mismo BLS señala esa tendencia en los diez años que van de 1983 a 1992. Salvo en el caso de las secretarias, que permanece igual, en todas las demás categorías hay una menor participación femenina con fuertes descensos en empleos tales como administrativas de proceso de datos (de un 93,5% al 86,6%) u operadoras de máquinas textiles (94% a 87,2%). Pero pueden ser golondrinas que no hagan verano [15]. O sí.

Las estadísticas del BLS nos dicen que en 1995 había en Estados Unidos un total de 7,3 millones de mujeres empleadas en categorías ejecutivas sobre un conjunto de 17 millones de estos trabajos (un 43% del total). La cifra es notable porque no se separa mucho de la participación femenina global en el mercado de trabajo (46% como se recordará), pero no lo es menos su ritmo de crecimiento. Entre 1988 y 1995 el empleo femenino en este campo creció un 31%, en tanto que el número de hombres sólo lo hizo en un 14%.

Por grandes ramas de la economía, las ejecutivas se hallan más frecuentemente en los servicios y menos en las manufacturas, construcción, transporte y energía. Entre 1988 y 1995, sin embargo, las mujeres avanzaron sus posiciones ejecutivas también en algunas de esas últimas industrias. En

---

[14] BLS, "20 Facts on Women Workers", septiembre 1996.
[15] BLS, "Hot Jobs for the 21st Century", mayo 1997.

la Administración pública, donde las leyes contra la discriminación se cumplen a rajatabla, las mujeres en puestos ejecutivos pasaron del 43% en 1988 al 49% en 1995.

Lo cierto, sin embargo, es que a medida que la pirámide de la burocracia empresarial se estrecha, las cosas ya no sonríen tanto a las mujeres. En 1995 publicó sus trabajos una comisión presidencial formada en 1991, en tiempos del presidente Bush. Estuvo formada por 21 miembros que representaban muy variados sectores sociales y había tenido por misión identificar las barreras discriminatorias no estrictamente legales, sino sociales y culturales que crean el llamado efecto *techo de cristal (glass ceiling)* en detrimento de las mujeres y de las minorías raciales. Los trabajos comprendían dos estudios, uno de situación *(Environmental Scan)* y otro de perspectivas y recomendaciones *(Strategic Plan)* [16]. Para nuestros intereses actuales, el primero es el importante.

Su punto de partida es el dato bruto de que entre 1985 y 1995, entre un 95 y un 97% de los altos ejecutivos *(senior managers)* de las 1.500 empresas más grandes de Estados Unidos según las clasificaciones de la revista *Fortune (Fortune 1500)* eran hombres blancos. Del 3-5% de puestos reservados a las mujeres, la inmensa mayoría (95%) aparecía controlado por mujeres blancas. En 1994 sólo dos de ellas eran CEOs de las 1.000 mayores empresas americanas *(Fortune 1000)*. Más aún, las cosas no parecen estar llamadas a cambiar de inmediato. Al parecer, los hombres blancos siguen avanzando más rápido que las mujeres, incluso las blancas. Un estudio de la promoción que se graduó en 1982 en la Escuela de Negocios de la Universidad de Stanford, en California, realizado por Ellen Wernick en 1993 dentro de los trabajos de la comisión señala que el 16% de los hombres había llegado a los máximos niveles de sus empresas, en tanto que sólo lo había hecho un 2% de las mujeres. Para el es-

---

[16] "The Glass Ceiling Commission", Executive Summary, 1995.

calón ejecutivo inmediatamente inferior, las cifras respectivas eran de 38 y 18% [17].

La cosa parece no tener vuelta de hoja. La América corporativa no sólo es la prueba del nueve de la politcorrección: masculina y, a menudo, machista, blanca y conservadora; además, se propone seguir así. Permítasenos, sin embargo, echar un grano de sal a estas conclusiones. Ante todo, los datos de *un* estudio sobre *una* promoción de Stanford serían, en cualquier caso, muy limitados para sacar conclusiones generales, como hace la Comisión. Pero, y esto es más serio, válidos que fueran, no bastarían para juzgar por ellos la marcha de las cosas. Las ideas claras necesitan de comparaciones y, tal vez, análisis más sutiles. ¿Qué pasó con la misma clase de 1972, era su composición igual a la de 1982 o había aún menos mujeres?, ¿cuántas de ellas llegaron a CEOs o al segundo mayor nivel ejecutivo por comparación con sus colegas en 1982 y en 1993?, ¿cuál era la relación entre ejecutivos de ambos sexos de las clases de 1972 y 1982 en 1993? No tenemos respuestas y esa omisión da un tono de inexcusable ingenuidad al argumento.

Si de las cúpulas empresariales pasamos a la propiedad de empresas, la conclusión es que las mujeres han experimentado un avance notable en los últimos años. De nuevo hay que hacer la salvedad de que al hablar de empresas en general las hay de todos los tamaños y, sin duda, predominan las *pymes*, pero ello no es óbice para que haya 6,4 millones de empresas de propiedad femenina que emplean 13 millones de trabajadores y generan rentas por valor de $1,6 billones. Y a estas empresarias hay que sumar las profesionales autónomas, que en 1995 eran ya 3,4 millones [18].

---

[17] Ellen WERNICK, "Preparedness, Career Advancement and the Glass Ceiling", citado en "The Glas Ceiling Commission", Executive Summary.
[18] US Census Bureau, "Survey of Minority-Owned Business Enterprises, 1992", Doc. MB92-4, septiembre 1996.

Todo lo cual debería llevarnos a ser en extremo prudentes a la hora de juzgar la pertinacia del *techo de cristal*, pues una cosa es su testarudo empeño en sobrevivir y otra muy distinta que vaya a durar para siempre. Lo más probable es su desaparición gradual y diferenciada en diversos sectores empresariales, más rápida y completa en unos que en otros. Muchos de los datos que hemos manejado apuntan en ese sentido.

¿Con qué ritmo?, eso es lo que interesa saber, porque a la larga, ya lo sabemos, todos calvos. Lamentablemente, eso es algo cercano al arte adivinatorio, pues todas las opiniones son buenas y no queda más que refugiarse en generalidades, como decir que dependerá de los afamados factores objetivos y subjetivos. Entre los objetivos se encuentra el paso del tiempo, al menos un par de generaciones más de mujeres empleadas a tiempo completo, el grado de formación y la experiencia laboral. Entre los otros, el grado de bronca que las mujeres quieran montar, el éxito en la venta de sus objetivos al resto de los grupos sociales, las reformas legislativas que puedan introducirse como consecuencia, la dichosa política en suma. No creo que sea ceder al peronismo recordar que, sin embargo, estos asuntos del *techo de cristal*, a todas luces importantes, afectan mayoritariamente a un sector de mujeres, por lo general blancas, relativamente jóvenes, independientes y bien educadas. El resto, como de costumbre, está preocupado por su vida diaria. Lo que es especialmente cierto entre las mujeres de las minorías raciales que bastante difícil suelen tener lo de ganarse la vida.

Tal vez hayamos conseguido con lo anterior iluminar algunos recovecos de cosa tan compleja como la estructura de empleo de las mujeres americanas. Por un lado, globalmente, se hallan en una posición de creciente igualdad respecto de los hombres por lo que hace a la distribución de la fuerza de trabajo y a su participación en la misma. Pero esa igualdad oculta, por otro, un serio aparcamiento en los escalones más bajos de la pirámide ocupacional y en los trabajos que hemos denominado *de mujeres* o que, con el BLS, llamaríamos tradicionales (para ellas). Pero, si hacemos abstracción de los trabajadores masculinos, podremos ver también que hay otras estratificaciones internas, la social y la racial. Son algunas mujeres blancas y otras pocas con mayor grado de educación formal quienes muestran más movilidad ascendente y las más conscientes de las barreras culturales poco visibles pero efectivas, los *techos de cristal*, que se la limitan. Para otras muchas, entre las que se encuentran la mayoría de negras y latinas, el problema es otro, conseguir tener un suelo que les evite caer en el paro o en la pobreza. Todos estos factores y algunos más son necesarios para plantear la pregunta que se nos viene encima a continuación.

¿POR QUÉ GANA MÁS QUE YO ESE IMBÉCIL?

Patricia Parks y Frank Matushek se conocieron en Penn State, una de las grandes universidades americanas, con sede en Pittsburgh, Pensilvania. Estudiaron Psicología social juntos y, todo hay que decirlo, Pat sacó mucho mejores notas que él. Ella estaba en el 10% superior de su promoción de 1986 y él, con suerte, se situó hacia la mitad. Al año siguiente de su graduación ambos encontraron trabajo como ejecutivos de mercadeo en dos empresas de similar tamaño y con sueldos semejantes, en torno a los $18.000 anuales. Y así iniciaron su larga marcha por la escalera corporativa. También ambos se casaron, cada uno por su lado, y tuvieron hijos más tarde, pero Pat pidió una baja de un año por maternidad en 1992.

En 1996 volvieron a encontrarse en una de esas galas con que los antiguos alumnos celebran cualquier oportunidad en Estados Unidos y compararon sus trabajos actuales. Frank estaba ya lejos en la carrera de ratas, a una distancia que seguramente Pat no podría recuperar nunca. Mientras él llegaba ya a los $45.000 anuales, para Pat las cosas habían ido mucho más lentas después de su maternidad. A duras penas ganaba $37.000 y la habían consignado al departamento de personal, donde las posibilidades de ascenso futuro eran prácticamente nulas. Historias como ésta son el pan cotidiano del folclore americano actual.

Son normalmente ciertas. El salario y el éxito corporativo dependen todavía en gran medida del sexo de cada quien. En lo referente al salario, las cifras son claras. Según la medida estadística que se adopte, la diferencia salarial *(earnings gap)* entre hombres y mujeres oscila entre el 20 y el 30% en favor de los primeros. Si tomamos los salarios anuales, las mujeres ganan el 70,6% de los hombres; si contamos los salarios semanales, ganan el 75,4%; si de salarios por hora se trata, la distancia se queda en el 79,4%. No es el misterio de la Santísima Trinidad y la explicación es relativamente sencilla. Los salarios anuales se pagan a personas que trabajan a tiempo completo durante todo el año. Por el contrario, los salarios por hora se miden con independencia de que se trabaje a tiempo completo o por periodos inferiores al año. Casi un 55% de los americanos empleados son trabajadores que cobran por horas y, de ellos, un 50% son mujeres. Es decir, hay más mujeres en este tipo de empleos que en los que obtienen salarios anuales. Además, estos trabajos suelen ser los que pagan menos, de forma que es difícil que los hombres puedan obtener ventajas considerables.

En cualquier caso, la diferencia general es estimable y lógicamente ha dado lugar a múltiples discusiones académicas y de política social. El debate se centra en si aparece y con qué ritmo una disminución de la diferencia salarial, por una parte, y en los factores que pueden explicar la actualmente existente, por otra.

Recordemos algo ya dicho. La distancia salarial entre hombres y mujeres tiende a cerrarse. Durante los cuarenta años que van de 1951 a 1992, el salario medio anual de los hombres americanos ha crecido a un ritmo del 1,1% anual, mientras que el de las mujeres lo ha hecho al 1,3%. Si el ritmo de acercamiento fuera ése, habría que esperar muchas décadas para llegar a una situación de igualdad. Pero también sabemos que no es así. Desde su máxima altura en 1972-1973, los salarios medios anuales masculinos han venido descendiendo en torno al 1% anual. Por el contrario, los de las mujeres han crecido de forma lenta pero estable. Si la tendencia permaneciera, la igualdad salarial llegaría mucho antes. En efecto, desde 1979 hasta 1992, la diferencia salarial anual entre hombres y mujeres ha descendido diez puntos porcentuales. En unos treinta años, dos generaciones de mujeres trabajadoras, podría llegar a su final. Si se toma en cuenta el salario horario, la cosa sería mucho más rápida. En efecto, en los doce años que tomamos en comparación, las mujeres se han acercado quince puntos al salario masculino. En algo menos de 20 años la diferencia sería inexistente. Esto es tan sólo una generación de trabajadoras [19].

Triste igualdad, señalan algunos, si se basa en el descenso paulatino de las rentas masculinas. Otros han puesto de manifiesto que la incorporación laboral de las mujeres ha sido necesaria para evitar que descendiese el nivel de vida de las familias; de hecho, la renta media de las familias americanas, como se vio, permanece casi igual en dólares constantes desde los años setenta. Hoy se necesitan dos asalariados para alcanzar el nivel de vida que antes se aseguraba con sólo uno. Son aspectos interesantes, pero no hacen al caso que estamos analizando. Lo cierto es que la famosa horquilla se va cerrando.

Más aún, si se introducen factores como el de la raza, la diferencia salarial no existe ya entre algunos segmentos de mujeres en comparación con otros masculinos. Los salarios medios semanales de las mujeres blancas entre dieciséis y veinticuatro años sobrepasaron a los de los hombres negros en 1982-1983 y hoy las *sisters*, como gustan de llamarse las

---

[19] BLS, "Earning Differences between Women and Men".

mujeres negras, se han igualado ya con los hombres de su raza. En los escalones superiores de la pirámide de edad se están produciendo movimientos tectónicos similares [20].

Todo lo cual apunta hacia las tendencias que vimos en la primera parte. Hay un amplio sector de hombres blancos y de color que han perdido pie en el mercado y van viendo que la economía *high tech* americana no tiene sitio para ellos o, si lo tiene, será un espacio decreciente en magnitud y calidad de los empleos y en salarios. Por el contrario, numerosas mujeres enriquecidas por crecientes inversiones en capital humano (educación y experiencia laboral) van a poder desempeñar el tipo de trabajos que requiere una producción basada en la competencia técnica. En definitiva, estas magnitudes medias de diferencias salariales oscurecen grandes disparidades internas en cada una de las categorías, sean de sexo, de edad o de raza entre los sectores que han sabido optimizar sus beneficios y los perdedores de todo género.

Para las mujeres en general, el futuro es alentador porque sus resultados educativos han mejorado notablemente. Lo que es más, han mejorado desde la base. Expliquémonos. El nivel educativo de la sociedad americana, según Andrea Adams [21], ha crecido sustancialmente. En 1940 sólo la cuarta parte de la población había acabado su enseñanza secundaria y sólo un americano de cada veinte tenía una licenciatura universitaria (grado de *bachelor* o más). En 1993, cuatro de cada cinco americanos (80,2%) había completado su educación secundaria y uno de cada cinco (21,9%) tenía cuatro o más años de educación universitaria.

Todavía hay más mujeres que hombres que limitan sus estudios a la educación secundaria, pero la proporción va decreciendo. Además, según señalaba *The Economist* recientemente, tanto en Estados Unidos como a este lado del Atlántico, las

---

[20] BLS, "Black Women in the Labor Force".
[21] Andrea ADAMS, *Educational Attainment*, US Census Bureau, 1996.

mujeres obtienen mejores resultados que los chicos en estas clases. Los adolescentes americanos tienden a repetir curso con más frecuencia que las mujeres y tienen una mayor propensión a abandonar sus estudios secundarios. Pero, sobre todo, el salto a los niveles universitarios ha sido espectacular para las mujeres. En 1940, se graduaban de *college* o más siete mujeres por cada diez hombres. En 1970, la distancia había aumentado: sólo seis mujeres por cada diez hombres acababan sus estudios universitarios. En 1993 la proporción era similar, con ligera ventaja en favor de las mujeres (23,9% de graduaciones por 23,4% para los hombres). Es decir, éstas se hallan en igualdad de condiciones en este nivel educativo, cada vez más imprescindible para competir en la economía *high tech* [22].

Esto se irá notando con mayor precisión a lo largo de los próximos años, cuando las generaciones que actualmente se hallan en la escuela vayan ocupando su lugar en el mundo laboral. Ya hay signos claros de lo que va a suceder. Actualmente un tercio de todas las mujeres empleadas se agrupan en seis grandes ocupaciones: secretarias, maestras, cajeras, cuadros ejecutivos, enfermeras diplomadas y contables. En todas ellas, la diferencia salarial con los hombres es menor del 10% y en algunos casos, como el de las enfermeras diplomadas, sus salarios son superiores. Más aún, en algunas otras ocupaciones consideradas tradicionalmente como *de hombres*, han aparecido ya sectores donde hay disparidades inferiores al 10% e incluso un caso (trabajos mecánicos y de reparación) en que los salarios femeninos son superiores a los de los hombres.

El futuro inmediato va a generalizar esos casos. Se espera que hasta 2005 el empleo en Estados Unidos crezca en un 14%, unos 18 millones de nuevos puestos de trabajo. Según el Departamento americano de Trabajo, entre las ocupaciones de gran volumen actual de empleo seguirán creciendo seguros, secretariado, trabajo general de oficina, ingeniería y tec-

---

[22] *The Economist*, "Tomorrow's Second Sex", 8/9/97.

nología, propiedad inmobiliaria y construcción. En la mayor parte de ellas, las mujeres tienen una amplia participación que va a crecer. El crecimiento del empleo femenino se nutrirá, por un lado, de su creciente participación en la fuerza de trabajo en general, que en 2005 se espera llegue al 48%, y de otro en el relativo declinar que van a mostrar ocupaciones tradicionalmente femeninas como las operadoras de máquinas de coser, ensambladoras de electrónica, limpiadoras de casas particulares, operadores de maquinaria de oficina y empleadas de banca. Es decir, se encuentran al alza empleos femeninos que requieren de más educación formal y están relativamente mejor pagados que los actuales y declinan precisamente muchos *trabajos de mujeres* poco especializados y mal pagados [23].

Muchas de las ocupaciones en las que se esperan altos porcentajes de crecimiento hasta 2005 exigen, al menos, un título universitario de primer ciclo *(bachelor)*. Entre ellas se cuentan analistas de sistemas (con un porcentaje esperado de crecimiento del 92%), ingenieros de computadoras (90%), consultores residenciales (76%), profesores de educación especial (53%), consultores de gestión (35%) y otras con un crecimiento inferior al 30% entre las que, por increíble que parezca dado su actual alto número, están los abogados (28%) y los médicos (22%). Todo hace esperar que entre esos números se cuente un alto porcentaje de mujeres, tanto por el crecimiento de oferta como por sus mejores cualificaciones profesionales. Algo similar sucederá con las profesiones que requieren educación secundaria o enseñanza profesional *(vocational training)* [24].

En esta ampliación de la demanda de mujeres trabajadoras van a entrar muchos trabajos no tradicionales, es decir, aquellos en que hasta la fecha las mujeres participaban en un 25% o menos. A menudo, al hablar de este tipo de trabajos se

---

[23] BLS, "Hot Jobs for the 21st Century", mayo 1997.
[24] Andrea ADAMS, *Ibid.*, 1996.

suele imaginar que todos ellos entrañan especiales dificultades físicas que son las que han limitado hasta ahora su acceso a las mujeres. No es completamente cierto. Como señala el Departamento de Trabajo, hay ocupaciones *no tradicionales* en todos y cada uno de los grandes grupos ocupacionales, incluidos los que requieren gran destreza física, pero el crecimiento femenino se espera en otros lugares del universo ocupacional. Por ejemplo, "jueces, dentistas, clérigos y músicos puede parecer que no están incluidos en el estereotipo, pero son todos ellos *trabajos no tradicionales*" [25].

De hecho, aun para aquellos empleos en los que el uso de la fuerza física parece favorecer la casi exclusividad masculina, las mujeres americanas se han opuesto a la legislación y otras prácticas sociales "protectoras" de su sexo. Algunos de los primeros pasos de NOW (National Organization for Women) fueron precisamente casos legales que desafiaban esa noción. Un grupo de mujeres fueron despedidas en 1967 de una fábrica de Colgate en Indiana porque exigían que se respetasen sus derechos de antigüedad a la hora de los ascensos. La compañía mantenía que no podía autorizar a las mujeres a desempeñar trabajos que requiriesen levantar un máximo de 35 libras (unos 16 kilos) de peso, un requisito de los puestos superiores en cuestión, y les negaba sus ascensos. Dos años más tarde, un tribunal de apelaciones sentenciaba que cualquier prueba de levantamiento de peso debería administrarse por igual a hombres y mujeres y que no cabía que hubiese preferencias hacia los hombres en los ascensos por ese motivo [26]. En cualquier caso, la entrada en trabajos no tradicionales se reforzará y dará a las mujeres la posibilidad de ganar salarios más altos, como muestra el cuadro 8.3.

---

[25] BLS, "Hot Jobs for the 21st Century", mayo 1997.
[26] "The Feminist Chronicles".

CUADRO 8.3

Ocupaciones no tradicionales para mujeres
Alto crecimiento y salarios (entre 1994 y 2005)

Ocupación	% Mujeres	Salario semanal	No. Trab. (000's)	% Cambio
Arquitecto	16,7	702	35	17
Policía y detectives	15,3	582	416	24
Ingenieros	8,5	897	581	19
Inspectores construc.	8,5	648	28	22
Aislamientos	6,9	485	34	20
Mecánica y reparaciones	4,3	519	1,95	11
Bomberos	2,6	629	169	16

Fuente: US Dpt. Of Labor, 1997.

Nada de esto favorece el enclaustramiento de la mujer en el hogar. ¿Hay acaso una conjura por parte de las empresas para impedir a las mujeres gozar de la maternidad o para hacer naufragar las familias que, como dicen muchos, son el fundamento del orden social? Como de costumbre, la explicación es más mundana. No se trata de manejos oscuros, sino de la lógica de la inversión productiva. Casi todas las empresas requieren de sus trabajadores una disponibilidad creciente y un esfuerzo continuado. Es decir, casi todas ellas priman a los trabajadores a tiempo completo y reclutan y premian salarialmente a los que pueden ofrecer ese grado de identificación con la empresa. Los grupos de trabajadores que, real o supuestamente, no son considerados capaces de semejante esfuerzo continuado tienden a ser relegados en favor de aquellos a los que se les supone mayor disponibilidad. Esta percepción trabaja en contra de las mujeres. En esa medida, podría decirse que éste es un fenómeno de clara discriminación sexual sobre la base de un estereotipo que no responde a la realidad.

No se trata de quitar sus méritos al argumento, pero nada se pierde por evaluar toda la complejidad de las cosas. Lo cierto es que las mujeres son más proclives al trabajo a tiempo parcial que los hombres. De los 57,5 millones de americanas con empleo en 1995, 16 millones (28%) trabajan a tiempo parcial, es decir, 35 horas o menos a la semana. Esos 16 millones representan dos tercios de todo el trabajo a tiempo parcial. Para muchas ésa es una situación no querida, como lo muestra el hecho de que 3,6 millones de trabajadoras a tiempo parcial tienen dos o más empleos. Entre ellas, los grupos con incidencia más alta de empleos múltiples son las de veinte a veinticuatro años y las solteras. En cuanto que consigan obtener un empleo a tiempo completo, muchas de ellas lo aceptarán [27].

Pero queda un resto muy importante, los 12,4 millones de mujeres que sólo tienen *un* empleo a tiempo parcial. Aunque algunas de ellas aceptarían otro de tiempo completo si lo hallasen, la gran mayoría seguiría aún aferrada al horario limitado en mucha mayor medida que los hombres. Junto a indudables prejuicios en contra de las mujeres, éstos son también hechos que no pueden ocultarse a la hora de explicar su atraso en términos de salarios y de carrera. En las empresas americanas, los mayores niveles de responsabilidad y de ganancias se alcanzan tras largos años de carrera ejecutiva, a ser posible dentro de la misma empresa. Esa persistencia en el puesto de trabajo y las redes formales e informales que se van tejiendo con el paso de los años suelen ser la garantía del éxito ejecutivo. Son los años de trabajo, sí, pero también las horas de pasilleo y conspiración corporativa las que garantizan el éxito y

[27] BLS, "20 Facts on Women Workers", septiembre 1996.

quienes se ausentan no salen en la foto. Cualquier funcionario de alto nivel de la Administración española sabe cuán fértiles pueden ser para su carrera futura las horas del crepúsculo, una vez que la presión externa amaina, justamente cuando los jefes agotan todas las estrategias razonables para evitar la vuelta al hogar a la hora en que los pequeños patalean por no irse a la cama o los mayores querrían ayuda en sus tareas escolares. Se dice, con razón, que los ejecutivos americanos trabajan muchas horas, pero algunas de las más importantes son las de los whiskys en el despacho conveniente, cuando se habla de todo lo santo y de todo lo que no lo es.

Las mujeres casadas tienen mucho menores oportunidades que los hombres de participar en esa cultura corporativa. No es de sorprender que uno de los temas que obsesionan a medios como el *New York Times*, *Los Angeles Times*, *Cosmopolitan* o *The New Yorker* con su notable audiencia entre las ejecutivas es precisamente el de las enormes dificultades de las madres con éxito en su trabajo para poder mantener una razonable vida de familia. A la inversa, los empresarios saben hasta qué punto un embarazo puede retrasar proyectos y planes, lo que les lleva a descontar del sueldo y las expectativas de las mujeres su cuota parte [28].

En resumidas cuentas, a mi entender, el panorama laboral inmediato de las mujeres en Estados Unidos es alentador. Posiblemente se encuentran a las puertas de un cambio muy importante. Su número e importancia en la fuerza de trabajo crece, la paridad con el hombre en el mercado de trabajo se encuentra a la vuelta de la esquina; sus salarios, pese a una todavía considerable distancia, van cerrando el diferencial con los hombres. Y todo esto en el espacio de 25-30 años, es decir, al máximo, en dos generaciones de mujeres en el trabajo.

Pero el futuro puede ser mejor. Los trabajos que van a crecer junto con la economía *high tech* no dan ninguna ventaja

---

[28] *Business Week*, "Work and Family", 4/1/97.

esencial a los hombres. Se basan en buena medida en procesos educativos más continuados y más intensos y, como se ha visto, las mujeres se hallan ya en pie de igualdad en este terreno. Más aún, los trabajos de toda índole que van a crecer en el futuro inmediato les favorecen, en la medida en que en muchos de ellos hay ya una sólida presencia femenina. Es cierto que algunos de los trabajos que han ejercido tradicionalmente (operadoras textiles, limpiadoras en casas particulares, empleadas de banca) van camino de su desaparición. Pero muchas mujeres de la Generación X (nacidas entre 1965 y 1985) tienen una preparación excelente para los trabajos más especializados que van a sustituir a éstos.

Algunos de los factores que hemos apuntado juegan también en su favor. El mismo diferencial salarial les ha acostumbrado a aceptar trabajos que los hombres no quieren considerar. Podría decirse que esto no es más que una forma de perpetuar esa diferencia, pero no es menos cierto que esto puede permitir a las mujeres ir ocupando espacios que hasta ahora les estaban vedados. Si sus salarios presionan ahora a la baja, eso no tiene que seguir siendo así una vez que se hayan instalado en posiciones sólidas. Más aún cuanto que, mientras que las mujeres están dispuestas a penetrar en los llamados trabajos no tradicionales, los hombres no muestran las mismas inclinaciones. De igual forma que la gran mayoría de los franceses que votan a Le Pen no están dispuestos ya a volver a realizar trabajos que consideran reservados a los odiados inmigrantes, los hombres americanos se muestran remisos a reocupar los trabajos que dejaron para las mujeres. Hay, pues, una asimetría de disposiciones que favorece la creciente presencia femenina.

Y esto es incluso verdad para los altos escalones de la pirámide ejecutiva, aunque aquí el camino por recorrer sea más largo. Las casi dos generaciones de mujeres que se incorporaron al trabajo desde los setenta hasta hoy partían de una base mucho más atrasada que las dos generaciones próximas. Su grado de educación era menor y su vida laboral más accidentada que la de los hombres. Ellas son precisamente las que todavía forman el grueso de la fuerza laboral femenina de alto nivel y, las mayores de entre ellas, son las que aún no han podido romper el techo de cristal, no solamente por razones de discriminación. Pero también esto ha de cambiar.

Ante todo, ya no es posible, en la mayor parte de los bienes y servicios, ignorar a las mujeres, y a las minorías raciales, en cuanto consumidoras. El mercado es cada vez menos homogéneo y las mujeres deciden cada vez más sobre los productos que van a comprar las familias. Esto lo saben perfectamente las empresas de publicidad que, al menos en los bienes de corto ciclo, orientan sus mensajes de forma diversificada. ¿Significa eso necesariamente más ejecutivas en los altos escalones de las empresas? Nada es seguro, pero indudablemente la necesidad de conocer mejor el mercado femenino debe actuar en favor de que tomen decisiones sobre él más mujeres. Eso debería también favorecer que crezca el número de mujeres que asuman puestos de la máxima responsabilidad en las empresas. El tiempo juega a su favor.

Como ya se ha dicho, los cambios generados por la economía *high tech*, que tienden a favorecer en general a las mujeres, también suscitan perdedores. Muchos años después de que André Gorz dijera adiós al proletariado, la clase obrera tradicional está desapareciendo a pasos agigantados en Estados Unidos. Los hombres con escasas cualificaciones y bajo nivel educativo, muchos de los llamados trabajadores *de cuello azul*, lo tienen cada vez más crudo. Las mujeres que comenzaron tradicionalmente a hacer trabajos *de cuello rosa* van convergiendo crecientemente con el resto de los hombres para engrosar los puestos de trabajo *de cuello blanco* que demanda el nuevo ciclo económico, donde la estratificación por sexos contará menos que las aptitudes.

CAPÍTULO 9

Éste es mi cuerpo

PERO, ¿DÓNDE ESTÁN LAS FAMILIAS DE ANTAÑO?

Con un objetivismo que se diría sacado de la escuela del *nou-veau roman*, Dow Jones, probablemente la compañía de información financiera más importante de Estados Unidos, reporta sobre Oneida Ltd. "Oneida fabrica menaje de mesa. Los productos que fabrica su división de consumo general incluyen cubiertos en plata de baja aleación, plateados y de acero inoxidable [tenedores, cuchillos y cucharas], contenedores de plata de baja aleación y plateados [bandejas y juegos de café], cuchillería y cristalería, bajo las marcas Oneida, Community y Heirloom. Su división de artículos de cocina produce cuberterías y vajillas, así como porcelana y cristal para restaurantes, cadenas hoteleras y líneas aéreas bajo las marcas Oneida, Rogers y Buffalo China. La división industrial de Oneida manufactura cable de cobre para las industrias de electrónica y transportes. La compañía desarrolla sus actividades en Estados Unidos y Canadá".

La información financiera es casi tan interesante. La compañía tenía a mediados de 1997 un valor de mercado de $329 millones. La relación precio/ganancia de sus acciones en esas fechas era de 18 veces, más favorable que la media del Dow Jones Industrial Index, que tenía un múltiplo de 21. Sus beneficios anuales eran del 19%. El inversor astuto que puso

343

su dinero en acciones de Oneida en el último trimestre de 1996 lo vio doblarse en diez meses. En noviembre de 1996 se cotizaban a unos $14, a finales de julio de 1997 estaban por encima de $30. Es cierto que desde 1995 Wall Street sorprendió a los observadores con uno de los más largos mercados alcistas de todos los tiempos, pero el comportamiento de la empresa fue también magnífico.

Lo que no dice Dow Jones es qué cara pondrá su presidente, David E. Matthews, cuando se le pregunta por John Humphrey Noyes (1811-1886). Imagino que su Departamento de Comunicación Corporativa le tendrá bien aleccionado y que largará su guión sin mover un músculo de la cara. Todo ello, pese a que Mr. Noyes no es el tipo de antepasado que el presidente de una gran compañía guste de evocar [1].

Noyes era, así, con mayúsculas, un Perfecto. El perfeccionismo puede ser, como nos dicen, uno de los siete o catorce hábitos imprescindibles de la gente de éxito; el Perfeccionismo, al que Noyes afirmaba haber llegado en 1834, era una doctrina de salvación. Pero, desde el punto de vista teológico, era más bien un galimatías enrevesado. Una de sus bases era que la Segunda Llegada de Jesucristo no estaba en el futuro, sino que era agua pasada. Jesús había vuelto para estar presente en la destrucción de Jerusalén en el año 70 de nuestra era. Hay casi tantos testimonios de visitas de Jesús a la tierra como de apariciones de Elvis Presley, así que una más no sería gran cosa. Pero ésta era especial. Pues, rabiad puritanos aguafiestas, desde esa fecha ya no pesa sobre la humanidad la incertidumbre de la salvación, sino que todos los hombres se han liberado del pecado. Ya pueden ser Perfectos como su Padre Celestial es perfecto. Y ésta era la buena nueva.

Si los hombres y las mujeres estaban ya libres del pecado, lo natural era que se dedicasen a disfrutar de los dones y ta-

---

[1] Las páginas posteriores siguen de cerca el relato sobre Oneida de Gay TALESE, *Thy Neighbor's Wife*, Ivy Books, 1981, pp. 255 y ss.

lentos de su estado presente, que llevasen una vida feliz de trabajo, descanso y gozo, con todas sus consecuencias prácticas. No se sabe si Noyes había leído a Rousseau, pero es indudable que consideraba uno de los más recios males del estado de sociedad la existencia de lo mío y lo tuyo externos. Lo único que podía reconciliar a los hombres y a las mujeres en la Perfección era el comunismo y, puesto que ellos eran creyentes, sería un *comunismo bíblico*. Como se verá, Noyes era un hombre práctico y bien organizado. Por eso el comunismo que predicaba no era un ideal parusíaco, sino que debía aplicarse desde ahora mismo sin esperar a las calendas griegas, era el socialismo en un solo país.

Comunista había de ser la explotación de los recursos del grupo. Tras la muerte de su padre, Noyes heredó $20.000 en efectivo y dos granjas. Su mujer, Harriet Holton, contribuyó con otros $16.000. Con eso y con otros donativos más de algunos conversos, la comunidad pudo empezar a desarrollarse. A algunos hermanos y deudos de Noyes, que fueron los primeros apóstoles, se sumaron poco a poco otros forasteros, que se asentaban en sus fincas de Putney, Vermont... Con los frutos de la tierra que todos explotaban colectivamente y con los beneficios de un almacén general abierto por Noyes, los Perfectos vivían con desahogo y decoro.

Pero mucho más importante era la comunidad del gozo. Ya muy joven, Noyes había comprendido que "cuando yo llamo esposa mía a una mujer, ella es también tu esposa, porque es de Cristo y en Él lo es de todos los santos". Y a pesar de que Noyes hubiese cedido a las costumbres del siglo para contraer matrimonio monógamo, estaba dispuesto a que eso no sucediera con las jóvenes generaciones y a hacer como si no hubiera sucedido con la suya. Así pues, tras años de meditación y penitencia, en 1846 George y Mary Cragin, dos fervorosos discípulos del maestro, fueron los primeros en probar el intercambio de parejas con Noyes y señora. Luego vino el proceso de inducción, de lo particular a lo general. Todos los

Perfectos debían abolir de hecho el matrimonio en pareja, porque lleva en sí el aguijón de la escasez. Cuando hombre y mujer se desposan, recortan el horizonte de sus propios sentimientos y limitan injustificadamente las expectativas ajenas. Los creyentes no podían tener aspiraciones exclusivas a una sola persona. Si hubiesen hablado con nuestro lenguaje, los Perfectos habrían abominado de la familia nuclear, ésa del padre, la madre, la hija, el hijo y el espíritu santo, si me permiten fusilar a Georges Brassens.

No, no sean pillos. Noyes no era un entusiasta del amor libre porque era un hombre práctico y bien organizado. Así que su ideal era *el matrimonio complejo*. Libre acceso carnal, pero dentro de un orden. Primero con rigor, nada de *aquí te pillo, aquí te mato*. Se podía hacer el amor por turnos regulados y con aprobación de la superioridad, es decir, de Noyes, pero siempre de forma que impidiera la aparición de pasiones excluyentes. Luego, sin romper el equilibrio ecológico de la población. En efecto, la vida buena de los Perfectos se pondría en peligro de producirse la secuela habitual del holgar gozoso e incontrolado, una generación de vástagos que no venían precisamente con un pan debajo del brazo en tiempos como aquellos de baja tecnología. Los Perfectos tendrían que aprender a controlar la natalidad por el ingenioso método onanista de evitar sus eyaculaciones durante el coito, algo que Noyes denominaba *continencia masculina*, vamos, que tenían que apearse en marcha que se dice. Al parecer los discípulos llegaron a dominar la técnica porque su comunidad tenía un número de nacimientos muy por debajo de lo normal.

El amor puede ser ciego, pero los vecinos no. En 1847, fuere por el ultraje moral, la escasez de mujeres en su propio pueblo o, es de suponer, por la cochina envidia, las gentes decentes de Putney consiguieron del juez una orden de arresto contra Noyes por el delito de adulterio. Más aún, las cabezas más calientes, tal vez con la exaltación que les producía quedar fuera de las bacanales que, se murmuraba, tenían lugar en aquella casa, estaban dispuestos a enseñarle a su manera el camino recto. Noyes habría oído de lo sucedido con Joseph Smith en Illinois. El fundador de los mormones, que sólo proponía la poligamia, un escalón inferior sin duda al matrimonio complejo en el palmarés de lo socialmente desviado, fue sacado de la cárcel de Illinois en la que se hallaba cn 1844 y linchado por una turba de almas bellas. Así que, sin pensarlo dos veces, Noyes pagó una fianza de $2.000 para salir de la cárcel, dejó plantado al juez, tomó el olivo y se buscó momentáneo acomodo en el anonimato de la ciudad de Nueva York.

Al cabo resucitó. En 1848 escribió a sus fieles de Putney que había comprado una finca de 160 acres, que más tarde pasaron a 275, unas 110 hectáreas, en una tierra de pastos del valle surcado por el arroyo Oneida, entre Siracusa y Utica, en el estado de Nueva York, y les invitaba a seguirle a la tierra prometida. En 1849 empezaba la aventura teológico-empresarial que habría de desembocar en Mr. David Matthews, el actual presidente de Oneida Ltd.

Goza, sí, pero ora y, sobre todo, trabaja para el común. Tales eran los ideales de la Comunidad de Oneida (Oneida Community) que, de haberse fundado ciento veinte años más tarde y en California, habría dejado en *comuna* lo de comunidad. Así que allí no se toleraban ni el hedonismo ni la vagancia, vicios que dieron al traste con más de un esfuerzo similar en el Estado de la Euforia. Todos sus miembros, hombres y mujeres, tenían que trabajar seis días a la semana en la granja, la casa o la escuela comunal. Su trabajo y los beneficios obtenidos pertenecían al grupo en su totalidad. A cambio recibían lecho en que yacer, sustento (dos o tres comidas diarias según las épocas) distribuido en el comedor común, con capacidad para ciento diez residentes, y servicios médicos y dentales de los colegas especialistas. Los vestidos de los comuneros eran fabricados por las costureras y sastres del lugar. Los niños debían frecuentar la escuela hasta los dieciséis años y aquellos que mostraban aptitudes eran enviados a Yale o a Columbia para proseguir su educación superior.

No todo en la vida es trabajo. Especialmente a partir del año 1860, cuando la comunidad gozaba de buena salud financiera gracias al esfuerzo común, a las ganancias por sus actividades y a los donativos remitidos por simpatizantes externos, Noyes subraya la importancia del descanso y el esparcimiento. Primero, el tiempo de trabajo diario se reduce a seis horas. Para que digan que la semana de cuarenta es una norma cuasibiológica de estricta observancia. Luego, se lanza a proveer a los Perfectos con ocupaciones de todas clases para llenar el tiempo libre, que no todo va a ser entregarse a eso en lo que usted está pensando. Hay clases de vela en el lago del predio, se juega al cróquet y a la pelota base, se organizan partidas de pesca, concursos de natación, una orquesta y una compañía dramática. Hasta había un baño turco en el sótano de la mansión principal. Quienes preferían alejarse del mundanal ruido podían refugiarse en la biblioteca o en la sala de juegos para darle al ajedrez o, si tenían mala entraña, montar una partida de whist. Los fines de semana, el salón de baile se llena de parejas que se marcan con garbo y distinción unas *square dances* o cualquiera de esos otros complicados bailes en grupo, en que se trenzan figuras y cuadrillas al ritmo de la música y el batir de las palmas. Si han visto una película de John Ford, ya saben de lo que se está hablando.

Claro que con la calentura de los cuerpos y la alacridad de los espíritus llegaba directamente eso que hace unos segundos ocupaba la sucia mente del lector avisado. Cero problemas, si se seguía el conducto reglamentario. Cualquier hombre que desease tener acceso carnal debía mostrar sus intenciones a una matrona, quien exploraba si la cosa sería del gusto de la requerida, al tiempo que anotaba la petición en un registro y regulaba el tráfico. "No, J. Walter Thompson, hoy no puede Vd. acostarse con Nancy Bridges, porque se le ha adelantado el cocinero. Le doy la vez para mañana. Firme aquí".

Con las mujeres las cosas eran diferentes. No sabemos que Nancy Bridges pudiera reclamar a J. Walter Thompson y, desde luego, las matronas se habían despedido del sexo con un largo adiós. Pero no seamos politcorrectos, aquello era todavía el siglo XIX y lo de la igualdad de derechos para las mujeres tan familiar como la astronáutica. En realidad, las mujeres eran dueñas de negar su consentimiento a cualquier hombre o retraerse por completo de actividades sexuales, aunque no solía ser el caso. Por los registros sabemos que la mayoría de las mujeres tenía entre dos y cuatro encuentros amorosos semanales; algunas de las más jóvenes podían retozar con hasta siete amantes en el mismo plazo. Los registros, quién habló de la inutilidad de la burocracia, permitían igualmente controlar encuentros que por repetidos pudiesen dar en pasiones exclusivas y excluyentes. "Pero ¿cómo, J. Walter Thompson, que quiere acostarse otra vez con Nancy Bridges?", se alborotaba la trotaconventos, "ni hablar, van ya siete veces en dos meses, ambos se me excitan tanto que temo por su continencia masculina y el cocinero se mosquea y va a presentar un recurso de alzada por postergación dolosa. ¿Por qué no prueba con Pamela Anderson?".

Mención especial merecen los ritos de iniciación sexual. Si se trataba de los varones, se pedían voluntarias entre las mujeres de la comunidad. No sé si Noyes se daba cuenta, pero como, en definitiva, todas eran madres del muchacho, la cosa parecía ser una fórmula antiedípica garantizada, aunque un tanto prematura porque aún no había Freud que lo explicase. Con las vírgenes, el guión variaba. Aquí no se dejaban las cosas al azar y, como los hombres están para las ocasiones, Noyes y los más antiguos de la localidad se hacían cargo de la tarea de iniciarlas. Cuando había alguna crítica o broma, se recordaba que así las chicas se beneficiaban de la mayor experiencia de estos amantes, los cuales, por otra parte, dado su entrenamiento, eran menos proclives que los jóvenes a aturdirse en el ejercicio de la continencia masculina.

En fin, que salvo por estas cosillas sin importancia y por la manía de Noyes de prohibir el alcohol y el tabaco, que él y su señora, americanos progres al fin, aborrecían con furia de politcorrectos, la vida en Oneida se parecía bastante a la idea que se hacen del Estado del bienestar los neoliberales de misa y olla. Apacible, sin sobresaltos, un poquito blanda, regulada por doquier, sin los desafíos y los riesgos que aguzan el ingenio y la iniciativa creadora.

Oneida no resistió la vejez de su fundador. A pesar de sus apariencias burocráticas, la comunidad estaba dominada por la personalidad de Noyes, una personalidad que llamaríamos carismática si el término weberiano no se repitiera habitualmente a tontas y a locas. A la postre, la fuente del derecho y el oráculo ante las decisiones importantes era él. Él impuso el comunismo, el mercado sexual regulado, la continencia masculina. Cuando lo creyó oportuno, con la decisión del hombre práctico, cambió de rumbo. En 1869 anunció un programa de natalidad para fortalecer la comunidad hacia el futuro y abrió una lista de inscripciones para madres y padres aspirantes, que serían seleccionados por él mismo y estaban bien informados de que los hijos serían, en cualquier caso, del grupo y de nadie más. Otros planes quinquenales seguirían en años sucesivos.

Ya fuere porque a Noyes le había caído el viejazo, ya por una incipiente paranoia, ya por la impaciencia de sus sucesores putativos, las cosas empezaron a complicarse. Primero fueron sólo murmullos, porque de los 58 niños nacidos como resultado del plan comunitario de natalidad nueve, cinco niños y cuatro niñas, eran del propio Noyes. Pero quien tuvo, retuvo. La cosa pasó a mayores cuando se le manifestaron fuertes tendencias dinásticas y patrimonialistas. De su tiempo en el siglo, antes de iniciarse en la senda de la perfección, Noyes traía un hijo, Theodore, que había tenido con su señora en 1841. Sobre Theodore corrían algunas especies que muchos confirmaban. Era un poco descontrolado en lo tocante a continencia masculina, a menudo tenía crisis de celos por su mucha afición a los encantos de alguna cofrade, el dinero del común que se le confiaba lo gastaba con excesiva alegría. Pese a todo ello, Noyes le permitió convertirse en padre de tres niños en la primera vuelta, con lo que casi un 25% de todos los nacidos en ese envite se quedaban en la familia, es un decir. Peor aún, en 1874 Noyes Senior anunció que Noyes Junior sería su sucesor y con esto se desbordó el vaso. Un tal James Towner, buen hombre y mejor apóstol, dicen, pero con su miajita de carácter, junto con otros treinta descontentos, empezó a reclamar más legalidad formal y menos justicia del cadí. Esta reivindicación democrática general se reforzaba en algunos enigmas empíricos. Ni Towner ni sus colegas lograban entender por qué azar o designio sus nombres nunca aparecían en las listas de futuros padres y por qué se les excluía del conocimiento carnal de los nuevos grupos de vírgenes, a pesar de su probada continencia y su reconocida formalidad.

Las desgracias nunca vienen solas y en el mundo exterior se estaba formando otra oleada de moralidad que asolaría a las apacibles gentes de Oneida. Como en el ciclo meteorológico de El Niño, estas oleadas carecen de periodicidad y sus orígenes exactos son mal conocidos, pero son ineluctables y destructivas. Otro Gran Inquisidor, Anthony Comstock, y su Sociedad para la Supresión del Vicio habían dado una nueva vuelta de tuerca a la no especialmente permisiva legislación americana de la época al obtener del Congreso una ley que permitía perseguir la obscenidad si se distribuía por correo. Nuevas tecnologías, nuevas censuras, ¿recuerdan la ley antipornografía en Internet? Pues Noyes difundía por correo numerosas publicaciones sobre su comunidad que tocaban temas como el del amor colectivizado, con lo que caía de lleno en la amplia definición de obscenidad de Comstock y la brigada del vicio.

Así que el 23 de junio de 1879, aquel hombre práctico, organizado y prudente, volvió a darse de naja sin decir palabra a nadie. Con la sola compañía de un colega, en coche de caballos, ganó la frontera del Canadá. Tal vez no lo supiera, pero allí estaba su Canossa. En agosto del mismo año, para calmar un poco el hambre y la sed de justicia de la hidra moralista, Noyes publicó un manifiesto en el que renunciaba a las enseñanzas del amor comunal y del matrimonio complejo. Además, con la mansedumbre ante el fornicio y la escasez de turbias pasiones que suele acompañar a la bajada de los niveles de testosterona, Noyes proponía ahora una nueva doctrina para las jóvenes generaciones perfectas, la abstinencia sexual. O de todos o de nadie. Si no nos dejan acabar con la exclusividad sexual, renunciemos todos y yo el primero a la pasión. Antes eso que la familia nuclear.

Ya no volvería a Oneida vivo. Trató de seguir dirigiendo la comunidad desde la distancia, pero sin éxito tras la humillación. Las antiguas rencillas se habían agravado y dieron por tierra con el proyecto. Tras el nuevo evangelio de 1879, sin la firme mano de Noyes en el timón, los socios empezaron a adorar al becerro de oro. Hasta un total de treinta y ocho matrimonios monógamos se celebraron en pocos meses ante la mansión central de Oneida, otrora santuario de juegos eróticos comunales y otros esparcimientos. En 1880 se anunció la disolución de la comunidad y su conversión en sociedad anónima. Cada uno de los 226 socios numerarios recibió acciones por valor de $5.000, un pico para la época. Uno de los nueve retoños de Noyes en la época del plan natalicio comunitario, Pierrepont B. Noyes, tomó las riendas de la empresa en la década de 1890 y sentó los sólidos cimientos que la convertirían en la gran multinacional que hoy preside Mr. David Matthews. El resto, como suele decirse, es otra historia.

Lo sorprendente de Oneida no es su hundimiento final, sino precisamente su larga vida, treinta años de existencia hasta la apostasía de Noyes, todo un récord. La mayor parte de sus equivalentes en aquel pasado lejano desaparecieron en horas veinticuatro. No fueron pocos. A principios del XIX, cuando una vez más todo parecía posible en Norteamérica, aparecieron allí numerosas iniciativas que podríamos denominar libertarias, protosocialistas o, con el pelmazo de Engels, socialismos utópicos.

Todos estos movimientos duraban lo que la verdura de las eras, un corto tiempo. Por lo que aquí tenemos que volver a Gary Becker y a la amarga lógica económica. Casi todos estos grupos carecían de especialización y no sabían sacar partido de la división del trabajo social. La mayor parte de ellos querían replegarse sobre sí mismos, buscar el estado de naturaleza y renunciar al Gran Satán, la vida en sociedad. Una vez disipados los entusiasmos fundacionales tenían que afrontar la dura realidad de que sus campos rendían poco y de que estaban superpoblados para sus posibilidades. Mucho se ha hablado de la hostilidad del mundo externo como factor de su decadencia y, como hemos visto, ésta era grande, pero no la causa principal de su declive. Como sucedió con tantas comunas americanas en los setenta de este siglo, tampoco aquellas del XIX podían despegar porque eran proyectos económicos inviables.

El genio de Noyes lo alimentaron su buen sentido para ver los signos de los tiempos, su pragmatismo en los negocios y su capacidad organizativa, algo de lo que carecían y carecen muchos otros visionarios. Al igual que en otras comunidades, en Oneida se comenzó por confiar en la agricultura, pero pronto el gran timonel se dio cuenta de que al neolítico se lo estaba llevando por delante, y a toda prisa, la revolución industrial y de que el éxito estaba en diversificar. Ya en 1850 los comuneros recibieron como regalo de un admirador un barco de vela y, en vez de dedicarse a la plácida vida de marina de lujo, lo emplearon para el cabotaje de piedra caliza por el Hudson, aunque en 1851 el barco naufragó en una tormenta, causando la muerte de varias personas, entre ellas la de Mary Cragin, la discípula bienamada.

El fracaso no amilanó a los capitanes de la empresa. Como tantas veces, todo empezó de forma poco previsible. Un trampero que se había convertido en catecúmeno de Oneida cedió al común la patente de un artilugio para cazar animales. A mediados de 1850, las trampas de Oneida se vendían de Nueva York a Chicago y comenzaron a traer dinero del exterior y a completar los ingresos por otras manufacturas básicas como la fabricación de escobas, sombreros de paja, bolsas para transporte, radios para ruedas. La guerra civil detuvo algo la máquina, pero en 1866, el negocio de trampas reportaba $1.000 semanales de ingresos. El comunismo bíblico se adaptó a la lógica del mercado en sus actividades de negocio y pronto los Perfectos se vieron en la necesidad de contratar jornaleros externos, que no eran miembros de la comunidad, para realizar los trabajos que los de casa ya no querían llevar a cabo.

Sin embargo, ni siquiera estos éxitos pueden ocultar que la comuna tampoco era viable. Amoldarse al mercado impone una lógica rígida de riesgo y beneficio que exige una especialización creciente de los miembros de la empresa, cuando precisamente la organización toda de la comunidad se basaba en algo parecido a aquellas aleluyas que contaba Marx sobre el fin de la división del trabajo en los *Manuscritos de 1844*. Hoy puedo ser pescador, mañana cazador, al otro cocinero y en los ratos libres escribo *Das Kapital*. Oneida sacaba poco de las ventajas comparativas de sus miembros, la mayoría de los cuales parecía gustar de los placeres de una domesticidad tranquila, aunque un poco exótica para el orden establecido. Así, tenía difícil servir de alternativa a la familia nuclear que por entonces se impuso en su forma moderna por todo Occidente gracias a su viabilidad económica.

Hay otra gran deficiencia para la perdurabilidad de estas ingeniosas iniciativas. Casi todas las comunas se basan en figuras que sus seguidores consideran excepcionales, desde Noyes a Charles Manson o a David Koresh y suelen tener todas las desventajas de las organizaciones pentecostales sin beneficiarse por completo de la racionalidad burocrática. En el fondo, siempre es un viejo chivo, por amado y respetado que sea, quien determina por sí o por persona delegada dónde se vive, cuánto se come y con quién se acuesta, de forma que, incluso en formas sociales relativamente exitosas como Oneida, se termina por respirar un ambiente cuartelero asfixiante para cualquier individualista. Cuando el gurú desaparece, con él se van también sus efímeros logros.

Con lo que llegamos al punto que queríamos resaltar. A pesar de los fervorines sesentayochistas y de los que puedan llegar en el futuro más o menos inmediato, ni las comunas ni el amor libre parecen estar llamados a sustituir a la familia nuclear. La familia evoluciona de acuerdo con los cambios sociales y económicos del sistema al que pertenece. Si la familia nuclear va perdiendo terreno, como es el caso en Estados Unidos, se debe, ante todo, a que la nueva economía demanda fuertes cambios en la dedicación de sus miembros a las actividades que hemos llamado de mercado [2]. La domesticidad se reduce al realizarse por instituciones y empresas privadas muchos de los trabajos que eran propios de las familias. Incluso el núcleo duro de la economía familiar, la reproducción y el cuidado de los hijos, que parecía ser el destino inmutable de las mujeres, parece llamado a sufrir cambios aún difíciles de predecir, pero no por ello menos sorprendentes.

Detengámonos aquí, justo antes de sacar la bola de cristal. Muchos políticos y dirigentes de grupos sociales y religiosos culpan del declive de la familia a factores culturales, como el descreimiento religioso, la libertad de costumbres, el hedonismo o la ambigüedad moral de tantos padres. Si todo ello se encarrila, creen que la familia volverá a florecer y, con ella, una comunidad social y una *polis* dignas de tal nombre. No comparto ese punto de vista. Con independencia del juicio que pueda merecer la institución de la familia nuclear, su biografía es otra. Ni nació de consideraciones morales, ni morirá, si es que lo hace, a sus manos. Pues, una vez más, *es la economía, estúpido*. Si las tendencias actuales de la economía *high*

[2] *The Economist*, "In the Name of the Family", 29/6/96.

tech no varían, y no parece que ése vaya a ser el caso, la familia nuclear se convertirá en una institución en recesión que deje paso a otras formas de relación sexual y afectiva y de educación de los hijos. Y ello por mucho que se empeñen sus defensores en avivar el rescoldo de un pasado glorioso, en condenar la escuela pública, la libertad sexual, la separación de iglesia y estado o en intentar de nuevo que se rece el rosario en familia, porque la familia que reza unida permanece unida.

Los cambios que ha experimentado la familia nuclear han sido otros y, para decirlo con Becker, "creo que la causa principal de estos cambios es el crecimiento del poder económico de las mujeres a medida que ha evolucionado la economía americana"[3]. La reciente y masiva participación de las mujeres en la fuerza de trabajo refuerza ese poder económico y, con él, aminora las ventajas también económicas de la división sexual del trabajo y de la dependencia de los hombres. Si es así, no es extraño que decrezcan los matrimonios y la fertilidad o que se extienda el divorcio y las familias monoparentales.

Por más que traten de evitarlo Billy Graham, Pat Robertson, el Papa de Roma *e il suo complesso* de archimandritas célibes, parece que precisamente eso es lo que está sucediendo. Ante todo, hay un descenso de los matrimonios. Como recordaba Michael Elliott, en la Edad de Oro de las familias nucleares, de 1945 a 1965, diecinueve de cada veinte muchachas que cumplían los veinte años se casaban. En 1970 una de cada nueve mujeres entre los veinticinco y los veintinueve años no estaba casada. En 1991 no lo estaba una de cada tres. No parece que la explicación se deba a factores culturales solamente, sino, sobre todo, al hecho comentado de que la independencia económica de las mujeres americanas es hoy muy superior a la de sus madres, por lo que el matrimonio tiene menos de tabla de salvación ante los embates de la vida[4].

---

[3] Gary Becker, *A Treatise on the Family*, p. 350.
[4] Michael Elliott, *The Day before Yesterday*, p. 169.

Para el conjunto de la población masculina mayor de quince años (97,7 millones), el número de hombres casados era de 57,5 millones en 1995, un 59,1%. Es una cifra bastante más baja que en 1990 (60,7%), 1980 (63,2%) y 1970 (66,7%). Entre 1970 y 1995, pues, ha habido un descenso de la población masculina casada cercano al 12%. Para las mujeres, la tendencia es similar. En 1995, de la población femenina mayor de quince años (105 millones), estaban casadas 58,9 millones de mujeres, lo que representaba un 56,1% de la población considerada. La cifras para 1990 eran de un 56,8%, para 1980 de un 58,9% y para 1970 de un 62%, es decir, que en veinticinco años el descenso de la población femenina casada ha sido casi del 10%[5].

La edad media a la que se casaban las americanas a mediados de los cincuenta eran justamente los veinte años. En 1970 había subido a veinte y medio, pero en 1995 llegaba a los veinticuatro y medio, la media más alta del siglo. Entre los hombres se ha producido una situación similar. A mediados de los cincuenta, la edad media a la que contraían matrimonio eran los ventidós años y medio, pero en 1995 la cosa había subido a los veintisiete, de nuevo la edad más avanzada de todo el siglo. Es decir, hay menos matrimonios y los que se contraen tienen protagonistas más maduros[6].

Según los datos del National Center for Health Statistics (NCHS) del Departamento de Salud, en 1995 se casaron 2,33 millones de parejas, un número casi similar al de los dos años anteriores. Sin embargo, si contamos la tasa de nupcialidad veremos que ha descendido considerablemente a lo largo de los años más recientes y que la curva sigue a la baja. En 1995 era de un 8,9 por cada mil personas, en tanto que en 1991 todavía llegó a 9,8 por mil. La tasa ha ido decreciendo desde

[5] US Census Bureau, *Current Population Reports*, Series P23-191, "How We're Changing", febrero, 1996.
[6] US Census Bureau, *Current Population Reports*, Series P20-484, "Marital Status and Living Arrangement", marzo 1994.

1980 y es la más baja desde 1963. Si tomamos en cuenta a las mujeres no casadas de quince y más años, la tasa de nupcialidad ha caído de forma continuada desde 1990, llegando a 50,8 por mil en 1995. Si nos fijamos en las mujeres no casadas entre quince y cuarenta y cuatro años, el descenso desde 1990 es claro y había llegado al 83 por mil en 1995 [7]. Se ha hablado mucho sobre el resurgimiento del matrimonio en Estados Unidos, pero nada parece confirmarlo [8].

Si acaso, lo que hay es una mayor tendencia a celebrar las bodas con gran pompa y circunstancia, tal vez por lo raras que van siendo. Claro que eso tiene sus costos que, comparados con los de un divorcio (unos $16.000), puede que expliquen por sí solos la disminución de los matrimonios. Para la infeliz familia de la novia que, según el rígido ritual nupcial americano, es la que paga todos los gastos de la ceremonia, la cosa puede costar un año o más de rentas y muchas de ellas se empeñan por otros muchos para poder pagarla. Constance C. R. White, una colaboradora del *The New York Times*, escribía hace poco que "en Nueva York una boda puede costar un millón de dólares. Bodas en torno a los $100.000 son lo suficientemente normales como para que los restauradores las consideren —respiren— de tipo medio; las más baratas salen por $25.000. El cálculo sube si se toma en cuenta el precio del traje de novia. Sólo en una boda se consideraría que un vestido de $500 es barato. La horquilla normal se mueve entre los $800 y los $1.200. Los trajes de calidad superior van de $3.000 a $7.000". No son de extrañar los precios si se tiene en cuenta la legión de intermediarios que aparece en los tres meses anteriores a una boda, cada uno de los cuales suele venir acompañado del suministrador de otra cosa imprescindible e inexcusable como, por ejemplo, las tarjetas y sobres de contestación de los invitados, no a la boda, no, sino a

[7] National Center for Health Statistics, "Births, Marriages, Divorces and Deaths for 1995", *Monthly Vital Statistics Report*, vol. 44, nº 12.
[8] *The Economist*, "The End of Patriarchy", 18/5/96.

la cena que se celebra en los días anteriores para festejar el ensayo de la ceremonia (*rehearsal dinner*). Si uno no quiere que se le pase por alto algún detalle, lo que sucede en las mejores familias, debe contratar los servicios de una profesión que ha crecido considerablemente desde los años ochenta, las consultorías de ceremonias nupciales, que se encargan de que todo salga de acuerdo con el guión y las expectativas del público. La tirada de revistas como *Bride's Magazine* dedicadas a trajes, viajes de novios, limusinas para ir a la iglesia y demás boato han subido vertiginosamente [9]. En definitiva, desde los ochenta, ha habido una reacción contra los casorios de los sesenta y setenta, en que muchos contrayentes aprovechaban otra oportunidad para poner de relieve su natural contestario y contra *el sistema*. Pero, ni por ésas. Las bodas suben, al menos de precio, pero los matrimonios caen.

Al tiempo, crecen relativamente los divorcios. Según las estadísticas del National Center for Health Statistics, en 1995 se contaron un total de 1,16 millones de divorcios, algunos menos que en 1994. Pero lo importante aquí son las tasas. En 1966 era de 2,5 divorcios por cada mil habitantes pero, a partir de esa fecha, subió rápidamente hasta alcanzar una cresta de 5,3 en 1979 y en 1981. Desde entonces, la cifra ha ido descendiendo. Entre 1989 y 1993 se estabilizó en torno al 4,6 por mil y ahí sigue, punto arriba, punto abajo [10]. De suerte que hoy es sabiduría común que si usted asiste a dos ceremonias de boda en un mes, una de ellas se habrá disuelto así que pasen 9,8 años, que es la media de lo que aguantan juntos la mitad de los matrimonios americanos.

No hay muchos divorciados que vuelvan a casarse, especialmente en el caso de las mujeres. En efecto, en 1972-1973 las divorciadas se volvían a casar en la proporción de unas 130 por cada mil. Las tasas de divorciados que contraían nuevo

[9] "The Price a Woman Pays to Say 'I Do'", *The New York Times*, 29/6/97.
[10] NCHS, *Ibid.*, vol. 44, n° 12.

matrimonio llegaron casi al 235 por mil entre los hombres en 1972-1973, pero hoy las cifras han bajado hasta un poco más de 100 y 75 respectivamente. Como se ve, los hombres divorciados dispuestos a un nuevo matrimonio han caído en picado. No hay muchos divorciados que vuelvan a casarse, especialmente en el caso de las mujeres, pero los que sí, esos auténticos entusiastas del matrimonio, se divorcian en más de la mitad de los casos tras una media de 7,4 años para los hombres y 7,1 para las mujeres.

Como todo el mundo sabe, cambios similares en la conducta tienen que influir sobre la estructura de las familias y así ha sucedido. Tal vez para dar la idea más gráfica sea lo mejor recoger el resumen de cambios entre 1970 y 1995 que hace Ken Bryson, de la Oficina del Censo, en su trabajo sobre *Hogares y familias en marzo de 1995* [11].

En 1970	En 1995
■ Las parejas casadas con hijos eran el 40% de los hogares.	■ Las parejas casadas con hijos eran el 25% de los hogares.
■ Había 3,14 personas por hogar.	■ Había 2,65 personas por hogar.
■ Uno de cada cinco hogares contaba con cinco o más personas.	■ Uno de cada diez hogares contaba con cinco o más personas.
■ Las personas solas eran un sexto de todos los hogares.	■ Las personas solas eran un cuarto de todos los hogares.
■ 5,6 millones de familias eran mantenidas por mujeres sin hombres presentes.	■ 12,2 millones de familias eran mantenidas por mujeres sin hombres presentes.
■ 1,2 millones de familias eran mantenidas por hombres sin mujeres presentes.	■ 3,2 millones de familias eran mantenidas por hombres sin mujeres presentes.
■ 44% de las familias no tenían hijos menores de dieciocho años en el hogar.	■ 51% de las familias no tenían hijos menores de dieciocho años en el hogar

---

[11] Ken Bryson, US Census Bureau, *CPR*, Series P20-488 "Household and Family Characteristics", marzo 1995.

Los datos se comentan por sí solos si lo que estamos tratando de documentar es el declive de las familias nucleares. En resumidas cuentas, cada vez se casan menos americanos y americanas, se casan cada vez con más edad y se divorcian con mayor frecuencia que en ninguna otra sociedad. El tamaño de las familias disminuye a ojos vista. Estos cambios se produjeron de forma rápida entre 1970 y 1980 y continúan avanzando, aunque su ritmo de progresión se haya moderado. Tal es el panorama actual.

Pero hay más. Desde 1970, la única categoría de hogares que ha descendido sustancialmente en términos absolutos y relativos han sido precisamente los matrimonios casados con hijos. Los casados sin hijos han descendido ligeramente, pero todas las demás categorías han crecido, en especial, las llamadas *otras familias con hijos* (familias monoparentales), que han doblado su número en 25 años, y las personas que viven solas. Curiosamente, en el caso de los hombres de esta última categoría, no se trata de personas mayores o enviudadas. Cerca del 75% de los hombres que viven solos estaban por debajo de los sesenta y cinco años. De ellos, la mitad no se había casado nunca. Es decir, como ya vimos en el caso particular de los negros, crece el número de hombres que no se decide a cerrar un contrato matrimonial.

Pero el caso que más suele acongojar a quienes ven en los valores familiares el remedio para todos los males, reales y supuestos, de la sociedad americana es el de las familias monoparentales. No sólo han crecido espectacularmente, sino que, se dice, son ellas la fuente de la pobreza que atenaza a algunos sectores sociales y de los males que de ahí se derivan. La primera parte de la proposición es innegable, según los datos de la Oficina del Censo. Hoy hay un poco más de quince millones de hogares monoparentales, en 1970 eran menos de siete millones. La mayor parte de estos hogares (12,2 millones) tienen a una mujer por cabeza de familia y, desde 1970, han crecido un 122%. Aunque sean menos (3,2 millones), los hogares con un solo cabeza de familia masculino han crecido aún más rápidamente: desde 1970 han aumentado un 163%. De esta manera, el porcentaje de niños que están siendo educados en familias monoparentales ha crecido casi tres veces desde 1970 y, dentro del conjunto, el segmento más amplio y el de más amplio crecimiento durante el mismo periodo es aquel cuyo cabeza de familia nunca se casó, que, de ser el menos importante del total (en el que se incluyen además las familias encabezadas por divorciados, separados, con cónyuge ausente y viudos), ha pasado a representar más de la mitad del mismo [12].

La gran preocupación de los defensores de la familia nuclear la constituyen, sobre todo, las madres que son cabezas de familia. Es lógico porque ellas atienden al 88% de los hijos de familias monoparentales. Pero, más aún, porque, se nos dice, las familias monoparentales tienden a generar más de lo mismo en el futuro.

Es fácil imaginar quiénes son estas madres solteras. Ante todo, son hijas de otras madres solteras, son pobres y, además, en proporción, son mayoritariamente negras. Una vez que llegan a la edad adulta, los hijos de familias monoparentales son más proclives a divorciarse o a ser madres o padres solteros. Así sucede en un 46% de los casos. Pero estas cifras no dejan ver uno de los procesos más llamativos de los últimos tiempos. Hay muchas más madres solteras blancas que hace treinta años. En efecto, la tasa de madres solteras negras por cada mil mujeres no casadas subió hasta casi cien en 1968 y ha descendido hasta un poco más de ochenta en 1994. La tasa de las madres solteras blancas se ha triplicado entre 1960 y 1994 hasta llegar a treinta. Aunque las tasas de las blancas siguen siendo aún mucho menores que las de las negras, su ritmo de crecimiento es mucho mayor [13].

---

[12] Ken BRYSON, *Ibid.*
[13] Uri BRONFENBRENNER, *The State of the Americans*, p. 143.

Los datos parecen indudables. Lo que no es tan seguro, en mi opinión, es la relación causa-efecto. No hay más pobreza porque haya crecido tanto el número de madres solteras, sino más bien al contrario: hay más madres solteras porque ha crecido la pobreza. Esto merece una explicación. Ante todo, lo de que la pobreza ha crecido hay que cualificarlo. La sociedad americana en su conjunto, como se ha visto, no es más pobre. Lo que ha crecido es el número de personas en la pobreza como resultado de una polarización de las rentas que ya hemos tenido ocasión de apuntar y que se tratará con más detalle en la última parte. Pero, en ese caso, ¿por qué los matrimonios no aumentan, dado que la renta de las familias biparentales es mayor que la del resto? Aquí debemos de recurrir a otro factor. La mayor parte de los matrimonios son endogámicos por lo que se refiere a la clase social; los pobres con los pobres y los ricos con los ricos, ya que de otra forma se acabaría este tipo de estratificación social. Pues bien, para los pobres americanos actuales el matrimonio no es ningún buen negocio. Sus ingresos son bajos y son más proclives a encontrarse en el paro. Sus niveles educativos son igualmente bajos y tienden a dejarles cada vez más fuera del mercado de trabajo que genera la economía *high tech*. Esto es especialmente cierto, como hemos visto, para los hombres con un nivel de educación inferior al de los estudios secundarios. Bastante tienen ellos ya con cuidar de sí mismos como para meterse en responsabilidades familiares o, si lo hacen, para mantener además a la mujer en la casa. Ya hemos reparado en que ha crecido el número de hombres solteros y en que también lo ha hecho con gran rapidez el número de hogares con cabeza de familia exclusivamente masculino.

Cuando se dice que las familias biparentales tienen un nivel de ingresos más alto que las monoparentales es cierto. Pero hay que tener cuidado, para no sacar de ahí conclusiones precipitadas, como la deseabilidad económica del matrimonio. En 1995, un 62% de los matrimonios con hijos tenían a los dos cónyuges empleados. Luego no es de extrañar que las rentas por hogar sean mayores que las de los hogares mono-parentales. Los ingresos de las mujeres han servido para ase-gurar el mantenimiento del nivel de vida de esas familias.

Pero hay muchos casos en los que la suma de rentas de una mujer de bajos ingresos con un hombre de bajos ingresos, lejos de asegurar mágicamente mayor bienestar para ambos, coloca, al menos a uno de ellos, en peores condiciones que si estuviese solo o sola, si se cuenta con que los hijos forman pronto parte del divisor de las rentas. Los $41.000 de renta media anual que tienen las familias biparentales ocultan, una vez más, una desigualdad creciente entre los más ricos y los más pobres, de suerte que compararlos con la renta media anual de $9.000 que tienen las familias regidas por madres solteras es una falacia. Muy pocas de ellas saltarían a los $41.000 sólo porque se casasen. En consecuencia, crecen las familias monoparentales y son más entre ellas las que están solamente al cargo de la madre. Pero no por una cuestión de valores.

El rechazo axiológico del matrimonio se da en otros con-textos que son todavía minoritarios. En sectores sociales más acomodados hay mujeres que, como Murphy Brown, la de la serie televisiva, optan por la maternidad sin tener que aguantar a hombre alguno. Pueden pasar de ellos porque sus ingresos les permiten una vida holgada sin las trabas del matrimonio. Pero son las únicas que se adaptan al estereotipo conservador de que la libertad de costumbres, como ellos dicen, o la plura-lidad de estilos de vida, como preferimos decir otros, acarrea el declive de la familia nuclear. Desde luego, no sirven para expli-car su descenso en el conjunto de la población.

De hecho, no hay crisis de valores familiares, si escucha-mos lo que los americanos piensan, por ejemplo, de la infide-lidad conyugal. Otros estudios de opinión pública apuntan que han subido los porcentajes que ven favorablemente la ma-ternidad o que dicen que los hijos son causa suficiente para que los padres no se divorcien. Finalmente, todo permite creer que por diversas razones, siendo el sida no la menor de entre ellas, el sexo recreativo y las costumbres permisivas han ido cediendo el paso a otras actitudes más acordes con los ideales conservadores. No, en la conciencia de los americanos no hay una crisis de valores familiares. Lo que sucede es que no todos pueden permitírselos.

Y esto, más que ninguna prédica o diatriba moralista, es lo que va a marcar el futuro de las familias nucleares en Estados Unidos. ¿Van a desaparecer, como unos anticipan con satisfacción, o seguirán existiendo, como quisieran aquellos para quienes la primera parte de la alternativa se identifica con un *solvet saeculum in favilla?* Seguramente ni una cosa ni la otra, sino todo lo contrario. Las estructuras de familia nuclear no son un especie en vías de extinción, aunque sí sean cada vez más recesivas. Puede que acaben por convertirse, como vivir en Bel Air o en Cocoplum, tener un Lexus o vestirse con ropa de Donna Karan, en un símbolo de estatus, tan sólo al alcance de una minoría y, como aquellos símbolos, puede que sean un buen predictor de que sus miembros van a estar en los lugares destacados del orden social de picoteo. "Que tu mamá vive sola contigo y con tus dos hermanos y que te llamas solamente María como las galletas... A mí no me la pegas, hija. Seguro que eres becaria", dirán pronto en los colegios caros. "Sólo si, al menos, te llamases Sigourney y si tu mamá viviese sola contigo en un condo en Park Avenue, podríamos pensar que eres de los nuestros".

Por el contrario, van a proliferar otras estructuras y arreglos menos convencionales. Si las exigencias de la nueva economía no cambian, lo más probable es que sigan creciendo los hogares monoparentales, regidos mayoritariamente por mujeres. Podría suceder que se viesen agrupaciones de madres solteras o divorciadas que viven en el mismo hogar con el fin de hacer frente a los gastos que se derivan de la atención a los hijos. O que hubiera hogares complejos donde padres y madres solteras/os comparten el espacio sin ser matrimonio ni mantener relaciones sexuales. Todo ello, pasando por el crecimiento de hogares en los que viven personas solas, más los correspondientes a parejas del mismo sexo que sí mantienen relaciones sexuales y, a menudo, se las habrán arreglado para tener hijos. En cualquier caso, parece seguro que vamos hacia una mayor diversidad en los arreglos de convivencia, con una pluralidad de situaciones aún difícil de prever en sus detalles. Lo que no se sabe es por qué esto ha de ser objeto predominante de la atención de los moralistas y no de los actuarios de seguros, tan expertos en prever los riesgos de las diversas opciones y las ganancias y pérdidas económicas que de ellas pueden derivarse.

QUE SE ABRAN CIEN FLORES

No sé si tan bello mote heráldico ha quedado marcado de forma irrecuperable por su utilización en la China maoísta justo antes del Gran Salto Adelante para propósitos que más vale no recordar. Tan pronto como una flor se abría o florecía una nueva escuela de pensamiento, zas, allí estaba el jardinero para cortarla. Sin embargo, es lo primero que viene a la cabeza cuando se plantea el declive de la familia nuclear. La familia nuclear va a convivir con otros muchos estilos de vida y arreglos de convivencia diversos. En la medida en la que sean una opción voluntaria y no un destino impuesto por la subordinación económica, es muy posible que la nueva situación sea mucho más abierta que la uniformidad anterior, la de los años cincuenta, que difícilmente nos será devuelta. A menos que se esté dispuesto a dar un volantazo a la dirección de la economía y/o a devolver a empellones a las mujeres a la paz hogareña, cosas ambas que llevarían derechamente a que tuviésemos que habérnoslas, como poco, con una revuelta de la patronal.

Posiblemente, la nueva situación justifique ese apelativo de *más abierta* en lo que se refiere a los usos de la sexualidad. Como hemos visto, el declinar de la familia nuclear no ha traído consigo, en contra de lo que esperaban algunos entusiastas de la utopía, una proliferación de comunas colectivistas donde se compartiese trabajo, afecto y sexo. Según dicen, algunas quedan todavía en el Noroeste de Estados Unidos, pero ya no tienen el lustre ni el enganche que tuvieron antaño. La prueba del pastel, dicen los americanos, está en catarlo y lo que se cató de ese tipo de amor libre no dejó un gran sabor de boca. Sin embargo, de la llamada revolución sexual de los sesenta y setenta lo que sí ha quedado es la reivindicación, cada vez más cumplida, de que nadie se meta en los usos que una persona decida dar a su propio cuerpo. No hay que ser foucaultiano, Dios nos libre, para saber que buena parte del orden social se basa en la disciplina de los cuerpos, sobre todo, los de las mujeres. Iglesias, partidos políticos de orden, sean de derechas o de izquierdas, sindicatos y hasta clubes deportivos y sociedades recreativas han tratado de imponerles a ellas, y de paso a los hombres, unas reglas de conducta muy rígida que forman parte de lo que algunas feministas llaman códigos de la sociedad patriarcal. Sin embargo, aunque sea una consecuencia no prevista de la nueva economía, la recientemente ganada independencia económica de las mujeres tiene una clara exigencia abstencionista respecto de las instancias externas de poder. "Nadie se atreva a ordenar mi comportamiento sexual y afectivo, porque éste es mi cuerpo".

Pero, antes de ver las consecuencias de este cambio de actitud, demos un paseo en compañía de Jerry Seinfeld y sus amigos del alma, Elaine Benis, Kramer (también conocido, en una época, por Cosmo) y George Costanza. *Seinfeld* es, ante todo, una serie de TV [14]. La más seguida y taquillera de todos los programas televisados en Estados Unidos en 1996 y en

---

[14] "Seinfeld", *Business Week*, 2/6/97.

1997. Hace poco, Louis Menand, uno de los críticos culturales americanos más puestos, decía que la historia de la TV americana hasta la fecha podía resumirse en diez series que han expresado los distintos estados anímicos de esa sociedad a lo largo del tiempo. Ahorraremos la lista, sólo para señalar que allí estaban *Te quiero, Lucy, Bonanza, Dallas, El show de Cosby* y, por supuesto, *Seinfeld* [15]. Pero probablemente porque el volumen de los negocios va subiendo con los tiempos, *Seinfeld* es de lejos la serie que más dinero ha hecho.

¿Qué tiene *Seinfeld*, la serie, que la haya hecho tan especial, aparte de la exageración comercial que en nuestros días acompaña inexorablemente al éxito? A mi entender, mucho, pero me voy a fijar sólo en el aspecto que ahora es relevante para nuestro argumento. Si *Treinta y tantos* era la serie de los *boomers* más jovenes, *Seinfeld* está ya a caballo entre ellos y la Generación X, la de los nacidos entre 1965 y 1985. Los GenX se han aupado sobre los hombros de sus padres y sus hermanos mayores, los *boomers*, y viven con relativo equilibrio y cotidianeidad lo que para aquéllos fueran a menudo descubrimientos históricos y arrebatos colectivos. En lo que se refiere a familia y sexualidad, han conseguido privatizarlas de tal suerte que casi ya no generen conflictos. Los desencuentros entre Jerry y su familia son tan leves que sólo provocan sonrisas entre ellos mismos. La relación de George con sus horrendos padres es más tormentosa, pero la tensión se aminora poniendo tierra por medio, viviendo cada cual su vida. Se supone que todos los protagonistas tienen relaciones sexuales con sus ligues ocasionales, pero a ninguno se le conoce una novia o novio de los que se llamaban formales, salvo en el caso de George, y la cosa se resolvió de un tajo, con la muerte de Susan, significativamente mientras cerraba a lengüetazos unos sobres de las invitaciones a su boda en los que la goma arábiga estaba caducada.

---

[15] Louis MENAND, "The Iron Law of Stardom", *The New Yorker*, 24/3/97.

Porque para estos personajes el centro de sus vidas no puede ser ya la formación de una familia como en los cincuenta, ni tampoco la liberación sexual como en los setenta. Todos saben que el matrimonio puede ser una atadura insoportable y que el sexo, que, como decía el otro, "tampoco es para tanto", puede empañar lo único verdaderamente importante, las relaciones de amistad. Pues tal es para ellos la convivencia ideal: la amistad de un pequeño grupo de individuos independientes que tratan de evitar las trampas institucionales, ya sean las familiares o las del amor físico. Precisamente su individualidad lleva a cada uno a tener sus manías y sus tics, pero lo bueno de la amistad es que les permite seguir tirando sin avergonzarse de ellas o decir *lo siento* a cada paso.

Sin duda, todo tiene su precio. Recordemos un episodio famoso en el que todos los personajes principales acaban por reconocer que se masturbaban con bastante más frecuencia de lo que uno pensaría lógico entre personas de esa edad. Tampoco sabemos muy bien si Jerry o George o Elaine o Kramer serán capaces de seguir haciendo de su amistad un valor central dentro de quince o veinte años. ¿Se retirarán juntos a una residencia para grupos no emparejados en Florida o cualquiera que sea el lugar de moda entonces? La serie, se acabó antes, pero las incógnitas sobre los planes futuros de sus miembros son bastantes. Las más importantes no las hemos nombrado aún. Si éste es el nuevo camino de perfección para la Generación X, los problemas sociales de Estados Unidos se acabarían con la próxima, porque los GenX no tendrían descendencia. O qué sucederá si las mujeres como Elaine terminan por tener hijos, aunque en número no superior a la unidad y a una edad en la que podrían casi ser sus abuelas. Ni va a pasar ni lo podríamos resolver en el caso de que así fuera, pero la apacible utopía de algunos GenX, un mundo compuesto solamente por individuos unidos en pequeños grupos de afinidades electivas, sin familias y, por tanto, sin problemas domésticos, alimenta la fantasía colectiva tanto como lo hiciera la revolución sexual para sus antecesores.

Por otra parte, la verdad es que, si quieren darla, tienen una respuesta fácil: *eso es sólo asunto mío*. Que es precisamente a lo que nos referíamos al hablar de la privatización de la familia y el sexo entre los GenX. Fuera de algunas regulaciones básicas, que tienen que ver sobre todo con la demarcación de la edad del consentimiento y la protección a la infancia, cada individuo debe ser libre para escoger el tipo de familia y de vida sexual que desee llevar sin que en ello haya de entremeterse ninguna otra instancia social. En definitiva, nadie tiene que regular qué pueda suceder en estos campos entre adultos que consienten libremente y, en especial, en lo que se refiere a las decisiones reproductivas, éstas sólo pueden pertenecer a las mujeres que, hasta el momento, son las únicas capaces de poner efectivamente en marcha el proceso.

Pero no todo es sencillo. Uno de los casos en los que en Estados Unidos y en otros países se suele exigir la intervención de la sociedad es el de la sexualidad adolescente. Tras la pubertad, los humanos dejan de ser niños, tienen ya capacidad generativa y, al tiempo, son aún legalmente menores hasta los dieciocho años, por regla general. Se crea así una situación transicional y conflictiva para la que se reclaman decisiones de algunas autoridades superiores. ¿Son más proclives los adolescentes de hoy al ejercicio de la sexualidad de lo que lo fueron antaño? Todo hace pensar que así es, pero con distingos. El más crucial es el que se refiere a la categoría misma de adolescentes *(teenagers)*, en la que en inglés se revuelven todos aquellos que cuentan entre trece y diecinueve años. Y así, cuando se habla de cosas tales como del gran número de hijos de madres adolescentes o de la iniciación o frecuencia de relaciones sexuales entre adolescentes, a menudo se olvida que muchos de los que aparecen en las estadísticas son adolescentes casados, es decir, socialmente legitimados para ejercer su sexualidad, incluso a los ojos de aquellos que los usan para inflar las cifras de una encuesta o dramatizar el titular de un diario. Hecha, sin embargo, esta salvedad, parece que la actividad sexual de los adolescentes americanos actuales es más temprana y más extendida de lo que lo fuera en otras épocas recientes, incluidos los locos años setenta.

Las discrepancias vienen a la hora de definir sus causas. Para unos, hay que encontrarlas nuevamente en el declive de la familia nuclear. Así se apunta que las mayores tasas de adolescentes sexualmente activos provienen de familias presididas por hombres solos (44% de los hijos en estas circunstancias lo serían) y de aquellas en que las madres viven con otra persona distinta del padre (41%), en tanto que las incidencias más bajas se dan entre hijos de familias nucleares (23%) [16]. Para otros, por el contrario, la mayor actividad sexual de los adolescentes proviene de su mayor independencia respecto de los padres, un mayor nivel de información sobre la sexualidad y más oportunidades para el encuentro sin testigos. Los padres están trabajando.

Sea como fuere, es difícil saber por qué es indeseable que los adolescentes tengan más relaciones sexuales, salvo por el hecho de que éstas suelen generar embarazos no queridos y un mayor número de madres solteras. Las discusiones sobre otros factores de riesgo, como el efecto de la sexualidad en el desarrollo psíquico de los adolescentes, su influencia sobre el descenso de primeros matrimonios y demás, son tan inacabables como, por el momento, inconcluyentes. Lo cierto, sin embargo, es que Estados Unidos se halla en el primer lugar internacional de nacimientos en madres adolescentes, con una tasa de 64 por mil. Les siguen muy de lejos el Reino Unido (32) y Canadá (26) y la clasificación la cierra Japón (4).

Si nos limitamos solamente a Estados Unidos, el hecho es que la proporción entre hijos de adolescentes casadas y no casadas ha ido disminuyendo, en tasa, a lo largo de los últimos

---

[16] NCHS, "Trends in Pregnancies and Pregnancy Rates", vol. 43, nº 11 (S).

treinta años. En el caso de las mujeres negras, la proporción de nacimientos entre adolescentes casadas se ha reducido mucho respecto de la de las no casadas. Lo mismo sucede entre las mujeres blancas, aunque de forma menos pronunciada. No es de sorprender si recordamos el crecimiento en la edad media de las mujeres ante el primer matrimonio y la disminución general en la tasa de éstos. De nuevo, la discrepancia básica aparece a la hora de explicar las causas de los embarazos de adolescentes solteras. Si nos olvidamos de las posiciones de los moralistas, a las tres anteriormente citadas hay que añadir el hecho del menor uso de anticonceptivos entre adolescentes, así como el que, tal vez por inexperiencia en su uso, las cifras de fracaso de los anticonceptivos son mucho mayores para este grupo de edad que para los que le siguen. Según la Encuesta Nacional de Crecimiento Familiar (NSFG), el porcentaje de fracaso de todos los métodos anticonceptivos para este grupo es del 26%, en tanto que baja al 18% para las edades entre veinte y veinticuatro, al 13% para aquellas entre veinticinco y veintinueve y al 10% para las de más de treinta años.

El embarazo indeseado no es cosa sólo de adolescentes, sino que afecta al conjunto de las mujeres en edad de procrear, es decir, estadísticamente, a las que tienen entre quince y cuarenta y cuatro años de edad. Con esto entramos en el complicado asunto del aborto inducido, que es, de lejos, el que se ha convertido en el campo de una batalla cultural más general.

Pero, antes, vamos a los números. En 1992 llegaron a su término 6,5 millones de embarazos en Estados Unidos, lo que en tasa representa 110 embarazos por cada mil mujeres entre los quince y los cuarenta y cuatro años. Esta tasa, a la que suele llamarse *de embarazo*, está compuesta por otras tres, la de nacidos vivos o *de fertilidad*, la de abortos inducidos y la de abortos por causas naturales o de nacidos muertos. De los tres componentes de la tasa general, el que más ha decrecido ha sido la tasa de abortos inducidos que, entre 1980 y 1992, ha caído en torno al 12%. Ahorrando otros detalles, la conclusión general es que la tasa de abortos se ha reducido notablemente en los años recientes, especialmente entre adolescentes y mujeres blancas, para llegar a un total en torno a 1,5 millones en 1992, es decir, un 23% de todos los embarazos.

Va de suyo que el aborto no es una decisión que guste a nadie. Aunque lo duden los cruzados de los valores familiares, ni siquiera es del agrado de las mujeres que se someten a él. Idealmente, en un mercado de la actividad sexual en que la información fuera perfecta, no debería de existir. Es de lamentar que no sea ése el caso, pero los mercados, en la realidad, son siempre imperfectos, así que numerosas mujeres quedan embarazadas sin quererlo. Muchas de ellas, entonces, deciden recurrir al aborto, esté o no permitido legalmente. Lo que lleva a plantear si es conveniente su regulación legal. Y aquí empieza el alboroto.

Las posiciones antiaborto se resumen básicamente en dos, el colectivo pro-vida y el colectivo pro-vida humana. La primera es la posición fundamentalista ingenua, la otra es más sofisticada. Los primeros argumentan que el aborto es un atentado contra la vida, en general, y por consiguiente contra la voluntad de Dios que la ha creado y desea que se mantenga. Por mucho que los fundamentalistas ingenuos lo crean evidente, la segunda parte de la proposición sólo puede convencer a los creacionistas y, como se sabe, desde los tiempos de Charles Darwin, la cosa está más que oscura o, al menos, no es una verdad de las que se llaman apodícticas. Quede, pues, lo del atentado contra la vida, con o sin mayúsculas, que tampoco es muy convincente. Formas de vida hay muchas y algunas de ellas sumamente peligrosas para la especie humana, como las células cancerosas que nos empeñamos en combatir sin cuartel. Nadie en su sano juicio se pone a retozar con los dragones de Comodo, esas formas de vida que insisten tercas en comerse a los turistas que se les acercan demasiado.

La otra posición es más compleja. Ni siquiera necesita de Dios para fundamentarse, aunque, en el fondo, siempre eche mano de él. El feto merece ser respetado incondicionalmente porque es una vida humana en ciernes. A veces, el argumento se refina un tanto con aquello de que si estamos contra la pena de muerte cómo no vamos a estar contra el aborto que es lo mismo. No suele ser el caso de muchos antiabortistas americanos que saben estar, al tiempo, a favor de la vida nonata y a favor de la muerte de los culpables de crímenes atroces o no tanto.

Los sofisticados creen tener en sus manos la clave del momento en que comienza la vida humana, el mismo instante de la concepción. Como se sabe, sobre esto, la ciencia, como el reloj del gallego, *tiene días*, vale decir que la unanimidad no es total, pero dejémoslo estar. Una cosa, sin embargo, es tener vida, aun humana, y otra tener vida independiente, que es precisamento lo que caracteriza a la persona, ese concepto jurídico que convierte a los humanos en sujetos de derechos. Gran cantidad de fetos no alcanzan nunca ese estadio por causas de las llamadas naturales. Pero hay algo más: el concepto jurídico de persona es una construcción social, variable en el tiempo y que no coincide necesariamente con la pretensión de vida que parece tener el feto. Así pues, si no existe una persona hasta tanto no tiene forma humana y es viable, es decir, capaz de vivir fuera del claustro materno por algún tiempo, que son las condiciones que suelen exigir la mayoría de las leyes civiles, el feto no es persona. Pueden y deben protegerse sus derechos futuros, como lo dice aquel aforismo jurídico romano de que *al concebido se le tiene por ya nacido*, pero sólo a condición de que llegue a ser persona, es decir, para el caso de que llegue a demostrar independencia y viabilidad. Mientras eso no suceda, carece de personalidad y de derechos y puede ser abortado. Es una decisión que, en definitiva, puede ser legal y que debe ser dejada a la sola responsabilidad de la madre. O no, que sobre esto hay diferencias entre los partidarios del aborto ilimitado y los que no lo son. En cualquier caso, habrá premios para quienes sobre la base de esta argumentación expliquen por qué se puede ser favorable al aborto y, al tiempo, enemigo acérrimo de la pena de muerte.

La posición americana sobre la materia, que ha sido y sigue siendo de las más abiertas, es, matizadamente, favorable a que sea la mujer quien decida si ha de abortar o no. Los argumentos básicos se hallan en la sentencia al caso Roe *v.* Wade de 1973, por la que el Tribunal Supremo, en una decisión de 7 a 2 que redactaría el juez Blackmun, decidió la inconstitucionalidad de una ley del estado de Texas en la que se prohibían todas las clases de aborto, excepto los terapéuticos o encaminados a salvar la vida de la madre.

El aborto, aún no enumerado específicamente entre las disposiciones constitucionales que determinan las libertades civiles de los americanos, se configura como un derecho fundamental a partir de la interpretación de aquéllas, en especial de lo que el juez Brandeis había definido ya en 1890 como el derecho a una esfera privada *(privacy)* para todo individuo, un conjunto de facultades cuyo contenido no está predeterminado y que se va ampliando, según los tiempos evolucionan y cambian las mentalidades, por iniciativas legislativas o por la actividad judicial. En el terreno concreto del aborto, el Tribunal no reconoce, además, que el feto sea una persona en el sentido jurídico y determina que la decisión de practicarlo corresponde eminentemente a la mujer, sin que en ello pueda entrometerse el poder de los estados. A partir de ahí comienzan los matices. Un estado puede legislar sobre la materia si demuestra que tiene un *interés determinante* en mantener la salud de la madre y proteger al feto. Pero ese interés estatal ha de someterse a un escrutinio estricto, lo que, en definitiva, lleva a una regulación general en la que: *a)* la madre tiene exclusivo derecho a tomar su decisión de abortar durante los tres primeros meses del embarazo; *b)* los estados pueden regular el aborto durante los tres meses siguientes, pero sólo en interés de la salud de la madre y *c)* los estados pueden regular o prohibir el aborto durante los últimos tres meses de embarazo para proteger al feto.

Ya se acabó el alboroto y ahora empieza, literalmente, el tiroteo. A pesar de su acogida por el Tribunal Supremo en 1973, hace ahora veinticinco años, la legalización del aborto ha sido desde entonces uno de los asuntos civiles que más ha dividido a la opinión americana. Tanto que, a menudo, se ha convertido en cuestión política de primer orden. El *nuevo republicanismo*, ese giro claramente conservador que dio el GOP en los años de Reagan y ahí sigue, lo ha hecho un elemento básico de su plataforma política, a sabiendas de que para una mayoría del electorado femenino sería inaceptable volver a los tiempos en que los abortos se practicaban clandestinamente. Sin embargo, algo debe de haber para que grandes sectores del Partido Republicano se empeñen en defender su total ilegalización o conviertan la defensa explícita o tácita del antiabortismo en condición indispensable del apoyo a un candidato presidencial o en mérito suficiente para la propuesta de candidatos a jueces del Tribunal Supremo, como en el caso de Clarence Thomas.

La candidatura presidencial de Bob Dole en 1996 era un barco a la deriva desde el principio, en la medida en que la excelente coyuntura económica favorecía la reelección de Bill Clinton, pero uno de los factores que influyeron en la magnitud de su derrota fue el retraimiento del voto femenino. En 1992 votaron por Clinton el 45% de las mujeres, por Bush un 37% y por Ross Perot un 17%. El globo populista y multimillonario de Perot se pinchó en 1996 y la gran mayoría de sus votos femeninos se fueron derechos a Clinton, que alcanzó un 54% entre las mujeres contra un 38% de Dole. En una elección que pivotaba sobre el voto de las llamadas *soccer-moms*, las mujeres de clase media con responsabilidades en su hogar y con un trabajo a tiempo completo, la actitud antiabortista (los conservadores prefieren llamarla *pro-vida*, pero eso parece una apropiación indebida pues *pro-vida* son también los partidarios de la legalización del aborto) era un pasaje seguro a la derrota.

Sin embargo, como casi todo en la vida, la posición de los nuevos republicanos tiene su lógica. Por una parte, es el reconocimiento de la correlación de fuerzas existente en el seno del GOP desde hace años con el ascenso de la derecha cristiana. Por otra, la plataforma antiaborto ha sido uno de los ejes clásicos de la reconquista republicana del Sur. Se ha hablado mucho de la extraña situación del PRI y su dominio exclusivo de la política mexicana durante más de medio siglo, pero la cosa palidece ante el monopolio de la representación política sureña por el Partido Demócrata desde el fin de la Guerra Civil. Dixie ha sido tradicionalmente un bastión del conservadurismo, a veces extremo, pero los conservadores republicanos no se comían una rosca allí. Hasta la llegada de Reagan. El discurso desahogadamente derechista, limitador de los derechos civiles, antifeminista y antisindical del nuevo republicanismo era miel sobre hojuelas para los conservadores sureños que, desde entonces, se han ido pasando con armas y bagajes a él. Pero, por qué la fijación con el aborto.

En 1994 hube de hacer un viaje en coche en el que tenía que atravesar el estado de Tennessee y me perdí en una de las carreteras que descienden hacia el Oeste de los Apalaches, que aquí son las Great Smoky Mountains. Iba huyendo de Cherokee, ciudad en la que me había dado de manos a boca con una tumultuosa convención de propietarios de motos Honda Wings, 20.000 al menos, que lo inundaban todo y trataba de dar con Pigeon Forge, el pueblo en que nació Dolly Parton. Llevaba poca gasolina y de repente me encontré con una situación poco frecuente para los conductores en ese país, la de tener que repostar fuera de autopista en un pueblito perdido como Alcoa, Tennessee. Era hora de comer y la gasolinera, aquello no podía llamarse en verdad estación de servicio, tenía un edificio anejo en el que encargar algo seguro y honesto, nada de nueva cocina californiana, una hamburguesa, por ejemplo. Así que mi acompañante y yo ponderamos la oportunidad de probar suerte en la ruleta rusa que acecha a quienes se salen de la calidad normalizada de McDonald's o Burger King. Y acertamos, pero ésa es otra historia. La cocinera, que se desempeñaba igualmente como repartidora de gasolina, limpiadora, cajera, *maitre-d'*, camarera y *sommelier* del lugar, al oírnos hablar una lengua extranjera, decidió pegar la hebra con regular simpatía sureña, indagó si éramos europeos y al poco nos espetaba con la voz ronca y el deje meloso de una buena cantante *country*: "Vds. sí que tienen suerte viniendo de Europa. A este país se lo está llevando el diablo por el sumidero. La familia ya no cuenta para nada, no hay respeto para Dios, la gente honrada malvive, los *jodíosnegros* siguen comiendo la sopa boba, sin trabajar, especialmente ellas, que se cargan de hijos para que se los pague la Seguridad Social, y esas señoritingas ricas del Norte no tienen ni uno, todo se les va en abortos". Sorprendidos por tan breve pero enjundiosa síntesis de los males que aquejan a Estados Unidos y por la aquiescencia requerida con un silencio imperioso, tratamos de echar balones fuera por si llamaba a su hijo, un adolescente de inquietante parecido con el Norman Bates de *Psicosis*, y bromeamos que, si aquello era decadencia moral, a los europeos también se nos estaba llevando el maligno, lo que no fue de su agrado, pues, americana al fin, no podía concebir que ningún otro país osase competir con el suyo, ni siquiera en lo tocante a pecado y a decadencia de las costumbres.

Nada tan exótico me había pasado desde que un ejecutivo de la banca suiza me endilgara hace ya años un sermón, trufado con abundantes citas de la patrística, sobre los males morales que puede causar el tener mucho dinero, algo que por cierto siempre he deseado, con escaso éxito, comprobar personalmente. Sea como fuere, la savonarola de Alcoa, Tennessee, antes de cobrar la cuenta y permitir que nos largáramos de allí con gran celeridad, nos había dado una breve pero provechosa lección sobre lo que las feministas llaman *política sexual*. Y así entendí que lo del aborto, en Estados Unidos, es lo que un marxista llamaría una cuestión de clases sociales. Sobre ser el aborto, sin duda, un lacerante problema moral en el que cabe pintar a los adversarios con la catadura de asesinos de niños indefensos, lo que es grueso, los defensores del aborto son los ricos, los liberales, las feministas, las profesionales de las series televisivas, las señoritingas del Norte, en definitiva, toda esa tropa que pone en cuestión el orden establecido del que estos pobres del Sur y otros muchos *demócratas de Reagan* no han sacado mucho en limpio, pero que, al menos, no les dejaba sin trabajo y les proveía de certezas morales, incómodas pero tajantes. Eso explica, a mi entender, el tesón de los republicanos en aparecer como los más tenaces oponentes del aborto, así como la capacidad de movilización social que el asunto tiene.

Una buena parte de los grupos antiaborto recurren a tácticas de acción directa. Una de las técnicas favoritas de Rescue, posiblemente el grupo de choque más importante, son las acciones de acoso constante a las clínicas donde se practican interrupciones de embarazo o a las mujeres que se disponen a entrar en ellas. Suelen ser una mala caricatura del grupo de agitadores que organizaban aquellas monjas que sacara John Waters en *Polyester*. CARAL, una asociación californiana, estima que desde 1977 ha habido más de mil actos de violencia de este tipo [17]. Según datos de The Feminist Majority Foundation, una organización feminista que sigue estos incidentes, en 1996, cerca de un tercio de las clínicas en que se practican abortos sufrió distintos tipos de acoso o violencia, tales como amenazas de muerte o de bombas, bloqueos, incendios provocados y demás [18].

Si es menester, otros van más allá. Organizaciones como ACLA, Acción Defensiva, Corderos de Cristo o Misioneros de

---

[17] CARAL, " Factsheet on Clinic Violence", consultar en Internet.
[18] "1996 Clinic Violence Survey Report", en Internet.

los No Nacidos son aún más radicales en sus tácticas de acoso y todos ellos justifican el uso de la violencia para salvar a los no nacidos. Una publicación que aparece en Internet, The Abortion Rights Activist, ha contado entre 1991 y 1996 siete médicos y enfermeras muertos, amén de numerosos heridos, a manos de varios amantes de la vida. Pero en todo hay grados. Paul Hill y John Salvi debían ser los más amorosos de entre esos amantes, pues cada uno de ellos se llevó por delante dos vidas e intentó cargarse varias más, aunque sólo pudieran dejarlas malheridas. Por supuesto, estos asesinos son siempre lobos solitarios y actúan sin que haya conspiración, al menos es lo que dicen los informes policiales.

Un asunto final, pero no menor. Hemos dicho que, a menudo, la posición de los americanos ante el aborto se tiñe con consideraciones de clase. La culpa es de la enmienda Hyde. Desde 1976, en los presupuestos de cada año se viene incluyendo una bendita enmienda que, con diversos cambios según el año, prohíbe que el programa Medicaid, que garantiza asistencia médica a los americanos con bajas rentas, les provea de abortos. La American Civil Liberties Union (ACLU), uno de los grupos con mayor tradición en la defensa de los derechos civiles, entiende razonablemente que "por medio de esta enmienda, el Congreso ha creado un sistema dual para la salud en este país. Las mujeres pobres, las jóvenes y las de color... se ven afectadas en forma desproporcionada... Las mujeres de bajos ingresos no tienen los mismos derechos que las que se pueden pagar un aborto o están cubiertas por un seguro privado" [19]. No resulta así tan extraño que la mesonera de Alcoa, Tennessee, identificase al aborto con las señoritingas ricas del Norte, ni que NOW, ACLU y otras muchas asociaciones de defensa de las libertades públicas renueven anualmente sus campañas para que se rechace la Enmienda Hyde.

---

[19] "Public Funding for Abortion", mayo 1996, en Internet.

En cualquier caso, a los veinticinco años de Roe *v.* Wade, hay una sólida mayoría de americanos y americanas que sigue viendo esta decisión como crucial para la ordenada vida social. En enero de 1998, en un estudio conjunto de *The New York Times* y CBS, un 73% de las respuestas se oponían a una eventual enmienda constitucional para prohibir el aborto, un 60% pensaban que la regulación actual era buena y un 59% creían que el gobierno, entendido en el sentido amplio, no debería meterse en estos asuntos. El sesudo *The New York Times* resumía así, "el acierto de Roe es que deja la decisión de abortar en manos de las mujeres y de los médicos antes de que el feto sea viable. Es un principio en torno al cual pueden agruparse la mayoría de los americanos" [20].

Otra muestra de la tendencia a hacer de la sexualidad una cuestión exclusivamente privada aparece en lo referente a la homosexualidad, campo en tiempos limitado a gays y lesbianas, pero que hoy se va ampliando a bisexuales y transexuales. Tradicionalmente, es un campo minado, como lo muestra la propia dificultad de encontrar una palabra castellana neutral para llamar a los homosexuales masculinos. Lo de homosexual no sirve, pues abarca también a las mujeres homosexuales, y el resto de las palabras con las que se les suele nombrar connotan matices despectivos o abiertamente insultantes. Así que habrá que aferrarse al barbarismo, cada vez más usado internacionalmente, de *gays*, porque llamarles *gayos*, que sería la traducción castellana correcta, es un cultismo innecesario que, por otra parte, nadie emplea.

Ha corrido mucha agua bajo los puentes del Hudson y del East River desde que, en junio de 1969, los clientes del Stonewall Inn, un bar del Village neoyorquino, se resistiesen por la fuerza a una redada policial más contra ellos por el hecho de que la mayoría eran gays y que comenzasen a organi-

---

[20] *The New York Times*, "Abortion Rights, 25 Years Later", 22/1/98.

zarse para defender su estilo de vida. Desde entonces el movimiento gay ha marcado bastantes puntos.

La primera reivindicación del colectivo [21] es lógicamente la de la no discriminación por razón de su inclinación sexual. Y lo cierto es que la mayoría de las empresas privadas y de los organismos públicos no esgrime el hecho en contra de quienes tienen un estilo de vida diferente, a la hora de contratar o promover a sus empleados. Digo la mayoría porque el más grande empleador de Estados Unidos, el Ejército, no sabe aún a qué carta quedarse. Tras años de perseguir la homosexualidad en sus filas por razones utilitarias, tales como que genera desmoralización en la tropa, que puede hacer a los soldados y oficiales mejores blancos para el chantaje y demás, el presidente Clinton, al poco de inaugurar su primer mandato, imponía una tímida reforma según la cual, en adelante, la actitud oficial del Ejército debía de ser la de *no preguntar, no decir* nada sobre la materia, un dontancredismo recientemente puesto en cuestión ante los tribunales federales.

Sin embargo, las cosas no han parado ahí. La mayoría de los grupos sometidos anteriormente a discriminación exigen medidas que les garanticen mejores posiciones para el futuro. Una pareja homosexual puede convivir de hecho, sin discriminaciones, pero también es verdad que sus miembros son tratados de forma distinta a los matrimonios heterosexuales en cuestiones no baladíes, como los derechos sucesorios, la Seguridad Social o la asistencia médica subsidiada. Esto ha traído consigo la demanda creciente de que se autoricen los matrimonios entre homosexuales.

---

[21] Es difícil conocer su dimensión cuantitativa. Las estimaciones van desde aquel 10% de hombres que mantuvieron relaciones homosexuales al menos durante tres años de su vida según el clásico estudio *Sexual Behavior in the Human Male* de Alfred KINSEY hasta un 1% en una investigación del Battelle Human Affairs Research Center en 1993. (Cf. John HEIDENRY, *What Wild Ecstasy*, Simon & Schuster, 1997, p. 354).

Hasta el momento, que sepamos, no hay ninguna sociedad que lo autorice por completo. El matrimonio, se nos ha repetido una y mil veces y no sólo por la Iglesia católica, es una institución para la procreación y educación de la prole. Tales son sus fines primarios, se dice, que lo que los curas llamaban el *sedamen de la concupiscencia* no es más que un fin adventicio, secundario. Tal vez tuviesen razón porque no hay muchas pruebas de que el matrimonio la sede verdaderamente, pero no parece que fuera a esto a lo que se referían aquellos doctores. En cualquier caso, de aquella premisa se seguía un fácil silogismo: las uniones homosexuales descartan la posibilidad de tener hijos, *ergo*...

Pero si tomamos a beneficio de inventario estas normas sagradas y nos regimos por aquello de la creciente privatización de los estilos de vida, tan augusta construcción se viene al suelo. No se trata de impedir que el Estado pueda sancionar con determinadas consecuencias jurídicas la unión de las parejas que se someten al contrato, ni de convertir a todas en parejas de hecho, sino de reconocer que el matrimonio es, además de una de las posibles formas en que dos personas deciden establecer una cierta exclusividad en sus intercambios sexuales, también un arreglo sobre todo económico, un contrato, del que no hay razones para excluir a nadie que quiera contraerlo. Especialmente si se tiene en cuenta que los beneficios que la mayoría de los estados modernos, incluido Estados Unidos, entregan a sus ciudadanos pueden ser transmitidos solamente a los cónyuges. "Los homosexuales necesitan de estabilidad emocional y económica en no menor medida que los heterosexuales y la sociedad por cierto se beneficia cuando la tienen", decía con su sensatez habitual *The Economist* no hace mucho, en un trabajo abiertamente favorable al matrimonio homosexual [22]. Podríamos añadir que, en estos tiempos en los que tantos americanos heterosexuales se mues-

---

[22] "Let them wed", 6/1/96.

tran remisos a estrechar el nudo contractual, los defensores de la familia no deberían perder a los nuevos entusiastas de la institución.

Habíamos comenzado con *Seinfeld* y en éstas estamos. En el terreno de la familia, de la sexualidad y de la vida en pareja bullen muchas cosas en Estados Unidos. Hay un indudable declinar de la familia nuclear y un conjunto de propuestas, si no alternativas, sí al menos complementarias de aquélla. Es difícil prever su evolución, pero todo lleva hacia lo que hemos llamado una creciente privatización. Como siempre, cuando nos enfrentamos con situaciones fluidas e incógnitas, como éstas que hemos analizado, tendemos a preguntarnos si nos van a hacer más felices. No seré yo quien lo diga, pues no lo sé. Hay, sin embargo, un pasaje bien conocido y menos ambicioso de la Declaración de Independencia americana que me gusta recordar, aquel que dice que los hombres (y las mujeres, demos lo suyo por una vez a la politcorrección) tienen unos derechos inalienables entre los que está el derecho a la búsqueda de la felicidad. En la medida en que permiten que muchas gentes puedan buscar su felicidad por distintos caminos, sin normas de obligado cumplimiento, las aspiraciones de Jerry Seinfeld y sus amigos parecen bastante sensatas.

Mami, ¿para qué sirven los hombres?

Bueno, y en este panorama, ¿qué es de los hombres? Sí, los de siempre, los machotes del comercial aquél de no sé qué colonia que anunciaba: *Mmmmmm, vuelve el hombre*. Es de creer que esos hombrones sólo se encuentran ya en la tele y que el futuro lo tienen complicado. Quién lo iba a decir. Desde los tiempos de Desmond Morris, su *Mono desnudo* había regalado las más locas fantasías masculinas. El hombre, se nos decía entonces, es un fornicador por naturaleza. En cada una de sus eyaculaciones hay millones de Woody Allen vestidos de espermatozoides que se preguntan angustiados qué les va a pasar cuando llegue el momento del lanzamiento. Pero precisamente son millones cada vez, porque ese relojero ciego que es la evolución lleva a los hombres a sembrar su semilla por doquier. Se trata para ellos de copiarse, narcisista que es el género, allí donde puedan. Son los pequeños sacrificios necesarios para que la especie se asegure su continuidad.

Lo de las mujeres era distinto. En el mejor de los casos, cada una de ellas cuenta con un limitado capital genético, un máximo de cuatrocientos óvulos a lo largo de su vida, que han de emplear lo mejor que puedan. Para ellas no se trata de intentar copiarse a tontas y a locas, sino de escoger el mejor reproductor, pues quedar embarazada significa movilizar grandes dosis de tiempo y de energía, por eso son tan selectivas. Casi todos los estudios dicen lo mismo; mientras que los hombres se excitan visualmente y son atraídos por la juventud y la simetría en los rasgos de su eventual pareja, las mujeres tienen un campo de estímulos más variado. Deciden el destino de sus óvulos con mayor parsimonia que los hombres el de sus espermatozoides. Con lo que las fantasías masculinas quedan confortablemente corroboradas. Los hombres necesitan de más de una mujer, son infieles por naturaleza, tienen que llevar la iniciativa de la relación y deben aparearse con hembras siempre jóvenes. Las mujeres, en cambio, disfrutan más con la estabilidad, con el cuidado de los hijos y del hogar, y agotan su interés sexual una vez que han asegurado su progenie con el más apto. Como decía algún filósofo prerromántico de cuyo nombre no quiero acordarme, las mujeres son el ejemplo mismo de la piedad filial, maternal y doméstica.

Qué tiempos aquellos en que éramos jóvenes. Íbamos a cantar y bailar para siempre y un día más. Hasta la revolución sexual parecía hecha a la medida de los hombres. En 1998 hará treinta años de un acontecimiento que fue sonado. Una serie de grupos Women's Lib, junto con algunas militantes neoyorquinas de NOW, se manifestaron en junio de 1968 en Atlantic City, Nueva Jersey, contra el concurso de Miss América que allí se celebraba. Parece que no fue eso lo que pasó, pero los medios insistieron en que se produjo una quema masiva de sostenes [23]. Lo que encendió las pajarillas de la imaginación masculina. Muchos hombres recordaban todavía los estrechos corsés que se ponían sus madres para estilizar la figura y cómo las mujeres de su edad, también más liberales en el terreno sexual, los habían abandonado. Si la ecuación *menos ropa interior es igual a mayor accesibilidad* era cierta, las quemadoras de sostenes iban a ser dinamita. La sexualidad masculina y, por ende, todo el poderío de los hombres podía, por fin, agarrar la ocasión que había estado acechando desde que el mundo es mundo. El mañana era nuestro.

Hugh Hefner, el fundador de *Playboy*, contaba algo parecido en aquellos artículos, mezcla de hedonismo preepicúreo y calvinismo cuantitativista a los que llamó The Playboy Philosophy. Se tocaba con las manos la posibilidad de que el mundo se tornase en un *kindergarten* permanente en el que esos perversos polimorfos de los hombres podrían encontrar, sólo con un poco de imaginación, gráciles compañeras de juegos con las que satisfacer en coyundas mutuamente placenteras y repetidas sin duelo, todas aquellas fantasías tanto tiempo reprimidas por el maldito sentido de culpa o por el temor a las consecuencias del sexo.

Más aún, el sexo podía, por fin, integrarse en lo que los filósofos de antaño llamaran *la vida buena*, un equilibrio de placeres de varia lección, para los que su revista era la mejor guía. Allí se enseñaban las buenas maneras de la mesa, las mejores añadas de vinos de distinta procedencia, cómo vestir con elegancia en cada ocasión, cómo hacer el amor con clase, qué *gadgets* comprar, qué leer, en fin, todas esas pequeñas cosas tan sencillas como importantes para el disfrute de la vida.

---

[23] "The Feminist Chronicles".

Para aquellos que se iniciaron en la meditación contemplativa del cuerpo femenino con los folletos naturistas de lindas damitas que jugaban, siempre, al voleibol, dando saltitos sobre un fondo de praderas tirolesas o con el *Paris-Hollywood*, que gloria haya, la llegada de *Playboy* inauguró una generación de *voyeurs* impenitentes y orgullosos. Ahora podían comprobar, sin tener que hacerlo a hurtadillas, cuál era la real dimensión de las cosas, así como aprender que muchas de las vecinas, como las estraperlistas de los años cuarenta, podrían decir con orgullo lo de *lo tengo rubio*. Que no eran pocos lo muestra el éxito del producto, que llegó a vender más de siete millones mensuales de ejemplares a comienzos de los setenta, aunque desde entonces el mercado no ha hecho sino caer [24]. ¿Significa eso que estamos a las puertas de una nueva ola de moralidad que dé al traste con estos aspectos de la antigua revolución sexual?

Hay quien piensa que el descenso es cosa de la técnica y que, en realidad, no es tal. Tras la respetabilidad que *Playboy* trajo a la representación gráfica de la desnudez femenina y los cambios en la opinión pública y en las sentencias del Tribunal Supremo americano brotó una torrentera de publicaciones que hoy pueden encontrarse en la mayoría de los quioscos de Estados Unidos en régimen de venta libre. El generalismo fue cediendo el paso a una segmentación del mercado y aparecieron otras publicaciones, la mayoría especializadas en representar órganos concretos o actividades eróticas sectorializadas o en complacer a alguno de los tres sexos. Por otra parte, la cuatricomía estática ha sido sustituida por la revolución de la imagen. Las mismas empresas, como *Playboy* y sus más directos imitadores, han podido sobrevivir tan sólo al haberse diversificado hacia nuevos medios, como el vídeo y la televisión por cable o satélite, o como Internet, que ofrecen mayor intimidad a los espectadores y mayor acción en pantalla, en nueva representación

---

[24] Constance L. HAYS, "Hustler'Loses Ground to Cable, Video and the Web", *The New York Times*, 7/4/97.

del eterno conflicto entre Parménides y Heráclito [25]. O al globalizarse para cubrir mercados en expansión que se abren por vez primera a los nuevos productos. Hoy hay quince ediciones de *Playboy* en países extranjeros. Otros creen que la cosa es fundamentalmente económica. Una vez satisfecha la curiosidad colectiva, la demanda encontró su punto de equilibrio real. Desde que Dinamarca legalizó la pornografía en 1969, con gran escándalo de los biempensantes del mundo entero, el interés por sus productos en aquel país ha ido disminuyendo a ojos vista hasta ubicarse en un mercado numéricamente muy inferior al que en principio se pensara. *Playboy* ya sólo vende cada mes 4,8 millones de ejemplares de su revista.

Algún paranoico guasón y varias antropólogas culturales piensan que el descenso se debe a una conjura masculina para evitar que esos productos, sobre todo las películas, se divulguen en demasía por aquello de las comparaciones odiosas. Es lo que ha sucedido con las salas X en España, que apenas quedan. ¿Por qué? Porque es difícil que uno pueda hacerse jalear como *torero*, *torero*, en una relación, si la contraparte está informada sobre las vergas bruñidas, más enhiestas que la Excalibur de Arturo o la Notung de Sigfrido, que los protagonistas de esas películas esgrimen, sin metáforas psicoanalíticas, en hábiles molinetes y lances dignos de Athos, Portos y Aramis juntos.

Lo cierto es que no parece que la revolución sexual, tal y como la entendían tantas mentes masculinas en los sesenta y setenta, haya servido para asegurar el predominio total del macho de la especie que tantos anticipaban. Y es que la ilusión era toda suya. En la vida práctica, la de la economía, el secular predominio masculino se halla en más dificultades que nunca. El mundo de la sexualidad y el de la familia se han privatizado y las mujeres reivindican con éxito su derecho a organizarlos de muchas otras formas. No es mala cosa. Al tiem-

---

[25] "The Case of the Bouncing Bunny", *The Economist*, 7/4/97.

po, no parece tampoco que estemos a las puertas de una nueva oleada moralista, por más que haya quien clame por la prohibición de la pornografía como Kathy McKinnon, por más que Irving Kristol y sus compañeros de neoconservadurismo insistan en la necesidad de volver a imponer la censura de imprenta y de espectáculos, por más que algunos, en este caso algunas, de la omnipresente franja lunática insistan en que toda penetración equivale a una violación, con la única diferencia de que el violador trae flores, vino o bombones. Lo que sucede es que la irrupción de la mujer en el mundo laboral y su creciente independencia económica han cambiado las reglas antiguas y los hombres no saben muy bien a qué carta quedarse.

Hoy, pues, las cosas se han puesto tan complicadas que hay quien habla del dodo macho [26]. El dodo era, al parecer, un ave autóctona de la isla de Mauricio y de los archipiélagos de la Reunión y de Rodríguez, de la familia de las *Raphidae*, orden de las columbiformes, que se extinguió a finales del XVIII. Todo lo que hoy queda de los dodos es una cabeza y una pata en Oxford, una pata en el British Museum, una cabeza en Copenhague y esqueletos, más o menos completos, en un museo americano y seis europeos, según informa la siempre precisa *Enciclopedia Británica*. También aparecen en alguna película de la Disney, por ejemplo en la fantástica *Alicia en el país de las Maravillas*. ¿Será ése el futuro de los hombres? ¿Querrán reservar las futuras conservadoras del British Museum o del Smithsonian algún ejemplar de pierna o de cabeza suyas que pruebe a las futuras generaciones el paso por la historia de tan extraño mamífero? ¿Llorará alguien su desaparición con el llanto a moco tendido que en tiempos se reservaba para la muerte de la mamá de *Bambi*? ¿Está en verdad llamado a desaparecer el macho de la especie?

---

[26] "The Male Dodo", *The Economist*, 23/12/95.

Hay quien piensa que sí. Y le dan fecha: no más allá de la mitad del próximo siglo. Es el plazo inexorable de la marcha de la evolución biológica cuyos arúspices ya no creen que sea tan favorable al macho de la especie como hasta hace poco pensaban. Páginas atrás se ha citado a *The Economist* y no queda más remedio que hacerlo otra vez. En su especial de las Navidades de 1995, la revista británica, tan socarrona como muchos de los súbditos de Su Graciosa Majestad, capaz de mezclar la estricta ortodoxia económica liberal de Bagehot, su fundador, con actitudes sociales más abiertas que las de muchos progres, predecía un futuro negro para la evolución futura del género masculino, rompiendo con el optimismo biologista favorable al macho de tantos etólogos.

Los hombres nacen con enfermedades heredadas más a menudo que las mujeres; son el doble de proclives que las chicas a ser autistas y cinco veces más a ser disléxicos; viven siete años menos por término medio; contraen más enfermedades que las mujeres, más infartos, más úlceras de estómago, más cáncer. Todo lo cual se debe a un producto que ellos segregan masivamente, la testosterona, el cual a la larga disminuye la capacidad inmunológica del cuerpo y lo hace envejecer prematuramente. La testosterona es también responsable de la agresividad del macho, que comete la mayor parte de los crímenes violentos, generalmente a resultas de discusiones sobre orden de picoteo y amoríos. Los jóvenes se cuelgan del alcohol y de las drogas dos veces más que las mujeres y tratan de suicidarse cuatro veces más. Para qué sirven, si es que sirven de algo, semejantes restos de naufragio.

Si acaso, aunque puede que ni siquiera esto sea cierto, los machos pueden servir de filtros genéticos, para evitar que la eventual reproducción sea víctima de parásitos, bacterias y virus y para separar los genes buenos de los malos. Para ello, los machos tienen que trabajar duro. Entran en competición por las hembras y, con frecuencia, se pelean por ellas y hieren o matan en el intento. Los que quedan son los poseedores de los mejores genes y ellas se los llevan al huerto; el ganador se queda con la banca. Pero éste es el único agarradero de la perdurabilidad de su sexo. Por el momento. En nuestra especie aún no se ha encontrado el modo de que dos huevos femeninos, por partenogénesis, lleguen a producir un nuevo individuo. El semen masculino sigue siendo imprescindible, por ahora, para fecundar los óvulos. Pero todo se andará. Por un lado, ahí están los bancos de esperma, que pueden hacer superfluos a muchos portadores de espermatozoos tan seguros de sí mismos. Por otro, el semen es un bien cada vez más escaso, aunque no se lo crean en Parla. Ya veremos qué sucede con la clonación [27].

No sufráis, nos dicen. Un mundo de hombres venidos a menos o feminizados no es tan mala cosa: se comerá menos carne, con menos daño para las selvas tropicales, desaparecerán las violaciones, no habrá pornografía, las calles serán seguras por las noches. Habrá, sí, más familias dependientes de mujeres sin maridos, pero el consenso es que sólo los chicos padecen con ello, no las chicas, ¿no está claro? [28] Sí, pero el ánimo se embarga y uno se llena de zozobra al imaginar cuántas Margaret Thatcher y otras madres perfectas por metro cúbico nos deparará esta nueva revuelta evolutiva, aunque quede el consuelo de que el momento todavía no ha llegado. Tal vez cuando lleguen los *cyborgs* todo estará resuelto [29].

La cosa tiene mucho de broma navideña y seguramente es tan probable como el éxito absoluto del macho que previeron algunos etólogos. La pesadilla de la abeja reina planea, sin embargo, sobre las cabezas masculinas, como ya lo recordaran Marco Ferreri y Rafael Azcona. El tiempo dirá lo que sucede en la evolución biológica de la especie humana y nosotros no

---

[27] Gina KOLATA, "In the Game of Cloning, Women Hold All the Cards", *The New York Times*, 22/2/98.
[28] Datos tomados de "The Male Dodo", *The Economist*, 23/12/95.
[29] Ashley DUNN, "In a Cyborg World, Gender Boundaries Fade", *The New York Times*, 5/3/97.

vamos a verlo. Sin embargo, hay factores que están alterando ya seriamente el equilibrio secular de los sexos y que no conviene tomar a broma. Poco a poco, las mujeres van tomando la delantera a los hombres en logros escolares, tanto en matemáticas como en humanidades. Ellas son más estudiosas y obtienen más éxitos.

La economía *high tech* requiere cada vez más esfuerzo intelectual y no físico, con lo que la diferencia en el empleo no va a ser cuestión de sexo, sino de capacidad mental, preparación y experiencia laboral. En definitiva, de mérito, y en esa competición las mujeres son tan buenas como los hombres, si no mejores por el tipo de educación que reciben. Para decirlo con *The Economist*, "en la perspectiva grande, puede que la raza humana termine en breve su evolución, desde un conjunto de tribus románticas dominadas por hombres hasta una apacible soror idad de mujeres de cabeza fría entregadas a comprar y a llevar la administración de las cosas, ese par de destrezas femeninas que hoy conocemos bajo el nombre de economía". Lo que parece claro, en cualquier caso, es que no han llegado los días en que nadie crea posible el retorno de las mujeres-muñecas [30].

Semejante conclusión enfadará, sin duda, a muchos hombres y, sobre todo, a algunas feministas militantes. Habrá quien vea en ella una astucia masculina más, derechamente encaminada a embobar a las mujeres con aleluyas sin fundamento para que traguen por su subordinación presente. Qué le vamos a hacer, no se puede complacer a todo el mundo y, en especial, a aquellas feministas que, como tantos de nuestros nacionalistas, siempre se quejan de lo mucho que queda por hacer, aunque en su fuero interno estén encantadas con lo avanzado en treinta años. Ni las más optimistas de la antigua generación, las Friedan, las Steinem, las Abzug, las Firestone, hubieran imaginado cuando iniciaron su largo y penoso cami-

---

[30] Doreen CARVAJAL, "The Return of the Dolls", *The New York Times*, 27/7/97 .

no dónde estarían hoy sus hermanas y sus hijas, ésas que siguen exigiendo. No digo que hagan mal, que quien no llora, no mama. Pero tampoco es ninguna ordinariez ponerlo de relieve.

Como tampoco lo es recordar que posiblemente el feminismo en cuanto ideología de combate vaya a acompañar al macho en su declinar. Ya hay voces que reclaman menos atención exclusivista, en este caso hacia lo femenino, para las nuevas investigadoras en ciencias sociales. Hace poco, Fionna McCarthy, una historiadora americana de renombre, lo reclamaba así en la *New York Review of Books*, al señalar que algo que debe concernirnos en la a menudo excelente producción historiográfica reciente de muchas mujeres es que "en algunos casos, las poderosas emociones de la solidaridad femenina han erosionado las normas de la crítica" y que una falsa lealtad femenina está impidiendo que las mujeres escriban libros de historia también sobre los hombres [31]. Karen Lehrman lo ha escrito muy claro recientemente: la peor práctica feminista es la costumbre de exigir que exista un solo modelo para todas las mujeres [32].

A los hombres les está costando acostumbrarse al pluralismo de la nueva economía y de la nueva sociedad. Muchas mujeres van a tener también que aprender que la búsqueda de la felicidad, sea ésta lo que fuere, es un aprendizaje difícil y que nadie puede estar seguro de que tiene patentado un modelo exclusivo [33].

[31] Fionna McCARTHY, "How the other half lived", *NYRB*, 6/2/97.
[32] Karen LEHRMAN, *The Lipstick Proviso*, Doubleday, 1997.
[33] Steven HOLMES, "Sitting Pretty: Is This What Women Want", *The New York Times*, 15/12/96.

Capítulo 10

Me voy a hacer un rosario...

Trampas saduceas de un amigo francés y alguna más

Para ir a Peter Luger (178 Broadway, Brooklyn) hay que cruzar el puente de Williamsburg hacia Brooklyn, salir por la primera desviación a la derecha y al llegar a Broadway, virar hacia el East River. El barrio es una de esas zonas poco habitadas, en transición hacia la nada, tan frecuentes en Nueva York, por las que razonablemente rehúsan aventurarse los turistas mejor aconsejados. Peter Luger, pues, tiene una ventaja seguramente no planeada, la de ser una casa genuinamente neoyorquina, con pocos extranjeros en sus comedores. Aparte de que llevan sirviendo filetes desde 1877, desconozco los orígenes del caserón y de sus dueños, posiblemente fueran emigrantes alemanes, tal vez judíos, pero de justicia es decir que es el mejor restaurante de carne de Nueva York, posiblemente de Estados Unidos. ¿Cómo, acaso no conoce usted, joven, Sparks, Smith & Wollensky, Gallagher's o la ubicua Ruth's Chris Steak House, vaya nombrecito, que no pillan tan a trasmano? Pues sí, los conozco a fe mía, pero no hay color. Por otra parte, esta preferencia no es ninguna originalidad, pues coincide con la de los miles de neoyorquinos que envían sus impresiones gastronómicas a

Zagat's [1] y aúpan a Peter Luger, año tras año, al primer lugar de su categoría. En 1997 era la única *steakhouse* entre los mejores 20 restaurantes de Nueva York según esa guía, con una puntuación de 27 sobre 30 en calidad. Sólo tres restaurantes más tienen mayor puntuación.

Tiene una cosa anticuada Peter Luger, como de vieja casa de comidas, que me apasiona. Ni una concesión. Las mesas de madera, sin mantel. Bodega, la justa, sin que aparezca un sumiller metijón, que nos distraiga de forma superflua. La carta, cabal, que de eso se trata: *Filete para dos, Filete para tres, Filete para cuatro,* no se diga que no hay variedad ni imaginación. Si somos más, según el número, variaciones, permutaciones y combinaciones de los mismos elementos. Se anuncian algunas chuletas de cordero y otras lindezas, pero con razón nadie se ocupa de ellas. Desde luego, ninguna tontería como las absurdas langostas de Maine de The Palm que impiden que estemos donde hay que estar. ¿Hemos venido o no a ponernos ciegos de grasas poliinsaturadas igual que aquel tragón de allí enfrente al que creo conocer? Ah, si es que estoy enfrente de un espejo.

Pero estábamos en la seria profesionalidad del lugar y en lo que se agradece. Hay algo que se agradece aún más, que no haya *shows*. Quiérese decir, que la persona de servicio no venga con un carrito a enseñarle a uno un espécimen de lo que se va a comer, debidamente envuelto en papel de plástico transparente, para evitar que el género pierda lozanía con tanto paseo y, al punto, nos cante la carta, como si en vez de un restaurante estuviéramos en la presentación de una agencia de publicidad en Madison Avenue. "Tenemos filetes de lomo", y, zas, enseña uno por si no sabemos lo que es eso; "solomillos", y saca otro. "Para acompañamiento hay espárragos", un manojo, "o patatas asadas", una de kilo. Al estilo de Morton's en

---

[1] *Zagat's* es una de las guías gastronómicas más populares de Estados Unidos. Su particularidad es que está hecha por sus lectores y no por críticos especializados.

Chicago y de Chops en Atlanta, donde se amostazaron cuando pedí ver las espinacas a la crema. Un pollo entero, de grano, eso sí, me han llegado a exhibir en Del Frisco's en Dallas y fue sólo mi gula cobarde la que me hizo seguir allí indignamente sentado sin levantarme y salir por la puerta, temiendo que un mohín de disgusto llevase al camarero a negarme el chute carnívoro. Mi acompañante, desde aquel día, se ha entregado al vegetarianismo de estricta observancia y hoy me mira con ceño severo y pregunta hasta cuándo, Catalina (nunca se caracterizó por una estudiada cultura clásica), seguiré comiendo vaca muerta, cordero muerto, gallina muerta, adjetivos con los que intenta afear mi pasión necrófila y suscitar edípicos sentimientos de culpa, todo porque quiero comerme un filete, en tanto que se limita a encargar una ensalada de *mesclun* y un quesillo de cabra. En Peter Luger, alabado sea quien corresponda, no hay *show*. El servicio es adusto, como de antigua pensión de provincias, pero muy eficaz. Quienes conocieron Casa Ojeda en Burgos hace treinta años saben de lo que estamos hablando, aunque el personal neoyorquino puede hacer el gasto de dedicar una sonrisa si le complace la propina, una bajeza, la de la sonrisa, que ningún burgalés de aquellos cometería.

Luego, sin aspavientos, el verbo vuelve a hacerse carne. El USDA Prime Beef de Peter Luger, durante semanas curado con precisa sabiduría en cámaras frigoríficas a diez grados Fahrenheit, al pasar por la cocción del maestro cocinero, ofrece un aspecto contundente, aunque una vez fileteado nos sorprenda con delicados tonos granates entreverados de fibrillas color siena y una textura aterciopelada. En la nariz, aromas frescos de mantequilla calentada a altas temperaturas, pero no refrita, con suaves perfumes de ciruela y toques de algarrobo en retronasal. En la boca, ah, en la boca, un torbellino de frambuesas y arándanos, con recuerdos de canela y cereza, algún toque cítrico y unas porciúnculas de hierbas del jardín. Estas cursilerías propias de enólogos, profesión refitolera y redicha donde las haya, siempre están atentos a convencernos de que estamos bebiendo cualquier cosa menos vino, son pequeñas estrategias que ustedes sabrán disculparme para evitar las monsergas veganistas y tratar de hacer creer a sus secuaces que, en el fondo, soy un colega, que bien mirado no se come carne sino uno más de los sencillos frutos de la tierra, acaso no tiene todo los mismos orígenes vegetales, la evolución y eso, a ver si me dejan en paz.

Entre nosotros, diré sencillamente que la carne de Peter Luger es soberbia. "Soberbia sí, pero distinta de la vaca charolesa", apuntaba, suficiente como siempre en lo gastronómico, Jean-Marc Courton, un amiguete de París. "Toma, y de la gallega", mascullaba yo, para chincharle, una vez más, con lo de que el monoteísmo es una versión injustificablemente menguada de los viejos panteones paganos, noramala abolidos, cuyos habitantes eran sabios alquimistas de los placeres y con aquello otro de que las gentes de bien deben sacrificar, al tiempo y por lo menos, un gallo a Esculapio y una virgen a Huitzilopotchli. Pero a Jean-Marc le perdono todo, hasta su suficiencia gabacha, porque es mi amigo de tiempos que no recordaré, para qué dar información aleve al lector, tiempos en los que pasamos maravillosos ratos cuando París era *otra* fiesta. Que acabó pronto, posiblemente para fortuna de todos, pero en esto no reparábamos entonces.

Cuando empezó la recogida, cada uno en su país, hubo que ganarse la vida como se pudo, procurando que ese *como se pudo* fuera lo mejor posible. Jean-Marc se hizo *inspecteur de Finances*, que no es poca cosa, y al cabo se libró del tacataca administrativo para poner un despacho donde hace la trampa con mayor pericia, si cabe, que hizo la ley. Le ha ido muy bien. Sobre el oporto nos referimos a las batallas antiguas. "Jesús, Jesús, las cosas que hemos visto". Y, con escaso interés, salvo para el cine, las últimas cosas de Elmore Leonard y los catálogos de Victoria's Secret, también a los problemas de hogaño. Los años y el dinero no le habían hecho perder la intuición, ni sus distancias para con la derecha, ni su escepticismo sobre la izquierda bien instalada, la única realmente existente como tuvimos mucho tiempo para aprender. Al cabo, sin pedir excusas, sin ingenuidad dolosa ni complicidades lepenistas, sin entusiasmo en la exposición, sólo un punto de preocupación relajada, aludía a novedades que nunca le había escuchado en conversaciones anteriores, como los previsibles cambios a los que, en Francia y en Europa, darán pie las sucesivas oleadas de inmigrantes. Gentes del Sur y del Este, deseosos de vivir decentemente, ignorantes sin culpa de todo lo que ha hecho grandes a nuestras culturas europeas, unos extraños en el paraíso necesariamente insensibles a ideales y utopías ajenas, que bastante tienen con sobrevivir.

Por vez primera en muchos años de conversaciones que siempre ahondaban la simpatía mutua por mor de saberse andando en la misma dirección aunque sólo nos viésemos de higos a peras, sus comentarios del día, sin duda sinceros, no exentos de un algo razonable, me dejaban frío y hasta me resultaban incomprensibles. "Será que he pasado demasiado tiempo en Estados Unidos. Aunque seguramente sea cosa de este oporto".

Era viernes por la noche, Peter Luger estaba ya a punto de cerrar y en Manhattan nos esperaban las conocidas sorpresas, siempre jóvenes, en el Blue Note, así que levantamos la sesión. Tal vez nos vio pinta de guiris y quería sacarnos algunos dólares extra, lo cierto es que el taxista tomó por un camino poco acostumbrado, en busca de la autopista de Queens y de allí al Manhattan Bridge. Pero, antes, en la oscuridad de la noche empezamos a ver figuras sorprendentes, que parecían confirmar mis sospechas sobre el oporto, algo inesperado en la capital mundial de la economía *high tech*. A la luz de los faros aquellas extrañas siluetas no eran un producto de nuestras alegres imaginaciones, no eran trasgos ni quimeras, sino muy reales familias de judíos hasídicos camino de las funciones religiosas de comienzo del *sabbath* en su sinagoga. Grupos de hombres engabanados de negro rigoroso, algunos de ellos con extrañas polainas blancas en vez de pantalones, todos cubiertos con sombreros, y las mujeres agrupadas más atrás, algunas con peluca de matronas. Como en las historias esas de un amigo de un amigo, que, lo juro, oye, estaba repostando en Los Monegros y se encontró conduciendo por la Patagonia, de repente estábamos en la Varsovia de preguerra codeándonos con la familia Moskat. Un espejismo fugaz pero sugestivo. Sobre todo, porque me había dado la excusa para volver a Peter Luger sin incurrir en las iras del Santo Oficio veganista ni en las de la Liga anticolesterol, aún más temible que aquél. La mía era ahora una misión. Tenía que volver a aquel lugar y verlo a la luz del día.

Y lo hice al otro lunes, luego de un nuevo filetón, paseando largo rato por esa cápsula fuera del tiempo que es la barriada en torno a Lee Avenue, en Brooklyn. Cuando, como en nuestros días, los artesanos han desaparecido casi por completo de las ciudades americanas, al igual que lo ha hecho el comercio minorista no dependiente de la correspondiente franquicia, es llamativo toparse con olor a pan reciente hecho por panaderos que lo amasan y lo cuecen en el bajo de sus casas, con pasteleros que aún hornean en el obrador de la trastienda, con carniceros que no tienen sus cortes distribuidos en la cuadrícula del supermercado y con sastres que siguen tomando medidas y haciendo pruebas antes de entregar los trajes. Por no hablar de los numerosos sombrereros, algunos de los cuales importan sus géneros, en tanto que otros los fabrican artesanalmente allí mismo, todos ellos fundamentales por igual en una sociedad en la que los arcanos del orden social los descifra al ojo avizor el diseño de los sombreros masculinos. Estos talleres y comercios sorprenden al observador moderno porque carecen de sentido económico según los manuales y no podrían sobrevivir salvo en este nicho de demanda cautiva y entusiasta.

Los hasídicos de este barrio son en su mayoría *ashkenazim*, originarios de la Europa oriental, pero en ocasiones, al oír el castellano relativamente comprensible de los sefardíes, una pequeña minoría en el mar de influencias eslavas, puede uno sentirse como Menéndez Pidal. Se diría que el tiempo no ha pasado desde que el historiador se entregara a la caza de romances. Entre Wall Street en Manhattan y Lee Avenue en Brooklyn no debe haber más de dos kilómetros en línea recta, pero la sencilla travesía del East River es un verdadero viaje transatlántico, si no intergaláctico.

El pietismo inicial del movimiento hasídico, con su populismo antirrabínico y su búsqueda extraintelectual de la fe, ha terminado por convertirse en una caricatura de sí mismo. Sus rabinos ultras, en su histeria por la pureza *kosher* y el desprecio a la modernidad, gestionan una tropa que, como en otras religiones actuales, combina el respecto estricto a la letra de una ley cerrada sobre sí misma con la intolerancia ignara y un absurdo sentimiento de superioridad, de estar tocados por alguna divinidad. Es el cóctel excluyente del fundamentalismo con el que todos se embriagan orgullosos. Pero, lo que aquí importa, es la convivencia relativamente pacífica entre ese remedo de la Praha de Singer o la Me'a She'arim del Jerusalén actual y la capital mundial de las finanzas al otro lado del río. No sé si Lee Avenue se engalanó con banderas americanas durante la guerra del Golfo, como para sorpresa de quienes no se estremecen con invocaciones a las patrias lo hicieron casi todas las ciudades americanas, pero no hay duda de que, al menos, del otro lado del East River se considera a estos judíos tan americanos como el que más. No importa que el inglés ceda su lugar al hebreo o a un yidish ya en franca retirada o que el corazón, los tirabuzones y el dinero de buena parte de ellos estén también al Este, en otra tierra santa. También ellos tienen su lugar en Estados Unidos y el derecho a buscar su felicidad del modo que tengan por conveniente en el respeto a la ley.

Pero rebobinemos un momento. He dicho que el taxista nos impuso a Jean-Marc y a mí un rodeo inesperado para volver a las certezas del Village por el Manhattan Bridge. Ése es el puente que desemboca en Chinatown. Oiga, pero, ¿no estábamos en Patagonia, en Varsovia, donde sea? Ya, pero como hemos repostado, ahora circulamos por Taiwan. El paso de Brooklyn a la encrucijada de Canal y Bowery es un vuelo transpacífico pero, como el espectáculo es bien conocido por turistas y cinéfilos, vamos a ahorrar descripciones. Tras de Mott y Elizabeth St., podíamos ver la guerra de posiciones, como si fueran las trincheras de Flandes durante la Gran Guerra, que se libra entre chinos e italianos, por el control de Mulberry, el antiguo corazón de la Pequeña Italia. La suerte ya está echada. Algunos restaurantes, unas pocas tiendas de santos y el Café Roma y sus *canoli* aún resisten, pero los chinos los tienen rodeados, esperando su caída con proverbial reserva y paciencia orientales, como el turco ante Constantinopla. Los chinos de seguro han reparado en que, desde los procesos de John Gotti y del estrafalario Vincenzo Gigante, *Chin* para los amigos, tal vez desde mucho antes, los pistoleros de la Cosa Nostra que tanto carácter daban al lugar han seguido a sus jefes en la emigración a los *suburbs* y hoy evitan bajar a la ciudad, las autopistas están siempre colapsadas. Así que un flujo racial sucederá a otro que ha encontrado nuevos horizontes, como tantas veces en el pasado. Y hablando de flujos, en el de mi consciencia interior, que se decía, tal vez haya una exterior como los pisos, se iba abriendo camino oscuramente la razón de mi frialdad ante las tesis de Jean-Marc sobre el sombrío futuro de Europa.

La revelación llegó con la acostumbrada impuntualidad cuando, maldición, Jean-Marc se había largado ya con el Concorde a París y yo no podía envolverlo en discusiones de principio, eso que lleva ganado. A los pocos días de su partida, alguien me enseñó el mercadillo que se forma los miércoles al lado de la tumba de Grant. El monumento al presidente Grant, el gran general del Norte ante quien se rindió Lee en Appomatox el 9 de abril de 1865, se encuentra cuando la calle

122 desemboca en el Riverside Drive, bastante al noroeste de la ciudad. Es un paraje no muy seguro, lindante con Harlem, pero aún se beneficia del amparo que ofrece la presencia de la Universidad de Columbia en el vecindario.

Acabamos de repostar en Taiwan y, zas, estamos paseando por el África occidental, que brota por seis horas, cada miércoles del verano, en aquel área. Hay quien dice que aquello es sólo un ensalmo, que la música africana que suena a decibelio libre, los puestos de *boubous* gaboneses, la comida *soul*, el olor a hierba y todo lo demás que uno no encuentra habitualmente en los centros comerciales americanos es un espejismo de materialidad etérea pronto a diluirse sin huella. El CD de *Jazzmobile*, el libro con la denuncia del imperialismo, la camiseta de Nelson Mandela que hemos comprado, el concierto de Los Tres Tenores con el pelo trenzado y embutido en la boina rasta, haciendo pinitos con algún *reggae* de Marley, dicen, se desvanecen al filo de las doce. Puede que sea verdad.

Esta celebración semanal es para algunos la del nacionalismo africano y allí están los atletas de Louis Farrakhan vendiendo *The Last Call* enfundados en sus trajes bien planchados y luciendo sus pajaritas, tan camerunesas. Pero la mayor parte de la gente, casi todos negros, va a lo suyo, a divertirse, a comprar, a enterarse de las novedades, a ver si aparece Vanessa Williams o Tyra Banks. Y aquí es cuando le asalta a uno la revelación. Mientras que algunos europeos consideran un peligro virtual la instalación en sus países de gentes ajenas a su cultura, como si en el fondo no tuviesen confianza en su propia capacidad de asimilación, los americanos, buena parte de ellos al menos, ven la llegada de los inmigrantes como una oportunidad de ampliar y enriquecer su sociedad.

Vayan un poco más abajo por Broadway hacia el Upper West Side, entre la calle 85 y la 105, y a la brújula se le ha ido definitivamente la olla. Del África occidental hemos llegado a un sitio que lo es todo a la vez. Restaurantes y bares de todos los orígenes étnicos, una tienda de computadores, tres fruterías coreanas junto a un supermercado hindú, una santería, un centro japonés de salud y varios acupuntores camboyanos, una escuela de jotas segovianas que emite sones de Agapito Marazuela, todo en concertado compadreo cultural. Lo que no empece para que en el vecindario vivan americanos modernos como Jerry Seinfeld y sus amigos con sus conflictos y obsesiones de americanos modernos, junto a afganos, malayos, argentinos, haitianos o keniatas que, a su vez, han establecido diversos grados de compromiso con la vida americana moderna. No es muy original recordar que esta república de Andorra es uno de los grandes atractivos de Nueva York, pero tal vez sea oportuno evocarlo aquí, pues hay una tendencia, afortunadamente para ellos poco americana, a olvidar que los cruces culturales enriquecen, a menudo en sentido literal.

No nos detendremos en las nociones más o menos ciertas, pero archisabidas, del crisol, la caldera de fundición o *melting pot* que sería la sociedad americana, o en los frescos de Ellis Island a los que tanto partido han sacado en Hollywood. Es un lugar demasiado común recordar que la mayoría de los americanos acaba de llegar a su país. A razón de cuatro por siglo, no hay más allá de quince o veinte generaciones de americanos modernos, si descontamos a los indios aborígenes.

Eso de los eventuales desperfectos que previsiblemente sufra el templo del Espíritu Absoluto occidental con la llegada de los inmigrantes a los que se refería Jean-Marc tiene todo el aire de un camelo, de una petición de principio que busca evitar la discusión lógica y apela, sobre todo, a la emoción. No llama la atención si recordamos que ese pelmazo de Hegel lo erigió como un ara dedicada al nacionalismo prusiano, aunque hoy sus discípulos nos cuenten que siempre tuvo a Europa en las mientes. En cualquier caso, tal parece una muestra más de nacionalismo y los nacionalismos, sean de continente o de campanario, necesitan excluir para reproducirse.

La actitud de la mayoría de los americanos sensatos sobre la inmigración dista bastante, por fortuna, de esas zarandajas.

Hay una certeza, a saber, que a las masas de emigrantes del mundo entero, favorecidas por los medios de transporte modernos, nada les va a contener al otro lado de una frontera postiza mientras piensen, seguramente con razón, que a este lado de la raya tienen la oportunidad de vivir mucho mejor. Y lo que importa es si eso constituye también una oportunidad para la sociedad, en el caso del que estamos hablando la americana, de que su economía mejore y sea capaz de seguir manteniendo sus ventajas estratégicas. Los demás problemas, cuya existencia no es cuestión baladí, vienen luego, una vez que se haya entendido lo que cada uno se dispone a invertir. Por eso me dejaba frío la perorata sedicentemente cartesiana de Jean-Marc Courton, con sus premisas nacionalistas inconfesas, que si logros progresistas de la cultura occidental por aquí, que si riesgos de explosiones fundamentalistas en los países europeos por allá, porque eludían hablar de lo que conviene hablar que es, ante todo, el maldito parné y porque, tras su nostalgia, como tras de casi todas, hay un cartel autoritario que dice *Prohibido el paso*. Lo que no suele ser el caso cuando uno habla del asunto con sus amigos de América.

La discusión que actualmente se desarrolla sobre el asunto en Estados Unidos, sin embargo, no está exenta de trampas saduceas similares. Pero hay esperanzas de que vaya a ser razonable, más allá de algunas campañas demagógicas y algún fervorín potencialmente contagioso. Sin duda, éstos existen y han sido destacados como merecen por los medios de comunicación. La propuesta 187 que se sometió al voto de los electores californianos en 1994 ha sido, hasta el momento, el punto álgido del debate político.

Los defensores de la propuesta 187 jugaban con uno de los miedos básicos de los californianos que realmente votan, a saber, que una parte de sus dólares tan duramente ganados, la que se lleva el fisco, se destine a proveer de servicios sociales a inmigrantes ilegales que no hacen una aportación similar, aunque consumen servicios sanitarios, educativos y, con demasiada frecuencia, penitenciarios. Es verdad que una familia de *pollos* (así y no *espaldas mojadas* es como les llaman en México; *pollero* es quien los reúne en algún lugar de la frontera mexicana y organiza el cruce de la muga hasta que los deja en manos del *coyote*, que los pasa) recién apeada del transporte clandestino que, tras su entrada ilegal en Estados Unidos, les ha llevado a Whittier Hills en East L.A. o a South Tucson, puede colocar a sus hijos en una escuela pública de California o de Arizona al día siguiente sin que se les eche encima *la Migra*, el servicio americano de inmigración. Su mera presencia les faculta para la recepción de esa ayuda cuyo coste no es desdeñable. Más aún, pueden exigir, sobre todo en California, que su enseñanza se haga en castellano o, en caso contrario, recibir cursos acelerados de inglés para ponerse al día.

Tienen más difícil encontrar trabajo si los empresarios son especialmente escrupulosos, lo que es raramente el caso, pero el fértil mercado negro de documentos falsificados les saca de apuros. A precios razonables, entre $100 y $250 según los contactos y la calidad del trabajo, se puede conseguir en Echo Park, Los Ángeles la correspondiente tarjeta de la Seguridad Social con la leyenda de *Válida para trabajar*. Si tienen suerte, es posible que nadie les pregunte nunca cómo llegaron al país. No es precisamente la suya una vida regalada, pero el hostigamiento policial que se impone en otras sociedades industriales a los sospechosos de clandestinidad se reduce al mínimo una vez traspasada la frontera. El policía de tráfico que les impone una multa, por ejemplo, no pregunta sobre cómo consiguieron su carné o si realmente viven en la dirección que allí figura.

La propuesta 187 iba encaminada a hacer más difícil esa relativa holgura imponiendo controles más rigurosos a las instituciones y los empresarios a la hora de ayudar o contratar a un ilegal. También exigía que los maestros denunciasen a los estudiantes que no fueran residentes legales del estado. Aun aprobada por los electores, la medida ha sido recurrida con posterioridad ante los tribunales y ellos dirán en el futuro cuáles son los límites dentro de los que la regulación de las emigrantes *clandestinos*, recordémoslo, puede moverse.

La discusión ante la opinión pública, sin embargo, tiene más amplias dimensiones. ¿Es sensata la política migratoria americana actual o necesita revisiones que eventualmente lleven a hacerla más restrictiva o incluso a cerrar por completo la puerta a los que llaman a ella legalmente? Los más radicales han encontrado en Peter Brimelow a su mejor portavoz. Brimelow es un inmigrante legal, un periodista británico que decidió buscar mejor acomodo al otro lado del Atlántico y lo consiguió. Como Tina Brown, la antigua directora de *Vanity Fair* y luego princesa del *New Yorker*. Como tantos otros. Brimelow pertenece al equipo editorial de *Forbes*, esa publicación económica que tiene a gala ser, como proclama orgullosamente en su lema, "un instrumento del capitalismo" (*a capitalist tool*), y colabora habitualmente en *National Review*, la revista ultraconservadora de William Buckley Jr., que tanto contribuyó en su día a la revolucion reaganiana. Allí publicó primero un ensayo sobre la cuestión que, luego, amplió a un libro muy debatido [2]. Como suele suceder entre los entusiastas de la desdicha, en el libro se entremezclan proclamas incontroladas sobre los males que causan los inmigrantes (*"los Estados Unidos que conocemos van a ser destruidos"*) con propuestas utópicas del tipo *ni un emigrante más* y rebajas reformistas que se conformarían con la abolición de la regulación actual de la inmigración y su sustitución por otra que la reduzca drásticamente y favorezca menos la diversidad étnica.

Lo de la *diversidad étnica* es un Parque Jurásico para mayores y todos los monstruos que pueden provocar espanto están allí reunidos. El tiranosaurio rey es el hallazgo de que los blancos americanos son una especie en vías de extinción. La cosa tiene plazo. Para el año 2050, dice Brimelow, la población de Estados Unidos sería normalmente un total de unos

---

[2] Peter BRIMELOW, *Alien Nation*, Random House, 1995.

275-290 millones de personas, pero la inmigración hará que llegue a unos 400 millones. Los blancos serán una minoría, pues la mayor parte del crecimiento vendrá de países del Tercer Mundo. Y para que nadie se sienta a salvo de los zarpazos del monstruo, Brimelow advierte a los negros de que ese aumento se va a hacer también a expensas suyas. Los negros americanos son, pues, una especie tan amenazada como los blancos por la marea asiática y, sobre todo, hispana. Para que los progres digan que blancos y negros americanos son dos naciones incomunicadas. El peligro, amarillo e hispano, convierte a las suyas en una misma causa común.

Los cálculos de Brimelow han sido corroborados hasta cierto punto por un estudio reciente. En 1990 el Congreso de Estados Unidos formó una comisión compuesta por legisladores de ambos partidos para proponer cambios en la legislación reguladora de la inmigración. En 1995, dicha comisión encargó al National Research Council (Consejo Nacional de Investigaciones) la elaboración de un estudio que sopesase las consecuencias demográficas y sociales de la inmigración. Sus resultados se recogieron en el informe *The New Americans* [3].

Entre otros asuntos de los que nos ocuparemos a continuación, el NRC elaboró un modelo demográfico para estimar, a partir de diversas variables, el total de la población americana hacia 2050. Si se considera que la inmigración neta continuará en su nivel actual de unos 800.000 inmigrantes anuales, para esa fecha habrá un total de 387 millones de americanos, 124 millones más que en la actualidad. De este aumento, la inmigración será responsable de unos 80 millones, las dos terceras partes. Si los flujos migratorios actuales subiesen al doble (hipótesis alta), la población total en cincuenta años llegaría a 426 millones y si descendiese a la mitad (hipótesis baja), aun así la población contaría 349 millones de personas.

---

[3] James P. SMITH y Barry EDMONSTON (eds.), *The New Americans*, NCR, National Academy Press, 1997.

Este aumento demográfico afectará a todos los sectores de la población y, en consecuencia, a las políticas públicas específicas que se ocupan de cada uno de ellos. El sistema educativo notará un fuerte impacto. Los escalones que van del jardín de infancia hasta la enseñanza media recibirán un total de 53,7 millones en 2050 (57,6 millones en la hipótesis alta y 47,3 millones en la baja). Eso supone un aumento de 17 millones sobre los 36,8 millones de estudiantes de primaria en 1995, un 45% de crecimiento. La enseñanza media *(high school)* pasará de 14 millones de estudiantes en 1995 a 20,3 bajo la hipótesis media (2,5 millones más o menos en las otras).

Al otro lado de la pirámide, los mayores de sesenta y cinco años se van a doblar en número entre 1995 y 2050, cualquiera que sea la política migratoria que se adopte (80,6 millones en la hipótesis alta y 73 millones en la baja), pero la proporción de personas mayores de sesenta y cinco años sobre la población entre veinte y sesenta y cuatro años será menor (27%) en la hipótesis alta que en la baja (30%). La composición que el NRC prevé para esta población es también similar a algunos de los números de Brimelow. Los grupos étnicos fundamentales serán cuatro: blancos no hispanos, negros, hispanos y asiáticos. Estos dos últimos van a subir sea cual fuere la hipótesis de crecimiento demográfico que se contemple. Los asiáticos pasarán de 9 a 34 millones en la fecha de llegada, pasando del 3 al 8% en el total, y los hispanos irán de 27 millones en 1995 a 95 millones en 2050, del 9 al 25% de la población.

Hasta aquí el NRC. Una de las cosas que sorprende, sin embargo, en el estudio es de índole metodológica. La Oficina Americana del Censo (US Census Bureau), cuando divide a la población de acuerdo a categorías étnico-raciales, dice que los hispanos, a los que cuenta separadamente, pueden ser de cualquier raza, es decir, tanto negros como blancos. Si, como suele ocurrir, la mayoría de los hispanos son blancos, aun con muy diversos tonos de piel, y esto, de tener algún significado, apuntaría a su diversidad interna y no a una sola categoría, no se sabe muy bien, en principio, por qué no se suman sus miembros a las correspondientes categorías raciales que, en ese caso, quedarían sólo en tres y no en cuatro. Sin embargo, esta pequeña maniobra clasificatoria tiene como resultado hacer verosímil la suposición de que los blancos no hispanos van a ir convirtiéndose en una minoría menguante, cosa que el NRC no hace explícitamente, tal vez porque prefiera dejarlo en manos de los del lanzallamas.

Por otra parte, esa noción de blancos no hispanos que recoge a descendientes de eslavos, anglos, irlandeses, germanos, nórdicos, italianos, judíos y demás, no había tenido curso legal hasta ahora. Lo que en Estados Unidos se llama *nativismo* es precisamente la teoría que negaba base alguna a esta mescolanza. En realidad no es otra cosa que una ideología, y no muy coherente, salvo en su principio: que un algo genuinamente americano entra en trance de extinción cada vez que se incorporan al conjunto social elementos que no han nacido en Estados Unidos. Como buena ideología, tiene un bajo control de calidad, cambiando a cada rato su definición de cuál es el genuino sabor de Marlboro y cuáles los elementos extraños que lo ponen en peligro. Para sus primeras versiones, por ejemplo, para el *know-nothingism* de la década de 1850, el agente letal no era directamente racial. Lo que ponía en peligro a los del terruño era el papismo que infectaba al grupo mayoritario de inmigrantes en aquellos tiempos, los irlandeses. Cuarenta años más tarde, los nativistas denunciaban a los agentes subversivos venidos del exterior, ¿les suena?, que empujaban a los trabajadores de la época a acciones cada vez más radicales. Ahora los extraños eran anarquistas (italianos y rusos), socialistas (judíos) o sindicalistas (aquí ya no se distinguía mucho entre razas o nacionalidades) en la costa Este, mientras que, en California, que mira al Pacífico y no recibía tantos europeos, lo eran los chinos, japoneses y demás asiáticos. Ya en 1882 se aprobó una ley de exclusión antichina (Chinese

Exclusion Act) que prohibía la llegada de inmigrantes de ese país. Una vez completados los ferrocarriles, los chinos no eran bien vistos por su empecinamiento en mantener el pliegue mongol y algunas pequeñeces culturales más.

Pero es innegable que existe cierto malestar entre sectores de americanos que creen ver sus modos de vida amenazados por la llegada masiva de los inmigrantes. Brimelow y el NRC fían largo la llegada de lo que para algunos es el infierno, el momento fatídico en que los blancos dejarán de ser el grupo social mayoritario para entrar en trance de desaparición. A éstos no basta con repetirles que eso es una exageración, que los blancos (si se incluye a los hispanos) van a seguir siendo mayoritarios en cualquier caso y que los blancos (si se excluye a los hispanos de ese color) van a ser la minoría mayoritaria hasta más allá del siglo XXII y que, para ese momento, y aun antes, todos calvos.

Estas cosas se hacen difíciles de entender sobre todo allí donde la hora ha sonado ya o está a punto de hacerlo, por ejemplo, en California [4]. En algún incierto momento entre los años 1998 y 2000, los blancos no hispanos que, todavía en 1996, eran el 52% de la población, caerán por debajo del 50% de la composición étnica del estado y las minorías se convertirán en el grupo más amplio. El día ingrato que el juego de las medias estadísticas anuncia para dentro de 50 años a escala del país, se ha adelantado notablemente en California, que es uno de los estados con mayor población de inmigrantes. Siete millones y medio de sus habitantes, casi un 25%, habían nacido fuera de Estados Unidos, según el censo de 1995. No es extraño, pues, que sea allí donde se concentre un mayor sentimiento neonativista y donde los blancos luchen por mantener su vieja e indiscutida supremacía. Tras la 187, en 1996, los electores volvieron a aprobar una nueva medida restrictiva que perjudicaba a los inmigrantes legales y a las minorías ra-

---

[4] Dale MAHARIDGE, *The Coming White Minority*, Times Books, 1996, pp. 10 y ss.

ciales aunque algunos de sus miembros llevasen en el país más tiempo que algunos de los que aprobaron la medida. La llamada Iniciativa Californiana sobre Derechos Civiles (CCRI) preveía la desaparición de todo tipo de programas de acción afirmativa en los contratos de organismos del estado con particulares. California, a la sazón, estaba saliendo de la que había sido la peor crisis económica de su historia, incluyendo la de 1929.

Y es en California donde se asiste al nacimiento de una mentalidad de guerra de trincheras. Dale Maharidge, un periodista y profesor de la Universidad de Stanford, ha señalado cómo, frente al éxodo hacia los *suburbs* que se ha dado en buena parte de las ciudades americanas y que ha abandonado a su suerte a los viejos cascos urbanos, la tendencia de los blancos con posibles en California apunta a la creación de enclaves en los pueden sentirse seguros, esas comunidades valladas (*gated communities*), exclusivamente blancas, rodeadas de muros y vigilancia electrónica y patrulladas por una seguridad propia que mantiene alejados a eventuales merodeadores del mundo exterior. Entre 1990 y 1995, un tercio de las nuevas construcciones residenciales en Los Ángeles tenían estas características. Más aún, en lugares como el muy rico y muy conservador Orange County, al sur de Los Ángeles, con su aeropuerto orgullosamente dedicado a John Wayne, estos enclaves tienden a agruparse de suerte que se crean áreas segregadas de hecho, en las que los blancos, pese a su disminución en el conjunto, constituyen el 80-90% de la población. El 10-20% restante son los inmigrantes que prestan sus servicios en esas comunidades y que se agrupan extramuros. Todo esto al tiempo que, en parte por la crisis económica, en parte como protesta silenciosa, en parte huyendo de unos impuestos que consideran excesivos y dedicados a necesidades distintas de las suyas, muchos blancos se mudaban a Arizona, Nevada, Oregón y el estado de Washington.

California ha marcado en muchas ocasiones los caminos futuros del país, por lo que cabe preguntarse si no será similar en todo él la respuesta que la creciente diversidad étnica obtenga y si los fogosos partidarios del neonativismo no alcanzarán su ideal de cerrar las fronteras a los elementos extraños. Si las cosas se redujesen a cuestiones solamente ideológicas, los nacionalistas podrían tal vez marcar puntos, pero lamentablemente para ellos, esto de la inmigración tiene otras dimensiones más complejas.

Pero, ¿de dónde sale tanto "maketo"?

Además de ser generalmente oscuros de piel, rudos y groseros, hablar mal inglés y entregarse a los placeres de hoy sin reparar en el mañana, los inmigrantes muestran una obstinada tendencia a sobrevivir, es decir, a comer, beber y reproducirse, a satisfacer las llamadas *necesidades primarias* de la escala de Maslow. Quienes han leído más a Stephen Jay Gould o a Richard Dawkins insisten en que ésta es una disposición genética que los inmigrantes comparten con todos los organismos vivientes, incluidos los humanos. Vaya usted a saber. Lo cierto es que, a excepción de algunos que llegaron a Estados Unidos con un patrimonio previamente distraído de su país de origen, la inmensa mayoría fía normalmente la cobertura de aquellas exigencias a la capacidad de vender sus habilidades para el laburo y, cuando no, a los mecanismos de asistencia social que, por cierto, en Estados Unidos son escasos, aunque comparados con los que muchos de ellos encuentran en sus naciones de origen les llevan a pensar que han caído en el país de Creso. En definitiva, de una u otra manera, ocupados o cesantes, aspiran a formar parte del mercado de trabajo americano. Además de esta particularidad, los inmigrantes tienen igualmente tendencia a formar parte de familias o a crearlas así como a tener sus raíces étnicas y culturales en otros lugares del planeta. Todo ello genera múltiples problemas intelectuales y prácticos y determina la adopción de políticas específicamente dirigidas a ellos.

Como en casi todo, uno de los grandes obstáculos para la discusión del papel de los inmigrantes en Estados Unidos es la suposición de que forman un conjunto homogéneo, lleno de virtudes para unos o compendio de males sin cuento para otros. La verdad no es que esté en el justo medio, es que nunca podrá alcanzarse si se parte de ideas tan simples. Ya hemos dicho que es un lugar común, con su parte de evidencia por tanto, lo de que Estados Unidos es un país de inmigrantes. Pero también es cierto que su llegada no ha sido a lo largo de los últimos 150 años un flujo uniforme y constante, sino que ha procedido en curvas de distintas frecuencias.

Sin duda, durante todo el siglo XIX la llegada de emigrantes fue más continua y también masiva. Como ha recordado Hugh Brogan, un historiador británico de Estados Unidos, las migraciones de la época son probablemente la oleada más grande que hayan visto los siglos, al menos en los tiempos que llamamos históricos. Alrededor de 35 millones de personas entraron en Estados Unidos desde todos los países europeos [5], con la casi única excepción de Francia. Incluso hubo emigrantes españoles. Aunque éstos se dirigiesen masivamente, es verdad, hacia la América ex imperial, no dejaron de llegar a Idaho y a Wyoming algunos pastores vascos de ovejas, seguramente se equivocaron al cruzar la muga. La Europa del XIX adolecía de una crónica indecisión entre apostar por la industrialización o seguir colgada de la producción agrícola feudal, pero en tanto dirimía ese conflicto de fondo se mostraba incapaz de alimentar a sus excedentes de población. Si a ello añadimos los conflictos políticos y de clase, los derivados de la formación acelerada de nuevas naciones y los más antiguos de la encarnizada intolerancia religiosa en casi todos los países, no es de extrañar que los más hábiles o los de nervios más sensibles de entre los europeos buscasen salidas más prometedoras que las que podían hallar en su tierra de origen.

---

[5] Hugh BROGAN, *Ibid.*, pp. 403-417.

Pero tras la Gran Guerra y la crisis mundial de los treinta, la entrada de emigrantes a Estados Unidos cayó considerablemente y salvo algunos flujos generalmente originados por persecuciones políticas (los judíos que lograron escapar de *Mitteleuropa* en los años treinta y cuarenta, los exiliados cubanos tras la llegada de Castro al poder o los vietnamitas y camboyanos proamericanos que fueron acogidos en los setenta) nunca llegó a los niveles de finales del XIX. Sin embargo, desde los setenta y ochenta, la tendencia se ha revertido y, de nuevo, llegan al país cientos de miles de nuevos habitantes al año.

Conviene señalar desde el principio que, por el momento, la entrada de inmigrantes a Estados Unidos, en términos relativos, es menor que hace 90 años. A comienzos de siglo, en 1910, fecha en que llega a su máximo, el peso de los inmigrantes en la sociedad americana era de un 14,7% de la población. En 1990 sólo llegaba al 7,9%[6], pero ha ido subiendo a lo largo de los últimos años. Sin embargo, debido a la caída de la natalidad entre la población residente, los inmigrantes aportan un 37% del crecimiento global de la población en nuestros días, cifra considerablemente mayor que hace 90 años [7]. Ésta es una de las razones que contribuyen a las posiciones alarmistas, amén de que, como se ha visto, estos nuevos americanos se originan en países no considerados completamente *kosher* en el terreno racial (hispanos) y/o ajenos a la llamada civilización judeo-cristiana (asiáticos).

El número total de inmigrantes en Estados Unidos es difícil de determinar con exactitud por el hecho de que en las estadísticas oficiales sólo aparecen los legales, en tanto que lógicamente los ilegales son objeto de estimación. Según la Oficina del Censo, en marzo de 1996 habían nacido fuera del país 24,6 millones de residentes legales, un 9,3% de

[6] Alejandro PORTES y Rubén G. RUMBAUT, *Inmigrant America*, 2ª ed., University of California Press, 1996, p. 6.
[7] NCR, *The New Americans*, p. 7.

la población total. Los últimos datos de marzo de 1997 elevan esa cantidad a 25,7 millones. Si se añaden las estimaciones sobre inmigrantes ilegales que, según calcula el Servicio de Inmigración (INS), llegaban en 1996 a los 5 millones, la cifra total de inmigrantes se sitúa en torno a los 30 millones de personas en 1996-1997. Vamos a tratar separadamente a cada uno de los grupos, en la medida en que, para el primero, existen muchos más datos contrastables.

No todos los legales llegaron al mismo tiempo, lo que, como veremos, es un factor crucial para la realización de sus expectativas. El cuadro 10.1 nos permite ver la antigüedad de su residencia y pone de relieve la ya mencionada aceleración de los procesos migratorios que se viene experimentando durante los últimos quince años. Más del 60% de los inmigrantes ha llegado a Estados Unidos desde 1980.

CUADRO 10.1

ANTIGÜEDAD EN ESTADOS UNIDOS

AÑO LLEGADA	TOTAL (miles)	%
Todos	25.779	100
Antes de 1970	4.749	18,4
1970 a 1979	4.935	19,1
1980 a 1989	8.555	33,2
Desde 1990	7.539	29,2

Fuente: US Census Bureau, CPS, marzo de 1997.

También los datos del censo americano corroboran lo apuntado sobre regiones y países de procedencia de los inmigrantes. Las más recientes generaciones provienen en su mayoría de países latinos y asiáticos.

Como puede verse, y conviene dejarlo apuntado desde ahora, no es la proximidad geográfica a Estados Unidos lo que explica la tendencia a la salida. En 1993, Canadá tenía una población de 27,7 millones, en tanto que la de México llegaba a 90,4, es decir, era casi tres veces la canadiense. Sin embargo, el número de mexicanos emigrados a Estados Unidos es diez veces mayor que el de canadienses. Si fuera la proximidad geográfica la responsable de las migraciones debería haber en Estados Unidos, al menos, 2,2 millones de emigrantes canadienses. Algo similar puede decirse de la lejanía, que tampoco explica el retraimiento. Japón no se encuentra entre los principales emisores de emigrantes a Estados Unidos, en tanto que Filipinas, más o menos equidistante, e India, que está más lejos de la costa oeste, tienen un alto contingente de nacionales que viven en Estados Unidos. Las causas de las emigraciones hacia Estados Unidos están, pues, en otras razones de las que vamos a hablar a continuación.

El conocido razonamiento sociológico de la *privación relativa*, más que ningún otro, parece dar cuenta de la cosa. Como recordamos en un capítulo anterior, la privación relativa tiene que ver con comparaciones y distancia social. La envidia es más feroz cuanto más cercano es su referente. Cuando un descastado en India reflexiona sobre su pobreza y se propone mejorar, habitualmente no se compara con el Nizam de Hyderabad sino con los *sudras* más cercanos. Cuando los negros de Los Ángeles organizaron los disturbios de 1992 tras la sentencia en el juicio de Rodney King, no se pusieron en marcha hacia West Hollywood ni Beverly Hills. Y no porque supiesen que algunos blancos de esas zonas estaban repartiendo armas para defender sus barrios, como mostró la CNN, sino porque ésos no eran los términos inmediatos de comparación. Sus iras se dirigieron en buena medida contra los comerciantes de la llamada Koreatown, ese área de vida comercial expansiva entre Vermont, Pico, la calle 8 y Western Avenue. La razón no era su cercanía geográfica a South Central, un área de fuerte presencia negra, sino los pretendidos o reales abusos que los comerciantes coreanos les infligían. Éstos estaban socialmente mucho más cerca que las tiendas de Rodeo Drive.

Es ese mismo impulso de fondo, menos agresivo por supuesto, de saltar las distancias sociales percibidas como posibles el que suele mover a los emigrantes, cuyo universo de referencias, por añadidura, se ve ampliado de forma exponencial por el hecho de que la cultura de masas universal se alimenta hoy de la TV americana y sus series. En casa Jerry Patel se llamaba Venkateshvaram pero se ha cambiado el nombre para que puedan dirigirse a él sin que se les trabe la lengua sus clientes americanos. Estudió medicina en Bombay a finales de los setenta. Como tantos Patel, cuyo apellido significa *granjero*, Jerry nació en Gujarat, el estado más populoso de India, situado entre Bombay y Pakistán. Aunque granjeros de origen, muchos Patel dejaron de serlo hace tiempo para dedicarse a otros menesteres en su tierra o más allá de la línea del horizonte. Gujarat ha sido una tierra de emigrantes y hay muchas colonias de gujaratis en África y en Micronesia, en Surinam y la Guayana británica, en Trinidad y Tobago. Jerry tuvo la oportunidad de hacer unos meses de prácticas en un hospital de la antigua metrópoli, en Birmingham, y allí se convirtió en adicto de la serie televisiva *St. Elsewhere*, un popular culebrón de comienzos de los ochenta que narraba historias de médicos, ATS y pacientes en el hospital St. Eligius de Boston, tan reales como la vida misma suele serlo en TV. Jerry Patel cuenta que se quedaba deslumbrado con el nivel de vida de sus colegas americanos, mucho mejor incluso que el de los ricos de su ciudad, los que han construido esos rascacielos infames en las colinas de Malabar. Por no hablar de las ventajas de ejercer la medicina en un hospital moderno que le llegaban por referencias de sus colegas ingleses y en las revistas especializadas. Así que, casi con las maletas hechas, al llegar nuevamente a Bombay, puso en marcha algunas conexiones familiares en Estados Unidos y allí se fue dispuesto a ejercer la medicina americana. Las cosas no fueron como él esperaba y cuando le encontré era propietario de un motel de carretera en la autopista I-65, al sur de Bowling Green, Kentucky. A pesar del salto, no estaba en absoluto descontento del resultado. Ahora formaba parte del exitoso grupo de los Patel del Motel (Motel Patels) [8], una curiosa historia ejemplar que vamos a narrar más adelante.

Los Patel de este mundo se cuentan por millones y suelen estar hechos del material con que se fabrican los emigrantes. Lo que, de paso, deja sin sustento uno de los mitos fundantes de los defensores de su supresión, el de que los inmigrantes a Estados Unidos se extraen habitualmente de los sectores más pobres de las sociedades emisoras. Lisa y llanamente, esto no es cierto. Muchos recién llegados a Estados Unidos, ciertamente, se encuentran en una situación de penuria cuando por primera vez entran en el país; entonces tienen nulos o bajos ingresos y tasas de paro más altas que los residentes. Sin embargo, como destacan dos expertas de la Oficina del Censo americana, "los extranjeros que han estado aquí por más de seis años parecen haberse recuperado de su difícil situación inicial. De hecho, en lo referente a rentas, quienes llegaron en los años setenta están en 1995 en las mismas condiciones que los nativos" [9].

Lo que nos devuelve a lo de la privación relativa. Muchos de los campesinos más pobres de México o de los Andes o de del estado hindú de Karnataka carecen de un aparato de TV en el que puedan ver cómo vive la clase media americana y difícilmente se van a plantear ser como ella. No son éstos los que se marchan. Por el contrario, a pesar de que muchos inmigrantes se vean obligados a colocarse inicialmente en los esca-

---

[8] Joel MILLMAN, *The Other Americans*, Viking Press, Nueva York, 1997, pp. 139 y ss.
[9] Kristin A. HANSEN y Carol S. FARBER, US Census Bureau, *CPR*, Series P20-494, "The Foreign-Born Population: 1996", p. 1.

lones más bajos del mercado de trabajo y sean considerados pobres porque *aquí* hacen los trabajos propios de esa categoría económica, lo cierto es que *allí* tenían un oficio, estudios u ocupaciones, algo no frecuente en los escalones inferiores de la pirámide social. Cuando el salario mínimo en Estados Unidos, bastante bajo como se ha dicho ($5,15 a la hora a finales de 1997), es diez o veinte veces superior al que se obtiene en casa por un trabajo semiespecializado, los trabajadores semiespecializados están más que dispuestos a contentarse inicialmente con los trabajos que los americanos no quieren hacer y con los que generan los salarios más bajos. Pero que no hagan ascos a ningún trabajo no significa que sean incapaces de hacer otros mejores, que es lo que suelen suponer los adversarios de las políticas migratorias abiertas.

En contra de esas tesis, a menudo la inmigración actúa como un mecanismo de selección en favor de la sociedad receptora. Los inmigrantes no sólo no son los más pobres, sino que representan a los grupos sociales más dinámicos, personas creativas, inconformistas o simplemente avispadas, que no encuentran demanda para sus aptitudes en el país de origen y, sin embargo, saben aprovechar las oportunidades que brinda el nuevo medio, especialmente una vez que se han adaptado a él. De esto último no caben dudas, como puede verse por los datos sobre renta, paro y pobreza de los inmigrantes legales en Estados Unidos.

Como grupo, los inmigrantes tenían en 1995 una renta media por cabeza inferior a la de los americanos ($14.772 frente a $17.835), pero las cosas cambian cuando se considera aquella otra variable del tiempo de residencia en Estados Unidos. A mayor tiempo de estancia, menores diferencias [10]. Quienes llegaron en los años setenta prácticamente tienen la misma renta *per cápita* que la media americana ($17.403 frente

---

[10] Kristin A. HANSEN y Carol S. FABER, "The Foreign-Born Population: 1996", p. 3.

a $17.835). En 1996, de ese grupo, un 41,1% tenía rentas superiores a los $20.000, más que la media americana. Entre los llegados en los ochenta y los noventa las cifras respectivas eran decrecientes, 28,5% y 17,4%, pero no bajas, especialmente si se tiene en cuenta que los nativos en ese nivel de renta eran un 42,1% [11].

Esas categorías de ingresos reflejan lo que sucede en el mercado de trabajo. Un 66,2% de los mayores de dieciséis años nacidos en América están en situación de actividad contra un 63,9% de los inmigrantes. Pero de nuevo el tiempo de estancia en el país es un factor que aminora las distancias. Quienes llegaron en los setenta (los que lo hicieron anteriormente no cuentan a estos efectos porque muchos de ellos están ya retirados) tienen una tasa de actividad del 73,9%, los de los ochenta llegan al 70,9% y los de los noventa sólo al 59,2%. La proporción de paro es inversa, como es lógico al tiempo de estancia. Los llegados en los setenta tienen el menor índice (4,7%) que aumenta para los de los ochenta (5,3%) y los de los noventa (6,8%)[12].

La historia es similar en lo que se refiere a la pobreza. La media para los nacidos en Estados Unidos estaba en 1996 en un 12,9%, para los inmigrantes en un 22,2%. Pero de nuevo la antigüedad de residencia muestra su importancia. Los llegados antes de 1970 estaban por debajo de la media nativa, los de los setenta ligeramente por encima (16,8%) y los de los ochenta (23,7%) y los noventa (33,3%) la superaban considerablemente [13].

Hay quien cree que esto último no es sino el reflejo de que los inmigrantes más recientes son de peor calidad que los anteriores, de que vienen peor preparados y son más pobres, lo que hace temer que serán incapaces de aprovechar

---

[11] Kristin A. Hansen y Carol S. Faber, *Ibid.*, p. 3.
[12] Kristin A. Hansen y Carol S. Faber, *Ibid.*, p. 5.
[13] Kristin A. Hansen y Carol S. Faber, *Ibid.*, p. 5.

sus oportunidades y van a ser más proclives a tomar ventaja de los beneficios sociales que se pagan con los impuestos de todos. En consecuencia, eso sería un argumento para recortar drásticamente su entrada, cuando no para prohibirla. Pero algunos datos permiten entender que quienes así piensan confunden sus deseos con la realidad. Uno de los rasgos básicos de la economía *high tech* es que requiere una fuerza de trabajo crecientemente cualificada y el mejor indicador para ver si ésta existe y cuáles serán las oportunidades de que puedan gozar sus componentes es su nivel educativo. El cuadro 10.2 es aleccionador.

CUADRO 10.2

NIVELES EDUCATIVOS DE LOS MAYORES DE VEINTICINCO AÑOS

NIVEL EDUCATIVO	AMERICANOS NATIVOS	INMIGRANTES a.1970	70s	80s	90s
No High School	16	60,7	35,8	38,5	36,8
High Sch./College	60,4	50	40,6	37,8	34,3
Bachelor	15,9	11,7	15,5	15,6	17,3
Grado avanzado	7,7	7,6	8,1	8	11,6
Total	100	100	100	100	100

Fuente: US Census Bureau, CPS, marzo de 1996.

Los inmigrantes mayores de veinticinco años tienen mejores niveles educativos a medida que su antigüedad en Estados Unidos disminuye, lo que significa que los más recientemente llegados se hallan, en principio, en mejor disposición que los anteriores para incorporarse a una economía cada vez más tecnificada. Si sus ingresos son bajos y su propensión a encontrarse en paro, o en los peores trabajos, es alta, no se debe a que sean de peor madre, sino a que todavía no han encontrado su hueco en el mercado de trabajo. Los que llegaron antes que ellos, como hemos visto, no se distinguen de los nacidos en Estados Unidos al cabo de unos seis años. Los que acaban de llegar hacen pensar que pueden igualarse con los nacionales incluso antes, si es que eso de la educación formal sirve, como parece, para algo.

Los más recientes tienen una educación incluso muy superior a la de la media americana. Se ha insistido en que ése es el caso de los asiáticos, pero en menor medida la buena cualificación educativa se da también entre los latinos. Así que, lejos de empeorar los índices de pobreza, menos aún de haber llegado con la intención de participar sin contrapartidas en las bodas de Camacho, eso hace presuponer otro tipo de conflictos futuros muy distintos de los que anticipan los neonativistas. Más que aumentar la competencia por el lado de las ayudas estatales, puede preverse que la van a aumentar en el terreno del empleo bien remunerado, en detrimento de los nativos menos preparados.

Todo esto no debe interpretarse como si todos los inmigrantes tuvieran garantizada su incorporación al sueño americano. Muchos de ellos están en la pobreza y no consiguen salir de ella jamás, pero tal es lamentablemente el destino de muchos nativos. En cualquier caso, empero, lo que hemos visto no parece avalar la opinión pesimista de algún especialista, como George J. Borjas, un profesor de la Universidad de Harvard, cuando dice que "la capacidad de las sucesivas oleadas de inmigrantes ha sido declinante desde la posguerra" o que "las ganancias de los nuevos inmigrantes puede que no alcancen nunca a equipararse con las de los nativos" [14]. Aunque

---

[14] George J. BORJAS, "The New Economics of Immigration", *The Atlantic*, noviembre 1996.

ambas cosas son verdad para determinados grupos de emigrantes, no lo son para el conjunto.

Mucha de la desazón que causa la llegada de los inmigrantes, pues, se debe a que, de un lado, pesan con notable fuerza en un conjunto reducido de estados. Los inmigrantes legales están muy desigualmente distribuidos. California es el estado que agrupa al mayor número, 8 millones, un cuarto de su población [15]. Le siguen, con más de un millón cada uno, Nueva York (3,2 millones), Florida, Texas, Nueva Jersey e Illinois, el estado de Chicago. De otro, su imagen de conjunto aparece especialmente estereotipada por lo que suelen ser características de una minoría. Los medios de comunicación, como es lógico por lo de *hombre muerde perro*, no suelen hablar del chicano que habla inglés, se viste como un americano y trabaja en una oficina, un bufete o un hospital. En cambio no dejan de poner de relieve el origen latino de este o aquel delincuente, como lo hacen con los negros. Los sin hogar *(homeless)* también son latinos o asiáticos y esto choca mucho a la clase media.

Todo ello se agrava por el hecho de la inmigración clandestina. Los datos que tenemos sobre ella proceden del Servicio de Inmigración (INS). Esta institución es la que prepara esos largos formularios de entrada al país donde se inquiere si hemos pertenecido al partido nazi, si llevamos drogas, si hemos sido condenados alguna vez, justo lo que estamos dispuestos a contar. "Sí, oficial, y además aquí traigo a mi mujer y a mi hijo menor para prostituirlos". Quien llega a Estados Unidos suele tener su primera experiencia desagradable, a menudo la única, en el encuentro con estos funcionarios. Decía un amigo de paso hacia Orlando con su familia: "Chico, se diría que en vez de a la Ciudad del Ratón (Mouseville), acabamos de llegar a Mauschwitz", y no le faltaba razón. Se dice lo

---

[15] En su mayoría son mexicanos. Cf. Peter SKERRY, *Mexican Americans*, Harvard UP, 1993, pp. 23-24 y 60-61.

anterior para advertir al lector poco avisado de que los informes del INS tienen ese aire un tanto paranoico que suele ser común entre las fuerzas de policía y asimiladas del mundo entero, corregido y aumentado por el hecho de creer que cualquiera con dos dedos de frente no va a querer salir de Estados Unidos si se le permite entrar. "Oiga, que soy del Consejo de Administración de varias empresas en mi país y vivo confortablemente allí, tengo además cuenta en un banco local, lo puedo demostrar". "Ya, ya", gruñe el funcionario de turno, "lo que Vd. quiere es quedarse a barrer las calles y alimentar a su familia con los bonos de comida del gobierno, no lo voy a saber yo". Así que se pueden imaginar que los datos sobre inmigrantes ilegales no serán precisamente un modelo de investigación social. En cualquier caso, como decía una madre en una de gángsters de la serie B a alguien que le apuntaba que su hijo era una alimaña: "Sí, pero es lo único que tengo".

Pues lo que tenemos es que el INS calcula en 5 millones el número de residentes ilegales en Estados Unidos hasta octubre de 1996, un 1,9% de la población. El segmento crece a razón de unos 275.000 anuales, algo menos de los 300.000 que se estimaban en 1994. Los porcentajes más altos de inmigrantes ilegales se fijan en California (2 millones, un 40%), en Texas (700.000) y en Washington D.C., tal vez vayan a montar un *lobby*. Además cuentan con altas poblaciones de ilegales Nueva York (540.000), Florida (350.000), Illinois (290.000), Nueva Jersey (135.000) y Arizona (115.000). En la mayoría de los otros estados representan menos del 1% de la población.

El país que contribuye con mayor número es México, de donde se estima que proceden 2,7 millones de ilegales, el 54% del total. Cada año entran unos 150.000 mexicanos ilegales en Estados Unidos. Otra buena parte procede de países de Centroamérica [16]. En este caso, la cercanía geográfica sí

---

[16] Sobre la inmigración latina en su conjunto, *vid*. Roberto SURO, *Strangers among us*, Alfred Knopf, NuevaYork, 1998.

parece un factor decisivo para los *pollos* que cruzan clandestinamente la frontera (*entry without inspection*, o EWIs es la categoría burocrática para este segmento). Muchos de ellos pertenecen a los sectores más pobres de su país y no podrían pagarse un pasaje aéreo ni obtener un visado de turista. Que es lo que hace el resto de los indocumentados, en su mayoría europeos: ingresar en Estados Unidos por un periodo limitado de 3-6 meses según el programa de entrada y quedarse para los restos. Los asiáticos, por lo regular, son poco dados a estos procedimientos y sólo un 20% de los ilegales procede de países externos al hemisferio occidental [17].

Toda la información sobre el conjunto de la inmigración a Estados Unidos que hemos expuesto nos alerta de que ésta no constituye un todo coherente. El que avisa no es traidor y ya lo habíamos apuntado. Así que no hay problemas homogéneos ni soluciones únicas para todos sus componentes. Cada sector plantea problemas distintos. Pero, ¿cuáles son los grupos fundamentales de inmigrantes a Estados Unidos? En mi opinión, la mejor tipología es obra de dos profesores de origen latino, Alejandro Portes y Rubén G. Rumbaut. Como ellos subrayan, aun a fuer de simplificadores, sus tipos básicos combinan características socioeconómicas comunes que tienden a explicar los diversos modos de adaptación a la vida americana de cada una de las categorías.

La primera la forman los *trabajadores manuales* poco cualificados. Es la más cercana a los estereotipos sobre los inmigrantes en su conjunto y también la categoría principal. Son generalmente clandestinos o EWIs, o personas que llegan legalmente por el juego de la reunificación familiar o contratados temporales. Sus servicios tienen alta demanda, pues están dispuestos a trabajar duro a cambio de salarios bajos, a menudo el mínimo legal y a veces ni eso. Hacen los trabajos que los nativos no están dispuestos a realizar y que son necesarios

---

[17] INS, "Illegal Alien Resident Population", octubre 1996.

hasta en los santuarios de la economía *high tech*. Los *nerds* de Silicon Valley o los de Microsoft, un poco más al Norte, necesitan que les limpien las papeleras, los escritorios y los excusados o que les preparen un almuerzo rápido en sus cantinas. Y no les voy a contar lo que ensucian en los corros de Wall Street. Las industrias del vestido y del calzado no podrían vivir sin estos trabajadores que permiten a algunas poner en sus prendas el *Made in the* USA y a ver qué voy a hacer yo sin mi polo Polo o sin mi camisa oxford de Ralph Lauren. Pero ahí están Jesús, María y José. Sin ellos, las naranjas de California y de Florida serían naranjitas de la China, por no hablar de los talleres clandestinos de Nueva York, imposibles de mantener sin sus mexicanos sordomudos. Este sector de inmigrantes es la muestra misma del funcionamiento del mercado de trabajo, donde se cruza la demanda a que nos acabamos de referir y una oferta que, pese a todo, ve colmadas muchas aspiraciones insatisfechas en su país de origen. Como veremos, algunos de ellos se vuelven, aunque son los menos, en tanto que otros engrosan las filas de los pequeños y medianos empresarios [18].

Los *profesionales* dan el segundo perfil. Nuestro conocido Jerry Patel es uno de ellos. Son gentes con formación académica y, a menudo, años de trabajo en su profesión. Algunas almas bellas dicen que son el resultado de un drenaje de cerebros *(brain drain)* pero la expresión castellana de *fuga* parece más acertada. La primera evoca una acción externa que incitaría a estos profesionales a abandonar su país. La segunda lo explica mejor. Sus perspectivas económicas futuras en la patria son tan limitadas y cutres en relación con los esfuerzos realizados para dotarse de un título, que quienes pueden votan con los pies. Eso de *sangre, sudor y lágrimas* como plan de vida, algo que son muy aficionados a proponer los regímenes autoritarios y semiautoritarios del Tercer Mundo, tal vez pueda aceptarse por tiempo limitado, cuando haya peligro de inva-

---

[18] Alejandro PORTES y Rubén G. RUMBAUT, *Ibid.*, pp. 14 y ss.

sión nazi, cuando quien llama a la puerta de madrugada es el lechero ese amigo de Churchill y siempre que se aseguren las existencias de té, pero no puede ser la jaculatoria diaria del santoral. Si se añade el que habitualmente en Estados Unidos existe un mayor grado de libertad y los medios culturales son más sugestivos para padres e hijos, indudablemente *la tentación vive arriba*. Los países que tradicionalmente han aportado contingentes mayores en esta categoría durante los últimos años son China, Filipinas, India, Gran Bretaña (una lengua común y once años de Thatcher) y Taiwan. Los profesionales que emigran, aunque suelan empezar en los escalones más bajos de su oficio, pronto consiguen situarse bien. En 1990, por ejemplo, la renta media de las familias de inmigrantes indios en Estados Unidos era de $48.320, $18.000 dólares por encima de la media de la población nativa y $20.000 superior a la del conjunto de los inmigrantes [19].

La tercera categoría son los *empresarios*. Portes y Rumbaut la ejemplifican con la *Pequeña Habana* de Miami [20]. Aunque recientemente esté de capa caída, la zona en torno a la calle Ocho, seguramente la zona con más anticastristas violentos de toda la Florida, que ya es decir, con una avenida dedicada a Ronald Reagan y el restaurante La esquina de Texas, donde el Gipper hizo a sus dirigentes la enésima promesa presidencial de que no les iba a abandonar, es también un vivero de empresarios. En 1967 contaba con 919, según el padrón municipal, en 1976 con 8.000 y en 1990 con 28.000 que se dedicaban a todos los rubros económicos. Esto ha sucedido con inmigrantes de otras nacionalidades en muchos otros lugares de Estados Unidos. Por lo general, se concentran allí donde hay enclaves étnicos o culturales que generan una clientela más o menos cautiva y una oferta diferenciada de la del resto de la ciudad. Al tiempo crean también un nicho en el mercado de

[19] Alejandro PORTES y Rubén G. RUMBAUT, *Ibid.*, pp. 18 y ss.
[20] Roberto SURO, *Strangers among Us*, cap. 11.

trabajo. Los cubanos dan trabajo a los cubanos, los coreanos a sus compatriotas y los chinos a quienes hablan mandarín o cantonés [21].

La cuarta y última categoría es la de los *refugiados políticos*. En tiempos, los únicos que podían acogerse a ella eran los escapados de los regímenes comunistas del ancho mundo. La Ley de Refugiados de 1980 trató de ampliar esa protección a todos los perseguidos políticos, aunque en la práctica siguiese siendo mayoritaria la orientación anterior. Curiosamente, la desaparición de la Unión Soviética, lejos de disminuir el flujo de rusos, lo ha aumentado, porque ahora tienen más posibilidades de que les sea permitido salir del país antiguamente pionero del socialismo. En 1993 entraron en Estados Unidos 127.000 refugiados políticos. Como es de prever, estos grupos suelen tener sentimientos profundamente anticomunistas, lo que les otorga una cierta identidad política común, pero su posición económica es muy heterogénea. Algunos grupos, por razones específicas para cada caso, tienden a integrarse en los escalones más bajos del mercado de trabajo, como los camboyanos, laosianos, etíopes y los famosos *marielitos* que Castro dejó salir de Cuba en 1980. Otros, los profesionales, se encuentran en escalones superiores, como muchos europeos del Este e iraníes. Otros, en fin, como los cubanos iniciales de Florida y los vietnamitas buscaron su destino en la creación de empresas [22].

Tales son los grandes rasgos de los movimientos migratorios hacia Estados Unidos. Desde su lado, la experiencia de los inmigrantes tiende a ser vista de forma positiva. Todos vienen en busca de una mejora de sus condiciones de vida y la mayoría la encuentra al cabo de un periodo más o menos largo de adaptación, al menos eso es lo que se desprende de los datos que conocemos. Normalmente, sus hijos, la segunda

---

[21] Alejandro Portes y Rubén G. Rumbaut, *Ibid.*, pp. 20 y ss.
[22] Alejandro Portes y Rubén G. Rumbaut, *Ibid.*, pp. 23 y ss

generación, se evitará tan penoso trago. Por eso los índices de retorno suelen ser bajos. Algunos, como nuestros indianos, vuelven para hacer ostentación de su riqueza o bienestar tan duramente adquiridos pero, lejos de significar un freno a la emigración, eso suele despertar los sentimientos de privación relativa de quienes les observan y excitar sus instintos básicos de buscarse un lugar al sol [23].

La economía política de la inmigración

Sí, parece que los inmigrantes salen beneficiados del trueque que llevan a cabo. Pero, ¿y los de casa? Bueno, ya se sabe, cada uno contará la feria según le vaya en ella. Algunos, politcorrectos ellos, creen que la inmigración es lo mejor que haya podido pasar en Estados Unidos desde la invención de la Coca-Cola, suponiendo que ésta haya tenido algo de bueno. Ese país estaba necesitando una inyección de diversidad étnica y de culturas no occidentales, ya va siendo hora de que se sacuda su puritanismo etnocéntrico, base del imperialismo, de las personalidades autoritarias, de un amor por la técnica que va a arrasar el planeta, de la sexualidad reprimida y del complejo de culpa. En general, la progresía está de acuerdo, aunque el fin de las dos últimas cosas encuentre oscuras resistencias entre algunos adalides indiscutidos de la modernidad, por ejemplo, los psicoanalistas freudianos y Woody Allen, al observar con un poso de amargura que el cumplimiento de ese programa podría dejarles sin empleo, como si, un suponer, fueran los antiguos profesores de materialismo dialéctico de los países socialistas. Duro destino, sí, pero no pueden hacerse tortillas sin romper huevos.

Otro sector de modernos adopta una actitud algo más distanciada. No avanzan ninguna crítica de principio contra la

---

[23] Alan Cowell, "Like it or not, Germany Becomes a Melting Pot", *The New York Times*, 30/11/97.

llegada de los inmigrantes, pues eso parece incompatible con sus puntos de partida ideológicos. *Oui, mais...* qué hacer con los problemas prácticos. Los países generadores de emigración son más proclives a la aparición de enfermedades peligrosas, pues sus sistemas sanitarios son ineficientes, con lo que es posible que los inmigrantes sean involuntarios agentes portadores de epidemias. O los inmigrantes han tenido bajos niveles de educación, lo que suele incluir lamentablemente una escasa sensibilidad ecologista. Más aún, aunque fuera de otra manera, su llegada masiva no hace sino presionar más sobre los recursos escasos que actualmente sustentan a la población. En California, por ejemplo, aumentan de forma irrazonable el consumo de agua, un recurso clave para el bienestar en aquella región que ya está amenazado seriamente con el consumo actual. Con un mayor consumo, California se quedará antes sin agua y a ver de qué vamos a vivir todos.

Son éstas preocupaciones sensatas sobre las que sólo cabe apuntar un par de inconvenientes . La primera es que dan pie a que Kevin Costner dirija *Waterworld*. La segunda que, por regla general, las catástrofes inminentes predichas por algunos sectores ecologistas se han aplazado hasta nueva orden. Parece mala educación recordarlo, como ha hecho recientemente *The Economist,* pero no ya las cabezas calientes del sector, sino los más sesudos y serenos miembros del Club de Roma, han metido la pata en estos temas con una frecuencia alarmante. En 1972, en su trabajo archicitado sobre *Los límites del crecimiento* contaron que las reservas mundiales de petróleo eran 550 millardos de barriles. En 1990 la demanda insaciable se había merendado ya 600 millardos, pero aún quedaban 900 millardos más. Cosas similares han pasado con el gas natural, la plata, el estaño, el cobre y no pare usted de contar [24].

De los neonativistas ya hemos hablado. Entre la franja lunática, la fracción intransigente y los posibilistas, que siem-

---

[24] *The Economist,* "Plenty of Gloom", 20/12/97.

431

pre brotan en todas partes, hay completo acuerdo en que los inmigrantes son sanguijuelas del erario público y ya basta, ea, de seguir esquilmándolo. Además vienen a quitar trabajo a los blancos ("y a los negros", apunta aquel señor de la derecha que parece estar más al loro de que en Estados Unidos todo movimiento respetable necesita aparecer como una coalición de intereses). Las diferencias aparecen en el momento leninista del *qué hacer*. Más allá de esquemas grandiosos como hacer tierra calcinada de East L.A. y sembrar el paraje con sal, así se crean los ejemplos, las posturas razonables se mueven en un abanico que va desde 1) expulsar a todos los ilegales y 2) cerrar el país a cal y canto, opción propia de los principistas, hasta 1) *ut supra* y 2) reducir drásticamente el número de inmigrantes legales, terreno en que se mueven los más pasteleros y Peter Brimelow cuando se pone a pensar.

¿Y el análisis coste-beneficio? Ése es más aburrido, porque hay que medir pros y contras, pero a él había que llegar. El ya citado Georges J. Borjas (con tanta jota en el nombre, juraría que bajo ese Georges se esconde un en tiempos muy latino Jorge) es uno de los más claros exponentes de la postura pesimista racional. Su conclusión básica es que, en términos de crecimiento económico, la aportación global neta de los inmigrantes a la economía americana es de unos $7 millardos anuales. Para una economía que produce $7 billones al año, el balance final de la aportación de los inmigrantes, lo que Borjas llama el excedente migratorio *(immigration surplus)*, es de un dólar por cada mil producidos. Esos $7 millardos es lo que queda entre los $140 que aquellos generan y los $133 millones que la economía americana pierde por colocarlos en el mercado de trabajo. En términos de renta *per cápita*, los inmigrantes añaden nada más que unos $30 al año a la parte alícuota de cada residente americano [25]. Todos esos movimientos de población y todo este barullo político para esto.

---

[25] George J. BORJAS, *Ibid.*

Cómo llega a estos resultados es lo que nos dirá a continuación. Según Borjas, los manuales económicos al uso nos dicen que el nivel de empleo y de salarios en un mercado libre de trabajo es una transacción entre los deseos de quienes buscan trabajar y las necesidades de las firmas que les dan trabajo. Cuanto mayor sea la demanda de trabajo, más bajos los salarios. Que es precisamente el efecto de la inmigración: los inmigrantes buscan trabajo en competencia con los nacionales y, en consecuencia, el nivel salarial medio baja. Hay mucha discusión, dice, para determinar la cantidad exacta de la rebaja, pero como las meigas, rebaja salarial *hayla*. Una buena parte de las investigaciones empíricas, dice Borjas, apunta a que un aumento del 10% en la oferta de trabajo acarrea una rebaja de los salarios en torno al 3%.

Si eso es así, puede establecerse lo que pierden los trabajadores nacionales por causa de la inmigración. *Grosso modo*, el PIB americano se reparte al 70-30 entre los trabajadores y los empresarios. Si los nacionales son aproximadamente el 90% de la población activa, eso significa que se llevan a casa un 63% del PIB (70% menos lo que se lleva el 10% de inmigrantes, en total un 7%). Si el aumento en un 10% del mercado de trabajo a causa de los inmigrantes ha rebajado los salarios en un 3% por término medio, la parte que los nacionales dejan de recibir es un 1,9% menos, resultado de multiplicar 0,63 (porcentaje que les corresponde en el total del PIB) por 0,03 (coeficiente reductor por el aumento de la oferta de trabajo en un 10%). En una economía de $7 billones eso arroja la cantidad citada de $133 millardos.

Sin embargo, ese dinero no desaparece. Por el contrario, es una transferencia a quienes utilizan los servicios de los inmigrantes, desde los propietarios de grandes agroempresas hasta la gente que recluta empleados y empleadas domésticos. Estos beneficiados se meten en el bolsillo aquellos $133 millardos y otros siete más, en total un 2% del PIB, porque, dice Borjas crípticamente, "los trabajadores inmigrantes generan beneficios adicionales a quienes los emplean" [26].

El estudio del NRC al que nos hemos referido endosa tesis parecidas. Para estos expertos la inmigración tiene escasa importancia sobre el PIB. La de los ochenta aumentó el mercado de trabajo en un 4%, lo que puede haber reducido los salarios de los nativos en 1-2%. La aportación neta de los inmigrantes a la economía doméstica puede moverse en un rango que va de $1 a $10 millardos anuales [27].

Una ganancia neta de $7 millardos, según Borjas, o de $1 a $10 millardos, según los expertos del NRC, es bien poca cosa en el conjunto de la economía americana. Pero es posible que el *excedente migratorio* ni siquiera exista, mantiene Borjas, si se tiene en cuenta lo que cuesta proveer servicios a la población inmigrante. La pelota está en el alero sobre este asunto. Mientras hay quien defiende que los inmigrantes pagan de $25 a $30 millardos en impuestos por los beneficios que sacan del sistema, otros estiman que imponen una carga de hasta $40 millardos a los nativos. Sea como fuere, es su conclusión económica, "dado que el excedente migratorio está alrededor de los $7 millardos, el beneficio neto una vez que se toma en cuenta el impacto sobre las finanzas públicas es muy pequeño y verosímilmente podría incluso reflejar pérdidas" [28].

Es bueno eso de que se haga planear la duda sobre algunos datos, porque siempre aporta seriedad a la argumentación. Lo curioso es que, sin embargo, Borjas no tenga dudas sobre algunas de sus premisas y algunos de sus cálculos. A mí me resulta difícil de entender eso de que los manuales de economía digan que todo aumento de la oferta de trabajo reduce el nivel salarial. Más bien dependerá de los diferentes merca-

---

[26] George J. BORJAS, *Ibid.*
[27] NRC, "The New Americans", edición en Internet.
[28] George J. BORJAS, *Ibid.*, ed. en Internet.

dos, de la productividad, de la coyuntura económica y de la cualificación de los trabajadores que lleguen al mercado, amén de algunos otros factores.

Uno de los terrores, tal vez el único para este mundo descreído, que despierta la llegada del año 2000 (*Y2K* en la jerga periodística americana, *Y* es *year*, año; 2 es lo que su propio nombre indica y *K* o kilo equivale a mil) es el de un caos interplanetario por la incapacidad de muchas computadoras para entender las fechas posteriores a 1999. La computadora entra en el túnel del tiempo y se cree que el paso siguiente es volver al año 1900 creando el barullo inimaginable: tarjetas de crédito que no pueden cargarse, no caerá esa breva; vuelos perdidos porque los sistemas de reservas no saben en qué hora están; torres de control en los aeropuertos hablando a gritos con los pilotos; órdenes del día que prescriben a los soldados el uso del ros, escriban, escriban ustedes esa primera página del *libro blanco* de Apollinaire.

Pues bien, para volver a Borjas, ¿habría que pensar que si se traen cinco, diez mil programadores, en total un 10% de los que ya hay, de fuera a Estados Unidos para arreglar las cosas, eso supondría un 3% de rebaja en el sueldo de los demás expertos informáticos a pesar de que, por el momento, la demanda supera con mucho a la oferta? Si una parte de los inmigrantes está bien cualificada y se emplea en trabajos que mejoran la productividad global, ¿reducirán en esa misma parte el salario de los americanos o contribuirán a que aumente? La hipótesis del manual económico de Borjas sólo funciona sobre la premisa de que todos los inmigrantes tienen un nivel de cualificación homogéneamente bajo, lo que, como se ha visto, dista de ser el caso.

Cuando llegamos a los cálculos en que se basa el diagnóstico, por otra parte, da la impresión de que las churras se confunden con las merinas. Todo el mundo, el propio Borjas incluido, sabe que los trabajadores extranjeros producen más de esos $140 millardos. En efecto, si utilizamos sus propias cifras, la cosa es clara. El PIB americano en 1996 estaba en torno a los $7,5 billones. Esa producción se reparte, como sabemos, al 70-30 entre asalariados y empresarios, por lo que podemos estimar la contribución de los asalariados en unos $4,9 billones. Si los inmigrantes están distribuidos homogéneamente en el conjunto del mercado de trabajo, lo que evidentemente es sólo hipotético, y son un 10% de la población activa, su aportación total al PIB americano será de $490 millardos, sin contar lo aportado por los ilegales que se mueven en la economía oculta.

Puede pensarse que esto último es la pacotilla del sobrecargo o el chocolate del loro, pero atención. Si se estima que la relación de inmigrantes legales a ilegales es un factor algo superior a 5 (28 millones contra 5) y que los ilegales participan en el mercado de trabajo en proporciones similares a los legales, la producción que puede atribuirseles será la vigésima parte de lo producido por éstos. Es decir, unos $25 millardos anuales. Si se suman a los $490 millardos iniciales, estamos en $515 millardos, que no es ninguna fruslería.

El excedente neto de la inmigración, una vez pagados, ay, los impuestos, satisfechas las necesidades primarias y, eventualmente, algunos caprichos a cargo de la renta disponible, será el conjunto de sus ahorros. Si los inmigrantes ahorran tan poco como se dice que lo hacen las familias americanas o mandan la mayor parte a su tierra para ayudar a sus familias, ese excedente estará en torno al 4-5% de su producto, una suma de entre $20-25 millardos, es decir, unas tres o cuatro veces la estimación de Borjas. Y dos huevos duros más: el total de ahorros de los ilegales, algo así como $1 millardo al año.

Los famosos $7 y $140 millardos vienen de otro lado. Son producto, dicen, de la redistribución en favor de los empleadores por la presión a la baja que los inmigrantes ejercen sobre los salarios de los americanos. Llegados a este punto, se empieza a sentir una sensación de mareo. No sabemos si la pretendida rebaja se debe a que son inmigrantes o a esa propiedad del mercado de trabajo según la cual, cuanto más estrecho es éste, los salarios de los activos tienden a subir. Si se trata de esto último habría que estar también en contra de que trabajen los hombres americanos, ya que su sola presencia empuja hacia abajo los salarios femeninos o a la inversa, fuera los mayores de cincuenta y cinco años, que no trabaje más que un 40% de los activos, cualquier solución es buena. Pero si no se adoptan estos remedios extremos no es por desgana de muchos sino porque la regulación externa de los mercados es menos eficiente que dejarles buscar su punto de equilibrio por sí solos. Con lo que allí donde haya un empresario dispuesto a obtener su correspondiente beneficio, éste echará mano de todos los trabajadores que pueda, aunque sean inmigrantes, exista o no la susodicha regulación. Por supuesto que su beneficio dependerá de la productividad de esos trabajadores y del momento en que se encuentre el ciclo económico, pero apuntar, aunque sea por implicación, que todo aumento de trabajadores supone una disminución salarial para el conjunto parece poco acertado, más aún en un momento como 1997 en que el índice de paro americano ha estado por debajo del 5% anual.

Puede, sin embargo, que la razón para esos cálculos proceda del hecho exclusivo de que son inmigrantes. Curiosamente, el grupo de expertos del NCR, tras haberse situado en una posición similar a la de Borjas, termina por decir páginas más allá que el conjunto de la investigación sobre el tema apunta a que la inmigración tiene un impacto adverso relativamente pequeño sobre los salarios y oportunidades de empleo de los nativos. Lo que hace pensar que su postura pesimista se basa, antes que nada, en el tipo de documento de identidad que ostentan los trabajadores. Si es un pasaporte, no deben entrar al mercado de trabajo o deben hacerlo con cuentagotas. Estos prejuicios, que nunca fueron buenos, acaban por parecer poco responsables en el caso del NCR, cuyo trabajo no es un ejercicio académico sino una base para futuras tareas legislativas.

A pesar de sus muchos defensores académicos o tal vez por ello, semejante posición es mala economía. Cerremos los ojos por un momento y, *vavoom*, los inmigrantes se han ido. Al fin solos. Lo que tenemos, de entrada, son $490 millardos (más el chocolate del loro a cargo de los ilegales) menos en la cuenta, si damos por buena la participación de los inmigrantes en el PIB que manejaba Borjas. Bueno, pero como somos menos a consumir y a usar servicios del gobierno, nos equilibramos. Ya, ya. Cuéntenselo a los inversores que han pagado unas magníficas instalaciones pensando en un mercado interno creciente. Por otra parte, si el mercado de trabajo está funcionando por debajo de la NAIRU, ¿recuerdan a esta antigua conocida?, y difícilmente puede crecer más, los bienes que proveían los inmigrantes, descontados en el 10% que dejaron de consumir, habrán de buscarse en otros sitios. Con un 4,9% de desempleo no hay lugar para contratar más trabajadores sin que se dispare la inflación. Por supuesto que esos bienes se pueden importar, especialmente en estos tiempos en que el bazar de Oriente está en práctica liquidación por cierre del negocio, pero pronto la coalición proteccionista empezará a preguntar adónde se han ido los empleos.

Los servicios y la construcción se resentirían de inmediato, porque hay que prestarlos en el lugar, haciendo insustituibles a los inmigrantes. Quién va a levantar nuestras casas, las oficinas, los *malls*; quién cuidará a los niños de los matrimonios de doble entrada de Phoenix, Arizona, cuando haya cerrado el jardín de infancia y mamá o papá todavía no hayan llegado de la oficina. Es cierto que los nativos pueden hacerlo, eso de que hay trabajos que sólo están dispuestos a hacer los inmigrantes no es verdad. Por supuesto, pero entonces habría que pagar esos trabajos a precios de nativo y cuando la niñera empiece a ganar lo mismo que un abogado neoyorquino, las cosas dejarán de estar tan claras.

Además, intentar yugular la inmigración es una mala política. En definitiva, es tratar de poner puertas al campo. La propia experiencia americana lo pone de relieve. Salvo por la famosa ley de exclusión de los chinos en el siglo pasado, los primeros intentos de regulación legal de la inmigración son de este siglo. En 1924 se aprobó una ley de Inmigración (Immigration Act) que establecía una cuota global de 150.000 inmigrantes anuales. Cada país tenía atribuida una cuota que no podía sobrepasarse. Como ya se ha dicho, el sistema favorecía a británicos, alemanes e irlandeses, cuyas cuotas conjuntas representaban casi el 70% de la global. En 1965 y 1968 hubo una serie de reformas que, más o menos, lo dejaron en lo que hoy es. Seguía existiendo una cuota global anual (inicialmente 170.000 personas del hemisferio oriental y 120.000 del occidental), con un máximo de 20.000 por nación. Las causas para inmigrar, sin embargo, habían variado. Ahora se establecía un turno de prioridades en las que la reunificación familiar pasaba a primer plano. Lo que favorecía, sin duda, a las familias extensas de los países latinos y asiáticos.

Las propuestas actuales de los pesimistas tienen un objetivo común claro: limitar considerablemente la cuota global. Luego, discrepan en la letra pequeña. Para unos, lo importante es que los nuevos inmigrantes sean fuerza de trabajo bien calificada, reduciendo al máximo la posibilidad de que cada quien se traiga a los hijos, padres, hermanos, familia agnaticia, compadres y comadres. A esto apunta la reforma legal que ha entrado en marcha en 1997. Otros creen que lo importante es volver a las cuotas nacionales dando preferencia a los europeos, como se ha dicho. Los más radicales quieren una combinación de ambas cosas.

Que esto es una mala política debería hacerlo patente el hecho de que el sistema de los años veinte dejaba muchas peticiones irresueltas, en tanto que británicos, alemanes e irlandeses no cubrían los cupos que tenían asignados. Incluso los judíos alemanes que consiguieron escapar de la inminente carnicería nazi fueron menos de los que podrían haberlo hecho. La relativa liberalización legal de los sesenta tampoco trajo consigo un aumento inmediato de las corrientes migratorias. A los europeos del Este difícilmente les dejaban abandonar las tierras del porvenir y del hombre nuevo, los occidentales estaban en medio de una oleada de prosperidad como no la habían conocido en su historia. Incluso Latinoamérica pasaba en esos años por una cierta bonanza. Las masas urbanas aún no tenían TV y los campesinos sólo empezaban a aprender qué era un transistor.

Es decir, ni la política restrictiva por sí sola fue causa de la escasa inmigración a Estados Unidos en los años veinte-treinta ni la más liberal de los sesenta acarreó inmediatamente su crecimiento. Los flujos migratorios tienen sus propias leyes y éstas dependen mucho más de la coyuntura económica que de la voluntad de los políticos. Si se les impide la entrada legal, los inmigrantes tomarán el camino de la ilegal y si se impide la contratación de ilegales, ya habrá salidas para seguir utilizándolos porque el mercado los necesita. Así que una limitación drástica y voluntarista de su número podrá intentarse, pero mientras las condiciones que dejan atrás no mejoren, eso de la prohibición sólo servirá para esquilmar aún más a los *pollos* en beneficio de los *coyotes* y para crear penalidades siempre inútiles o, en el mejor de los casos, innecesarias. Las experiencias de los americanos con la prohibición del alcohol antaño y la guerra a las drogas hogaño deberían hacer pensar dos veces a quienes creen que todo se arregla recurriendo al BOE. También a los neonativistas habría que recordarles aquello de *Es la economía, estúpido*.

Por otra parte, hay otras formas más optimistas de ver el asunto de la inmigración. Tal es la posicicón de Joel Millman, un periodista de *The Wall Street Journal* que recientemente le ha dedicado un libro al asunto. Para él, como para algunos otros, los beneficios económicos y sociales que se siguen de la llegada de los inmigrantes superan con mucho los supuestos problemas que causan.

Habíamos quedado en hablar de los Patel del Motel y éste parece un buen momento. Cuando se conduce por una de las grandes autopistas que cruzan Estados Unidos en todos los sentidos, una de las cosas llamativas es el número, incontable se diría, de moteles que hay en las salidas. No es porque los americanos duerman más, es que viajan mucho en coche por ese país de distancias eeeenormeeeees. Viajan individualmente, por negocios, en familia, con un grupo, viajan sin cesar durante todo el año y especialmente en vacaciones. Cuando se tarda dos días con sus noches en llegar a Orlando desde Chicago o Mineápolis y el coche lleva a los esposos y dos o tres niños pequeños, el deseo básico a la caída de la tarde, más allá de la tentadora quimera de realizar los designios de Layo, el papá de Edipo, es descansar en condiciones, es decir, en una habitación decente y a buen precio. A ser posible en el mismo sitio, es decir, en hoteles que sean copias casi exactas unos de los otros, sin sorpresas, lo mismo que todo el mundo espera de un Whopper o un Big Mac. De esto se dio cuenta ya en 1951 Kemmon Wilson, el inventor de los Holiday Inns. Desde entonces, los moteles franquiciados se han convertido en un elemento básico del paisaje. Uno se pregunta por qué tantas marcas si, en definitiva, todos ofrecen básicamente lo mismo. Pero en esa jungla de Inns (Holiday, Hampton, Budget, Hilton, Rodeway y decenas más), Courts y Motels, como en la gama de los coches de GM, hay tramos para cada escalón social, que se superponen en incrementos de $5-10 por noche y que marcan una mejora de atenciones y sutiles diferencias de estatus. Todos tienen algo en común sin embargo, una calidad media uniforme en cada escalón. Ésta es su gran diferencia con la hostelería preindustrial y la clave de sus éxitos.

En octubre de 1994, Jerry Patel acababa de volver a su propiedad de Bowling Green, Kentucky, tras una convención de la AAHOA (Asociación de Propietarios de Hoteles Asiático-Americanos), una asociación patronal que agrupa a un 97% de hindúes, casi todos gujaratis, y a un 3% de gentes de otros países de Asia. Esa composición refleja una realidad. Los moteles están en buena medida en manos de los Patel. Se estima que cerca del 50% de las nuevas franquicias hoteleras desde 1992 han ido a ellos. También que el valor de sus propiedades está en torno a los $10 millardos. En 1992, más de la mitad de los Days Inn y un tercio de los Howard Johnson y los Ramada eran de Patel y éstos tienen un práctico monopolio en los moteles de menos de 50 habitaciones [29].

¿Tienen un don especial los Patel que los impulse a la hostelería? Ninguno de ellos seguramente conocía el negocio cuando los pioneros se lanzaron a él. La clave de su éxito, aparte de en una fuerte ética puritana (?) del trabajo, está en haber sabido aprovechar las oportunidades. En los años setenta, Idi Amin Dada, aquel dictador de Uganda que junto con Mobutu y otros similares darán pie de seguro a un género literario propio, como lo han dado los Rosas, los Francia, los Díaz y demás en America Latina, Amin, digo, expulsó de su país a los asiáticos, muchos de ellos hindúes, que controlaban el comercio. Las cosas tampoco les sonreían en otros países de la zona, lo cual que una buena parte se buscó la vida en lugares más amenos como las Guayanas, Trinidad y, eventualmente, Estados Unidos. Un inmigrante que pudiese invertir $40.000 de la época y diese empleo al menos a 10 americanos tenía asegurado un visado. No se podía comprar mucho con ese dinero, sólo algunos hoteles pequeños y algunos restaurantes. Hay quien conjetura que las rígidas normas con que la religión hindú rodea las prácticas alimentarias les hicieron evitar la segunda opción y que así se metieron de hoz y coz en el negocio de los hoteles.

Empezaron a quedarse con algunas franquicias de menor calidad y a ofrecer lo que en la industria se conoce como el *régimen indio*, es decir, nada de servicios extras, sólo habitación y santas pascuas. Rebañando en los costes y, a menudo, trabajando a tiempo completo (es decir, dieciséis horas diarias por lo menos) junto con sus familias, empezaron a poner a flote sus propiedades. También les ayudaban otros hindúes, la fa-

---

[29] Joel MILLMAN, *The Other Americans*, pp. 149-150.

milia extensa, que habían huido de la quema y no tenían más propiedad que su trabajo. Como a menudo no les podían pagar por su trabajo y sólo recibían habitación y comida, se capitalizaba la parte que no recibían en dinero. Cuando las cosas mejoraban y el Patel que les había empleado vendía su propiedad para comprar otra mejor, los Patel ayudantes contaban con un capitalito que podía darse como entrada para la compra de un negocio similar y nueva vuelta a la interminable rueda del *karma*. Cada vez con más moteles para Patel.

Los Patel tuvieron el don de la oportunidad. En los ochenta estalló la burbuja del negocio inmobiliario americano y muchos bancos y cajas de ahorro se vieron pillados con costosas propiedades que nadie quería comprar. Excepto los Patel, que para entonces tenían ya una buena experiencia del negocio hostelero y estaban dispuestos a endeudarse. Algunos de ellos tenían dinero fresco, lo que les colocaba en mejor situación, hoteles enteros podían comprarse por una fracción de su precio de hacía unos años. Un tercer factor: algunas antiguas cadenas moteleras vieron que su negocio no estaba en la propiedad, sino en una elaborada central de reservas que sirviese de ancla a las franquicias, con su número 1-800 de llamadas a pagar en destino. Lo que necesitaban eran gente con experiencia en el negocio y dispuesta a trabajar duro en él. Y ahí estaban Patel y su familia extensa.

Sea por las oportunidades, sea por su larga tradición de pequeños empresarios, los gujaratis se alzaron con el santo y la limosna de la hostelería de carretera. Hoy muchos se han hecho con varias propiedades o se han diversificado hacia diversos negocios inmobiliarios o han montado consultorías para explicar a otros cómo hacer las cosas. Cada vez más hay entre ellos gente como Jerry Patel, que prefiere el riesgo y las ganancias de manejar varios hoteles a ejercer en un hospital que pertenece a otros. En cualquier caso, los Patel han tirado también de otras industrias con el normal efecto multiplicador. Un motel de Patel tiene un *cash flow* de entre $2-5 millones anuales, parte de los cuales se dedica a reposición, a la compra de nuevas vajillas, muebles, moquetas, colchones y todo lo que se pueda pensar. Con ellos, otros hindúes u otros americanos astutos han puesto en pie empresas enteras dedicadas a cubrir esas necesidades. Si se llama al teléfono 1-800-KRISHNA no debe temer que aparezcan por la puerta varios tipos de esos de las túnicas color azafrán a dar la murga con los mantras que recuerdan los nombres del dulce hijo de Vasudeva y Devaki y los del dios Rama, no. Es el teléfono gratuito de Krishna International, una empresa de sábanas y otra ropa de cama. No puede decirse que Patel sea un parásito que no contribuye al crecimiento de la economía americana. Más bien es un excelente ejemplo de empresario innovador y un honrado ciudadano [30].

Es cierto que no todos los inmigrantes son empresarios. Pero, para Millman, la pretendida invasión de Estados Unidos ha servido, por ejemplo, en el caso de Nueva York, para regenerar el tejido social y urbano. La verdad oficial de Nueva York son las cifras no muy alentadoras que citamos en el capítulo 2, pero en ellas no se incluyen las aportaciones de los inmigrantes, que son muchos. La primera es el consumo. Los inmigrantes ganan salarios muy bajos, pero sus familias gastan como la clase media y repiten el milagro de los panes y los peces todos los días. La clave del misterio es sencilla, allí trabaja todo el que tiene capacidad para ello y se juntan tres y cuatro sueldos, a veces hasta cinco. Por ejemplo, los originarios de la antigua Guayana británica ganan alrededor de dos tercios del salario medio en la ciudad y, sin embargo, sus rentas familiares medias están por encima de las de los hogares de los neoyorquinos medios. Algo similar ocurre con otros cuatro grupos étnicos, coreanos, jamaicanos, indios y filipinos [31].

Lo que sucede es que eso que denominamos con el eufemismo de *hogares* americanos a menudo no son más que per-

---

[30] Datos tomados de Joel MILLMAN, *Ibid.*, pp. 144 a 168.
[31] Joel MILLMAN, *Ibid.*, p. 47.

sonas que viven solas o madres solteras con hijos pequeños, mientras que en el caso de los guayaneses son verdaderas familias, a veces con tres generaciones bajo el mismo techo, todas ellas trabajando. Mientras que la evolución reciente de la economía americana, como se ha dicho, tiende a fomentar la desaparición parcial de la familia nuclear, en las comunidades de inmigrantes la cosa es la contraria, hay que mantenerse unidos porque en ello está la fuerza. Así, a menudo, los llamados *valores familiares* encuentran su refugio entre los inmigrantes y no deja de ser una paradoja que muchos que los ensalzan en abstracto sean los más encarnizados partidarios de una reducción drástica de la estancia en el país de quienes los practican espontáneamente.

Como lo vio quien se aventurase al otro lado del East River por el Bronx, hasta hace poco una parte del paisaje parecía una de esas fantasmales ciudades de Bosnia que hubiera recibido las descargas de la artillería serbia. Espacios muertos que recordaban antiguos jardincillos, casas calcinadas, pocos habitantes y los que había, espectros de su antiguo ser, drogadictos, alcohólicos, enfermos mentales *liberados* de sus antiguas prisiones gracias, a partes iguales, a la revolución reaganiana que quería quitar esa carga al erario público y los antipsiquiatras para quienes la enfermedad mental no era más que una etiqueta ideológica. Esas vecindades, empero, en tiempos fueron florecientes y acogieron a muchas familias de clase media. Pero en los cincuenta y sesenta sus antiguos ocupantes se unieron al éxodo hacia los *suburbs* y a sus dueños, dicen, les salía mejor que un incendio arrasase con su propiedades, porque así cobraban los seguros correspondientes, que aceptar a los nuevos inquilinos o mantenerlas vacías. El ayuntamiento de Nueva York estima que el mantenimiento de esas propiedades abandonadas le cuesta anualmente entre $200 y 300 millones.

A menudo, el mismo ayuntamiento saca a subasta algunas de esas casas y lo hace a precios de salida obviamente bajos. Vecindades enteras han sido compradas por grupos de inmigrantes, que se instalan en las viejas casas destruidas y, poco a poco, las meten en luz. Desde el punto de vista fiscal, el efecto inmediato es doble. Las nuevas residencias ya no cargan su mantenimiento sobre la municipalidad y, al tiempo, se convierten en sujetos tributarios activos aportando al fisco los correspondientes impuestos.

Pero hay más. Estos procesos de sustitución de unos residentes por otros no son nuevos. La historia entera de Nueva York está hecha de ellos. Pero la cosa ha cambiado en tiempos más recientes. A comienzos de siglo, por ejemplo, los judíos abandonaban el Lower East Side de Mannhattan y se marchaban a Brownsville en Brooklyn dejando su antiguo barrio a los italianos y otros recién llegados. Cuando volvieron a dejar Brownsville para refugiarse en cualquiera de las comunidades que crecían extramuros no había nadie para sustituirles. El proceso actual no es de sustitución, sino de nueva ocupación. Los inmigrantes se adueñan de la anterior nada y la trasforman en una ciudad en la que se puede vivir. Los anteriores barrios bajos se degradaron porque nadie sustituyó durante años a quienes se habían marchado, pero las familias de inmigrantes están llenando de nuevo muchas calles que nadie en su sano juicio se atrevía a transitar en solitario hace dos o tres años [32]. Las estadísticas de delincuencia en Estados Unidos llevan cayendo desde hace cinco años. Entre 1995 y 1996 se redujeron en un 6% y la tasa de homicidios llegó a su punto más bajo desde 1969. Los delitos contra la propiedad han bajado casi a la mitad [33]. En 1996, por ejemplo, los homicidios en Nueva York bajaron un 22% [34]. Los defensores de la ley y el orden piensan que el asunto se debe, en Nueva York y en otras muchas ciudades, a la insistencia republicana, copiada por tantos alcaldes neodemócratas, en contratar más policías y dotarlos

---

[32] Joel MILLMAN, *Ibid.*, pp. 70 y ss.
[33] Fox BUTTERFIELD, "Number of Homicides Drops Eleven per Cent in US", *The New York Times*, 2/6/97.
[34] *The New York Times*, editorial, 14/10/97.

de mejores medios. Sin duda tienen una parte de razón. Pero tal vez haya otras causas concurrentes. ¿Puede haber una relación directa, como piensa Millman, entre aquella renovación urbana y la reciente bajada en la tasa de delincuencia? Para él, es clara. La mayor incidencia de criminalidad se da entre los hombres jóvenes de dieciséis a veinticinco años. Ese grupo ha caído demográficamente en unos 110.000 integrantes entre 1970 y 1990. Por otra parte, el número de jóvenes inmigrantes pertenecientes a esta cohorte se ha triplicado, al tiempo que caía el crimen. No es que los inmigrantes sean inmunes a la vida criminal, pero viven en vecindades más densamente pobladas, donde la gente se conoce, las calles están iluminadas, no hay tiendas ni casas vacías y la presencia de las familias se hace sentir.

La inmigración, lejos de aflojar los lazos sociales, ayuda a atarlos mejor. Y no es cierto que los malditos extranjeros rebajen los salarios de los trabajadores americanos en su conjunto. Cada vez más hay precios de algunos bienes y servicios que tienen escasas variaciones dondequiera que se consuman. Un caso es el de la hotelería de lujo. Un hotel de cinco estrellas viene a costar lo mismo en Nueva York que en La Paz o en Nairobi, con ligeras diferencias, sea cual fuere la capacidad de compra respectiva de cada país. Otro, el de los servicios provistos por los inmigrantes que, en definitiva, cargan el precio mundial por cuidar niños o recoger basura. La alternativa es igualar los salarios de estos prestadores de servicios con los de los profesionales. Tal vez una noble ambición, pero difícilmente realizable. Los más moderados de los pesimistas, los académicos de NCR, acaban por reconocer que el impacto adverso de la inmigración sobre la economía americana ha sido más bien pequeño. La posición de Millman parece mejor articulada. Los efectos tangibles e intangibles de la llegada de los inmigrantes contribuyen a la mejora del país.

CUARTA PARTE

¿NUBES EN EL HORIZONTE?

Capítulo 11

El sistema americano

¿Por qué no ha habido socialismo en Estados Unidos?

Dicen que Dashiell Hammett le utilizó de modelo para su personaje de El Viejo, un maestro de detectives, en una serie de historias cortas reunidas bajo el nombre de *El agente de la Continental*. No es de extrañar, porque James McParland o McParlan, que de ambas formas se escribe su nombre, era una leyenda dentro de la Agencia de Detectives Pinkerton (Pinkerton's National Detective Agency) para la que Hammett trabajó al comienzo de su carrera.

Una leyenda dentro de una leyenda, porque la Pinkerton simbolizó y eclipsó a todas las agencias de detectives de Estados Unidos en la segunda mitad del siglo XIX. De hecho, todavía hoy perdura bajo el nombre de Pinkertons Inc., la preside un señor de aspecto bondadoso que se llama Thomas Wathen y tiene una amplia reputación internacional. Su sitio de Internet explica que es una agencia de detectives *global* y que ofrece a sus clientes una amplia variedad de servicios, desde la investigación de asuntos criminales hasta la asesoría de seguridad pasando por información sobre clientes y emplea dos de grandes compañías. También tiene su tienda *on-line* en la que se pueden comprar polos con la marca Héroes del Servicio (Service Heroes), así como tazas, paraguas, llaveros y demás parafernalia con el logo del ojo bien abierto, siempre vigilante y el lema "Nunca Dormimos" (We Never Sleep).

La Pinkerton se llama así por el nombre de su fundador, Allan Pinkerton (1819-1884), un inmigrante escocés severo y adusto que se convirtió en un símbolo de la ley y el orden entendidos a su manera.

Pinkerton comenzó por ocupar un nicho en el mercado. Los ferrocarriles acababan de estrenarse en Estados Unidos y su seguridad era muy deficiente. A menudo sufrían asaltos de bandidos que despojaban de sus bienes a los pasajeros pero, sobre todo, se apoderaban de los envíos de dinero de las empresas que, con frecuencia, se hacían por medio del tren. Todavía no habían comenzado las transferencias por telégrafo que iban a reducir considerablemente los movimientos físicos de billetes y que dieron un lugar privilegiado a los bancos. Hay quien interpreta como una salida de pata de banco la famosa frase de John Dillinger, *robo bancos porque ahí es donde está el dinero*, pero lo cierto es que revela su fino olfato para el progreso tecnológico.

Sin embargo, setenta años antes el dinero estaba en los trenes y allí había que buscarlo, no por nada uno de los primeros *westerns* de la historia del cine es una película muda que se llama *El asalto al tren*. La misión de Pinkerton era precisamente impedir que se lo llevaran. Éste fue el primer nicho que cubrió. En 1850 comenzó a trabajar para los Midwestern Railways. Algo más tarde, en 1866, la Pinkerton capturó a los autores del robo a la compañía Adams Express que se habían llevado la suma de $700.000, muy respetable para la época. Pero sus años de esplendor en este campo fueron los del cambio de siglo, cuando se enfrentaron con el Grupo Salvaje *(The Wild Bunch)*, sí, los de la película de Sam Peckinpah. Butch Cassidy, cuenta la leyenda, reunió a unos doscientos bandoleros el 18 de agosto de 1896 en un lugar llamado Brown's Hole, en la confluencia de los estados de Wyoming, Utah y Colorado para proponerles la formación de una empresa cuyo objeto social era el asalto a los trenes. Sea cierto o no, Cassidy y los suyos (Kid Curry, Sundance Kid, los hermanos McCarty, Elza Lay y demás) dieron un montón de dolores de cabeza a los ferrocarriles quienes, a su vez, reclamaron los servicios de la Pinkerton. Durante los próximos quince años, sus hombres llevaron a cabo una serie de acciones más o menos espectaculares que acabaron con los asaltos.

La relevancia que la Pinkerton cobró en estas tareas fue consecuencia inmediata de la debilidad de la policía pública en esta época de Estados Unidos. Como sabemos por la historia y por Hollywood, en aquellos años no existían fuerzas de policía federal o estatal. Cada ciudad y cada pueblo ponía en pie como podía sus sistemas de seguridad, sus *sheriffs* y sus *marshalls*, a menudo mal dotados en personal y en medios y por supuesto incapaces para hacer frente a los malhechores más peligrosos. El *sheriff* bondadoso, borrachín e incompetente de *El hombre que mató a Liberty Valance* o los diversos personajes interpretados por Walter Brennan tal vez sean su mejor compendio.

La coordinación recíproca de estas débiles fuerzas policiales era prácticamente nula y los conflictos jurisdiccionales continuos. Para cubrir estas deficiencias los estados permitieron a diversas empresas la creación de sus propias policías o la contratación con agencias de detectives, como sucedió a menudo en el caso de la Pinkerton. Esta mezcla de imposición del orden público por empresas privadas se mantuvo por largo tiempo, hasta la aparición en 1908 del FBI. No es de extrañar que muchos de los primeros agentes de la agencia federal proviniesen de la Pinkerton ni que el gran hombre del FBI, John Edgar Hoover, que lo dirigió desde 1924 hasta su muerte en 1972 la copiase en su modelo organizativo.

Pero las actividades de la Pinkerton no se ceñían solamente a este ramo de actividad. La empresa estaba muy orgullosa de haber participado en 1861 en el descubrimiento de un plan para asesinar a Abraham Lincoln, recién elegido presidente de Estados Unidos. La Guerra Civil permitió ampliar esta línea de trabajo con misiones de espionaje en el corazón de la Confederación y tareas de contraespionaje a favor de la Unión [1]. Muchas de las técnicas entonces desarrolladas les sirvieron para imponerse también como la gran agencia policial contra los nacientes sindicatos americanos y como fuerza de choque contra los movimientos huelguísticos.

Esta tercera rama de actividad no debe ser objeto de gran orgullo para sus actuales dirigentes porque la historia oficial pasa de puntillas sobre ella. Sin embargo, durante los turbulentos años que experimentaron las relaciones laborales en Estados Unidos entre 1870 y el final de la I Guerra Mundial fue seguramente su primera línea de trabajo. Y aquí volvemos a James McParland, el pollo al que seguramente describía Hammett en su retrato de El Viejo de *Cosecha roja*, ese "sujeto de edad avanzada, gentil y educado, que irradiaba el mismo calor humano que la soga de un verdugo".

McParland era también un inmigrante, con un origen irlandés en su caso. Tras el paso del Atlántico desarrolló diversos trabajos y oficios hasta comienzos de 1872 en que fue reclutado por Pinkerton y encargado de una de las misiones más peligrosas que el patrón se traía entre manos, el caso de los Molly Maguires. Su solución fue acontecimiento sonado que le ganó fama duradera en los medios policiales y ante la opinión pública. El mismísimo Conan Doyle se ocupó del asunto en un relato bien divertido que se llama "The Valley of Fear" [2].

Los Mollies eran una sociedad secreta que se extendió entre los mineros de origen irlandés de algunos distritos de Pensilvania y West Virginia. El grupo traía causa del viejo país donde, se decía, hacia 1846-1847, los años espeluznantes de la hambruna de la patata que se llevó por delante a un millón

---

[1] "History", en Pinkertons International, Internet.
[2] Anthony LUKAS, *Big Trouble*, Simon & Schuster, 1997, pp. 179 y ss.

de irlandeses, lo organizó una viuda de ese nombre para animar a los terratenientes ingleses y a sus representantes a que distribuyesen parte de sus bienes entre los necesitados. En caso de resistencia, no dudaban en recurrir a procedimientos de acción directa como palizas y atentados para llevar adelante su labor de bandidos generosos.

En Estados Unidos, aunque adoptaron al principio el título más rimbombante y orgullosamente étnico de Ancient Order of Hibernians, los Molly Maguires siguieron siendo conocidos por su antiguo nombre de guerra. El cambio de nombre y lugar no les llevó, sin embargo, a transformar su sentido de la acción ni los medios para alcanzar sus reivindicaciones. Sus defensores insisten en que seguían una pauta bastante habitual en los comienzos del movimiento obrero, cuando aún los sindicatos no habían llegado a imponerse ni se conocían técnicas más complicadas como la negociación y la presión huelguística. Sus enemigos no dudan en calificarlos de asesinos [3]. Es indudable que inspiraron miedo. Años después de que McParland culminara su tarea, Cleveland Moffett, un colaborador de la revista *McClure's*, muy leída a finales del XIX, hablaba de una "sociedad secreta, compuesta por varios miles, cuyo fin no era otro que robar, provocar incendios, saquear y pillar", "una sociedad de terribles bandidos", "los despiadados Molly Maguires". Lo cierto es que los Mollies no parecían especialmente bondadosos y, a menudo, las palizas y los asesinatos mezclaban móviles laborales con otros de índole más personal, un rifirrafe con un capataz galés, una pendencia mal resuelta en una taberna, un ajuste de cuentas con un forastero, de forma que la sociedad secreta de socorros mutuos tendió a convertirse en una banda de protección mafiosa que defendía a los irlandeses cualesquiera que fueran sus razones. Junto a ello, seguía creando otros dolores de cabeza a

---

[3] Cleveland MOFFETT, *The Overthrow of the Molly Maguires*, McLures's, 1894, pp. 90-100.

la patronal minera con su capacidad de movilización para las huelgas, como se vio en 1875.

La táctica a seguir para acabar con ellos era una muy bien conocida por todos los agentes dobles que en el mundo han sido, la infiltración. Allan Pinkerton creyó con razón que McParland contaba con los mejores títulos para lograrla por su ascendencia irlandesa. Así que en 1873, bajo el nombre de James McKenna, lo despachó hacia la zona de las Blue Mountains de Pensilvania donde se suponía que los Mollies estaban mejor asentados con el fin de que se convirtiera en uno de ellos. McKenna operó con suma destreza y al poco fue elegido secretario de la logia *(lodge)* de Shenandoah. Durante los tres años que permaneció en la zona fue capaz de conocer las entrañas del grupo, de provocar numerosos atentados y de descarrilar otros. Al cabo, pues nada hay tan oculto que no llegue a saberse, su misión fue descubierta y hubo de poner pies en polvorosa en marzo de 1876, cuando comprobó que sus colegas se disponían a darle una lección no especialmente cariñosa.

Con las pruebas que McKenna-McParland había acumulado en ese tiempo había suficiente como para enviar a unos cuantos Mollies al patíbulo. Como así sucedió. El 21 de junio de 1877, un martes al que en los círculos irlandeses de la época se le conocería en el futuro como el *martes negro*, fueron ejecutadas las diez primeras sentencias de muerte en la horca, a las que habrían de seguir otras nueve en los dos próximos años. Así ganó McParland su fama legendaria en el mundillo de los detectives.

McParland y, en general, la Pinkerton se destacaron en los años siguientes como el brazo represivo del tumultuoso movimiento obrero americano a lo largo y a lo ancho del país. No había huelga, ni ruptura de piquetes, ni protección de esquiroles en la que sus detectives no estuvieran mezclados, a veces como simples informantes, a menudo como fuerzas de choque directo. Quien haya leído, por ejemplo, *USA* de John

Dos Passos sabe de lo que estamos hablando. En la agencia se vivía un clima antisindicalista que a menudo les llevaba a fabricar o dar crédito a las patrañas más burdas sobre las intenciones de todos los que organizaban cualquier resistencia, por nimia y pacífica que fuera, y de todos aquellos que les apoyaban, aun de la forma más periférica. En la Pinkerton se gesta así una paranoia que, si no es exclusiva de los servicios americanos de policía e inteligencia, sí adopta un tinte singular entre ellos: desconfianza ante todo el movimiento obrero, ante todo radicalismo, ante la más mínima muestra de crítica al poder del dinero, a los políticos de derecha o a los símbolos del patriotismo más conservador. Es, sin duda, el espíritu que Hoover llevó al FBI en los ratos en que no estaba excesivamente ocupado en probarse trajes de Coco Chanel. La llegada al poder de los bolcheviques y la posterior guerra fría harían el resto [4]. Sin embargo, pese a la Pinkerton y a los fervorines de algunos historiadores de izquierda, es indudable que no ha habido en Estados Unidos nada parecido al movimiento obrero o a los socialismos europeos, ni en su estrategia, ni en sus movilizaciones, ni en sus objetivos. Esto es algo que siempre ha desazonado a los marxistas ortodoxos y ha sido objeto de reflexión para muchos que no lo eran.

En efecto, la expectativa de Marx apuntaba a que el capitalismo diese paso al comunismo, comenzando precisamente por los países en los que había llegado a un mayor grado de desarrollo. Sin duda ninguna, su candidato preferido era la Gran Bretaña, pero la Inglaterra victoriana demostró hasta la saciedad que no eran ésas sus intenciones. Dos generaciones después los seguidores de Marx pensaban que el país mejor situado para ese cambio era Estados Unidos. O, mejor, se preguntaban por qué no lo era, a pesar de las exigencias de su teoría. Ya en 1906 Werner Sombart, que no era de los suyos, expresaría su asombro con un trabajo sobre *Por qué no hay so-*

---

[4] David BURNHAM, "The FBI: A Special report", *The Nation*, 11/8/97.

cialismo en Estados Unidos. Pero el asunto no se dejaba explicar con claridad a pesar de las teorías del *desarrollo desigual y combinado* que apuntara Parvus y popularizara Trotski o las del imperialismo según Rosa Luxemburgo, malamente fusiladas por Lenin años después. Como tantas aporías, la cosa no ha dejado de irritar a muchos hasta que se ha dirimido claramente en la práctica. El socialismo no llegó a Estados Unidos porque o es una utopía o es un mal modelo de organización social. Pero ésta es otra historia que tiene poco que ver con Estados Unidos.

Parece innecesario recordarlo, allí no apareció ni la sombra de un movimiento socialista poderoso. El sindicalismo internacionalista y revolucionario de los Wobblies (Trabajadores Industriales del Mundo) era muy parecido al anarcosindicalismo europeo. A pesar de un crecimiento fulgurante durante los primeros años del siglo desapareció no sólo por la represión, no sólo por los casos de Joe Hill o de Sacco y Vanzetti, sino porque su mensaje estaba definitivamente fuera de lugar. El socialismo, a pesar de Eugene Debs y pocos otros, tampoco tuvo mayor éxito. Todavía hay algunos entusiastas que se presentan a las elecciones presidenciales bajo su bandera, pero forman parte de la anécdota, una anécdota mucho menos importante, por ejemplo, que el populismo de Ross Perot en 1992 y 1996.

Lo anterior no significa que no hayan existido ni existan conflictos sociales en Estados Unidos incluso hoy. Aunque la coyuntura actual sea muy favorable, no todo marcha a pedir de boca. Hay indicios de problemas que, de seguir aumentando, podrían acarrear nuevos momentos de discordia social. El más serio de todos ellos parece ser la desigualdad de rentas, que vamos a ver a continuación.

Los Amos del Universo

Nunca fue Estados Unidos un país que se distinguiese por su igualitarismo, pero dentro de las distancias intergrupales ha habido cambios notables durante los últimos sesenta años. Los años posteriores a la II Guerra Mundial conocieron una notable caída en los ingresos del 20% superior de la sociedad y una mejora igualmente notable del 40% siguiente. La novedad de los años ochenta hasta el presente es que los grupos más ricos han reequilibrado la balanza a su favor de forma creciente. Los Amos del Universo de Tom Wolfe han vuelto por sus fueros. El cuadro 11.1, que recoge la distribución de la renta por quintiles o tramos compuestos por un 20% de la población cada uno, lo muestra claramente.

CUADRO 11.1

RENTA RECIBIDA POR CADA GRUPO SOCIAL (%)

	1935	1955	1975	1995
Alto (20% superior)	51,7	44,3	43,2	48,7
(5% más alto)	26,5	18	15,9	21
Medio alto	20,9	24,5	24,8	23,3
Medio medio	14,1	17,4	17,1	15,2
Medio bajo	9,2	10,5	10,5	9,1
Bajo (20% inferior)	4,1	3,3	4,4	3,7

Fuente: Andrew Hacker, *Money*, p. 49.

Desde un punto de vista macroeconómico, ese reajuste carece de importancia, pues en definitiva lo fundamental es que la producción vaya creciendo, como así ha sucedido en los últimos años. Sin embargo, una creciente disminución de la renta y del poder adquisitivo de un gran sector social, como son las clases medias, no deja de tener efectos a la larga sobre todos los sectores productivos. En concreto, el consumo privado de bienes duraderos, tan importante en el conjunto de la economía americana y tan crucial para la presente etapa de expansión, así como muchos servicios podrían conocer una disminución en su demanda, lo que podría contribuir a la aparición de crisis y recesiones en el conjunto de la economía.

Con todo, eso no sería lo único importante. Los aumentos notables en la desigualdad, especialmente cuando se producen en el seno de los grupos sociales que se encuentran más cercanos, fomentan la aparición de sentimientos de privación relativa y ésta, como se sabe, es la madre de buena parte de los enfrentamientos sociales abiertos. ¿Está la sociedad americana de fin de siglo, una sociedad que pasa por una indudable etapa de prosperidad, más cercana a que se produzcan? Mi opinión es que nada hace preverlo a medio plazo. Pero esto es algo que conviene ver más despacio.

Los datos de la Oficina del Censo americano no parecen dejar lugar a dudas. En los tiempos más recientes, los ricos se han hecho más ricos. El índice de Gini, también conocido como índice de concentración de rentas, que se mueve entre un máximo de 0 (cuando todas las familias de un país tienen la misma renta) y un mínimo de 1 (cuando una sola familia concentra toda la renta de ese país), ha variado hacia una mayor concentración a lo largo de los últimos años. Esto supone una reversión de la tendencia que marcó los veinte años que siguieron a la posguerra mundial. En efecto, entre 1947 y 1968 la desigualdad de rentas entre las familias americanas bajó un 7,4%, pero desde la última fecha la tendencia a la desigualdad ha subido y lo ha hecho con mucha rapidez. Entre 1968 y 1992 el aumento de desigualdad fue de un 16,1%. Si tomamos 1994 como última fecha, el aumento de desigualdad fue de un 22,4%, aunque buena parte de este último y vertiginoso salto es atribuible a cambios en el modo de recogida de datos, que varió en 1993. Sea como fuere, lo cierto es que la tendencia ha variado en el sentido de la desigualdad [5].

A veces se pone de relieve que estos datos no responden exactamente a la realidad, dado que cada vez hay más personas, especialmente en los sectores bajos de la sociedad, que no viven en familias, como se ha visto. Para evitar esta disonancia, la Oficina del Censo ha elaborado desde 1968 otro índice Gini para hogares (muchos de ellos compuestos por una sola persona) que es, lógicamente, más limitado en sus resultados. Sin embargo, la tendencia persiste. Entre 1968 y 1992, la desigualdad entre hogares creció alrededor del 12%. En 1994 era ya un 17,5%, aunque aquí hay que volver a hacer la salvedad anterior sobre cambios en la recogida de datos.

Si de una medida comparativa global como el índice de Gini pasamos al estudio de los diferentes grupos sociales (por quintiles o intervalos que recogen un 20% del total de hogares americanos cada uno), los datos ofrecen un panorama más matizado dentro de la misma tendencia a la desigualdad. El porcentaje de ingresos recibido por el grupo superior (hogares con rentas por encima de $62.841 en 1994) alcanza 49,1% en 1994, habiendo sido 46,9% en 1992 y 42,8% en 1968. Las cifras referentes al 5% superior de la población han pasado del 16,6% en 1968 al 18,6% en 1992 y al 21,2% en 1994 [6]. Todo lo cual es muy coherente con las cifras del cuadro 11.1.

¿Cuál es la magnitud relativa de la desigualdad? En dólares de 1994, los hogares que ocupaban el percentil 95 (es decir, los que estaban al comienzo del 5% superior) tenían una renta por encima de $109.821 anuales, lo que equivale a 8,2 veces la renta de los hogares del percentil 20 (donde comienza

---

[5] Daniel H. WEINBERG, "A Brief Look at Postwar US Income Inequality", US Census Bureau, CPR, Series P60-191, junio 1996.
[6] US Census Bureau, *CPR*, Series P60-197, "Money Income in the US: 1996", junio 1997.

el 20% más bajo), con una renta de $13.426 anuales. La cifra correspondiente en 1968 era de 6 veces.

La media de renta por hogar en cada tramo de 20% ha crecido también muy desigualmente. En 1968 en el quintil superior era de $73.754 en dólares constantes de 1994 y en esta fecha pasó a $105.945, un 44% de subida en 26 años. La renta media del quintil inferior pasó de $7.202 en 1968 a $7.762 en 1994, una subida de sólo 8%. Si relacionamos estos últimos datos entre sí, veremos que la media de ingresos de los hogares del 20% superior en 1994 es 13,6 veces superior a la renta media de los del 20% inferior; en 1968 era 10,2 veces.

En los tres años más recientes sobre los que tenemos datos (1995 a 1997) se han producido incrementos en la renta media de los hogares americanos, que ha llegado a $35.082 en 1995, $35.492 en 1996 y $37.005 en 1997, recuperando así los niveles de 1989[7]. La desigualdad ha permanecido estable, sin conocer aumentos. Sin embargo, la tendencia larga a la desigualdad en el reparto global no ha variado. Es muy pronto para saber si esta invarianza interanual significa un freno a la tendencia global o es solamente una fluctuación coyuntural[8].

Hasta ahora hemos venido estableciendo nuestras comparaciones entre los más ricos y los más pobres, pero conviene resaltar que la comparación entre los ricos y las clases medias arroja también un aumento unilateral de la desigualdad en favor exclusivo del estrato superior. Desde 1980, todos los grupos por debajo de los ricos, es decir, el 80% de la población, han visto deteriorarse su participación en el reparto de la renta, como se observa en el cuadro 11.2.

---

[7] US Census Bureau, *CPS*, Series P60-200 "Money Income in 1997", Washington D.C., 1998.
[8] US Census Bureau, "Money Income in the US: 1996".

CUADRO 11.2

PARTICIPACIÓN EN RENTA POR HOGAR (%)

	1980	*1990*	*1996*
Quintil inferior	4,3	3,9	3,7
Segundo quintil	10,3	9,6	9
Tercer quintil	16,9	15,9	15,1
Cuarto quintil	24,9	24	23,3
Quintil superior	43,7	46,6	49

Fuente: US Census Bureau, 1997.

Conviene hacer la salvedad, finalmente, de que todos estos datos se refieren a rentas brutas (antes de impuestos y excluyendo ganancias provenientes de inversiones de capital) y excluyen las diversas ayudas no monetarias que reciben las familias pobres, es decir, aquellas que mayoritariamente se agrupan en los estratos inferiores. Cuando se estiman estas variables, la desigualdad se aminora un tanto, como veremos más adelante. En cualquier caso, parece fuera de duda que, aun con estas correcciones, la tendencia hacia una creciente desigualdad de rentas se ha hecho notar con fuerza durante los últimos años.

Más aún, el cuadro 11.2 aporta un dato adicional a la tendencia a la desigualdad que conviene dejar anotado. Sobre cumulativa, la desigualdad de rentas entre los hogares americanos está, además, bastante polarizada. La cabeza va creciendo en tanto que el resto del cuerpo adelgaza.

Esta diferencia resalta más si situamos a todos los hogares americanos en un continuo que agrupe sus rentas de mayor a menor y dividimos ese continuo en cien partes iguales o percentiles. Esto nos permitirá establecer las diferencias porcentuales entre diversas posiciones estratégicas y establecer comparaciones entre ellas. El cuadro 11.3 establece alguna de esas comparaciones.

CUADRO 11.3

PROPORCIÓN DE RENTA RECIBIDA EN DIVERSOS HOGARES

Hogares	1980	1990	1996
95°/20°	6,82	7,58	8,09
95°/50°	2,91	3,16	3,37
80°/50°	1,79	1,84	1,92
80°/20°	4,2	4,42	4,61
20°/50°	0,43	0,42	0,42

Fuente: US Census Bureau, 1997.

En definitiva, la desigualdad ha crecido en toda la línea favoreciendo casi exclusivamente al grupo superior y, dentro de él, aún en mayor medida al 5% en la cima. La comparación entre otros grupos no arroja esas impresionantes diferencias. En términos coloquiales, esto puede expresarse diciendo que, desde los años ochenta, los ricos americanos son los únicos que han mejorado su posición; los muy ricos (el 5% de la población) se han hecho de oro; las clases medias han visto empeorar su situación en general, pero de forma comparativamente más rápida a medida que se va de la media alta a la media baja y los pobres prácticamente se han mantenido iguales, tal vez porque nunca tuvieron mucho espacio para empeorar. A pesar de que la economía en su conjunto ha crecido en forma considerable entre 1980 y 1997, esa mejora no ha hecho bueno el comentario del presidente Kennedy de que *la pleamar hace subir a todos los barcos*. Si acaso, algunos, los más altos, han conseguido estar más cerca del cielo.

Algo similar ha ocurrido en lo referente al patrimonio. Las cifras de Edward Wolf, un profesor de la New York University, así lo indican. Sus datos se refieren a 1989 y posiblemente han variado en el mismo sentido que los de distribución de la renta desde entonces. Entre 1962 y 1989 el patrimonio medio por hogar casi se duplicó. Sin embargo, el reparto de la riqueza global entre los distintos grupos sociales muestra grandes desigualdades que se habían ido acumulando en los últimos quince años. El valor patrimonial neto del 1% de los americanos más ricos, que había caído entre 1945 y 1976, se recuperó a partir de esa fecha para llegar al 34% de la riqueza total en 1983 y al 39% en 1989. Entretanto, el valor patrimonial neto del 80% más bajo de la población disminuyó del 19% al 15% en esos años [9].

Todo esto significa que Estados Unidos tiene una distribución del patrimonio global más desigual que algunos países europeos que tradicionalmente han sido considerados menos igualitarios, como Gran Bretaña, Suecia y aun Francia. En cualquier caso, sin necesidad de comparaciones internacionales, su conclusión es que "el único periodo de concentración patrimonial similar durante el siglo XX fueron los años 1922 a 1929" [10]. Ya sabemos lo que vino después, parece avisarnos.

Andrew Hacker, un profesor de la Universidad de Queens, en Nueva York, ofrece una perspectiva similar. En 1991, el valor patrimonial neto mediano de los 94,7 millones de hogares era de $36.623, según el estudio más reciente de la Oficina del

---

[9] Edward N. WOLFF, *Top Heavy*, The New Press, 1995, p. 10. Estos datos han sido confirmados en un estudio reciente; cf. T. J. ELLER y Wallace FRASER, US Census Bureau, *CPS*, "Asset Ownership of Households 1993", Washington D.C., 1996. Según estos autores, el valor patrimonial neto de los hogares americanos en 1993 era de $37.587.

[10] Edward N. WOLFF, *Ibid.*, p. 13.

Censo. Si descontamos el valor ya pagado de las hipotecas de sus casas, el resto del patrimonio, que en definitiva es la parte de la que realmente puede disponerse, se quedaba en $10.263. Es decir, se reducía notablemente. Lo veremos mejor si ajustamos el zoom.

En efecto, en 1991 el peldaño de entrada al 20% más rico de la sociedad ganaba $56.670 anuales y la renta media de ese estrato era de $88.310. Sin embargo, el valor patrimonial neto medio de este grupo era de $123.166, que se reducía a $48.893 al descontar el valor de sus casas. Es decir, el patrimonio de muchas familias americanas ricas es inferior al total de sus rentas anuales. El panorama cambia si tomamos en cuenta el factor edad, pues lógicamente los hogares compuestos por personas mayores han tenido más oportunidades de acumular patrimonio. Dentro de este grupo del 20% superior, los mayores de sesenta y cinco años tienen un patrimonio neto de unos $300.000 a los que hay que añadir los $125.000 que valen sus casas por término medio. En la cima de la pirámide se halla un 3,6% de la población que cuenta con un patrimonio neto medio de unos $400.000 una vez descontado el valor pagado por sus casas [11].

¿Cómo son de ricos los ricos americanos? Hagamos un cálculo muy aproximado. Si el PIB americano en 1997 fue de unos $8 billones y si eso supone un rendimiento medio de un 5% sobre todo el capital invertido en forma productiva, podemos estimar el total de esta magnitud en unos $160 billones, una cifra que empieza a nublar la mente. Si el 1% de la población controla el 40% del patrimonio total en Estados Unidos, el rico americano tiene una fortuna invertida en capital productivo de unos $25 millones por término medio (producto de dividir $64 billones, es decir, el 40% de $160 billones, entre los más o menos dos millones y medio de americanos que son el 1% de la población). Pero no todo va a ser inversión y

---

[11] Andrew Hacker, *Money*, pp. 84-87.

más inversión, también hay otras pequeñas cosas que alegran la vida. La casa, las antigüedades, los bienes de consumo duradero verdaderamente *top*, los coches. Todo eso vale un dinero. En total de dos a tres millones más por rico, hasta hacer una media de unos $28 millones en patrimonio, lo que suele permitir un confortable pasar.

Claro que eso es la media. En la realidad, ay, con su implacable orden de picoteo y sus incontables matices de rango y de estatus, las cosas son más complejas, pues hay que tener en cuenta a los hiperricos con sus zillones de dólares que detraen de los ricos más pobres. Hay esos 137 americanos con fortunas superiores al millardo de dólares que se llevan una pasta del volumen total y dejan menos para los demás. Hacker ha llevado a cabo un estudio bastante pormenorizado de estos ultra-millonarios, siguiendo los datos sobre las 400 grandes fortunas americanas que la revista *Forbes* ha recopilado desde 1982.

Hay en esa lista tres grandes categorías: los que se han hecho a sí mismos, los que han agrandado un patrimonio que ya venía de una generación anterior y los ricos por su casa, los herederos de unos y otros. Entre estos últimos destaca el dinero antiguo (*old money*) que agrupa a las familias de toda la vida. Los primeros son gentes como Bill Gates, actualmente la mayor fortuna del país ($18,5 millardos en 1996) y algunos de sus compañeros en la dirección de Microsoft, o como Warren Buffet, un cascarrabias de Nebraska que ha resultado ser el águila de las inversiones en los últimos treinta años a través de la compañía Berkshire Hathaway. O Philip Knight, el fundador de Nike. En el segundo grupo encontramos a un Wrigley, el de los chicles, a los hermanos Mars, los de la dulcería, y a titanes de los medios de comunicación como Rupert Murdoch de la Fox y otros muchos diarios, revistas y cadenas de TV más, a Ted Turner de CNN y a Walter Annenberg, de TV Guide. El tercer grupo es mucho más discreto y procura ser menos visible, hay muchos nombres bien conocidos como Du Pont, Rockefeller o Bass.

La mayor parte de estos grandes millonarios son hombres, pero hay cinco mujeres. Las más conocidas son Oprah Winfrey, un fenomenal éxito en la cadena ABC de televisión, y Estée Lauder, de la casa de cosméticos. La mayor parte de los supermillonarios son también blancos, pero también hay cinco negros: Berry Gordon (Motown Records); John H. Johnson, propietario de algunos medios que se especializan en la audiencia negra como *Ebony* o *Jet*; Reginald Lewis de los productos alimenticios Beatrice Foods; la mentada Oprah Winfrey y Bill Cosby.

El valor de sus patrimonios, en este caso, se ve poco realzado por sus propiedades inmobiliarias y otras atracciones. La casa de Bill Gates en Seattle puede valer más de un millón de dólares, pero qué es eso comparado con la inmensidad del resto. Cierto que hay más atractivos para casi todos ellos. Las cosas que consumen desafían diariamente la imaginación [12]. A la residencia en Indian Creek, o en Bel Air, o en Highland Park, o en cualquiera de esos sitios que nos suenan de haber visto alguna vez los reportajes de la cadena E! de televisión, se añaden el apartamento de Park Avenue para los ratos de ocio, las compras, o los viajes de trabajo en compañía de la señora o de una explosiva pelirroja, que funge de secretaria pero no se corta al proclamar que un Toshiba Turbo es un coche deportivo; más el rancho en Wyoming, o el bungaló en Palm Springs, o el chalé suizo en algún centro de esquí de Colorado, o la villa en Palm Beach, según los gustos. Súmese algún imprescindible bien de consumo duradero, por ejemplo, el Bertram de, al menos, 30 metros de eslora fondeado en Marina del Rey o a la puerta de casa en Star Island. Algún detallito final, como el reactor Learjet 35A, para distinguirse de los pobretes que se creen alguien porque viajan en primera en una de esas atroces líneas comerciales sujetas a horario. Todo ello

---

[12] Anne Marie SCHIRO, "For the Rich, a New High End", *The New York Times*, 29/4/97.

son fruslerías cuando nos movemos en estos niveles de patrimonio. Más aún, muchas de esas chucherías ni siquiera son
propias, sino de la empresa, por si algún día hay que divorciarse de la propia o aguantar que la pelirroja del Toshiba pida
también alimentos.

Hay varios rasgos que llaman la atención en esta super-
élite. El primero es que el patrimonio requerido para formar
parte de ella va en aumento constante. En 1982, para entrar
en la lista de los 400 ricos americanos de *Forbes* había que tener al menos $90 millones. En 1996, la entrada al club no se
compraba por menos de $415 millones. Es decir, el patrimo-
nio medio de los hiperricos ha subido más de cuatro veces.

Sin embargo, y éste parece el segundo rasgo llamativo,
que la barrera esté más alta no empece la llegada de caras nuevas. El superclub no está cerrado. Entre los veinte ricos más
ricos de Estados Unidos, ocho no estaban en 1982. En esa fecha Bill Gates acababa de colgar los estudios en Harvard y no
hacía mucho que George Soros se había graduado en la Lon-
don School of Economics. Así pues, hay una amplia circulación de protagonistas en la cima, una vez que uno se ha ganado su primer millardo.

Finalmente, no hay bien que cien años dure. Sólo tres de
los treinta americanos más ricos en 1918 tienen descendientes
incluidos entre los cuatrocientos actuales. Sin trabajar y aumentar el capital ganado por los mayores se hace difícil permanecer
en lo alto más allá de dos generaciones. Las familias amplias y
los divorcios son los grandes enemigos de las futuras generaciones de zillonarios [13]. Tal vez, pues, baste esto para explicar el
enigma de por qué las familias ricas tienen menos hijos, sin necesidad de recurrir a complicados modelos neodarwinianos
como el de la doctora Borgerhoff Mulder, de la Universidad californiana de Davis, con sus Kipsigis de la Kenia rural [14].

---

[13] Datos tomados de Andrew HACKER, *Ibid.*, cap. 5.
[14] "Why there is a perplexing shortage of rich kids?", *The Economist*, 26/6/97.

Pero hay otra forma de estudiar a los millonarios y es tomarlos por su título. Quiérese decir que millonarios son aquellos que cuentan con un patrimonio neto de un millón de dólares o más. Son alrededor del 3,5% de las familias americanas, en total unos tres millones y medio de ellas. No hay que confundirlos con quienes tienen los estilos de vida más llamativos. Los texanos, que son los vascos de Estados Unidos, tanto por exagerar como por ser parcos con las palabras, tienen un bonito dicho para distinguir a los millonarios de los que sólo pretenden serlo: "Mucho sombrero y pocas vacas" (*"Big Hat No Cattle"*).

Justamente lo que acabamos de decir. Hay mucha gente que gana buenos, aun excelentes sueldos, pero que no puede contarse en las filas de los millonarios. Los trabajos como el de Hacker, por otra parte, a menudo se dejan llevar por relumbrón de las cifras de los zillonarios de *Forbes* y omiten a los *millonarios anónimos*, que podríamos decir. Al hacerlo así, a menudo, se olvidan de que son estos últimos los que dan su atractivo a la categoría y los que la han hecho crecer hasta el momento y lo van a seguir haciendo en el futuro. En efecto, el número de millonarios anónimos, esos que nunca saldrían en programas como *Vidas de ricos y famosos*, es superior al de muchos de esos ricos y famosos que sólo viven de sus sueldos, aunque a veces sean éstos fabulosos.

Los verdaderos portadores del sueño americano son los millonarios anónimos. ¿Quiénes son? Un reciente trabajo sobre el asunto ha estudiado a fondo la categoría. En media, el millonario o millonaria americanos tienen cincuenta y siete años, llevan casados más de veinticinco años con la misma mujer o marido y tienen tres hijos. Dos tercios son dueños de sus propios negocios o son profesionales y se dedican a toda suerte de actividades. Tienen una renta media anual de $247.000 y un valor patrimonial neto de $3,7 millones, pero el millonario típico, el que se encuentra en el percentil cincuenta, tiene un patrimonio neto de $1,6 millones. La diferencia se debe a que los grandes millonarios, que entran también en la categoría, tiran de la media hacia arriba. Por lo general viven con el equivalente de un siete por ciento del valor de su patrimonio y ahorran el resto, un 15% de sus rentas e ingresos. Cerca del 80% son millonarios de primera generación y no han recibido herencias millonarias de sus padres. Están bien educados. Sólo hay un 20% que no ha ido a la universidad, mientras que muchos tienen estudios de posgrado. Suelen vivir frugalmente, trabajan mucho, entre 45 y 55 horas semanales, y viven en vecindades que se podrían considerar de clase media [15].

Es un grupo, por otra parte, abierto a las oleadas de inmigrantes a Estados Unidos. Las personas de ascendencia inglesa (un 10,3% de la población americana), que, por tanto, fueron de los primeros llegados al país, contribuyen con poco más de uno de cada cinco millonarios, pero hay una alta proporción de gente adinerada en los principales grupos étnicos, sean irlandeses, rusos, italianos, franceses o indios americanos. Los más llamativos son los escoceses que, pese a ser tan sólo un 1,7% de la población americana han generado un 9,3% de los millonetis. Entre los grupos étnicos menos representados en el conjunto de la población, los israelíes son los que han tenido más éxito en su incorporación a este grupo.

El nuevo rico americano era un personaje poco atractivo para Scott Fitzgerald y sus amigos europeos, pero es precisamente la imagen en la que se han reflejado los americanos, al menos desde hace un siglo. Al fin y al cabo, ya hace cien años el grupo de los millonarios americanos era igualmente abierto. En 1892 un estudio hecho de Stanley Lebergott mostraba que un 84% de ellos eran precisamente nuevos ricos, gentes que llegaron a serlo por su industria o ingenio y no mediante la recepción de herencias o donativos [16].

---

[15] Thomas J. STANLEY y William D. DANKO, *The Millionaire Next Door*, Longstreet Press, pp. 9-11.
[16] Thomas J. STANLEY y William D. DANKO, *Ibid.*, p. 15.

Ya hemos visto que los capitalistas, aunque no el capitalismo, tienden a brotar entre aquellos sectores de la población que son proclives al espíritu puritano. Los hábitos de gasto de los millonarios anónimos americanos parecen ir en ese sentido. Pero lo importante a nuestros efectos es que son un medio poroso, es decir, constituyen un grupo muy abierto, como lo muestra ese 80% que no son hijos de millonarios. Entrar en esta liga no es imposible. De hecho, como hemos visto, el número absoluto y relativo de millonarios americanos ha crecido notablemente en los últimos veinte años. Tampoco lo es salir, en la medida en que son pocos los hijos de millonarios que pueden consolidar su situación en el tiempo. En estas condiciones, el americano medio puede imaginar la posibilidad de llegar allí si tiene salud y energía, está dispuesto a trabajar duro y le sonríe un poco la suerte. Indudablemente, esa expectativa se revela falsa en la mayoría de los casos, pero el hecho de que muchos lo hayan conseguido convierte a los millonarios anónimos en el anclaje palpable del sueño americano y refuerza la ideología de la sociedad abierta.

¿Llegas a fin de mes con un sueldo anual de un millón de dólares?

Hasta aquí llegaban los ricos, los Amos del Universo, los que presiden el cortejo en la procesión social. Los otros doscientos cincuenta millones de americanos tienen que ganarse la vida con sus manos y su cerebro. Aunque, claro, no todos van en tropel y desatinados. Ese 99% restante de la población también está estratificado y tiene un riguroso orden de precedencia, como es bien sabido. La cosa, sin embargo, es clara: para todo ese inmenso grupo las rentas de su trabajo representan la mayor parte de sus ingresos, como se ve en el cuadro 11.4.

CUADRO 11.4

PROPORCIÓN DEL SALARIO
SOBRE LOS INGRESOS TOTALES ANUALES

$ Anuales	%
Más de $1 millón	33,0
$500.000-$1.000.000	55,4
$200.000-$500.000	68,2
$100.000-$200.000	79,3
$75.000-$100.000	86,1
$50.000-$75.000	87,7
Menos de $50.000	84,9

Fuente: Andrew Hacker, 1997, p. 84

Incluso quienes ganan entre medio y un millón de dóla-res al año se verían en serias dificultades si, por cualquier ra-zón, perdiesen su trabajo, pues se quedarían con menos de la mitad de sus ingresos anuales. Para los tres grupos siguien-tes, que son gente acomodada si se tiene en cuenta que la renta anual media por hogar en 1996 fue de unos $35.500, esa misma situación sería una catástrofe si todo lo que pue-den allegar para sostenerse es menos de un 20% de sus in-gresos. Como, por regla general, ese 20% proviene de di-versas clases de rentas del capital, es muy posible que incluso dejasen de contar con ellas en caso de que su situación de paro se prolongue y tengan que tirar de los ahorros. Si se han de ver en ésas, los del escalón inferior tienen relativa-mente más garantías de que no van a perderlo todo, pues ese 15% de ingresos extrasalariales que se les atribuye está en buena parte formado por programas de ayudas federales y estatales que no desaparecerán.

El escalón máximo de la pirámide social de los asalariados, el siguiente al de los Amos del Universo, lo ocupan los Grandes Visires, vehedores máximos de los palacios pero también mandados de quienes los contratan; los Bufones Mayores de la Corte, que se encargan de que todos lo pasemos muy bien; y los Supremos Fontaneros, los que aseguran que todo vaya a pedir de boca. Es el club del millón anual de ingresos. En 1994 eran 68.064 individuos. Pero esa cantidad es el límite inferior, sólo alcanzado por los más torpes. Porque buena parte de ellos gana mucho, mucho más.

De entre todos, quienes más nos suenan son los actores de Hollywood, las gentes de la farándula y el complejo mundo que se mueve en torno a ellos. Son famosos, sí, pero no son los mejor pagados. Claro que el dinero no lo es todo. Hay cosas que no pueden valorarse en dinero, como que te entreviste Larry King un par de veces al año o que el *National Enquirer* publique en primera página una foto tuya saliendo disfrazado de una clínica de rehabilitación de adictos. Estas pequeñas compensaciones ayudan a pasar el trago de no ver justamente reconocidos los méritos propios y de que otros, menos vistosos, ganen más. Ante todos van quienes producen y dirigen sus propios *shows*. Tomemos los veinte artistas mejor pagados en 1996 y 1997. El primero de todos y a gran distancia es Steven Spielberg ($313 millones), seguido de George Lucas ($241 millones), otro director productor. En el resto del paquete hay tan sólo cinco actores y ninguna actriz. Tom Cruise, con $82 millones, gana la cuarta parte que Spielberg, pero es el primero de ellos. Los músicos ocupan otros cinco puestos. Los mejor pagados de entre ellos son dos grupos que acaban de saltar a la fama, los Beatles ($98 millones) y los Rolling Stones ($68 millones). Entre los artistas de televisión mejor pagados, los primeros son la ubicua Oprah Winfrey ($201 millones) y nuestro afable amigo Jerry Seinfeld ($94 millones). Los cinco puestos restantes los ocupan tres escritores de megaventas (Michael Crichton, Stephen King y John

Grisham) y, quién lo iba a decir, tres magos, David Copperfield ($85 millones) y esa pareja de gomosos que se llaman Siegfried y Roy ($58 millones) [17].

Los Grandes Visires son mucho menos llamativos. La radiografía de los gerentes máximos de las 100 mayores empresas americanas en 1995 es así: cincuenta y siete años de edad, llevan cinco años en el cargo, pues tenían cincuenta y dos cuando fueron nombrados. Sin embargo, llevaban veintiocho años trabajando para sus compañías, es decir, la inmensa mayoría ascendieron los múltiples peldaños de la escala corporativa previa a la cima en la misma empresa. Contra lo que se cree, no se formaron en universidades selectas tipo Ivy League o Stanford. La mayoría provienen de universidades públicas y tienen un grado de MBA (Administración de Empresas). Su sueldo medio anual en los últimos cinco años fue de $2,8 millones y el paquete de acciones que posee en su propia empresa tiene un tamaño medio de $8,4 millones.

Con esto difícilmente se sale en los papeles. Desde luego, sólo el recientemente fallecido Roberto Goizueta de Coca-Cola y Michael Eisner de Disney son los únicos asalariados que han llegado a colocarse entre los cuatrocientos de *Forbes*. Los salarios medios en las compañías que pagan bien están sobre los $8 millones anuales. Entre las otras, algunos hay, como el presidente de Delta Airlines, que no llega siquiera al millón. Pero lo que no se gana en dinero se compensa en poder. No hay en Estados Unidos poder tan amplio ni tan poco controlado como el de un CEO (Chief Executive Officer), al menos mientras las cosas van bien. También es cierto que en caso contrario hay pocos otros sitios en que se tarde menos de un nanosegundo en saltar por la pasarela al mar infestado de tiburones [18].

[17] *Forbes*, "The Top 40 Entertainers: 1997".
[18] Andrew HACKER, *Ibid.*, p. 115.

Dos cosas importantes deben señalarse para este conjunto de millonarios y ambas van el mismo sentido de lo que ya vimos entre los Amos del Universo. La primera es que su número ha crecido mucho. Hay muchos más salarios millonarios en dólares constantes que hace veinte años. En 1979 eran 13.505 y ya hemos visto que llegaron a 68.064 en 1994. Es decir, tomando en cuenta el crecimiento en el número de asalariados, se han multiplicado por cuatro. Una de las razones para este salto es que las compañías se han decidido a competir por las mejores credenciales. Otra, posiblemente, es el descenso de los impuestos en este nivel, así como la capacidad de emplear a excelentes asesores fiscales, muchos de ellos colegas de club, que les alivian en lo que pueden de su carga tributaria.

La otra es su relativa apertura. Hay un camino hacia arriba que es tortuoso y está lleno de peligros, pero muchos son los llamados a iniciar el ascenso y no necesariamente los mejor conectados ni los hijos de papá llegan hasta la cumbre. Hay muchos Michael Dell dispuestos a salir de la nada fabricando computadoras en su cuarto de la residencia universitaria y lo cierto es que la América corporativa busca el talento allí donde se encuentre.

A caballo entre el club del millón y los simplemente buenos ingresos (a partir de $100.000 al año) están los Supremos Fontaneros, entre quienes se cuentan las profesiones liberales clásicas, ésas que cuidan de nuestra salud y de nuestra cuenta corriente, es decir, médicos y abogados. Los mejor situados son los médicos, que llegan a una renta media anual de $176.000, si consideramos a aquellos que tienen consultas privadas y de $150.000 si incluimos a todos. Los abogados están algo por debajo. Su media anual es de $135.000 si son socios de la firma en la que trabajan y de $72.100 si incluimos a todos.

Hay unos 693.000 médicos en activo en Estados Unidos, según datos de la Oficina del Censo. Han triplicado su número desde 1960. La mayor parte de ellos, unos 417.000, son asalariados del sector público o del privado. El resto trabajan en sus consultas privadas o en la burocracia de las organizaciones de salud. Los mejor pagados entre estos últimos son los cirujanos ortopédicos, los cardiólogos y los radiólogos, todos ellos con medias superiores al cuarto de millón anual. Al fondo de la escala están los psiquiatras, los médicos de familia y los pediatras, que ganan la mitad que los anteriores, unos $125.000.

Aunque no pueda decirse que son números espectaculares en relación con los que hemos venido manejando hasta ahora, pertenecer a una profesión que garantiza unos ingresos anuales medios de $150.000 dólares no es ninguna broma. No es de extrañar, pues, el grandísimo poder social de la AMA (Asociación de Médicos Americanos), ni el cuidado con que miman la influencia de su profesión en la opinión pública. Sin embargo, el futuro no parece sonreírles. Han llegado las terribles HMO (Organizaciones para el Mantenimiento de la Salud).

Las HMO son empresas de prestación de servicios de salud que contratan con el gobierno o con las aseguradoras privadas. Sus afiliados sólo pueden elegir entre el plantel de matasanos que, a su vez, las empresas han reclutado y sólo pueden ser atendidos en las clínicas y hospitales gerenciados o subcontratados por la HMO correspondiente. Esto no es muy sorprendente para los europeos, que normalmente tienen asignados por su sistema de salud un médico de familia y una serie de hospitales a los que acudir. Pero no ha sido la norma tradicional del asegurado americano, acostumbrado a elegir el médico que le viniera en gana y a que su aseguradora se encargase de pagar la cuenta después. La limitación en la elección se justifica por el hecho de que las HMO reducen gastos con mucha más eficacia que los sistemas anteriores, abaratan los costes para las empresas y permiten que pueda así revertirse la tendencia hacia el aumento de trabajadores no asegurados, que es pavorosa, unos 40 millones de personas, un 15% de la población, carecían de seguros médico. Entre los pobres el índice llega al 29%.

Para el grueso de los médicos, las HMO, aunque marcan el camino hacia el futuro, no ofrecen perspectivas halagüeñas. En definitiva, les convierten en centros de negocio, pequeñas unidades de las que se espera un beneficio, y les obligan a participar en los mecanismos de reducción de costes, pues sus sueldos brutos dependen en buena medida del bono que se añade o no al salario básico según los beneficios obtenidos por la HMO. También hay sistemas de destajistas que cobran una cantidad fija por acto médico. En un mercado en el que la oferta de médicos crece sin parar no hay que tener mucha imaginación para saber que sus salarios van a virar hacia el Sur.

Estados Unidos es el país con mayor número de abogados *per cápita*. Desde 1960, se han cuadruplicado y en 1995 habían llegado a 894.000. No es de extrañar, pues, que una de las primeras sorpresas del recién llegado a Nueva York sea ver en la TV anuncios en los que se ofrecen los servicios de McIntosh y McIntosh o Hernández y Fernández para cualquier atrocidad civil que a uno se le pueda ocurrir. Que me he caído al suelo durante una fiesta en casa de un amigo por bailar con excesivo frenesí, pues vamos a sacarle unos duros por si acaso tenía el piso demasiado encerado. Que un coche me choca en un semáforo sin producirme ni un rasguño, pues algo habrá hecho, a ver si ganamos para pagar la ortodoncia de los niños. El cielo y la imaginación son el único límite en estos lances.

Los mejor pagados de entre los abogados se encuentran en Nueva York, donde 1.059 socios de las diez grandes firmas ganaban por encima del millón anual de dólares. Siguen de lejos sus equivalentes en Washington D.C., San Francisco y Chicago. Los socios de las grandes firmas de Nueva York ganan casi cuarenta veces la renta media de la ciudad, los de Washington D.C. 19 veces, los de Miami 17 veces. No sorprende, pues, que la posibilidad de ganancias semejantes sea un fuerte atractivo para los jóvenes que pueblan las diferentes escuelas de Derecho del país, ni que la competencia entre ellos haya crecido espectacularmente.

Sin embargo, los abogados tienen algunas ventajas para el futuro en comparación con los médicos. Obtener un título de abogado requiere una inversión menor que la que han de hacer los médicos en tiempo y en dinero. Tras el primer ciclo universitario, uno se gradúa en tres años y los costes actuales no exceden los $60.000 en total, muy lejos de los largos años de estudios y residencia que han de hacer los médicos y de los muchos dólares que eso cuesta. Luego, a lo largo de su práctica, si quieren estar al día los galenos necesitan además asistir a seminarios y sesiones clínicas para aprender el manejo de los aparatos, cada vez más sofisticados, que la alta tecnología inventa, lo que es también una inversión de tiempo y de dinero. Al otro lado, a diferencia de los médicos que han de asistir siempre a a individuos que requieren atención personalizada, los abogados pueden ejercitar numerosas acciones colectivas o trabajar para grandes corporaciones. Esto les permite tener mayores posibilidades de aumentar sus ingresos [19].

Hemos aislado a dos de las grandes profesiones liberales. Podríamos haber hecho lo mismo con otras, como economistas, periodistas, profesores universitarios y demás. Muchos de ellos pertenecen a los Supremos Fontaneros, pero la lista se alargaría en exceso si los incluimos. Por otra parte, con aquellos dos ejemplos basta para destacar lo que nos interesaba. Al igual que ha sucedido con muchas otras profesiones en el pasado, las fuerzas del mercado y de la competencia se han hecho sentir en estos sectores profesionales [20]. Números crecientes de entre ellos han pasado a ser asalariados sin control sobre su trabajo y las formas de realizarlo. Otros, los que se hallan en el escalón superior de las profesiones, han dado directamente el salto al sector empre-

---

[19] Datos tomados de Andrew HACKER, *Ibid.*, cap. 7.
[20] Para un tratamiento general y comparativo, *vid.* Elliott A. KRAUSE, *Death of the Guild*, Yale UP, New Haven, 1996. Para Estados Unidos, cf. cap. 2.

sarial convirtiéndose en dueños de hospitales y grandes bufetes. Por la serie *LA Law* sabemos que en los grandes despachos hay abogados que se especializan exclusivamente en organizar el trabajo interno de la firma. Son las semillas de una nueva estructura burocrática y pronto serán reemplazados por especialistas en estas materias que no necesitarán ser del gremio. Al igual que ha sucedido con los administradores de hospitales y HMOs, en algún momento habrá MBAs dirigiendo los despachos.

Sin duda, éstas no son perspectivas halagüeñas para ellos. Los médicos y, hasta cierto punto, los abogados del futuro tendrán que contentarse con rentas anuales medias menores y, también, experimentarán una mayor diversificación interna entre algunos muy ricos y otros que lo serán mucho menos. En unos años tendrán que ver cómo les ha llegado la era de las expectativas decrecientes. Mucho hijos de cardiólogos van a tener que contentarse con $150.000 anuales en vez de los $300.000 que ganan papá o mamá. Tampoco será para morirse. Por otra parte, desde el punto de vista de los consumidores, la cosa no parece tan grave porque les van a pagar menos. Aunque hasta el momento los gastos sanitarios han crecido por encima de la media de inflación, parece claro que en algún momento la curva comenzará una inflexión a la baja. Como se ha dicho, los abogados cuentan con mejores mecanismos para amortiguar el impacto de la economía *high tech* sobre sus rentas, pero nada les hace inmunes a su evolución.

Casi todo lo que hemos visto hasta el momento confirma el hecho de que, aun con su creciente desigualdad, la estructura de rentas de Estados Unidos no es la de una sociedad cerrada. Tanto en el escalón máximo de los Amos del Universo como en éste de la clase media alta hay una porosidad que permite mantener la expectativa de que todo el mundo puede llegar, *you can make it*, si trabaja y se esfuerza. Desde luego, no hay barreras adscritas a clases o grupos sociales, aunque no deje de ser cierto que muchos parten con bastante ventaja en la carrera. Desde esta perspectiva, la sociedad americana recuerda un torbellino o un *maelstrom*, en el que las diversas partículas tienen una amplia movilidad ascendente y descendente.

El gran distribuidor de oportunidades es el sistema educativo, que es uno de los más eficientes del mundo. Según la Oficina del Censo, en marzo de 1995 un 81,7% de todos los adultos mayores de veinticinco años había completado su educación secundaria (*high school*), lo que es uno de los porcentajes más altos de la OECD. Pero más llamativo aún es el alto porcentaje de personas que han obtenido un título universitario (*college* o más), un 23,6% en 1996. Téngase en cuenta que estamos hablando del conjunto de la población, en donde los grupos etarios más avanzados tenían un porcentaje bastante inferior de grados, lo que tira hacia abajo del porcentaje total. Si nos fijamos exclusivamente en los grupos más jóvenes, los que tienen de veinticinco a veintinueve años, hay 87,3% de personas con educación secundaria y un 27,1% de graduados universitarios [21]. Es decir, se está en el buen camino para cumplir el objetivo de alcanzar un 90% de títulos de educación secundaria para el año 2000, una de las metas educativas que propuso el presidente Bush en 1989.

No vamos ahora a fijarnos en la forma en que la educación se distribuye entre la población según su edad, sexo y raza. Lo que nos interesa es saber si la obtención de un grado puede ser una palanca para la movilidad social, definida esta última en términos de renta. La radiografía actual del reparto de las rentas según los distintos grados de titulación académica en Estados Unidos se encuentra en el cuadro 11.5.

---

[21] Jennifer DAY y Andrea CURRY, "Educational Attainment in the US: March 1995", US Census Bureau, *CPR*, Series P20-489, agosto 1996; Jennifer DAY y Andrea CURRY, "Educational Attainment in the US: March 1996 (Update)", CPR, Series P20-493, julio 1997.

CUADRO 11.5

RENTA POR EDUCACIÓN PARA
MAYORES DE DIECIOCHO AÑOS (1994)

Características	Totales	No Secundaria	Secundaria	Algo Universidad	Universidad	Post Grados
Todos	25.852	13.697	20.248	22.226	37.224	56.105
Hombres	32.087	16.633	25.038	27.636	46.278	67.032
Mujeres	18.864	9.189	14.995	16.928	26.483	39.905
Blancos	26.696	13.941	20.911	22.648	37.996	56.475
Negros	19.772	12.705	16.446	19.631	30.938	48.653
Hispanos*	18.568	13.733	17.323	21.041	29.165	51.898

* Los hispanos pueden ser de cualquier raza

Fuente: US Census Bureau, marzo de 1995.

Si tomamos el conjunto, las grandes diferencias se dan entre quienes tienen y no tienen educación secundaria y entre estos últimos y los graduados universitarios. Con esto coinciden los datos que recogía *Business Week* [22] referidos a 1993. Según éstos, la educación universitaria permite dar un salto respecto de quienes no la tienen. En el caso de los que han hecho menos de los cuatro años del primer ciclo el margen es de un 20%; los graduados universitarios suben más de un 50% y los posgraduados llegan al 75% más.

El sentir común de quienes discuten de estos temas apunta a que la educación secundaria no basta para las exigencias de una economía *high tech*, que requiere habilidades y conocimientos que no se aprenden en la escuela. En consecuencia, quienes no siguen adelante en sus estudios se colocan progresivamente al margen de los sectores más productivos y la consecuencia es que sus salarios decrecen, porque las em-

---

[22] *Business Week*, 20/7/97.

presas necesitan trabajadores con otras cualificaciones. Hasta los años setenta, un trabajador con un título de secundaria podía aspirar a situarse entre las clases medias, pero progresivamente esto ha dejado de ser cierto. Entre 1979 y 1987 los trabajadores jóvenes que sólo contaban con un título de secundaria comenzaron a experimentar una rápida caída de sus ingresos. Desde luego, parece evidente que hay una relación cierta entre la introducción de la economía *high tech* y ese descenso.

Esto es muy preocupante porque, al mismo tiempo, los costes de una educación universitaria han crecido muy por encima de lo que lo ha hecho la inflación media en los últimos años. Los costes medios de una universidad de élite, sólo por enseñanza, están en un rango de entre $18.000 y $23.000 anuales. A esto hay que añadir todo el resto de manutención, vivienda, libros y demás, con lo que la cosa puede ponerse sobre los $30-35.000 anuales.

Aun para las familias que ganan sueldos por encima de los $100.000 anuales estas cifras que, a menudo, se multiplican por dos y tres durante varios años son imposibles si no se ha planeado con tiempo cómo dar carrera a los hijos. Para el resto de la población la situación sería mucho peor. Si la economía *high tech* exige haberse graduado y si los costes de graduación son cada vez más altos, parece que hemos dado con un considerable escollo en las posibilidades de movilidad social de los sectores más pobres de la población, la clase media baja y la baja, los C2 y los D, según la más aséptica calificación de los estudios de mercado.

Pero ésa es una parte del argumento. Junto a las escandalosamente caras universidades de élite y junto a los colegios privados, las universidades públicas ofrecen muy distintas alternativas, todas ellas más soportables. Aquí nos movemos en rangos de $4-8.000 anuales por enseñanza, a menudo reducidos para quienes viven en el estado correspondiente. Esto las hace mucho más asequibles para las familias y permite que muchos estudiantes puedan simultanear sus estudios con un trabajo que les permite pagar por ellos. Muchas de estas instituciones tienen un profesorado excelente y participan en programas avanzados de investigación en distintos campos. Para nada son escuelitas en las que se aparca a los más pobres. Y ya se ha visto que una educación en escuelas de élite no es la única vía para llegar a los puestos máximos de las cien empresas más grandes, algo que también se aplica a todas las demás y en todos sus escalones ejecutivos.

Por otra parte, existen numerosos programas de ayuda para que los estudiantes cualificados puedan seguir adelante con sus estudios sin que la falta de medios sea un problema. Durante la Administración de Clinton, por otra parte, se han aprobado desgravaciones fiscales por cada hijo que estudia. Y, finalmente, existe la posibilidad de recurrir al crédito y comenzar a pagar el capital y los intereses una vez que se ha conseguido un trabajo de graduado. Muchos quedan empeñados para varios años, pero indudablemente estiman que los beneficios de obtener un título universitario exceden con mucho estos inconvenientes.

Pero volvamos a los que no se gradúan en la universidad. Cada vez más los trabajos buenos, ésos que garantizan sueldos de clase media, exigen algo distinto de la repetición de tareas rutinarias y semiautomáticas, en contra de lo que anunciara Frederick Taylor. Lo que se requiere es capacidad de juicio y de iniciativa y eso sólo lo garantiza una carrera. Es lógico, pues, que los graduados de secundaria se queden con los trabajos que exigen menos, muchos de los cuales pueden ser resueltos por los ordenadores y que, en consecuencia, sus salarios caigan en razón a sus escasas exigencias, ¿no? Pues no necesariamente. Para Richard Murnane y Frank Levy, profesores respectivamente del MIT y de Harvard, sin perder de vista la relación entre la economía *high tech* y la caída salarial de los no universitarios, la conclusión es otra. Lo que la economía actual requiere y aquello por lo que los empresarios están dispuestos a pagar buenos sueldos no es tanto un título como una serie de habilidades básicas. Éstas son básicamente seis: capacidad de lectura y en matemáticas al nivel que debería alcanzarse a la mitad de la escuela media; capacidad de resolver problemas; buena comunicación verbal y escrita; uso del computador para realizar diversas tareas (proceso de textos, hoja de cálculo) y buena aptitud para el trabajo en grupo.

Las dos primeras necesidades debería cubrirlas la escuela actual. Sin embargo, en muchas de ellas los niveles de exigencia han caído y no pueden garantizar que todos sus estudiantes las logren. Buena parte de quienes lo consiguen entran en la universidad. Los que no, salen a buscar empleo. Así se origina un círculo vicioso. Los empresarios no quieren contratar a quienes no son más que bachilleres porque temen que no estén a la altura de lo que se les va a exigir. Los graduados de secundaria, por su parte, al ver que sus salarios decaen, carecen de incentivos para mejorar sus resultados. Y vuelta a empezar en círculos de espiral descendente.

No todos. Al cabo de varios años de trabajo, los bachilleres han vuelto a dividirse. Unos, que suelen coincidir con quienes tenían las mejores notas escolares, han podido probar que son capaces de hacer lo que se esperaba de ellos en orden a aptitudes y han aprendido todo aquello que la escuela no les proveyó. En consecuencia, han visto aumentar sus salarios. Otros, generalmente los que sacaban peores notas, se quedan donde estaban y no consiguen mejorar su posición.

Si esto es cierto, parece que sólo hay una conclusión posible: que no es tanto el diploma universitario como el manejo de una serie de habilidades lo que permite aspirar a salarios de clase media [23]. Todas ellas podrían ser aprendidas en la escuela media si se cambiasen sus objetivos y sus métodos, lo que sería un respiro para quienes cuentan angustiados sus ahorros

---

[23] Sobre esto, también Don TAPSCOTT, *Growing up Digital*, McGraw-Hill, Nueva York, 1998, cap. 12.

para saber si sus hijos van a poder estudiar [24]. Para quienes creen que lamentablemente la educación secundaria no va a poder afrontar sus retos y, en general, para las clases medias, el proyecto del presidente Clinton de extender la enseñanza obligatoria hasta los dos primeros años de universidad suenan como una armonía celestial.

C2 Y D: UNA SUERTE POCO ENVIDIABLE

El cuarenta por ciento de la población americana que tiene rentas más bajas incluye un importante grupo de pobres. Vamos a empezar por ellos, para luego aproximarnos al resto, un resto sobre el que hay menos datos y análisis que sobre los demás sectores sociales. Por el contrario, los pobres, en Estados Unidos y en casi todos los países son objeto de atención, pues son el grupo que toda sociedad desearía ver erradicado de su seno y, también, el que indica los niveles tolerables de distancia social entre los diversos estratos.

En Estados Unidos la definición estadística del nivel de pobreza, como hemos visto, comienza en una cantidad que se fija anualmente y se multiplica por el número de miembros de una familia. En 1995 estaba sobre los $15.000 anuales para una familia de cuatro personas.

Como tantas otras variables de las que nos hemos ocupado, los índices de pobreza han seguido una curva en U durante los últimos cuarenta años, es decir, conocieron una disminución relativamente rápida hasta finales de los setenta y, desde ahí, comenzaron a ascender nuevamente. Según la Oficina del Censo de Estados Unidos, el número de personas y la tasa de pobreza cayeron durante los años sesenta, desde 40 millones (22,2%) en 1960 hasta 24 millones (12,1%) en 1969. La tasa

---

[24] Richard MURNANE y Frank LEVY, *Teaching the New Basic Skills*, The Free Press, 1997.

no ha variado en exceso desde entonces hasta 1993 (15,1%), pero el número absoluto de personas en la pobreza ha llegado de nuevo casi a los 40 millones debido al aumento de la población. Los años 1979 a 1983 marcan, pues, un considerable salto adelante de la pobreza. Sin embargo, en los años más recientes, 1996 y 1996, se ha experimentado una ligera mejoría en la tasa de pobreza. En este último año, el total de los pobres era de 36,5 millones y la tasa se situó en el 13,7% [25].

En la actualidad, por razas, el total de la pobreza se reparte de acuerdo con el cuadro 11.6, donde se recogen totales y porcentajes por cada raza.

CUADRO 11.6

POBRES SEGÚN SU RAZA

Raza	000s	%
Blancos	24.650	11,2
Blancos no hispanos	16.462	8,6
Negros	9.694	28,4
Asiáticos e Islas del Pacifico	1.454	14,5
Hispanos*	8.697	29,4

* Los hispanos pueden ser de cualquier raza
Fuente: US Census Bureau, pp. 60-198.

Quiénes son estos pobres americanos es algo que nos podemos figurar si recordamos los análisis precedentes. Ante todo, se encuentran en los hogares monoparentales con cabe-

---

[25] Leatha LEMISON-WHITE, "Poverty in the United States: 1996", US Census Bureau, *CPR*, Series P60-198, 1997.

za de familia femenino. Sólo un 5,6% de los hogares biparentales eran pobres, en tanto que el 32,6% de aquellos lo eran. Aunque estos hogares representan solamente el 18% de todos los americanos, un 54% de los hogares pobres estaban a cargo de mujeres solas. También tienen una alta tasa de pobreza las personas que viven solas (20,8%). Otro rasgo típico de la pobreza era la falta de trabajo. Sólo un 6,7% de los trabajadores eran pobres en 1996, pero lo eran un 22,7% de personas que no tenían un trabajo estable a lo largo del año. Entre las personas con trabajo estable, tan sólo un 10% eran pobres. Habitar en el interior de las grandes ciudades era por regla general otro índice para saber si una persona sería pobre. En 1996, un 43% de todos los pobres vivían en estas *inner cities*. Muchos de ellos, como sabemos, eran negros e hispanos.

En 1996, cerca del 40% de los pobres pertenecían a la categoría de pobres extremos, es decir, aquellos cuyas rentas anuales estaban en la mitad del nivel de la pobreza, unos $7.500 al año. Esta categoría ha ido experimentando un aumento significativo durante los dos últimos años, pues han pasado de 13,9 millones a 14,4. Al otro lado del arco de la pobreza se hallaban 12,8 millones de personas a las que se considera cuasi pobres, con unas rentas anuales superiores en sólo un 25% del umbral de la pobreza.

Hay otra variable predictora de pobreza que causa una justificable inquietud entre los analistas del asunto, la edad. En 1996, un 20,5% de las personas menores de dieciocho años eran pobres. Es decir, lo era uno de cada cinco niños, por comparación con el 14% en 1969 [26]. Cuando el revuelo que causan estas cifras, bastante más notables que las de otros países industriales, sube de punto, se suele recordar que excluyen los beneficios no monetarios que reciben los pobres americanos y que la tendencia de los últimos años se ha encaminado a aumentar éstos y hacer disminuir los directamente pecunia-

---

[26] Leatha LEMISON-WHITE, *Ibid.*, p.V-VIII.

rios. Si se suman a las rentas en dinero las que lo son en especie, como los bonos para comida, los de atención sanitaria a la infancia (Medicaid), los vales por comidas escolares y los subsidios para alquileres, las cosas parecen menos dramáticas. La Oficina del Censo estima que si se incluyen estos beneficios en especie el número total de pobres sería de 27,1 millones y la tasa general de pobreza se hallaría en un 10,2% de la población total [27].

Los mayores de sesenta y cinco años, por el contrario, salen bastante mejor parados. Su proporción entre la población pobre era menor que su proporción en la población tomada en conjunto. En 1996, los mayores de sesenta y cinco años eran un 12% de esta última, pero tan sólo un 9% de los pobres [28]. Como se ha puesto a menudo de relieve, esa mejor situación relativa de los ancianos se debe a la aportación a sus ingresos de los programas de Seguridad Social. "En 1994, la tasa de pobreza entre los ancianos beneficiarios de la Seguridad Social era del 12%; sin Seguridad Social, habría sido cuarenta y dos puntos más alta, es decir, habría llegado al 54%" [29].

Con lo que llegamos a uno de los temas más discutidos en la sociedad americana actual, el de la red de seguridad con la que cuentan sus miembros, sus perspectivas y su justificación moral y social. Ante todo, conviene decir que la tal red efectivamente existe, como lo saben quienes se ocupan de estar informados, aunque a menudo, al oír a algunos críticos del sistema social americano, podría pensarse que fuera verdad lo contrario. No es menos cierto, sin embargo, que el sistema americano de protección pública nació mucho más tarde que en Europa, pues, tras la crisis de 1929, hubo que esperar hasta 1935, en plena presidencia de Franklin D. Roosevelt, para que se instituyese el derecho al retiro. Luego, en 1965, la

[27] Leatha LEMISON-WHITE, *Ibid.*, p. V.
[28] Leatha LEMISON-WHITE, *Ibid.*, p. VI.
[29] Social Security Administration, "Keeping the Promise", 1997, ed. en Internet.

Gran Sociedad de Lyndon Johnson traería el derecho generalizado a la asistencia sanitaria aunque sólo para los jubilados y los pobres. Por otra parte, en el terreno de los principios, la existencia de estos programas dentro del sistema americano conoce una aceptación social mucho menor de la que es habitual en otras latitudes, por las razones que se dirán.

La red de protección pública americana se extiende fundamentalmente en dos direcciones. Una la forman los programas de Seguridad Social que cubren a todas aquellas personas que se hallan de forma estable en una situación que los convierte en titulares estables de derechos sociales, sea por razones de edad, por viudez u orfandad, o por invalidez o enfermedad. Estos beneficios son principalmente de naturaleza monetaria y se traducen en cantidades determinadas de dinero que se canalizan hacia sus beneficiarios mensualmente. El conjunto de programas dirigidos a estos sectores es lo que habitualmente se conoce en Estados Unidos como *Seguridad Social*.

Los programas de Seguridad Social cubrían en 1996 a unos cincuenta millones de beneficiarios y costaron en ese año un total de $337,5 millardos. Las cantidades medias mensuales que recibieron sus beneficiarios fueron de unos $622, alrededor de unas noventa y cinco mil pesetas mensuales al cambio de 1997. Téngase en cuenta que esa media recubre un amplio abanico de distribución que varía de acuerdo con el número de años cotizados y el nivel de ingresos recibido en los años anteriores a la edad de jubilación, que actualmente se halla en los sesenta y cinco años.

Junto a la Seguridad Social, hay otros programas de ayuda a personas en dificultades, que son los programas subsidiados o de bienestar (Welfare). Estos programas se orientan a ayudar a quienes se encuentran en una situación de desempleo crónica, no superan unos determinados umbrales de ingresos, bastante por debajo de la línea de pobreza y tienen hijos a su cargo. Son las llamadas ayudas a familias con hijos a su cargo (AFDC) a las que nos hemos referido con anterioridad.

Estas ayudas tienen un monto mensual variable que estaba en torno a los $335 por familia en los años más recientes. Junto a ellas hay otras ayudas en especie como los bonos de comida, vales para almuerzos escolares, subsidios de alquileres y otras similares.

El conjunto de la protección social se completa con la asistencia sanitaria, limitada en exclusiva a los mayores de sesenta y cinco años (Medicare) y a las personas que no alcanzan un determinado nivel de ingresos en torno a la línea de pobreza (Medicaid). El resto de los ciudadanos carece de asistencia sanitaria pública y la recibe bien a través de sus empresas, bien mediante seguros individualmente concertados, bien mediante otros contraídos en la empresa a los que los trabajadores deben de aportar una parte. Pese a ello, un buen número de americanos carece de seguros médicos. Un estudio reciente mostraba que, aunque había aumentado el número de trabajadores a los que sus empresas les ofrecían la posibilidad de seguro, el número de trabajadores efectivamente asegurados había caído en porcentaje del 63,9% al 60,4% en los diez años que iban de 1987 a 1996. Estos trabajadores sin seguro pertenecían normalmente a los grupos sociales con menores ingresos y la razón de su falta de cobertura estaba en que no podían contribuir a su seguridad ni siquiera la parte alícuota que la empresa les pedía. Con un sueldo de $7 a la hora, pagar una media de $1.596 anuales en contribuciones al seguro privado de enfermedad representaba un 11% de los ingresos anuales totales [30].

A pesar de sus límites por comparación con otros sistemas de protección pública, por ejemplo, en gran parte de los países europeos, el mantenimiento de la Seguridad Social americana, por no hablar de su ampliación, se ve seriamente cuestionado, al menos en algunos de sus elementos básicos. A

---

[30] Peter T. KILBORN, "Low-Wage Workers Often Decline Health Insurance When it is Offered", *The New York Times*, 10/11/97.

ello contribuyen tanto las previsiones económicas sobre sus costos como razones de moral social. A las primeras las podríamos llamar *los terrores del 2030*, por la fecha en que se jubilaría el último de los *boomers* si se mantuviese en los sesenta y cinco años actuales la edad de retiro. Las segundas son *el horror al subsidio*.

No se hagan ilusiones, no hay dinero para pagar a todos los retirados. Los impuestos no pueden subir y la deuda dejará entrampados hasta a nuestros nietos. Eso es lo que sugieren los tremendistas esos que pagan, por ejemplo, el luminoso de la calle 42 esquina a la avenida de las Américas en Manhattan, con su inacabable hilera de tropecientos números que cuentan el aumento de la deuda nacional americana minuto a minuto. Los *brokers* de Wall Street miran enternecidos a sus hijos antes de dejarlos en el colegio sabiendo que cuando sean mayores no tendrán qué comer. Todo por esos malditos viejos cuyo número crece sin cesar sin que eso reduzca su insaciable avaricia, pues todos quieren sus $622 mensuales. Oigan a Lester Thurow, entre cuyas virtudes no se encuentra precisamente la templanza. "En los años que se avecinan, la guerra de clases será probablemente redefinida y no significará la guerra de los pobres contra los ricos, sino la de los jóvenes contra los viejos" [31], ya lo había prevenido Bioy Casares en su *Diario de la guerra del cerdo*. Es verdad que esas parejas de jubilados que recorren el país en aparatosos vehículos vivienda en los que llevan una pegatina que proclama con orgullo *nos estamos puliendo la herencia de los chicos* no resultan un ejemplo de lo que en la jerga de las agencias de relaciones públicas se suele llamar *contención de daños*, pero tampoco es para ponerse así. Los jubilados, en conjunto, viven bien y gastan alocadamente sus pensiones pero uno empieza a entenderles mejor a medida que se acerca peligrosamente a engrosar sus filas.

---

[31] Lester THUROW, *The Future of Capitalism*, p. 104.

Algunas sesudas comisiones han pronosticado que, de seguir las cosas a este ritmo, cada vez más personas mayores y cada vez menos cotizantes en la fuerza de trabajo, la Seguridad Social entrará irremisiblemente en bancarrota. En 1994, una formada por miembros del Partido Demócrata y del Republicano sentenciaba que, a su entender, el presupuesto federal llevaba una marcha imposible por el crecimiento de los gastos fijos y que cada vez iba a quedar menos dinero para financiar los programas verdaderamente importantes para el futuro del país. Los gastos fijos, compuestos por los *entitlements* o derechos adquiridos, es decir, las pensiones y otros gastos que crecen al compás del IPC más los intereses de la deuda pública, terminarían por reducir todos los gastos discrecionales (desde las dotaciones para los ejércitos hasta la educación) a límites cada vez más cercanos a cero.

¿Llegará en verdad la sangre al río? ¿Habrá que cortar hasta el hueso si queremos que antes de su muerte los *boomers* puedan obtener, si no el total de los beneficios que han recibido sus padres, al menos unas zurrapas? El propio organismo que administra la Seguridad Social americana, la SSA (Social Security Administration), estima que, con los datos demográficos actuales en mano, será imposible pagar beneficios completos a todos sus afiliados a partir de 2029 [32] y que en los próximos 75 años el sistema de protección en su conjunto podría entrar en bancarrota.

Para algunos observadores, los pronósticos de la comisión mencionada, los de la SSA y otros parecidos [33] son alarmistas, exageran el ritmo de crecimiento de los gastos sociales y subestiman la capacidad de hacerles frente. Lo que importa

---

[32] SSA, *Ibid.*

[33] Ronald H. MARCKS, "Social Security's Most Basic Infirmity", *The Wall Street Journal*, 12/3/97. El autor señala que en 1953 el beneficio máximo que recibían los retirados equivalía a un 30,5% del salario medio, en 1972 al 33,7%, en 1981 al 50% y que en los noventa ha llegado al 60%.

para el futuro del sistema no es tanto el número total de retirados, sino el de la población dependiente, es decir, los grupos de mayores de sesenta y cinco años y de menores de dieciséis. Si el primero crece, el segundo está disminuyendo y, por tanto, si en términos de la asistencia pública el peso de los jubilados aumentará hasta el año 2030, en el conjunto de la economía disminuirán los gastos en niños y jóvenes, con el correspondiente ahorro. Mantener a un hijo o hija hasta los dieciocho años cuesta unos $145.000 de media, excluyendo los gastos de la educación universitaria, por lo que un número menor de hijos supondrá menores gastos para el conjunto de las familias [34].

Otros señalan que los datos de la SSA recogen la peor hipótesis posible sobre la evolución demográfica americana y sobre el funcionamiento de la economía. En efecto, estos datos estiman que, en los próximos 75 años, la tasa de nacimientos americana caerá hasta 1,9 hijos por mujer, por debajo de la tasa de reposición, lo que contribuirá a disminuir el ritmo de crecimiento económico. Pero conclusión tan negra no se compadece con las proyecciones de la Oficina del Censo, que estiman que la tasa de natalidad se moverá en torno al 2,2 por mujer, ni con el volumen de las corrientes migratorias al que nos hemos referido. En realidad, si los nacimientos y la inmigración crecen a ese ritmo y si el paro se mantiene en torno al 5%, la realidad sería más benévola. De hecho, la Seguridad Social americana podría llegar a tener un superávit en esos próximos 75 años [35].

Entre ambas visiones contrapuestas, sin duda el sistema necesitará de reformas para afrontar la nueva situación, pero hay tiempo para plantearlas. Al menos la discusión ya ha comenzado. A finales de 1996 se conocieron los debates de una comisión nombrada en 1994 por Donna Shalala, la secretaria

---

[34] Gene KORETZ, "Don't Panic over Social Security", *Business Week*, 13/5/97.
[35] *Business Week*, "Social Security: Is the Sky Really Falling?", 2/10/97.

de Salud y Servicios Humanos del presidente Clinton, para proponer reformas al sistema de seguridad social.

Al igual que en muchos países que se enfrentan con los mismos problemas, la comisión vio aparecer en su seno dos posturas en principio irreconciliables. Para seis de sus trece miembros, la mejor solución a largo plazo es el mantenimiento del sistema actual de pensiones financiadas públicamente, aunque abierto a la posibilidad de que parte de los fondos recaudados se inviertan en acciones bursátiles y no sólo en bonos del tesoro, de menor rentabilidad, como hasta el momento. Por el contrario, otros cinco miembros pensaban que el sistema necesitaba de un cambio radical y que debería basarse en una mayor responsabilidad de sus beneficiarios. Según eso, el sistema público de pensiones debería tener dos tramos. El primero sería similar al actual, pero tendría la mitad de su cuantía. El segundo estaría compuesto por las cuentas de ahorro forzosas abiertas en favor de cada trabajador y financiadas con el 40% de las cuotas que actualmente se pagan a la Seguridad Social. El futuro económico de cada trabajador dependería de la forma en que manejase su cuenta a lo largo de los años [36].

Por el contrario, otros programas de asistencia pública, como los que proveían de subsidios a determinadas categorías sociales, han conocido un horizonte de cambio mucho más rápido. Como hemos visto, uno de los caballos de batalla de los republicanos, y de muchos demócratas, durante los últimos años han sido los valores familiares. Se supone que buena parte de los males morales que le afectan provienen del aumento de la filiación ilegítima, de las madres solteras y de la ausencia de una figura paterna en muchos hogares. Todo ello redunda en mayor delincuencia, en creciente consumo de drogas y en menor amor al trabajo. Las ayudas fe-

---

[36] Robert PEAR, "Panel in Discord on the Financing of Social Security", *The New York Times* , 8/12/96.

derales a esos hogares, que son generalmente los más pobres, han creado una espiral descendente, se dice. Es *el horror al subsidio*.

Con independencia de que en sus orígenes los subsidios a las personas más pobres de la sociedad estuvieran bien o mal concebidos, se apunta que han acabado por crear una espiral de dependencia. Las madres pobres, entre las que en porcentaje las negras y latinas se llevan la palma, reciben un subsidio que les invita a no buscar trabajo, lo que a su vez les anima a seguir teniendo hijos para aumentarlo y vuelta a empezar. Aparecen las reinonas del subsidio (Welfare Queens) que consideran que la sociedad tiene la obligación de alimentarlas hagan lo que hagan. Aunque a menudo se exagere sobre el asunto, esa actitud es muy poco grata para la mayoría en una sociedad en la que no se concibe bien que pueda comer quien no trabaja. Los defensores de los valores puritanos, reforzados por el crecimiento de aquellas tendencias indeseables, encontraron así un lema que ha sido aceptado por muchos sectores sociales: hay que pasar del subsidio al trabajo, *from welfare to workfare*.

En la campaña electoral de 1996, el presidente Clinton aceptó una propuesta del GOP para cambiar la filosofía y el funcionamiento de los programas de subsidios tal y como habían venido funcionando. La ley que se aprobó el 31 de julio de 1996 disponía que, en vez de un periodo ilimitado de recepción de subsidios, los pobres americanos no podrían acogerse a ellos por un plazo superior a cinco años a lo largo de toda su vida. Más aún, esos cinco años no pueden agotarse de una sola vez. Los actuales beneficiarios dejarán de percibir subsidios así que pasen dos años de permanencia en el programa. Por otra parte, tampoco habrá ya una definición federal única de los beneficiarios. El presupuesto para estos programas se trasladará íntegramente a los estados, que serán los encargados de administrarlo con bastante amplitud en cosas tales como los requisitos para recibirlo, los programas de reciclaje para el trabajo o el modo de reducir la dependencia a largo plazo [37].

Las críticas a la nueva ley no tardaron en hacerse oír. Ya durante su tramitación se acusó a Clinton de propiciar que un millón adicional de americanos fueran a engrosar las filas de los pobres. Otros analistas estimaban que no existían los trabajos necesarios para que quienes se vieran obligados a salir del subsidio pudieran ganarse la vida, pues éstos eran generalmente parados de larga duración, enfermos mentales o drogadictos, categorías todas ellas muy poco aptas para someterse a la disciplina del mercado de trabajo. "El mercado de trabajo, aun en su presente estado recalentado, no es benévolo para la gente con escasa educación y con pocas habilidades que vender, con malos hábitos de trabajo y con diversos problemas personales y familiares que interfieren con la asistencia regular y puntual al trabajo" [38]. El éxito de la reforma de las ayudas a los pobres dependerá precisamente de que ese núcleo duro de subsidiados pueda encontrar empleo.

No es fácil, pero la reforma ha llegado en un momento económico favorable. Con una economía en plena expansión y unos índices de paro por debajo del 5%, muchos acogidos al subsidio han encontrado empleo. A comienzos de 1998, la Administración podía enviar un mensaje alentador: menos de un 4% de los americanos, es decir, menos de diez millones de personas, se hallaban enroladas en programas de ayuda subsidiada en 1997. Desde 1994, en que llegaron a 14,4 millones, se ha experimentado una caída del 29% [39].

Tal bajada en el número de subsidiados parece apuntar en un sentido que no coincide por completo con el de los par-

[37] *The Economist*, "An Experiment in the Darkness", 3/8/96.
[38] Peter Edelman, "The Worst Thing Bill Clinton Has Done", *The Atlantic Monthly*, marzo 97.
[39] Robert PEAR, "Welfare Rolls Lowest since 1971, Administration Reports", *The New York Times*, 21/1/98.

tidarios de esta reforma, a saber, que, si se les da una oportunidad, hasta los parados de larga duración prefieren ganarse la vida con el trabajo que con las ayudas federales. La cuestión, empero, es otra: que esa condición depende de la situación de la economía. ¿Qué sucederá el día, que alguna vez ha de llegar, pues los ciclos de los negocios, con todos sus cambios, parecen ser tan seguros como la muerte y los impuestos, qué sucederá, decimos, el día en que el mercado de trabajo se encuentre en una situación menos brillante que la actual?

Otro de los sectores de la red de asistencia pública cuyo funcionamiento está siendo ampliamente debatido es el de la cobertura sanitaria. El seguro de enfermedad se enfrenta con los mismos problemas de rápido crecimiento futuro de sus beneficiarios y de escasa cobertura presupuestaria que hemos apreciado en la Seguridad Social. Pero, con mayor unanimidad que en lo referente a la Seguridad Social en sentido estricto, la asistencia médica, se estima, necesita de una profunda renovación. La misma comisión del Congreso que estudió la primera en 1994 llegaba a la conclusión de que los gastos de la sanidad marchaban al galope y pronto estarían fuera de control. En 1990 representaban un 3,3% de los gastos presupuestarios, pero en el 2020 estarían a punto de llegar al 10% del presupuesto, es decir, habrían crecido en un 300%. Ya hemos dicho que aquella comisión pareció ser excesivamente pesimista en sus proyecciones, pero la mayor parte de los observadores insiste igualmente en lo desbocado de esta partida presupuestaria. Paul Krugman, por ejemplo, ha puesto de relieve que el gasto total, público y privado, en sanidad representaba en 1970 un 7,3% de la renta nacional, que en 1980 había subido al 9,1% y que en 1993 estaba en torno al 13%, casi el doble de porcentaje en unos veinticinco años [40]. Lo que no están tan claras son las causas del fenómeno. Al menos no hay acuerdo sobre ellas.

---

[40] Paul KRUGMAN, *The Age of Diminished Expectations*, p. 74.

Es obvio que existe en la sanidad un amplio grado de fraude y de derroche por parte de practicantes y beneficiarios. En 1997, un informe de auditoría federal estimaba que su volumen podría representar unos $23 millardos en un conjunto que está sobre los $200 millardos, es decir, en torno a un 10% del gasto no cubriría los objetivos para los cuales fue previsto. No es extraño que, en estas condiciones, se oigan numerosas voces que recomiendan que la gestión de la sanidad pase totalmente o en una buena parte a empresas privadas reclutadas de forma competitiva.

Otros analistas, aunque tal vez lleguen a las mismas conclusiones, estiman que el fallo fundamental del sistema deriva de las propias limitaciones del sistema actual. Medicare, el programa de asistencia sanitaria que cubre a todos los mayores de sesenta y cinco años, tiene importantes lagunas. Por un lado, impone un deducible automático de $100 por acto médico, tras del cual los pacientes han de soportar aún un 20% de los honorarios médicos, cualquiera que sea su monto. También tienen que sufragar parte de los gastos de hospitalización en los que puedan incurrir. Como es lógico, por la otra parte, los beneficiarios suscriben en masa algunas pólizas privadas adicionales que les aligeran de esas cargas. Tan pronto como se ven libres del pago de los deducibles, la fiesta, es un suponer, empieza de verdad y nadie repara en gastos, con lo que no hay incentivos para que el sistema reduzca sus costos [41].

Desde otra perspectiva, las cosas deben objetivarse algo más. No es la concupiscencia por el servicio médico lo que resulta tan caro, sino la propia estructura del sistema. Por un lado, el volumen de los gastos médicos ha crecido por el propio avance de la medicina moderna. Pero el costo de los nuevos sistemas es cumulativo y su uso cada vez más difundido. Hace veinte años, con un análisis y, tal vez, unas radiografías se con-

---

[41] John C. GOODMAN, "...And the Death of Medicare's Monopoly", *The Wall Street Journal*, 5/8/97.

cluía una buena parte de los exámenes. Hoy son cada vez más frecuentes los usos de diversos escáneres y de las resonancias magnéticas. Otrosí se dice de los procedimientos quirúrgicos. Todo lo cual lleva a una inevitable conclusión, que los servicios médicos suben y suben sus precios, mucho más rápidamente que la inflación [42].

Todo ello plantea serios problemas morales que necesariamente han de ser respondidos por la sociedad. ¿Es deseable mantener un sistema de salud que cubra todas las necesidades de todos los pacientes potenciales, pese a que cada uno de ellos pueda tener la idea de que en lo tocante a su salud no debe de repararse en gastos presupuestarios, aunque se encuentre en un estado terminal? ¿Es posible? ¿Habrá que racionar la atención médica y, en su caso, cómo? No son preguntas con respuestas de confección, sino que, por el contrario, necesitan de un amplio debate porque los problemas que encierran son importantes y numerosos.

En Estados Unidos, consecuentes al fin y al cabo con el principio de que cada uno es responsable de sus actos y, por supuesto, de su salud, hay una amplia aceptación del principio de que la atención sanitaria pública debe ser racionada. Una de las propuestas es aumentar la edad en la que se pueda disfrutar de sus beneficios desde los sesenta y cinco a los sesenta y siete años, retraso que iría paralelo al de la jubilación. Pero no todo es sencillo. Semejante retraso sería injusto para los trabajadores con menor grado de especialización, precisamente los que ya están experimentando las dificultades de mantenerse a flote en la economía *high tech*. Mientras que los trabajadores bien cualificados y los sindicados suelen trabajar en empresas que mantienen seguros médicos para ellos, ése no es el caso de los primeros, muchos de los cuales prefieren no tener seguridad antes que desembolsar la parte que les corresponde en el pago de la misma. Por otra parte, dejaría en una situa-

---

[42] Paul KRUGMAN, *Ibid.*, pp. 75 y ss.

ción difícil a los trabajadores que decidan retirarse anticipadamente [43].

Lo que parece seguro es que, como parte de las medidas para la reducción del déficit público, la asistencia sanitaria será racionalizada y posiblemente racionada, en el sentido de definir unos servicios mínimos susceptibles de ser ampliados mediante pólizas individuales adicionales o, en otra alternativa, imponiendo que los sectores más acomodados hayan de pagar por al menos algunos servicios sanitarios.

En cualquier caso, aparte de los dilemas morales que el asunto plantea, desde un punto de vista político la reducción de los programas sanitarios que cubren al conjunto de la población mayor de sesenta y cinco años no será una tarea sencilla. A diferencia de las madres solteras pobres, que carecen de organizaciones de defensa de sus intereses, y de los niños, que no pueden votar, los mayores son una parte muy importante del electorado y pueden decidir la suerte de muchos candidatos, por lo que todos los políticos se andan con pies de plomo en estas materias.

Como se ha dicho, la información sobre el resto de la sociedad americana, esos sectores que superan la línea de la pobreza y llegan hasta el percentil 80 en la distribución de la renta, no es muy amplia, pese a la importancia numérica del sector. Más que con datos macroeconómicos y estadísticos, aquí nos encontramos con impresiones y juicios subjetivos sobre la propia capacidad económica y su evolución, así como la autoasignación del estatus de clase media. Por otra parte, más que como asalariados y jornaleros, los miembros de este colectivo tienden a ser analizados en cuanto consumidores por estudios de mercado y en los llamados análisis o críticas culturales sobre la función social de los símbolos, el consumo conspicuo y demás. Son asuntos apasionantes, pero atenderlos de-

---

[43] Robert D. REISCHAUER, "Two Years that Make a Big Difference", *The New York Times*, 13/7/97.

mandaría una reflexión sobre la cultura americana de masas que no puede ser abordada ahora. Por eso nos contentaremos con algunas ideas generales sobre algunos aspectos que hacen referencia a la cohesión social de la sociedad americana.

Ante todo, estos estratos tienen un gran peso sobre el funcionamiento de la economía americana. El consumo interno genera dos tercios de la producción americana y es la variable clave para el buen comportamiento de la economía. Los movimientos pronunciados al alza o a la baja en los diferentes índices de confianza de los consumidores son generalmente el mejor índice para conocer las posibilidades de que se produzca una recesión o una fase expansiva a corto plazo. De ahí la atención que les presta Wall Street.

En segundo lugar, aunque desde la teoría económica se insista en que llevamos años instalados en una etapa de expectativas decrecientes, nada lo haría pensar cuando nos colocamos en la perspectiva de los consumidores. Los estudios económicos resaltan, con buen acuerdo, el crecimiento de la productividad y del bienestar en los años dorados que van del fin de la II Guerra Mundial hasta el comienzo de los setenta y la contrastan con la ralentización posterior. Pero lo cierto es que lo que podríamos llamar elenco de "necesidades básicas" de las que gozan una buena parte de las familias americanas se ha extendido de forma espectacular desde los setenta hasta hoy, como puede verse en el cuadro 11.6, donde se recoge el porcentaje de americanos que considera cada uno de esos aparatos como una necesidad en su vida.

Aunque es constante en la mayoría de las encuestas la manifestación de que el dinero que se gana no basta para permitirse todos y cada uno de esos objetos, es indudable que los índices de consumo dicen que la *norma social básica* se aproxima bastante a las expectativas y que son muchas las familias americanas de clase media que consiguen tenerlos.

CUADRO 11.6

LAS "NECESIDADES" CAMBIANTES (%)

	1973	1991	1996
Segunda TV	3	15	10
Lavavajillas	10	24	13
Videocasete	—*	18	13
TV por cable	—*	26	17
Contestador telefónico	—*	20	26
Ordenador personal	—*	11	26
Microondas	—*	44	32
Segundo automóvil	20	27	37
Aire acondicionado en coche	13	42	41
Aire acondicionado en casa	26	47	51
TV	57	74	59
Lavadora	88	82	86
Secadora	54	74	62
Automóvil	90	85	93

* El objeto no existía en la fecha
Fuente: Juliet B. Schor, *The Overspent American*, p. 17.

Hay quien cree que, a menudo, su posesión es vicaria, en la medida en la que muchos de ellos se compran a crédito con dinero plástico. La proliferación de tarjetas de crédito ha sido una de las constantes de los últimos veinte años y eso ha hecho aumentar las deudas de las familias. "La deuda de los consumidores, sobre todo en tarjetas de crédito, ha subido hasta un inusual 21% de la renta disponible para pagarla" [44]. Pero esto parece una exageración. Las deudas de las familias no provienen fundamentalmente de las tarjetas de crédito. De hecho, la parte que más ha crecido en la deuda familiar es la de la renta disponible que se destina al pago de las hipotecas [45]. En definitiva, eso no significa otra cosa que una casa en propiedad es cada vez más parte principal del modo de vida americano, lo que arrastra un aumento de los patrimonios familiares en relación con épocas históricas anteriores. De hecho, la relación entre el valor de esos patrimonios y la renta personal disponible ha llegado a ser de un 5,8 en 1997. A ello no sólo ha contribuido el crecimiento de valor del parque inmobiliario, sino también otros fenómenos propios de este fin de siglo como el aumento en las participaciones bursátiles de muchos americanos, la subida de la bolsa, las bajas tasas de interés o la extensión de los planes privados de jubilación.

Así pues, frente a lo que tiende a ser sabiduría común, a saber, que los hogares americanos están comidos por las deudas [46] y que la clase media se halla en franca retirada, lo cierto es que las cosas no parecen ser tan dramáticas. La deuda de las familias americanas ha tendido a crecer durante los últimos años pero se encuentra aún lejos de la situación de finales de los ochenta. El nivel de vida de la inmensa mayoría de los hogares sigue siendo muy alto y crece aún. Todo ello contribuye a la notable cohesión social de que hace gala Estados Unidos en la actualidad.

---

[44] Louis UCHITELLE, "The Dark Side of Optimism", *The New York Times*, 8/3/98.
[45] "Economic Report of the President 1998", *US Government Printing Office*, Washington, 1998, pp. 64 y ss.
[46] Juliet B. SCHOR, *The Overspent American*, Basic Books, Nueva York, 1998, caps. 4 y 5.

EL SISTEMA AMERICANO

Buena parte de los europeos que, como turistas conocen, incluso bien, Estados Unidos tienden a creer que el país es, más o menos, similar a los de la Europa occidental sólo que más grande. La última parte de la proposición es cierta. En extensión geográfica, en tamaño de la población, en el volumen de su mercado interior, en su producción cultural, Estados Unidos es de grandes dimensiones. Pero en su caso, pongámonos hegelianos por una vez y sin que sirva de precedente, la cantidad ha devenido calidad. No estoy haciendo un juicio cultural, me limito a decir que, bajo la semejanza fisonómica, la americana no es una sociedad justo como las europeas sólo que bastante más grande. Es una sociedad distinta. Muchas de sus gentes son, sí, de ascendencia europea, la mayoría de sus creaciones intelectuales se encuadran en lo que se ha llamado la civilización judeocristiana, buena parte de su cultura de masas ha pasado a Europa y aquí hemos llegado incluso a creernos que es nuestra. Todo eso es verdad, como lo demuestra la convertibilidad de muchos de nuestros conceptos y valores básicos.

Sin embargo, el sistema americano se asienta sobre estructuras y conceptos que son una variedad específica, algo que no coincide por completo con el acervo que comparten los europeos. Cuando se tiene la oportunidad de vivir allí puede verse que la diferencia va incluso más allá del entusiasmo por la pena de muerte y de la defensa del derecho a estar armado, cosas ambas bastantes chocantes para los habitantes de este lado del Atlántico. Ante todo, el sistema económico y social de Estados Unidos responde más que ningún otro de los que conocemos al modelo que los liberales clásicos, como John Locke, David Hume, Adam Smith, David Ricardo, Jeremy Bentham o Emanuel Kant —curioso esto de que el más grande de los filósofos alemanes fuera tan poco teutón— tuvieron en las mientes cuando propusieron los principios básicos de la sociedad moderna, de mercado o capitalista.

El modelo, tal y como ha sido practicado en Estados Unidos, ha atravesado por sucesivas fases, desde una sociedad rural de pequeños y medianos propietarios, pasando por la industrialización y la creación de grandes compañías multinacionales, hasta llegar a la economía *high tech*, basada en las empresas globales de información, comunicaciones y servicios que hemos descrito en la segunda parte de este libro. La sociedad americana, en sus tres siglos y medio de historia, ha pasado de ser un territorio de segunda en el imperio británico, fueron más importantes el Raj y hasta las Indias occidentales, a convertirse en la única gran potencia mundial de comienzos del siglo XXI.

Sin embargo, muchos de los elementos básicos de su organización social han permanecido estables. Por toda la adaptación de Estados Unidos a las necesidades de su economía y a su rango de gran potencia hay algunos principios que perduran desde la llegada de los *pilgrims*, tanto en su época colonial como luego al formarse el estado independiente y soberano. El primero y principal es la primacía del mercado. Estados Unidos es sobre todo eso, un lugar donde se compra y se vende de todo, donde se produce para vender a los demás y donde el beneficio comercial es la piedra angular de la vida social. Las transformaciones y adaptaciones del mercado americano a las circunstancias de su desarrollo son las principales causas de sus diferentes etapas económicas y sociales. Todo lo demás, la política y la cultura, giran en torno a las necesidades del modelo básico y las relaciones sociales, aunque son más ricas que tan sólo eso, se fundamentan en el nexo monetario.

Esto es lo que da su especificidad al contrato social americano, mucho más parecido al que entreviera Locke que a la dura asociación para la defensa colectiva bajo la ley que propusiera el divino Hobbes. La sociedad americana se concibe a

sí misma desde sus orígenes como un compuesto de individuos que se asocian libremente para gozar con mayor seguridad de los recursos y propiedades de los que ya disfrutaban en
el estado de naturaleza, es un decir, porque todos sabemos
que el tal estado natural, ni en su versión de guerra incesante
ni en la más romántica del buen salvaje de Jean-Jacques, ha
sido nunca otra cosa que una construcción racional. Aunque
tal vez las primeras colonias americanas del siglo XVII, con sus
territorios ignotos y escasamente poblados, fueran lo más cercano que se ha conocido al estado de naturaleza, con sus mí-
nimas regulaciones sociales, que los pensadores europeos de
la época fabulaban.

A esta sociedad nueva, a este país-mercado, le iba como
anillo al dedo la ideología puritana del individualismo. La europea de la época era una sociedad estamental, con férreas distinciones entre señores y vasallos, entre nobles, clérigos y gente del común y casi todo el mundo sabía cuál iba a ser su lugar
social, inmutable desde la cuna hasta la sepultura. En ellas, las
oportunidades de ascenso estaban tasadas y la mayoría de los
caminos hacia la movilidad cegados. No así al otro lado del
Atlántico, al menos en la América del Norte, ya que la hispa-
no-lusa reproducía las pautas señoriales de la metrópoli. En
Virginia, en Massachussets, en Connecticut, en Rhode Island,
no hubo que plantearse la revolución burguesa, pues desde sus
inicios toda la sociedad era de esa condición. El individualismo
ético florece sobre las grandes oportunidades de ascenso y movilidad sociales que el nuevo mundo ofrece.

A menudo se supone que Daniel Defoe es uno de las mejores retratistas del capitalismo moderno en sus comienzos y
que su *Robinson Crusoe* es un microcosmo concentrado de
lo que esta sociedad puede generar. No es ésa mi opinión.
Robinson, amén de ser un superviviente en lucha contra la
necesidad, si acaso, era un calvinista en estado puro, por ello
se tomaba tantos trabajos para acoplar sus escasos medios a fin
de defenderse de la naturaleza hostil de la isla de Juan Fernán-

dez. El suyo puede haber sido el triunfo del espíritu del capitalismo, con su contabilidad por partida doble y todo lo demás, pero, como ya se apuntó, entre ese espíritu y el funcionamiento práctico del sistema hay una gran diferencia. Su hombre Viernes era un siervo y no un trabajador asalariado. Para mí, la intuición genial de Defoe no está en su *Robinson*, sino en otra novela que leo casi con más gusto, su *Moll Flanders*. No sé por qué hay quien cree ver en ella una de las primeras novelas eróticas, aunque tal vez por eso cuando la pasaron a la pantalla trataron de presentarla como otra *Fanny Hill*. Nada tan lejos de la realidad ni de las intenciones de Defoe.

Moll Flanders, como aquel Cornelio Caproni del cuento, tocador de cuerno inglés y natural de Turín, que lo estaba para el adulterio de su esposa, era una predestinada. No para el infierno calvinista en la otra vida, aunque seguramente también, sino para el muy tangible de ser pobre en Londres durante los tiempos de la reina Ana. Su vida la resume magistralmente Defoe ya en el título de la obra: *Fortunas y desventuras de la famosa Moll Flanders, que nació en Newgate y durante una vida de numerosos avatares que duró sesenta años además de los de su infancia fue ramera durante doce años, estuvo casada cinco veces (una de ellas con su propio hermano), ejerció de garduña durante otros doce, fue desterrada por otros ocho a Virginia como criminal, y allí finalmente se hizo rica, vivió honestamente y acabó sus días como penitente.* Difícilmente se puede dar más en tan poco espacio.

Cuando la novela acaba, tras diversas vicisitudes en América, Moll Flanders es una señora, dueña de una pequeña hacienda y tiene un pasar relativamente próspero. Aunque es cierto que Defoe fue un espía *whig* en varios pasos de su agitada vida, puedo asegurar que no pertenecía a la CIA y que nadie le pagó para hacer publicidad del sueño americano. Lo que le había sucedido a la Flanders era algo más mundano, que la fortuna le dio esa oportunidad que nadie le extendía en Inglaterra y, como tantos otros, usó de su ingenio para aprovecharla. La cortesana ociosa se tornó trabajadora infatigable y la ladrona

que fuera cedió el paso a una pequeña propietaria así las circunstancias le permitieron utilizar sus talentos. Igual que tantas chicas del *saloon*, o es que no recuerdan a Angie Dickinson,
las piernas más bonitas al oeste del Pecos, en *Río Bravo*.

La primacía del mercado y el individualismo fueron, hasta cierto punto, valores elegidos por los primeros americanos.
Encontrarse con un territorio escasamente poblado por pueblos recolectores y cazadores fue un accidente histórico del
que, sin embargo, supieron sacar partido. Pero el sistema
americano se complementa con otros rasgos que no dejan de
tener su importancia.

Como buen sistema católico, la sociología tiene sus profetas (por ejemplo, Saint Simon, Comte, Spencer) y sus padres
de la Iglesia que, a su vez, se dividen en los de la Iglesia oriental (Durkheim, Weber, Pareto) y los de la Iglesia occidental,
que es la sociología americana. Entre los últimos destacan sobre todos Parsons, Merton, Bell y Lipset. Cada uno de ellos ha
hecho muy importantes aportaciones a la comprensión de las
sociedades modernas, pero Lipset ha tratado de explicar recientemente las razones de la diferencia entre Estados Unidos
y el resto de las sociedades modernas. A su modo, propone una
solución para la paradoja de Moll Flanders.

Para Lipset, Estados Unidos constituye una excepción
histórica en un sentido nada profético. Lo único que se quiere
decir con ello es que, como hemos apuntado, a diferencia de
Europa, desde sus comienzos, la sociedad americana es una
sociedad nueva en la que alcanzar la riqueza es una preocupación más importante que la de mantener el estatus. Es decir,
Estados Unidos supo librarse de las obsesiones del antiguo
régimen europeo, evitar las aspiraciones de superioridad innata de las aristocracias y construir su sociedad en torno al
principio de *tanto tienes, tanto vales*. Un principio profunda
mente igualitario en aquel medio, pues se partía de la base de
que casi todos podían tener la oportunidad de formar su propio patrimonio. Ya no sería la cuna, sino la tierra callada, el

trabajo y el sudor quienes se encargarían de establecer una jerarquía social apropiada y razonable en la que se reconocerían los esfuerzos individuales. Es la sociedad burguesa en estado puro, sin una historia previa que trabe su expansión.

Pero hay otro factor menos resaltado por los observadores que, sin embargo, Lipset cree fundamental para la aparición del excepcionalismo americano. Mientras que en Europa la Iglesia católica había compartido con la nobleza una desconfianza idéntica hacia la sociedad burguesa, las Iglesias y las confesiones inconformistas americanas impidieron la reaparición de la alianza entre la aristocracia, el trono y el altar. A menudo se insiste en la profunda religiosidad del pueblo americano, lo que es cierto, y aun hay quien dice bobadas como que Estados Unidos es una democracia religiosa, pero se repara poco en el papel democratizador e igualitario que tradicionalmente han desempeñado allí las sectas religiosas [47]. Las diversas disidencias, mucho menos burocratizadas que la Iglesia católica o el episcopalismo luterano, fueron a menudo aliadas de las causas inconformistas y defendieron el individualismo americano. Sobre todo, pues les iba la vida en ello, fueron acérrimas defensoras del principio estrictamente burgués de la igualdad ante la ley y con ello conformaron el modo específico en que los americanos tienden a enmarcar el complejo asunto de la desigualdad social. Entre los diversos espacios en los que se puede medir la igualdad, como ha recordado Amartya Sen [48], los americanos suelen limitarse a pedir un tratamiento igual para todos, con independencia —relativa— de las circunstancias sociales de cada quién. Los organismos reguladores estatales deben limitarse a marcar unas reglas de juego similares para todos. Cómo utilizarlas en beneficio propio queda al arbitrio de cada cual. De ahí proviene la singular

---

[47] Seymour Martin LIPSET, *American Exceptionalism*, W. W. Norton & Co., 1996, pp. 60 y ss.

[48] Amartya SEN, *Inequality Reexamined*, Harvard UP, 1992, cap. 9.

aversión de la mayoría a aceptar la dinámica del caso especial. Para ellos, al menos en su país, la experiencia demuestra que el tesón y el esfuerzo individuales, unidos a una cornucopia de oportunidades, permiten buscar la felicidad con mayor eficacia que ninguna otra estrategia. Todo el debate sobre la acción afirmativa para mujeres, negros, latinos y demás no refleja otra cosa.

Mercados eficientes, méritos reconocidos según el esfuerzo y el trabajo de cada individuo, búsqueda del bienestar material, inconformismo, múltiples oportunidades, tales son algunos de los pilares de la sociedad burguesa de nueva planta que se creó en Estados Unidos con caracteres muy propios. Con razón entienden allí que son principios distintos de los que animan el impulso europeo hacia el Estado del bienestar con su miríada de regulaciones, situaciones especiales y un intrincado casuismo que ni los más expertos jesuitas barrocos serían capaces de desbrozar.

Hay otro elemento del sistema americano por el que debo confesar una abierta admiración: la gran desconfianza hacia las soluciones burocráticas para los problemas sociales y el escepticismo tan común ante la pretensión de que los gobiernos son imprescindibles. Thomas Jefferson, uno de los fundadores de la democracia americana, solía decir, más o menos en estos términos, aquello de que "el mejor gobierno es el que no existe". Una convicción que compartía con los más lúcidos liberales del XVIII y que está en las antípodas de la utopía romántica de Rousseau y los conservadores alemanes de la derecha hegeliana. De los liberales la tomaron los anarquistas y hasta el propio Marx en sus momentos más inspirados, como cuando escribió la crítica al programa de Gotha. Luego vendrían Tío Vladimiro, Tío José Stalin y el camarada Mao Zedong a enseñarnos lo que vale un peine, pero ésa es otra cuestión.

Lo cierto es que los americanos repiten a menudo aquella declaración libertaria propia de las gentes de bien. Posiblemente no llegue a ser nunca más que eso, una declaración.

Pero es un buen indicador de sus actitudes ante el poder. Por ejemplo, les hace ser sumamente reacios a aceptar nuevos impuestos, extremadamente tacaños para con todos los programas públicos de asistencia social y sospechosos de los pobres, que no han logrado desprenderse de la letra escarlata con que los marcara Calvino. Esta ideología, que se acomoda bien con lo que hoy suele entenderse por neoliberalismo, no es, sin embargo, exclusiva de la opinión estrictamente conservadora. Son muchos en el centro y hasta en la izquierda liberal quienes ven con recelo cualquier actividad pública y quienes prefieren las actividades de caridad privada a los derechos adquiridos que garantizan los programas de Seguridad Social. Nicholas Leman ve en esa desconfianza hacia el gobierno —en el sentido amplio de instituciones burocráticas públicas— uno de los elementos básicos del contrato social tácito que rige aún hoy en Estados Unidos. "La idea de que el gobierno es la quintaesencia de los fines más altos y más grandes de una nación, lo que debería causar lealtad y orgullo entre la ciudadanía, esa idea se halla hoy por completo extramuros del consenso" [49].

Sobre la base de esos principios el sistema americano ha funcionado bien a lo largo de su historia y lo sigue haciendo. La gran mayoría de los ciudadanos de ese país suscribe el contrato social actual, el conjunto de políticas y posibilidades que hemos descrito parcialmente a lo largo de estas páginas. Como buen contrato, no satisface por entero a todas las partes y todos se ven obligados a ceder algo. Como en todos los contratos, sus contrayentes tiran y aflojan para mejorar su posición relativa. Como en todos los contratos, también aquí hay quien sale perdiendo, algunos con más frecuencia que otros. Pero lo más llamativo es que, hasta la fecha, ese contrato social se ha mantenido y ha servido de base para aglutinar a una de las sociedades más dinámicas, libres y eficientes que ha conocido la historia.

---

[49] Nicolas Leman, "The New American Consensus", *The New York Times Magazine*, 1/11/98.

Estados Unidos no ha conocido en su historia, salvo en la fase de la Guerra de Secesión y por causas muy distintas de éstas, conflictos que pusieran en duda los fundamentos de su sociedad. Hasta el momento, el contrato social básico ha sido respetado por todos y no ha habido coyuntura alguna en la que se haya puesto seriamente en duda su legitimidad. En este siglo, los conflictos sociales vividos por los americanos han tenido otras causas y otros objetivos. Pese a su virulencia, a menudo grande, han seguido con la tradición de no tocar nada de lo esencial. La propia crisis de los años treinta, que resultó en el empobrecimiento rápido de muchos millones de americanos, no produjo grandes movilizaciones sociales y las que hubo encontraron rápidamente un canal de expresión en las políticas del New Deal rooseveltiano. Los pequeños grupos de intelectuales comunistas, tan bien descritos, entre otros, por John Dos Passos *(USA)* o por Chaim Potok *(Davita's Harp)*, nunca llegaron a tener la menor relevancia social.

El conflicto social más profundo del siglo XX ha sido, y en cierta manera continúa siéndolo, la discriminación de los negros. Pero ya se ha dicho que posiblemente vaya a continuar larvado y contenido, con independencia de que en algún momento muy especial puedan saltar situaciones como la de Los Ángeles en 1992. De un lado, la situación minoritaria de la población negra impide la aparición de conflictos generalizados, en especial una vez que se les ha asegurado el fin de la segregación legal y se han puesto a su disposición mecanismos, como el de la acción afirmativa, que garantizan una cierta igualdad de oportunidades. De otro, la diversificación social interna de esta minoría disminuye el número de los perjudicados por las condiciones de atraso y de discriminación en que una parte considerable de ellos se mueve.

Los enfrentamientos civiles de los sesenta y setenta tuvieron una causa más coyuntural, la oposición a la guerra de Vietnam. Sin duda, Vietnam coincidió con un gran cambio generacional, con la incorporación a la vida activa de los *boo-*

EL GRAN PUZZLE AMERICANO

mers y de las mujeres al trabajo. Se manifestó en el tiempo con la aparición de los primeros frenos económicos a la espectacular expansión de la posguerra. Pero, con todo, la violencia de los enfrentamientos provenía de una guerra cuya justificación no estaba clara para buena parte de los americanos, en especial para los jóvenes de clase media que no entendían que se les pudiese mandar a morir al otro lado del mundo sin más razón que una abstracta lucha contra el comunismo. Una vez superado el conflicto, hasta la generación más contestataria que haya conocido el país, la de los *boomers*, se puso a perseguir con ahínco el sueño americano de sus padres. Los *hippies* y los *yippies* se tornaron *yuppies*.

En cualquier caso, a finales de 1998 hay algunos resultados espectaculares: la economía ha crecido sanamente en los últimos siete años y lo sigue haciendo a pesar de los últimos embates financieros mundiales; el aparato productivo se ha recompuesto y se ha hecho más competitivo; el PIB ha crecido a un ritmo alto; el paro ha bajado del 5% y se acerca a los índices más bajos de los años sesenta; la inflación se encuentra también en un nadir similar; se siguen creando puestos de trabajo; la confianza de los consumidores llegaba a finales de 1997 a los valores más altos desde que el Conference Board de la Universidad de Michigan comenzó a medirla; existe la posibilidad de que la explosión informática y la cibereconomía se combinen para aumentar la productividad de las empresas y contribuir al mantenimiento de esta onda expansiva.

Esto tiene su importancia a la hora de concluir nuestro recorrido por algunos aspectos de la sociedad americana actual. Si significa algo, puede decirse que Estados Unidos se halla en una excelente posición para mantenerse como gran potencia económica y política ante el cambio de siglo y en los años inmediatos. Más allá todo cabe y, a menudo, hacer predicciones a largo plazo, oh Casandra, es hablar por no callar.

Este libro
se terminó de imprimir
en los talleres de RÓGAR, S.A.
el día 5 de marzo de 1999.

OTROS TÍTULOS PUBLICADOS POR EL PAÍS-AGUILAR

EL GRAN PUZZE AMERICANO, Julio Aramberri. 510 páginas.
Estados Unidos domina la vida económica, política y cultural del final de siglo, pero hasta llegar a este punto, ha experimentado unas transformaciones sociales internas que se reflejan de manera clara y concisa en esta obra. ¿Cómo afecta al resto del mundo la hegemonía americana? Aquí se aportan las claves para esta cuestión.

LUCHAS Y TRANSICIONES, Manuel Azcárate. 216 páginas.
Memorias del líder histórico del PCE que comienzan con su exilio a la antigua URSS tras la guerra civil, la marcha a Francia, su llegada a España una vez inaugurada la democracia y su expulsión del partido.

CRÓNICAS CARIBES, Miguel Barroso e Ígor Reyes-Ortiz. 240 páginas.
Esta obra recoge el periplo que los autores siguieron en busca del verdadero espíritu del Caribe, contemplado con una visión crítica y exenta de tópicos. Analiza la historia, la cultura, la música, la gastronomía...

LA TERCERA VÍA, Tony Blair. 144 páginas.
El adalid europeo de la renovación progresista explica en su ideario político las nuevas respuestas económicas y sociales necesarias para afrontar los cambios producidos en este final de siglo.

COMO YO LOS HE VISTO, Josefina Carabias. 230 páginas.
Esta periodista compartió su vida profesional con los más insignes personajes de cuarenta años de la vida española. Aquí se explica cómo eran algunos de ellos: Pío Baroja, Ramón del Valle-Inclán, Gregorio Marañón, Ramiro de Maeztu, Pastora Imperio, Juan Belmonte y Miguel de Unamuno.

ULTREIA, Luis Carandell. 174 páginas.
La narración del viaje nos lleva a descubrir los misterios que rodean el Camino de Santiago en su recorrido español. El arte y la arquitectura, las historias y leyendas...

EL PESO DE LA FAMA, Juan Cruz Ruiz. 410 páginas.
Veinte personajes de muy diferente procedencia profesional son requeridos para que cuenten su experiencia con respecto a la fama. ¿Cómo les afecta la popularidad? ¿Cuál es su relación con los medios de comunicación? ¿Qué actitud tienen frente a la celebridad?

SUBCOMANDANTE MARCOS: LA GENIAL IMPOSTURA, Bertrand de la Grange y Maite Rico. 472 páginas.
En esta obra, los corresponsales en México de los diarios Le Monde y El País respectivamente desentrañan las dos caras del personaje que lideró en Chiapas la rebelión del Ejército Zapatista de Liberación Nacional.

AQUÍ UNOS AMIGOS, José Ramón de la Morena. 264 páginas.
El líder de audiencia en la radio deportiva con su programa El Larguero, reúne en un volumen sus recuerdos, su experiencia profesional y las anécdotas que han hecho de él ese gran periodista.

EL CAMINO DE VUELTA, María Ángeles Escrivá. 416 páginas.
Historia de la reinserción de los presos de ETA desde dos puntos de vista: qué sucede dentro del Gobierno cuando la aplican y qué se gesta dentro de ETA cuando alguno de sus miembros se acoge a estas medidas.

MIL Y UNA VOCES, Jordi Esteva. 314 páginas.
Libro de entrevistas a intelectuales de ambas orillas del Mediterráneo que trata de los problemas derivados de la falta de diferenciación entre sociedad civil y religión en determinados países árabes.

CIEN AÑOS AZULGRANA, Pere Ferreres. 240 páginas.
El centenario del Fútbol Club Barcelona está en el origen del repaso a las principales gestas y nombres propios que hacen los personajes entrevistados en esta obra.

MEMORIAS DE SOBREMESA, Ángel S. Harguindey, Rafael Azcona y Manuel Vicent. 256 páginas.
Azcona y Vicent son requeridos a preguntas de Harguindey para ir desgranando la realidad política, social y cultural de la España de los últimos cuarenta años.

HIJO DEL SIGLO, Eduardo Haro Tecglen. 320 páginas.
Las memorias del polifacético escritor que abarcan desde sus primeros recuerdos de la República española, la guerra civil, y el franquismo, hasta el regreso a la democracia.

MUJERES SOBRE MUJERES, Shere Hite. 348 páginas.
La famosa Autora del Informe Hite analiza en esta obra el complejo entramado de las relaciones entre mujeres en todas sus facetas: familiares, laborales, amistosas y sexuales.

YO TE DIRÉ, Manuel Leguineche. 488 páginas.
Esta obra recoge sobre el terreno, con impresiones vivas y fuentes nuevas, la experiencia de la guerra de Filipinas, contada por quien recorrió el escenario de la trágica batalla.

ATHLETIC 100. CONVERSACIONES EN LA CATEDRAL, Manuel Leguineche, Patxo Unzueta y Santiago Segurola. 232 páginas.
Conversación entre tres forofos del Athletic Club de Bilbao el año del centenario de su creación, donde se recoge su visión generacional de una mitología compartida de nombres y gestas.

YO PONDRÉ LA GUERRA, Manuel Leguineche. 312 páginas.
El conflicto de la guerra de Cuba entre Estados Unidos y España en 1898, por el que nuestro país perdía su última colonia, a través de quien fue el principal instigador: el magnate W. R. Hearst.

IÑAKI GABILONDO: CIUDADANO EN GRAN VÍA, Carmelo Martín. 384 páginas.
El locutor de radio más escuchado en España es también un gran desconocido. Este libro recoge parte de esa silenciada biografía así como su trayectoria profesional, paralela a la radio de los últimos treinta años.

RIGOBERTA: LA NIETA DE LOS MAYAS, Rigoberta Menchú. 352 páginas.
Las reflexiones de la Premio Nobel de la Paz que hace una encendida defensa de los derechos conculcados de los pueblos indígenas de todo el mundo. La biografía de un mito viviente.

TIEMPO DE REFORMAS, Fernando Morán. 320 páginas.
Compilación de artículos de prensa publicados durante los diez últimos años y que ponen de relieve la vigencia del pensamiento que, desde los postulados de la izquierda, siempre ha mantenido su autor.

LAS HERIDAS ABIERTAS, Sami Naïr. 240 páginas.
Los conflictos que afectan al Sur y al Este del Mediterráneo son analizados en profundidad. Una lúcida compilación para hacer del Mediterráneo un lugar de encuentro en el siglo XXI.

CUBA SANTA, Román Orozco y Natalia Bolívar. 570 páginas.
El comunismo, la religión y el cruce de culturas en la historia de los últimos cinco siglos en Cuba son los tres grandes temas que se desarrollan en esta obra.

LO MAX PLUS, Máximo Pradera. 257 páginas.
El presentador —junto con Fernando Schwartz— de Lo + Plus responde a las preguntas más habituales que le hacen los televidentes sobre su programa... y aun a otras cuestiones que él considera indispensables en la "guía del buen plusero". Humor y entretenimiento en cada línea.

VAGABUNDO EN ÁFRICA, Javier Reverte. 496 páginas.
Este incansable viajero nos describe su recorrido desde Ciudad de El Cabo hacia Zimbabwe, las costas del Índico tanzano, el lago Victoria, Ruanda y finalmente, se adentra en el río Congo.

MAYORES DE EDAD, Josep M. Riera. 224 páginas
Esta obra hace un repaso por los principales temas que preocupan a quienes están a punto de jubilarse o ya han entrado en ese periodo de la vida: el privilegio de la madurez, el paso del tiempo, la salud, el dinero y el amor.

EL SEGUNDO PODER, Margarita Rivière. 296 páginas.
Este volumen reúne una serie de entrevistas con los más destacados personajes del mundo de la comunicación, donde se pone de relieve el creciente poder de la prensa.

SERRAT Y SU ÉPOCA, Margarita Rivière. 304 páginas.
Testigo excepcional de la gran transformación que ha vivido nuestro país en los últimos treinta años, este último trovador del milenio nos habla de los grandes temas universales y de su propia biografía.

EL DIENTE DE LA BALLENA, Chema Rodríguez. 345 páginas.
Los relatos de tres apasionantes viajes por otros tantos continentes (América, África y Asia) que enfentan al hombre contemporáneo con las más ancestrales culturas que subsisten sobre la Tierra.